JSCASS INSTITUTE OF JAPANESE STUDIES,CASS 中国社会科学院
日本研究所

“登峰战略”系列研究成果

日本安全战略转型与国际安全研究

孟晓旭/著

WA 世界知识出版社

图书在版编目(CIP)数据

日本安全战略转型与国际安全研究 / 孟晓旭著. --北京：世界知识出版社, 2024.5

ISBN 978-7-5012-6384-4

Ⅰ. ①日… Ⅱ. ①孟… Ⅲ. ①国家安全—国家战略—研究—日本 Ⅳ. ①D731.335

中国版本图书馆CIP数据核字(2021)第188871号

责任编辑	张迎辉
责任校对	陈可望
责任出版	赵　玥

书　　名	日本安全战略转型与国际安全研究 Riben Anquan Zhanlüe Zhuanxing Yu Guoji Anquan Yanjiu
作　　者	孟晓旭
出版发行	世界知识出版社
地址邮编	北京市东城区干面胡同51号(100010)
网　　址	www.ishizhi.cn
电　　话	010-65233645(市场部)
经　　销	新华书店
印　　刷	北京虎彩文化传播有限公司
开本印张	710毫米×1000毫米　1/16　20½印张
字　　数	330千字
版次印次	2024年5月第1版　2024年5月第1次印刷
标准书号	ISBN 978-7-5012-6384-4
定　　价	68.00元

目　录

绪　论

第一章　日本国家安全战略的新构建

第二章　日本国家安全体制的重构

第八章　日本重“施压”的朝核政策

第九章　“四边安全对话”及日本与印澳的安全合作

主要参考文献

绪　论

沿着战后谋求"再军事化""正常国家化"和"军事大国化"的轨道，[①] 2012年底再次执政的日本首相安倍晋三高举"积极和平主义"旗帜，采取"三线并进"的路线大力推进日本安全战略转型。一是强化自身防卫力，主动调整安全战略，重构安全体制及不断提出新防卫力概念并加以落实等，既是与美国分担责任，也是为了在美国不可依靠的时候实现安全自助，通过强化自主防卫来渐进地推进日本的"军事正常化"和"军事大国化"。二是加强日美同盟，配合美国的同时也利用美国，强势解禁集体自卫权，继续把美国留在日本的安全战略设计内，旨在应对与己密切相关的中国"崛起"、朝核问题和其他区域性安全问题。对日美同盟的强化在日本安全战略中占据十分重要的地位，是战后日本历届政府最重视的安保议程，政治和外交资源投入也最多。正如船桥洋一指出的那样："要维持美国对日本的支持，就需要日本政府强有力的政治领导和对美日同盟的悉心经营。"[②] 三是加强国际安全合作。日本既寻求补充性的联盟，包括与美国其他盟国和伙伴间建立安全伙伴关系，如与澳大利亚、新加坡、英国、法国等进行密切的安全互动。同时，日本也进一步探索构建新的安全合作关系，如和印度、越南等国加强安全合作。在更高层次上，日本还积极提出新的战略性构想，如"印太构想"，旨在促进"秩序规范"的形成，积极塑造符合

---

① Kenneth B. Pyle, *Japan Rising: The Resurgence of Japanese Power and Purpose* (New York: Public Affairs, 2007); Richard J. Samuels, *Securing Japan: Tokyo's Grand Strategy and the Future of East Asia* (Ithaca, NY: Cornell University Press, 2007); Christopher W. Hughes, *Japan's Remilitarisation* (New York: Rout-ledge, 2009); Linus Hagström and Jon Williamsson, "'Remilitarization,' Really? Assessing Change in Japanese Foreign Security Policy," *Asian Security*, Vol. 5, Issue 3, 2009.

② [日]船桥洋一：《日本与美国：是同盟的持续？还是改变?》，转引自[韩]文正仁、徐承元主编《日本复兴大战略》，李春福、李成日译，社会科学文献出版社，2017，第108页。

日本利益的安全环境。当前，日本立足于“一流国家”这样的大国身份所做的安全战略转型和安全政策调整充斥着威慑和对抗，具有危险性，需要警惕。

一、安全战略、影响因素及实施路径

所谓战略，是指目的与手段、实力与意愿、目标与资源相结合的过程。[①] 一般来说，“战略”本义是规划和实施军事行动，涉及的是战争问题。而根据方式与方法，战争又分为战略与战术两个层面。对于这两个层面的差别，一般认为战术涉及具体的战斗，而战略则涉及对整个战役和战争行动进行计划、协调和部署，具有整体性和长远性。李德·哈特则把战略限定在军事范畴，认为战略是谋划战争，战术是遂行战争。美国军事战略院校主张从艺术和科学的高度认识战略，提出战略是“在战争与和平时期，发展和运用必要的政治、经济、心理和军事的力量，为国家政策提供最大的支援，以便增加胜利的可能性、获得胜利的有利结果和减少失败可能性的艺术与科学”[②]。立足于狭义的军事层面上的概念，战略一度被定义为是为实现统治、占领领土或维持联盟等政治目的而采取的军事手段。随着国家间互动的密切和国际关系的发展，战略的内容已经变得更为丰富，除涉及军事外，还包括经济、文化、外交和国际形势等。有观点指出，战略的制定需要把握整体的世界形势和立足于长远性，并根据条件的变化进行适当的调整[③]。归结起来，战略是指调动一切力量与资源以实现既定政策目标的艺术与科学，其属性包括关系全局、目标与资源间的中介，以实力和资源为条件的艺术与科学等。

国家战略被认为是一种对于国家安全管理、具体目标以及行动底线的时限性计划。[④]由于国家战略是为实现国家总目标而制定的总体性战略，并对国家各个领域具有指导作用，因此其在战略体系中处于最高层次。为了

① John Lewis Gaddis, *Strategies of Containment* (New York:Oxford University Press,1982), p.viii.

② [美]爱德华·鲁特瓦克:《战略——战争与和平的逻辑》，军事科学院外国军事研究部译，解放军出版社，1990，第245页。

③ 李枏:《现当代西方大战略理论探究》，世界知识出版社，2010，第30—32页。

④ James C.Gaston, *Grand Strategy and the Decisionmaking Process*(Washington, D.C.:National Defense University Press,1992),p.143.

在竞争激烈的世界中实现国家的利益,又出现了与国际关系相互关联的国际战略。所谓国际战略,指的是一国对较长时期内整个国际格局,国家地位、利益和目标,以及国家外交和安全政策的认识和谋划,是国家实现对外政策目标的手段和过程。国际战略是国家战略的重要组成部分,是实现国家的全局性、综合性和相对长远性目标的对外战略,实施的背景与环境是国际形势,表现方式是超出国家边界的国际互动。国际战略的首要目标是确保国家安全、经济繁荣和独立自主。

一般认为,大战略是指运用国家力量达成军事目标,而国家战略则是指运用国家力量达成国家总体目标。大战略的研究不以赢得军事胜利为限度,而是强调更高层面地赢得和平。[①] 大战略的核心是安全战略,主张运用一切力量和工具,包括人力、经济、精神等资源和外交、经济、宣传等手段,对资源予以整合分配,以有效地实现国家安全。约翰·柯林斯提出,大战略是"运用国家实力的一门艺术和学问,它通过威胁、武力、间接压力、外交、计谋及其他可以想到的手段"[②],以实现国家安全的利益和目标。理查德·罗斯克兰斯等人也提出,大战略超越战争中的为将之道与和平时期的威慑,包括使用军事手段与其他各种手段(如经济、政治和心理),是以国内、国际资源去实现国家安全的能力。[③] 大战略关注威胁及其与国家安全的关系。巴利·R.伯森提出,大战略是针对外部威胁而采取的相应的政治、经济、军事以及其他手段。[④]

从内涵上看,大战略和安全战略更为相关,但没有后者丰富。比较而言,这种注重军事安全的大战略相对忽视了国家发展战略。安全战略包括两层含义:一是为实现安全而采取的战略;二是有关安全的战略,其目标也是实现安全。与安全相关的战略则包括国家安全战略和国际安全战略。如果说战略的目的是保障安全,那么军事手段并不是获得安全的唯一手段,安全也可以通过外交或者经济等其他手段获得。国家安全战略,是指国家在一定的背景下,根

① [英]李德·哈特:《战略论:间接路线》,钮先钟译,上海人民出版社,2015。

② John M.Collins,*Grand Strategy*:*Principles and Practices*(Annapolis:Naval Institute Press,1973),p.xx.

③ Richard Rosecrance and Arthur A. Stein, *The Domestic Base of Grand Strategy*(Ithaca, NY: Cornell University Press,1993), pp.3-4.

④ Barry R.Posen,*The Sources of Military Doctrine:France,Britain,and Germany Between the World Wars*(Ithaca, NY:Cornell University Press,1984),p.13.

据本国对国家利益的界定，对现存的和潜在的威胁的判断，以及可动用的资源的判断，决定用什么方式或怎样分配和使用资源对付威胁、有效保障本国安全的整体规划。[①] 国家安全战略不仅关注威胁本身，还主张应该关注国内以及世界其他国家的反应。布热津斯基提出，具有战略性的政策必须是视野广阔的计划，不仅包括具体的战略战术，也必须时刻关注特定地区的反应或特殊目标的实现。[②] 从国际关系的视角看，国际安全战略与国家安全战略密切相关，是国家安全战略在国际层面的运用。也就是说，国家安全战略包含国际安全战略。国际安全战略是国家安全战略的重要组成部分，目标是实现国家安全。日本研究者伊藤宪一就明确表示，唯有包括对外战略的国家战略才被称为"大战略"，把国际安全战略提到比较高的层面，并把动员盟国所有能够利用的政治的、经济的、心理的、军事的及其他各种力量置于国家战略之中。[③]

安全一般是相对威胁而言的，既是一种状态，也是一种能力，还是一种主观认知，即不害怕受到威胁。关于"国家安全"，1969年美国国防分析研究所提出，国家安全是一种条件，是指保护国家、国家制度及其权力来源不受国外和国内敌人的威胁。巴里·布赞认为，在安全的情况下讨论安全问题是为了避免威胁；在国际体系内，安全是指国家和社会保持身份自主和功能完整的能力。爱德华·库罗德兹对安全内涵的解释更丰富，提出安全是个人和国家、国际组织、公司、协会等主体之间一切相互作用的总和，他们不仅要推行自己的喜好，而且准备采用暴力和强制手段来达到目的。[④]《韦伯国际大词典》认为，安全含义包括：一是安全的状态或特征，主观上没有恐惧、疑虑和担心，客观上免于危险；二是预防措施和防御手段，包括防止遭到突然袭击的措施和手段等；三是维护安全的机构；四是安全的内容，包括军事、政治、经济和信息等。[⑤] 在冷战时期，一般都是从军事的角度理解安全。冷战结束后，对安全的研究范围扩大，不再局限于军事范畴，还包括经济、社会、文化、环境、卫生、生物等非传统

① 周建明、王海良：《国家大战略、国家安全战略与国家利益》，《世界经济与政治》2002年第4期。

② 转引自李枏：《冷战后美国政府对朝鲜的战略思维探究》，《美国研究》2019年第2期。

③ [日]伊藤宪一：《国家与战略》，军事科学院外国军事研究部译，军事科学出版社，1988，第30页。

④ [法]夏尔-菲利普·戴维：《安全与战略：战争与和平的现时代解决方案》，王忠菊译，社会科学文献出版社，2011，第31页。

⑤ *Webster's Third New International Dictionary, Unabridged*（Springfield, Mass.: G&C Merriam Company，2002），pp.2053-2054.

安全。

冷战结束后,安全威胁呈现全球化。面对这些威胁,国家仅凭独自的努力很难应对,必须通过国际合作的方式,国际安全的观念得到进一步发展。和“全球安全”相比,“国际安全仍以国家为本位”,“国际安全不仅为国家安全的延伸,而且二者又都是以同一理论为基础,即国际关系学域中的现实学派”。[①]在国际社会处于无政府状态的认知下,国家安全保障强调安全自助,而国际安全保障则关注自身安全与他国安全之间的密切相关和相互依存的现实。[②]国际安全保障的重点是通过调整国家间关系来消除威胁和冲突。

日本把国家安全表述为“国家安全保障”,认为其是指一国保护自己的领土、国民生活以及民族价值观不受外来威胁侵犯。同时,在把国家安全的范围扩展至该国所处的地区或者更广阔范围的国际社会的基础上,日本提出“国际安全保障”的概念。日本认为,国家安全的重点是增强军备和加强治安,目的是减少本国的脆弱性,而“国际安全”是指安全具有“国际方面”的含义,包括国家间因安全而产生的国际关系和国际合作等。20世纪80年代,日本有关机构将国家安全战略定义为是在平时和战时发展并有效运用国家综合力量保障国家安全的方略。[③] 1980年,首相大平正芳的政策研究会提出“综合安全保障战略”概念。2004年,首相小泉纯一郎的咨询机构“安全保障与防卫恳谈会”的研究报告提出,“安全保障战略”还需要保护民主制度、文化、资源等“重要价值”。2013年,安倍政府提出《国家安全保障战略》,强调灵活运用各种资源实现国家利益,同时作为国家安全保障的基本方针,在国家安全保障会议(NSC)的统一指挥下,发挥政府的强有力领导,举政府之力,进一步战略性和系统性地推进国家安全保障政策。

安全战略的形成与调整的背后具有深刻的思想动力。国家安全战略和政策是经过慎重思考之后做出的,并以理论为基础。如果没有一定的理论基础,

① 钮先钟:《21世纪的战略前瞻》,转引自刘强、钮汉章主编《国际安全战略思维:文选导读》,时事出版社,2016,第26—27页。

② Barry Buzan, *People, States and Fear: An Agenda for International Security Studies in the Post-cold War Era*(New York:Harvester Wheatsheaf,1991), pp.330-335.

③ 张世斌:《日本军事基本情况》,军事科学出版社,1998。

那么决定出来的政策也就会沦为临时性的应付，不仅会降低政策的效果，甚至还会导致严重的后果。因此，有必要立足相关的安全理论来研究安全战略及其转型。科林·迪克提出，当军费开支、同盟义务、对外援助、外交活跃度、对战略对手的政策等五项指标都发生转变时，那么战略就发生了调整。[①]战略的调整比较复杂，并不是各项指标的达成。战略目标、战略实施路径和战略手段的变化都应该是战略调整和转型的表现指征。而安全战略目标的实现还涉及其他影响因素，包括国家经济实力、军事实力、外交能力、道义力量运用能力、国内不同利益集团和政治派别之间的利益协调和行动统筹能力等，这些在安全战略调整的过程中也发挥着重要的作用。

影响国家安全战略调整的外部因素主要包括威胁认知和权势转移这两个主客观方面。威胁认知比较复杂，有时候这些认知还会是"错误的知觉"。防御现实主义认为，扩张不是来自实力的增强而是来自不安全感，当感觉越来越不安全时，国家将会向外扩张其政治利益。国家对外扩张是出于畏惧和紧张，而不是出于自信或出于对资源增加的欲望。[②]一国安全战略的调整还和"威胁方"自身具备的各种要素、与威胁方之间的关系相关。奥根斯基提出，不能把战争爆发的过程简化为双方权力的纯数量对比，问题主要取决于两国的态度、彼此关系的友好程度、核心利益的冲突程度等。[③]在"威胁制衡"理论下，沃尔特指出，一个既定国家所造成的威胁不仅取决于其总体实力，还取决于其地理距离、攻击性实力以及进攻的企图。[④]权势转移影响威胁认知。施韦勒认为，当态势有利于进攻时，实力的增加就容易被解释为威胁，而合作就变得更加困难。[⑤]一般认为，"不满意现状"的崛起国容易挑起战争，但米尔斯海默也观察指出，

① Colin Dueck, "Realism, Culture and Grand Strategy: Explaining America's Peculiar Path to World Power," *Security Studies*, Vol. 14, No. 2, 2005, pp.198-199.

② Barry Buzan, *People, States and Fear: An Agenda for International Security Studies in the Post-Cold War Era*(New York:Harvester Wheatsheaf,1991), pp.293-327.

③ A.F.K.Organski, *World Politics* (New York:Knopf, 1968).

④ Stephen M.Walt, *The Origins of Alliances* (Ithaca, NY:Cornell University Press, 1987).

⑤ Pandall L.Schweller, "Bandwagoning for Profit: Bring the Pevisionist State Back in," in *The Perils of Anarchy: Contemporary Realism and International Security*, ed. Michael E. Brown et al. (Cambridge, MA: The MIT Press,1995), pp.249-284.

即便是最强国也可以是现状的破坏者，因为当过多的权力集中在某一国家时，这样失衡的权力结构必将会容忍“最强国”更加独立地、自主地追求自己的权力。[①] 也就是说，对于其他国家而言，权势转移下的“维持现状的强国”和“崛起的强国”都具有安全威胁性。

导致国家安全战略调整的内部因素也有很多，主要因素是国家利益及内部权力结构变化等，背后涉及政治、经济、文化思潮及相关主导性集团的变动等。在分析日本安全战略的动力因素时也不能以某一压倒性因素为主，它是复杂的内外因素交会下的产物。摩根索在评估国家权力的时候指出，不要赋予某个单一因素以压倒一切的重要性而贬低其他因素。[②] 也就是说，还要考虑其他因素，包括战略身份定位、历史文化、公众舆论、价值认同等内部因素。身份和认同界定利益，利益决定战略和政策。“身份指的是行为体是谁或者是什么样的内容”，“利益表示有助于解释行为的动机”，“利益是以身份为先决条件的”。[③] 不同身份的国家有不同的观念和不同政策，即使是同一国家，如其身份发生变化的话，它对国际社会的观念和政策也会发生变化。而当这些因素发生变化的时候，必然也会影响一国的国家安全战略。国家内部的政治结构和政治行为体之间的博弈对战略和政策有重要的影响，国内社会舆论等因素的影响也不容忽视。随着国家间经济联系的加强以及交通和信息技术的进步，公众对政治的参与度大为提高，公众的态度和行为也逐渐变成影响国家安全政策的重要因素。国家战略和政策的背后是一定的民意基础，尽管“现代历史还没有这种事例的记载，一个政府的某项外交政策由于超国家的公众舆论的自发反对而被制止了”[④]，但“世界各地有关国际事务的公共舆论都是由国家政策机构塑造的”，“这些机构都倾向于宣称它们各自国家的道德观念得到了超国家的即普遍性的承认”。[⑤]

---

① John Mearsheimer, *The Tragedy of Great Power Politics*(New York：W.W.Norton,2001).

② [美]汉斯·摩根索：《国家间政治：权力斗争与和平》，徐昕、郝望、李保平等译，北京大学出版社，2018，第196页。

③ [美]亚历山大·温特：《国际政治的社会理论》，秦亚青译，上海世纪出版集团，2000，第290页。

④ [美]汉斯·摩根索：《国家间政治：权力斗争与和平》，徐昕、郝望、李保平等译，北京大学出版社，2018，第297页。

⑤ 同上书，第298页。

在实现国家安全战略的路径上，国际安全理论各流派的主张与侧重点各不相同。现实主义强调国际社会处于无政府状态，而权力在帮助国家获得能力方面发挥着中心作用，强调实力对比关系、控制关系、平衡关系和始终存在的动武威胁。在权力政治下，现实主义认为，国家需要依赖其自身能力来实现国家目标，权力是实现安全的关键手段，提出国家在获取权力和能力方面有两个基本选择：一是外部均势政策，即与其他国家结盟，使之可以利用其他资源；二是内部均势政策，即增强国家自身的经济能力，建立更庞大和善战的军队。基于民主和平论、经济和平论和制度和平论，自由主义认为国际体系的三大基础包括传播民主价值观、加强经济联系和实施积极的国际机构干预。因此，关注国际体系的自由主义则主张通过相互依赖及国际合作实现安全，同时，关注国际法和国际机制的发展。世界主义的安全保障观更加强调“人的安全保障”及人类所居住的地球的“全球安全保障”，而不是在军事上追求国家安全；建构主义则认为，改变人类观点和想法也可以改善世界形势。[①]

在对外的国际安全行为上，摩根索提出，制衡是对权力进行限制的主要方式，相关手段包括分而治之、补偿政策、军备、联盟等。[②] 制衡是维持现状的大国用以阻止竞争对手挑战和破坏均势、维持利己的国际权力分配的主要战略选择之一。制衡需要关键的制衡系统，即几个主要国家联合起来形成威慑，以削弱一个或几个强国的扩张能力。罗伯特·鲍威尔将制衡定义为“与遭受进攻的国家结盟”[③]。但沃尔特提出，威胁一国安全的并不总是权力最强大的国家，有时虽然一国的权力并不强大，但由于对他国构成直接威胁，则被威胁国也会与较强的一方结盟以应对最具威胁的敌人，这种行为也被视为制衡。[④]米尔斯海默提出，制衡战略指积极采取行动，直接参与遏制危险的对手，承担阻止进攻者颠覆均势的责任，以维护既有的权力分配现状。[⑤] 因此，制衡包括权力制衡和

① [日]防卫大学安全保障学研究会编著《日本安全保障学概论》，刘华译，世界知识出版社，2012，第71页。

② [美]汉斯·摩根索：《国家间政治：权力斗争与和平》，徐昕、郝望、李保平等译，北京大学出版社，2018，第216—219页。

③ Robert Powell, *In the Shadow of Power: States and Strategy in International Politics* (Princeton, NJ: Princeton University Press, 1999), p.6.

④ Stephen M. Walt, *The Origins of Alliances* (Ithaca, NY: Cornell University Press, 1987), pp.21-28.

⑤ [美]约翰·米尔斯海默：《大国政治的悲剧》，上海世纪出版集团，2003，第202—280页。

威胁制衡,意味着在冲突中反对强大者或更具威胁的一方。

制衡战略的实施一般包括三点:一是通过外交渠道向进攻者发出清晰的信号,坚定地表示原则,即使意味着战争也在所不惜;二是缔建联盟,构筑外部均势;三是调动自己的额外资源,构筑内部制衡能力,提升自己对抗进攻者的实力。[①]联盟是国际安全战略的重要手段。在沃尔特看来,被威胁者独自抗衡以及建立正式或非正式的联盟反对崛起的国家,是制衡或遏制的主要手段。[②]在应对新兴大国时,当某国感到顺应的结果是主权受损、利益被践踏,就可能以联合大国或其他小国来制衡对手国。[③]阿诺德·沃尔弗斯认为:"'联盟'一词表示两个或多个主权国家之间所做出的关于相互间进行军事援助的承诺。"[④]格伦·施奈德则称联盟是"为维护成员国的安全或扩大其权势而组成的关于使用(或不使用)武力的正式的国家联合"[⑤]。根据联盟理论,提供经济、军事支援也能够促成联盟,由于受援国对援助的依赖从而加强了与援助国的关系,彼此之间形成"安全—自主"交易关系。为了壮大联盟的总体实力,主导国也会采取措施扶持弱小的盟国(包括潜在的盟国),使之在全球安全布局和地区安全构建方面发挥更大作用,以维持地区平衡。接触战略也在国际安全战略中普遍使用,它指的是使用非强制性方法来改善一个崛起的主要大国行为中不满足现状的因素,目标是确保这个成长的大国所使用的方式与和平改变地区及全球秩序相一致。接触的本意是指"参与""介入"等,接触与绥靖有相似之处,即试图通过理智谈判、妥协承认和消除不满来解决国际争端,由此避免诉诸武装冲突。接触不同于绥靖之处在于,它还包括将不满国家吸纳入国际社会、使其接受现有的国际秩序的各种努力。[⑥]接触战略的目的是在不损害现存国际秩

① [美]约翰·米尔斯海默:《大国政治的悲剧》,上海世纪出版集团,2003,第202—280页。

② Stephen M.Walt,*The Origins of Alliances*(Ithaca, NY:Cornell University Press,1987), pp.21-28.

③ 朱宁:《胜算——中日地缘战略与东亚重塑》,浙江人民出版社,2007,第214—215页。

④ Arnold Wolfers,"Alliances,"in David L. Sills, ed., *International Encyclopedia of Social Sciences*(New York:Macmillan,1968), pp.268-269.

⑤ Glenn H. Snyder,"Alliance Theory: A Neorealist First Cut," *Journal of International Afairs*, Vol. 44, No.1, 1990, p.104.

⑥ [美]兰德尔·施韦勒:《应对大国的崛起:历史与理论》,载阿拉斯泰尔·伊恩·约翰斯顿、罗伯特·罗斯主编《与中国接触:应对一个崛起的大国》,新华出版社,2001,第9—23页。

序完整性的情况下，将冲突最小化和避免战争。接触战略还包括将经济联系用于安全目标的实现上，即保持和扩大与目标国的贸易往来。在现实中，经济接触也经常被决策者作为处理与冲突国关系的战略工具。

对国家进行限制并实现自身战略利益的其他方式还包括利用国际道德、世界舆论和国际法等。对于世界舆论的作用，摩根索指出："世界舆论显然是一种超越国界的公众舆论。它把不同国家的成员团结起来，至少在某些根本性的国际问题上形成共同意见。当这种共同意见不赞成国际政治棋局上的任何一个举动时，它便通过世界各地对这一举动的自发反应表现出来。每当任何一国的政府所宣布的政策或在国际舞台上所采取的行动触犯了人类的这一共同意见时，人类便会不分民族群起而攻之，并至少努力以自发的制裁迫使执拗的政府接受它的意志。"[①] 关于国际法的作用，有研究指出："如果把国际法法典化，并扩展为国家间政治关系的规范，那么，国际法将通过其内在的力量，即使不能取代国际舞台上的权力斗争，至少也能对这种权力斗争施加限制性影响。"[②]

二、新古典现实主义理论与日本安全战略转型

从全球角度看，目前各国安全战略呈现三种趋向。一是和冷战时期相比，由于国家间爆发战争的可能性变小，因此军事战略的分量相对减轻。但利用武力实施战略的手法没有消失，甚至伴随着科技的发展而出现新的动向。二是强制战略仍然随处可见，包括制裁、恐怖主义和诉诸武力等，在不发动战争的情况下实现目标。三是积极努力维护和平和解决冲突的战略。为阻止武装冲突，国家及组织（包括非政府组织）等各行为体寻求建立新的机制以谋求安全。对于自身的国家安全战略，日本《国家安全保障战略》（NSS）提出，最重要的职责是维护国家的和平与安全，保证国家的存在，有必要多层次地协调推进国家安全战略。日本《国家安全保障战略》强调三点：一是要强化必要的遏制

① [美]汉斯·摩根索：《国家间政治：权力斗争与和平》，徐昕、郝望、李保平等译，北京大学出版社，2018，第297页。

② 同上书，第309页。

力，预防直接威胁危及日本，万一面临威胁，要消除威胁并将损害降低到最小限度；二是强化日美同盟，加强与地区内外伙伴之间的信赖和合作关系，通过推进实际的安全保障合作改善亚太地区的安全保障环境，预防和削减对日本构成的直接威胁；三是通过不断的外交努力和进一步的人员贡献，强化和巩固基于“普世价值观”和规则的国际秩序。[①] 无疑，如何认识当前日本安全战略的转型具有重要的现实意义。

（一）新古典现实主义的分析框架

在国家对外政策的分析中，将体系和单元两个层次上的影响因素联系并统一起来是新古典现实主义的核心议题。[②] 吉登·罗斯较早使用了“新古典现实主义”表述，称：“新古典现实主义明确地将国家内部和外部变量结合在一起……它的追随者认为，一个国家在国际体系中的位置，尤其是它的相对物质实力，是决定一国外交政策范围和野心的首要因素。这是他们成为现实主义者的原因。然而，他们进一步认为，这样的实力对外交政策的影响是间接而复杂的，因为系统压力必须要通过单元层次上的中介变量才能得以转化。这一点又让他们成为新现实主义者。”[③] 总的来看，新古典现实主义理论是一种跨层次分析理论，致力于解释单元行为体的国内要素和体系环境间的互动，重点研究结构压力、国内因素以及国家行为三者间的关系。它以体系层次因素为自变量，以单元层次因素为干预变量，以国家行为和外交政策为因变量，分析国家的内部结构如何因应外在威胁和机遇，国家领导人如何评估威胁、制定战略、动员社会支持这些战略，是研究结构信号如何通过国内因素传导至国家政策制定和执行的外交政策理论。

新古典现实主义者认为，修正主义国家会依据不同的情势采取不同的策

---

① 内閣官房「国家安全保障戦略について」、2013 年 12 月 17 日 、http://www.cas.go.jp/jp/siryou/131217anzenhoshou/nss-j.pdf。

② 陈志瑞、刘丰：《国际体系、国内政治与外交政策理论——新古典现实主义的理论构建与经验拓展》，《世界经济与政治》2014 年第 3 期。

③ Gideon Rose, “Neoclassical Realism and Theories of Foreign Policy,” *World Politics*, Vo1. 51, No.1, October 1998, p.146. 另见[美]兰德尔·施韦勒：《新古典现实主义与中美关系的未来》，《国际政治科学》2018 年第 3 期 。

略来扩大自己在国际体系中的权力，而“实力对比的变化迟早也会带来国际体系的变革、大国的对外扩张和国际冲突的发生”①。新古典现实主义将体系结构因素视为决定国家行为的自变量和首要因素，但同时重视从单元层次内部来分析外交政策行为，把国内结构同国际体系联系起来，认为国内政治变量是传导、加强或减弱体系结构因素的中介变量，这一变量会扭曲或者缓和国际体系的影响。②

完全能动性的国内政治决定论和没有能动性的国际体系决定论在新古典现实主义理论看来都不具备完全的决定性。新古典现实主义理论认为，体系发挥主要的决定性作用，但受到国内层次中介变量调节。由于国际体系层次上的国家实力并不能自动转化为强有力的国际行为，因此还需要国内层次政权力量的配合。在重视中介变量作用的视角下，新古典现实主义注意到国际结构和国家行为之间的“国家”这个中间环节，主张打开“国家黑箱”来探索国内因素对国家外交政策的具体影响，关注国家与社会的相对力量，及国家与社会的结构，因为这些因素决定了可以将多少国内资源分配给对外政策。扎卡利亚指出，真正做出决策的不是抽象的国家而是代表国家的政府，政府自己的实力而不是国家的整体实力才是最关键的，而政府受国内政治结构的限制。③

新古典现实主义“集中考察国内制度结构特别是政权的汲取能力和动员能力，如何制约或者刺激了政府将国际层次上的国家实力转化为具体的对外行为”④，也就是兰德尔·施维勒提出的社会凝聚力以及政府脆弱性问题。社会凝聚力和政府脆弱性程度影响精英通过国家机器汲取资源进行制衡的能力。⑤新古典现实主义打开了“国家黑箱”，在肯定国际体系影响的同时，提出领导人

① 宋伟：《从国际政治理论到外交政策理论——比较防御性现实主义与新古典现实主义》，《外交评论》2009年第3期。

② Jeffrey W. Taliaferro, “State Building for Future Wars: Neoclassical Realism and the Resource-Extractive State,” *Security Studies*, Vol. 15, No.3, 2006, p.467.

③ Fareed Zakaria, *From Wealth to Power: The Unusual Origins of Americas World Role* (Princeton, NJ: Prin-ceton University Press, 1998).

④ Sven Steinmo et al., *Structuring Politics: Historical Institutionalism in Comparative Analysis* (Cambridge: Cambridge University Press, 1992), p.11.

⑤ Randall L. Schweller, *Unanswered Threats: Political Constraints on the Balance of Power* (Princeton, NJ: Princeton University Press, 2006), pp.47-66.

意象、战略文化、国内制度，以及国家—社会关系等四大类中介变量，指出系统压力必须通过单位层次的干预变量加以转化，处于无政府国际体系中的国家也很难看清楚安全究竟是稀缺还是充足，只能根据自己的主观经验去解读国际政治现实。国家为了实现本国利益，不仅需要应对国际体系中的竞争性压力，还要回应来自国家内部的力量和诉求。[①]

新古典现实主义重视外交政策执行者——那些负责制定外交和安全政策、位于国内政治和国际舞台交会口的部长和官员们——的核心作用，毕竟作为国家延伸的国际制度也遵循国内政治的逻辑，它们最终也要取决于被统治者的同意。[②] 基于国家实力真正转化为一国的对外行为需要以"政府力量"作为中介变量，意识到领导人精英在国家战略政策的制定和执行上有特殊的重要作用，新古典现实主义引入了"观念"因素，以弥补纯粹物质主义的不足，[③] 提出起作用的是这些人对于相对实力的认识，而不只是取决于现有物质资源或者武力的数量比较。[④] "被感知的权力"是重要的"中介性纽带"，领导人对相对权力分布的"理解与认知"与现实国家实力往往并不一致，领导人主观认知的多变与国家对外行为的多变存在正相关性，"实力总是相对的，观念和期望把实力与政策联系起来"，"国家行为的剧烈变动，可能来源于其观念中的实力分配的变动"。[⑤] 国家领导精英需要公众支持，以便为其外交和安全政策动员必要的资源，并维护自身地位和统治能力。[⑥] 但由于国内动员的障碍是一个普遍的现实，因此，政治领导人有时只能被迫通过诉诸意识形态和夸大外部威胁的程度，甚至人为制造对手，来获得国内社会的普遍支持，这往往也会导致反应过度。

① [美]兰德尔·施韦勒：《新古典现实主义与中美关系的未来》，《国际政治科学》2018年第3期。

② [加]诺林·里普斯曼等：《新古典现实主义国际政治理论》，刘丰等译，上海人民出版社，2017，第3—4页。

③ 李志永：《外交政策分析的路径与模式》，《外交评论》2011年第6期。

④ Gideon Rose, "Neoclassical Realism and Theories of Foreign Policy," *World Politics*, Vol. 51, No. 1, 1998, p.147.

⑤ 唐小松：《外交政策理论建构的新发展——"新古典现实主义流派"评介》，《国际论坛》2000年第4期。

⑥ R. Schweller, *Unanswered Threats: Political Constraints on the Balance of Power* (Princeton, NJ: Princeton University Press, 2006), p.128.

在新古典现实主义看来，国家利益不仅局限于安全，还包括追求“威望”的影响力，寻求控制或者塑造外部环境，以应对国际社会的无政府状态。“国家对外政策的首要目标是最大限度地谋求自身的国家利益，尽力营造于己有利的国际环境，在力所能及的范围内追求本国‘影响力的最大化’。”[①] 国家追求“威望”的情况包括：一是当意识到相对实力或威望可能受损时，可能在边缘地带采取外交和军事战略；二是当国家的相对实力或威望面临损失时，可能倾向于采取更具有风险性的行动；三是可能会坚持甚至扩大它们在边缘地带的冒险干涉战略。[②] 新古典现实主义认为，不论国家以何种方式定义其利益，国家可能要的不是更少而是更多的对外影响力，一直追求直到有能力实施这种影响力。而随着自身实力的增减，国家追求对外影响力的能力和野心也会相应涨缩。

（二）影响日本安全战略转型的因素

在因果逻辑上，古典现实主义提出实力分布或者利益分布决定外交政策；新现实主义提出相对权力分布影响国际结果；新古典现实主义则提出相对权力分布（自变量）影响国内约束和精英认识（干预变量），进而影响外交政策和国家行为（因变量）。对于影响日本安全战略变动的相关因素，学界有内外因素侧重之别。彼得·卡赞斯坦注重国内政治的重要性，强调“日本的安全政策会继续受到国内政治而不是国际形势的左右”[③]；肯尼思·派等则注重国际结构和国际形势的影响，强调：“在现代历史150年的发展历程中，不断重复出现的现象是，国际体系的结构每一次经历根本性变化，日本也会随之调整自己的外交政策，同时重建内部机构以更好地顺应变化的形势。”[④] 理查德·塞缪尔斯则从整体上提出了四个“新的威胁”（中国与朝鲜需要应对，美国需要进一步确保关系，日本的工业活力——不只是防卫工业基础——需要得到复兴）对日本的

① 于铁军：《进攻性现实主义、防御性现实主义和新古典现实主义》，《世界经济与政治》2000年第5期。

② 宋伟：《从国际政治理论到外交政策理论——比较防御性现实主义与新古典现实主义》，《外交评论》2009年第3期。

③ Peter J. Katzenstein, *Cultural Norms and National Security: Police and Military in Postwar Japan* (Ithaca, NY:Cornell University Press,1996), p.204.

④ Kenneth B. Pyle, *Japan Rising: The Resurgence of Japanese Power and Purpose* (New York: Public Affairs Books,2007).

推动性作用。[①] 而在安倍政府下,日本对"大国"的身份定位以及"脱战后秩序"[②] 的追求又是新的战略因素,这个因素在根本上源于日本内部。

1.外部因素

新古典现实主义理论的起点是国家间的国际体系,认为"国家对外政策的范围和雄心首先而且主要取决于国家在国际体系中的位置,尤其取决于国家的相对物质实力"[③]。所谓"体系",罗伯特·杰维斯认为:"当一组单元或要素相互关联,改变某些要素或相互关系,进而对体系的其他部分产生影响,并且整个体系展现出的特征和行为不同于受影响的那些部分,我们称这样的构成为体系。"[④] 新古典现实主义认为,在多极结构下和实力对比出现明显变化的过渡期,发生大国扩张和体系冲突的可能性要大一些。[⑤] 美国前驻日本大使馆官员丹尼尔·M.科里曼就认为,战略转变产生于国家对发生了剧烈变动的国际体系的再社会化,外部因素促使日本逐步忘却了战后的规范安全行为,转而更为偏好现实主义思想。[⑥] 当前日本安全战略转型的体系因素包括安全盟友美国的实力相对下降及其全球和地区战略调整、周边安全环境的急剧变化以及日本自身在区域体系中的地位面临持续性挑战。

日本经过观察认为,当前的国际体系正因国家间的力量消长和相互作用而出现变化。日本《国家安全保障战略》对周边安全保障环境做出的判断是:进入21世纪以来,国际社会的力量均衡发生了前所未有的变化,并对国际政治力学造成很大影响;使力量均衡发生变化的主角是新兴国家,尤其是中国在国际社会的影响力日益提高;美国是世界综合实力最强的国家,并依托其军事实力和经济实力,加上以价值观和文化为源泉的软实力,实施战略性安全政策;

① [美]理查德·J.塞缪尔斯:《日本大战略与东亚的未来》,刘铁娃译,上海人民出版社,2010,第5页。

② 安倍在2018年9月召开的联合国大会的会议发言中,首次提出了"脱战后秩序"主张,这和以往其所宣扬的"摆脱战后体制"有所区别,有从内政外交、国际国内双向发力的政治构想。

③ Gideon Rose,"Neoclassical Realism and Theories of Foreign Policy," *World Politics*, Vol. 51, No.1, 1998, p.146.

④ Robert Jervis, *System Effects: Complexity in Political and Social Life* (Princeton, NJ: Princeton University Press, 1997), p.6.

⑤ Randall L.Schweller,"Tripolarity and the Second World War," *International Studies Quarterly*, Vol. 37, No.1, 1993, pp.73-103.

⑥ Daniel M.Kliman, *Japan's Security Strategy in the Post-9/11 World: Embracing a New Realpolitik* (London: Greenwood Publishing Group, Praeger Publishers, 2006), pp.157-160.

力量均衡的变化促进了国际政治和经济的重心由大西洋转向太平洋，也导致国际社会的统治秩序失去强大领导力；全球化的进一步发展和技术革新的迅速发展加深了国家间的相互依赖，但同时也推动了国家和非国家主体之间的相对影响力的变化，给安全环境带来复杂影响。①

在外部因素中，作为日本盟国的美国发挥重要的推动作用，这种作用又体现在正反两个方面。一方面，美国出于全球和地区战略的考量积极推动日本在安全上做出更大的积极调整。对于日本所做出的相关安全调整，《日美联合声明》强调："美国认可日本为促进加强日美两国间政策及情报方面的调整而设置的国家安全保障会议，以及为保护信息而制定的法律框架。美国欢迎并支持日本对于行使集体自卫权相关事项而进行的讨论。"② 在"美国优先"政策下，特朗普政府不主张美国给日本提供像战后以来那样的"全方位"保护，而是督促日本在自主防卫上变得更强大，并能在同盟中扮演积极的安全角色以分担其同盟的责任。特朗普上任前就说"美国不是世界警察"，"日本面对朝鲜应该实行自主防卫，日本拥有核武器也不是坏事"，显示出推动日本强化军备的姿态。③ 美国还通过在日本部署以及向日本出售更多的美式先进军事武器来提升日本的防卫力，并促进日本军事转型。日美外交防卫"2+2"会谈后发表的相关共同文件除了表明美国向日本提供"核保护伞"外，还强调"美国继续承诺向日本部署最先进的军事力量"④。

另一方面，美国对日本表现出的战略性迟疑、美国实力的相对衰弱，以及朝鲜核能力的发展，特别是其导弹可以打到美国的现实，让日本觉得美国"不可靠"。美国特别是国防部门对日本的安全价值判定也出现动摇。虽然华盛顿希望日本能够对美国从东亚到中东的"不稳定弧形区域"的治理做出贡献，倡导者也坚持认为日本的基地是联盟关系的"核心""关键""基石""锚"和"基础"，但是五角大楼的某些人并不认为这些大量的前沿基地在赢得"反恐战争"

① 内閣官房「国家安全保障戦略について」、http://www.cas.go.jp/jp/siryou/131217anzenhoshou/nss-j.pdf。

② 外務省「日米共同声明：アジア太平洋及びこれを越えた地域の未来を形作る日本と米国」、2014年4月25日、https://www.mofa.go.jp/mofaj/na/na1/us/page3_000756.html。

③「陸上イージス・宇宙部隊…日米連携が理由、新装備次々」、『朝日新聞』、http://digital.asahi.com/articles/ASK8K51YTK8KUTFK00B.html?rm=430。

④ 外務省「日米安全保障協議委員会共同発表」、http://www.mofa.go.jp/mofaj/na/st/page4_003204.html。

或者在维护贸易线路的过程中是最为有效的手段。[①] 而且美国拥有的“全球打击”的实力降低了大型美军驻日基地的相对价值,美国反倒认为驻日美军基地这样的高价值目标是非常容易受攻击的。由于基地越来越不重要,美国正在要求日本用不同的方式,包括承担驻日美军军费等方式来增加价值。[②]

日本还认为,在面临朝鲜军事打击的时候,美军的支援可能没有以前那么确定。日本担心被美国“抛弃”,“特朗普政府认为最优先的课题是阻止洲际弹道导弹,越来越多的观点认为,如果这个目标能够实现,美国将不再追求朝鲜‘放弃’核试验和导弹,而且寻求现阶段‘冻结’”,那么,“朝鲜对日本和韩国等亚洲各国的直接威胁有可能被忽视”。[③] 特别是,日本对美国能否给予日本更广阔的安全保护持怀疑态度。战后日本的国家安全和利益的实现在很大程度上依赖于美国对全球秩序和规范的贡献,而“特朗普治下的美国”使美国之所以成为美国的民主主义理念、自由贸易旗帜和道义力量倒退,[④] 展示出其重视双边和“逆全球化”的面相。已经形成“开放国家”、有着“开放利益”的日本所需要的全球秩序因美国的“背叛”与“缺席”而变得不安全。因此,美国又在反面推动日本安保战略的转型,推动日本实现“部分安全自助”或者积极寻求来自其他国家的安全支持。

沃尔特提出,作为行为体的国家并非要制衡体系中权力最为强大的国家,而是更“关注”本地区的强国或对本国最具威胁性的国家。之所以如此,是因为近邻的威胁是迫在眉睫的,而外部强权则距之遥远,随距离的增大其伤害他国的能力也相应减弱。[⑤] 新古典现实主义也指出国际体系给国家呈现出的信号和信息问题,认为这些“清晰度”问题包含三个部分:(1)威胁和机遇的可识别程度;(2)体系是否提供了有关威胁和机遇的时间范围的信息;

① [美]理查德·J.塞缪尔斯:《日本大战略与东亚的未来》,刘铁娃译,上海人民出版社,2010,第255页。

② 同上书,第255—256页。

③「日本狙うミサイル・拉致、米朝対話で置き去り?」、『日本経済新聞』、https://www.nikkei.com/arti-cle/DGKKZO20368920V20C17A8PP8000/。

④ [日]手嶋龍一「東アジアに芽生える戦略的空白:トランプ初来日を読み解く」、http://www.nip-pon.com/ja/currents/d00364/。

⑤ Stephen M.Walt, *The Origins of Alliances*(Ithaca, NY:Cornell University Press,1987),p.162.

(3)是否有最优政策选项脱颖而出。[①] 国际体系中的“朝核问题”和中国崛起在日本的“清晰度”认知上并未被很好地处理，反而成为日本在“军事大国”路线上被用来渲染的“威胁”和被利用的借口。因为只有突出“威胁”，才能推动长期处于和平主义之下的日本去强军立武，去解禁并行使集体自卫权，在海外采取军事行动，以成就“军事大国”。华尔兹就提出，美国可以采取措施为其在国外的行为正名，包括“可以夸大苏联或共产主义的威胁并对轻微的危险做出过度反应”[②]。日本把中国和俄罗斯定义为“改变现状的国家”[③]。此外，夸大中国的威胁对“正常化国家主义者”也是有帮助的，这些身居要职的“正常化国家主义者”一直都希望把日本变得更为强大。[④] 朝鲜指出：“日本动辄叫嚷的‘周边威胁’论是为给自己向军事大国化疾驰的罪犯原形戴上‘合法’帽子。”[⑤] 日本认为中国是其最大的安全“威胁”——来自朝鲜的威胁是现实存在的，但背后更大的威胁则是“中国威胁”。对于提升对敌基地的攻击能力，尽管防卫大臣小野寺五典说的是应对朝核问题，但他强调应对“攻击海上自卫队的敌舰”[⑥] 的表述则更多的是意指中国。

对外部信号的接收和理解是新古典现实主义关注的内容，把中国视为对手并渲染其威胁与日本的国内结构密切相关，是日本安全战略实现转型的策略。安倍领导下的修正主义者们“将新的外部威胁与‘反主流’的保守主义者前辈们原来的野心结合起来——虽然没有凭空捏造什么威胁，但却把每种威胁都放大了。一旦取得了政权，这些修正主义者们就抓住机会进行国家安全内部制度的改革，并把自己的政敌边缘化”[⑦]。日本宣称，中国等新兴力量崛起

---

① [加]诺林·里普斯曼等：《新古典现实主义国际政治理论》，刘丰等译，上海人民出版社，2017，第42页。

② [美]肯尼斯·N.华尔兹：《国际政治理论》，信强译，上海人民出版社，2008，第215页。

③ [日]防卫大学安全保障学研究会编著《日本安全保障学概论》，刘华译，世界知识出版社，2012，第70—71页。

④ [美]理查德·J.塞缪尔斯：《日本大战略与东亚的未来》，刘铁娃译，上海人民出版社，2010，第184页。

⑤ 朝鲜中央通讯社：《日本的“周边威胁”把戏是再次侵略的前奏》，2017年12月26日。

⑥「米国から買うより日本で造るべき長距離巡航ミサイル」、http://jbpress.ismedia.jp/articles/-/51834。

⑦ [美]理查德·J.塞缪尔斯：《日本大战略与东亚的未来》，刘铁娃译，上海人民出版社，2010，第6页。

已经导致国际“力量平衡发生变化”[①]，渲染中国在东海和南海海域、空域的活动“急速扩大且活跃”，指责中国“基于和既存海洋法秩序不相容的自我主张持续尝试单方面改变现状”已成为“国际和地区共同担忧事项”。[②]对于中国提出的“一带一路”倡议，安倍甚至在国内电视节目中公开抹黑亚洲基础设施投资银行，并以“高利贷”为喻，对运营的公正性和透明度表示“忧虑”，渲染中国的新式“霸权”。日本成立太空专属部队的主要目的，也是遏制中国导弹等反卫星武器的攻击。日本《宇宙基本计划》提出，“特别是中国，独自建设太空空间站，太空开发应用进展迅速，向国外扩展本国太空系统的活动也很活跃”，强调“日本也应该参与策划太空碎片对策和监视太空等活动”。[③]也是为了应对中国，日本加强日美同盟还有另一层安全意义，那就是“一旦美日同盟产生裂痕，可能会向中国的军事战略家们发出错误的信号”[④]，会导致日本和地区的安全受到影响。

从国际体系的结构来看，日本在区域体系中的地位面临着持续性挑战也是日本想要做出安全战略调整的原因之一。第二次世界大战之后，日本在经济、科技上的崛起使其既与美国形成了新的赞助关系，也通过对外援助等方式使其在地区关系的框架中处于主导性位置，并以此营造出日本需要的安全环境。在战后相当长一段时间内，一方面，日本采取的对华“接触战略”也有主动引领中国、在区域框架中成为中国“指导者”的想法，与中国在贸易、投资和科技方面进行着大规模的商业活动；另一方面，日本又在美日同盟的框架下执行美国的“指令”，限制和围堵中国。但伴随着美国的相对衰弱和中国在2010年反超自己成为世界第二大经济体，日本在国际体系中的地位出现了动摇，也就是日本面临着结构性的压力。这种压力主要受三方面因素影响，即极的数量、

① 外務省「2016年の国際情勢と日本外交の展開」、『外交青書2017』、http://www.mofa.go.jp/mofaj/gaiko/bluebook/2017/html/chapter1_01.html#s10101。

② 防衛省「平成29年版防衛白書」、http://www.mod.go.jp/j/publication/wp/wp2017/pdf/H29_MDF_whitepaper.pdf。

③ 首相官邸「宇宙基本計画、平成25年1月25日宇宙開発戦略本部決定」、http://www.kantei.go.jp/jp/singi/utyuu/pdf/250125/keikaku.pdf。

④ [日]船桥洋一：《日本与美国：是同盟的持续？还是改变?》，转引自[韩]文正仁、徐承元：《日本复兴大战略》，李春福、李成日译，社会科学文献出版社，2017，第107页。

能力分布状况及一国与潜在或实际霸权国物质力量能力差距的大小。[①] 加上中国包括军事在内的全面持续性发展和不断提出新的国际战略构想，日本也日渐感受到体系性的结构压力，并由此辐射到了安全层面。

2. 内部因素

新古典现实主义重视“国内层次的中介变量”，这些因素包括国家领导人的意象和认知、战略文化、国家和社会关系以及国内制度安排，它们反映了主要行为体面临的多种约束、政策制定者和整个社会的互动，外交政策形成的过程和机制及其影响国家回应外部刺激的方式。[②] 卡赞斯坦甚至提出，日本的安全政策是“由国内的均势而不是国际的均势塑造的”[③]。细谷雄一从政党和领导人层次考察21世纪以来日本的战略调整，认为自民党和民主党都认识到必须抛弃战后长期坚持的“吉田路线”并制定新战略。细谷雄一指出，21世纪以来日本政府内部主要出现了两种有分歧的战略主张，一种是主张增强与东亚邻国尤其是与中国合作的“东亚共同体”战略，另一种就是在深化日美同盟的同时加强与拥有共同价值观的澳大利亚、新西兰、韩国、印度等国合作的战略。而面对中国“崛起”，日本政府认识到前者的“东亚共同体”战略不足取，而后者则代表着新的战略动向。[④]

日本领导层积极推动国家转型，这也是深刻影响当前日本安全战略转型的主要动因。战后日本曾提出“政治大国”的战略目标，并在各领域进行了一系列的尝试性调整。当前日本正处于成为“一流国家”的大国化转型中，安倍再次上台后推出的两大政治口号为“打破战后体制”和“夺回强大日本”。在与其第一次执政时期提出的《致美丽国家》相对应的《迈向新国家》一文中，安倍呐喊着要“把日本从战后历史中夺回来，重新交到日本国民手中”[⑤]。安倍“打

① 刘丰：《制衡的逻辑：结构压力、霸权正当性与大国行为》，世界知识出版社，2010，第30—34页。

② [加]诺林·里普斯曼等：《新古典现实主义国际政治理论》，刘丰等译，上海人民出版社，2017，第59页。

③ [美]彼得·卡赞斯坦：《文化规范与国家安全——战后日本警察与自卫队》，李小华译，新华出版社，2002，第236页。

④ Yuchi Hosoya,“The Rise and Fall of Japan's Grand Strategy: The ‘Arc of Freedom and Prosperity’ and the Future Asian Order,” *Asia-Pacific Review*, Vol. 18, No.1, 2011, pp.13-24.

⑤ [日]安倍晋三「新しい国へ」、『文藝春秋』、2013年1月号。

破体制”要夺回的日本是一个摆脱“非正常化”的“军事大国”。当前日本的修宪活动是日本追求“军事大国”的重要举措,也是安倍政府的“初心”。在2018年发表的新年感言中,安倍表示:“在远望2020年和更远未来的同时,将朝着新的国家建设的方向,强有力地推进改革。”[①] 安倍所说的改革包括实现修宪等安全战略转型,这是日本新国家主义的重要战略目标。安倍政权的长期稳定又为日本安全战略转型提供持续的政权基础。学者猪木正道认为,日本的国家安全必须建立在三大支柱之上,其中第一个支柱就是稳定的内政。

日本政坛总体保守化倾向日渐严重,政治精英,特别是安倍内阁,对外部威胁的认知和反应强烈,他们总体认为日本的安保环境日渐严峻,这可以从日本政府历年的《防卫白皮书》的表述中看出来。政治精英特别是领导人,对国家战略的影响毋庸置疑。威望高的领导人产生的影响更大。在2012年和2014年众议院选举中,安倍亲自挑选了100名以上新人担任议员候选人,这些占比高达40%的自民党新人议员能当选,基本就是得益于安倍个人的威望。在日本的政治体制改革背景下,这种趋向更易于左右日本安全战略及政策的走向。经过一系列的政治与行政改革,日本政治从“官僚主导”向“官邸主导”转变,首相的地位和作用显著提升。安倍再次执政后,推行了一系列改革,加强直属机构权力,剥夺官僚集团权力。仅仅几十人规模的内阁官房的官员扩张到1100人以上,成了首相直接控制的政治大脑。2014年4月,有关日本国家公务员制度改革的法案在国会通过,据此将在内阁官房设立内阁人事局,负责管理各省厅部长审议官以上级别干部的人事信息,辅助首相及内阁官房长官开展人事工作。收回官僚人事权是加强首相官邸权力的重要步骤,首相官邸强势,使日本从“党高政低”变为“政高党低”。同时,安倍政府还将财务省、外务省、防卫省、文部科学省、厚生省以及金融厅的大量决策权转移到首相官邸。

在“官邸政治”主导下,通过人事控制、有效利用官僚体制、增强对政党和议会的控制,安倍政府顺利实现了新安保法案在议会通过等安全战略上的调

① 首相官邸「安倍内閣総理大臣平成30年年頭所感」、http://www.kantei.go.jp/jp/98_abe/statement/2018/0101nentou.html。

整。[①] 安倍自己也把“向右转”作为使命，主张“突破战后体制”，并在自己的著述中明言自己的政治DNA更多的是继承岸信介的遗传。安倍“右倾”言行的背后是在国内具有一定基础，日本民族主义的上升、政治右倾化的加剧、经济长期低迷不振以及国际经济地位的下降，都导致日本国内出现了恐惧和不安的情绪，民粹主义和右翼势力便利用这种情绪宣扬所谓的“强国理念”，推崇“强势领导人”，宣传强硬主张，甚至不惜主张充斥危险的安全政策。这些与日本自身较强的动员能力结合起来，对日本安全战略的调整起着重要作用。日本外交安保智库也通过“忧虑”的方式不断渲染安全环境的恶劣。日本2020年版的《防卫白皮书》就提出，围绕现有秩序的不确定性在增大，出现跨政治、经济和军事的国家间竞争，认为伴随“混合战”将出现更复杂的需要应对的问题。对于周边安全环境，白皮书则提出日本周边的集中拥有军事质量优势的国家有显著性加强军事力量和增加军事活动的趋势，“灰色地带事态”将长期化并会在没有明显征兆的情况下有向更为重大事态急速发展的风险。[②]

对自治和威望的追求在日本被认为是自身长久的价值目标。在日本国内，对该目标的追求主要有以下路径：一是通过增强国家力量获得威望，这是日本正常国家主义者的选择；二是通过提高国家力量获得自治力，这是日本新自治主义者所倡导的；三是通过促进自身的繁荣减少日本要在国际政治中抛头露面获得威望，这是中等力量国际主义者所倡导的；四是通过繁荣来实现自治，这是和平主义者的选择。日本国内的民族主义者还认为强大的军事力量与国家的名誉相关，提出国际政治力量是由军事力量决定的，“经济大国”一词让人心虚。塞缪尔斯还指出，大概每过十年，“大日本主义”者就会遭到“小日本主义”者的攻击，自治主义者就会受到国际主义者的抨击。“自治与威望”仍然是日本“大战略”对话中的主要因素。“威望”既可以被用来证明日本提高其全球地位的努力的正当性，也可被用来阐释解禁对使用武力的限制条件。“自主”呼吁日本自己要有“独立国家应有的安全政策”，无论日本由“寡头政治家”还是民主主义者管理，战略家们都要参考自主与威望来衡量自己的选择。自

① 何晓松：《试析日本首相官邸主导政治——以新安保法案制定过程为中心》，《东北亚学刊》2016年第4期。

② 防衛省「令和2年版防衛白書」、https://www.mod.go.jp/j/publication/wp/wp2020/pdf/R02000031.pdf。

主与威望继续作为具有合法性的价值观存在，政策倾向存在广泛差异的领导者们都可以利用这两点。[①] 日本的领导者们，基本上都是现实主义者。

在追求"威望"下，"一流国家"的身份是安倍政府积极推动日本安全转型的重要动力。2013年2月22日，也就是再次赢夺政权后的第二个月，安倍首次出访美国。在华盛顿特区的战略与国际问题研究中心（CSIS）所做的演讲中，安倍誓言："将让强有力的日本归来，为世界做更多有益的事。"[②] 在此前自民党处于在野时期的2012年，美国以曾在政府中担任过要职的理查德·阿米蒂奇和约瑟夫·奈为主要成员，组成了"跨党派"美日同盟研究小组。该小组提出的最终研究报告《美日同盟：亚洲稳定之锚》（又称第三份"阿米蒂奇报告"，以下简称《报告》）就是由安倍演讲所在地战略与国际问题研究中心对外发布的。《报告》提出：更强大、更平等的美日同盟必须从"一流国家"的立场出发进行重塑，而"日本完全有能力继续成为一流国家，这只是它的意向问题"。[③]《报告》以日本是"一流国家"的假设，提出了日美同盟应解决的相关阻碍、针对的威胁以及深化合作的路径等问题。而在演讲中，安倍明确回应了《报告》中有关日本是否会沦为"二流国家"的质疑，强调日本"无论是现在还是将来，都不会沦为二流国家"，立志"在经济和国防方面都必须强大"。安倍还提出了日本将要努力实践的三个课题：一是日本作为规则的推动者，必须具有主导性地位；二是日本必须做开放的海洋等全球公共产品的守卫者；三是日本必须和以美国为首的志同道合的民主主义国家更加紧密地团结一致。[④] 自2012年底以来，在安倍政府的长期执政下，日本正是在"一流国家"的大国身份下展开安全战略转型，并将以上三个课题融入其中。

日本安全战略转型与国际安全合作注重立足海洋国家的身份，有刻意与

① [美]理查德·J.塞缪尔斯：《日本大战略与东亚的未来》，刘铁娃译，上海人民出版社，2010，第250—252页。

② [日]安倍晋三「日本は戻ってきました」、2013年2月22日、http://www.kantei.go.jp/jp/96_abe/statement/2013/0223speech.html。

③ Richard L.Armitage and Joseph S.Nye,"The U.S.-Japan Alliance: Anchoring Stability in Asia," August 15,2012,https://csis-prod.s3.amazonaws.com/s3fs-public/legacy_files/files/publication/120810_Armitage_USJapanAlliance_Web.pdf.

④ [日]安倍晋三「日本は戻ってきました」、2013年2月22日、http://www.kantei.go.jp/jp/96_abe/statement/2013/0223speech.html。

大陆国家保持距离的战略意图。1972年，日本海上自卫队军官和海洋专家组成的日本海空技术调查会在《海洋国家日本的防卫》中提出，日本不能离开“海洋圈”，第二次世界大战的历史表明，离开“海洋圈”的代价是日本连本土与大陆的通道都无法维系，而只要日本在“海洋圈”内，即使与大陆为敌也能确保国家安全。冷战结束后，日本政府更是积极推动成为海洋国家，确定“海洋立国”的综合战略，并从强化“海洋型”的日美同盟等各方面着手，引领日本战略走向。[①] 日本不少观点认为，从地理特性上日本的“海洋国家”应选择与英美等海洋国家结成“海洋同盟”，防止出现大陆支配性国家，“海洋同盟”是太平洋文明的脊梁。[②] 另外，由于日本至今与大陆国家保持着心理距离，认为自身拥有独特的、优越的、非亚洲的民族特性，所以倾向投入“美国怀抱”，在战略上依然选择依赖美国。[③]

3. 日本政府的战略选择

对于安全问题，安倍执政下的日本比战后任何一个时期都“积极”。日本安全战略转型提速并引发一系列的变化。在内，日本大力渲染外部威胁，提出首份《国家安全保障战略》，修改《防卫计划大纲》，并提出“联合机动防卫力”“多域联合防卫力”等新防卫战略，成立国家安全保障会议，加强首相的安全咨询功能，废除“文官控制”制度，制定“防卫装备转移三原则”，强行通过新安保法案并违宪解禁集体自卫权等。在外，日本在进一步强化日美同盟的同时，还积极开拓日本安全外交“地平线”，扩大对外安全合作，“有拉有打”，争夺地区主导权，并展示出依靠军事手段解决争端和维护海外利益的迹象。与战后单向侧重强调日美同盟的安全战略不同，深化全面对外安全合作是当前日本安全战略转型的重要内容和路径。也就是说，在对外安全合作上，当前日本采取的是强化日美同盟和构筑多样化安全联盟并重的“双轨路线”，在安全上既与美国进一步捆绑，又与美国“分散”和“脱钩”。[④] 于是，日本积极重构“钻石联

① 初晓波:《身份与权力:冷战后日本的海洋战略》,《国际政治研究》2007年第4期。

② [日]五百旗头真:《作为海洋同盟的日美同盟》,转引自孙立新等编《海洋历史地理论》,山东教育出版社,2010,第31—42页。

③ [澳]加文·麦考马克:《附庸国:美国怀抱中的日本》,于占杰、许春山译,社会科学文献出版社,2008。

④ Sebastian Maslow,"Japan's 'Pivot to Asia': Tokyo Discovers the Indo-Pacific," August 1,2018,https://www.policyforum.net/japans-pivot-asia/.

盟”,加强与“印太”相关国家和周边国家的安全合作,并进一步将安保合作融于战略性的“俯瞰地球仪外交”之中。自2012年12月上任至2019年2月,安倍共访问了78个国家和地区,[①] 并与其中的大多数国家提升了安保合作关系,主要内容也扩展到对外安全设备转移和“日本式”安全人才培养等。

安倍政府积极塑造安保文化,引导日本安全战略转型。在大国身份的定位和追求下,安倍提出的“积极和平主义”比战后历史上的“能动的和平主义”走得更远,并试图以此为“理念撬棍”,从深层次打破“和平宪法”对日本战争能力限制的“封印”。在2006年竞选日本自民党总裁时提出的政权构想中,安倍描绘出“美丽日本”,并提出“日本必须能够行使自卫力和集体自卫权。有权利却不能使用,这就好像对财产有拥有权但不能自由支配一样”[②]。在“积极”的姿态下,以强化与相关国家彼此间的安全共识和安全合作为基础,安倍政府推进了日本作为一个积极主动的和平贡献者的国际角色。[③] 塞缪尔斯指出,日本“在过去一个世纪里,一共建立了两种关于国家安全的共识,一种是军国主义的,另一种是和平主义的。每一种战略的建立都是通过塑造尖锐的意识形态对立来适应一个连贯的国家战略”[④]。日本的以上做法在安倍执政下并未过时。安倍“积极和平主义”披着和平主义的外衣,实质上是主张“战争就是和平”,一改战后日本的和平主义,最终目的是从内外两个层面“摆脱战后体制”,实现国家“正常化”,使日本成为能战国家,进而建立“骄傲而强大的日本”。

日本采取安全追随,继续强化日美同盟。追随是指加入其中的一方,目的是维护安全和扩展利益。沃尔特认为,国家采取追随政策的原因既有利于应对威胁、维护本国安全,还可以搭伙伴国的“便车”进行牟利。[⑤] 施韦勒认为,国

① 外務省「外交青書 2019」、https://www.mofa.go.jp/mofaj/gaiko/bluebook/2019/html/chapter 1_00_02.html#s 10201。

②《安倍描绘“美丽国家”》,中国日报网,2006年9月20日,http://www.chinadaily.com.cn/hqkx/2006-09/20/content_693144.htm。

③ James Przystup and Tatsumi Yuki,“The Foreign Policy of Abe Shinzo: Strategic Vision and Policy Imple-mentation,” February 05,2015, http://www.theasanforum.org/the-foreign-policy-of-abe-shinzo-strategic-vision-and-policy-implementation/.

④ [美]理查德·J.塞缪尔斯:《日本大战略与东亚的未来》,刘铁娃译,上海人民出版社,2010,第273页。

⑤ Randall L. Schweller, *Deadly Imbalances: Tripolarity and Holiter's Strategy of World Conquest*(New York:Columbia University Press,1998).

家选择追随的目的主要是希望扩展未得之利益。为了提高本国国际地位和扩大影响力等,国家也会采取追随行为。[①] 有观点还提出,在未来中日安全关系中可变因素超过不可变因素,日本极可能运用"诱杀"式遏制战略,通过挑起中美之间的武装冲突而扮演一个与中国侧面冲突的角色。[②] 此外,在实施追随政策后,国家又会受到与伙伴国间关系的约束。在美日同盟下,日本不断受到来自美国方面施加的压力,美国要求日本采取追随政策,以维护美国的地区安全利益。美国作为全球性海权国家,也难以单独确保海上交通安全,需要地区性海权国家的合作,而且日本列岛在地理上对大陆呈封锁之势,安全战略价值很大。一般来说,安全同盟的主要内容是立足于"人与人合作",而日美同盟战后以来主要还是"物与人合作",也就是日本提供基地,美国提供军队。日美同盟强化的趋向之一就是朝"人与人的合作"方向前进。

另外,对冲是现实主义战略的基本策略,也是"中等国家"对外战略的偏好性选择。日本提出,由于武器破坏力更强,各国相互依赖更深,像过去那样仅以一国(或几个盟国)个别努力实现安全的方式已经非常困难,多边协调显得更加重要。加上在冷战后的世界安全威胁已经是非特定和潜在的对象,相对于过去加强本国力量或与他国结盟来对抗外敌的传统思维,新的安全观念应当是通过与包括潜在敌国在内各国的多边协调,防止威胁的表面化,维护没有明确外敌存在的良好国际环境。[③] 在安全战略选择上,日本同时追求安全自助、同盟合作和基于国际社会成员身份下开展的国际安全合作。在国际安全合作方面,日本既和潜在敌手接触、对话与合作,同时还施加制衡。在国际安全角色上,日本是维持"现状型国家"。对于主张维持现状的国家来说,追求安全和维护体系的稳定是其利益所系,因为它们从现状中获得了巨大的好处,是心满意足的(satisfied)国家,因而会制衡那些对其安全和体系的稳定形成威胁的国家和联盟,这类国家又可分为两种:一是霸权国家,二是霸权追随国家。[④] 对冲战略与日本文化的中"暧昧"也较为吻合,塞缪尔斯观察发现,日本每个关于安

① 岳小颖:《国际政治中的"追随"理论》,《社会科学家》2013年第9期。

② 朱宁:《胜算——中日地缘战略与东亚重塑》,浙江人民出版社,2007,第268页。

③ [日]防卫大学安全保障学研究会编著《日本安全保障学概论》,刘华译,世界知识出版社,2012,第10—11页。

④ 朱宁:《胜算——中日地缘战略与东亚重塑》,浙江人民出版社,2007,第232页。

全的官方文件都充满了左右为难之处，并且每个文件都会体现一种一贯不连续的方向。同时，出于对落入陷阱和被抛弃的恐惧，日本与盟国美国的关系进入“对冲怪圈”，在感到落入陷阱的恐惧时，日本对美的制衡性凸显，强调“战略独立”；而在担忧被抛弃时，日本则讨好和追随美国，这就是：“日本不会与中国走得太近，也不会离美国太远。”[①]

安倍的“积极和平主义”以“民主价值观”为安保合作的基础，试图通过所谓的“民主链条”将共享价值观国家以安全合作名义连成线、组成圈，针对价值观不同的其他国家，形成对抗性同盟。这些“民主价值观联盟”的支柱性架构实际上也是二战之后美国主导的自由国际主义秩序内“指导性联盟”[②]的重要成员。2014年，在北大西洋理事会上所做的演讲——《日本与北约：必然的伙伴》中，安倍称，“日本，已经做好准备，为国际社会做出应有的贡献”，并提出“欧洲各国是与我们的同盟国美国共享基本价值观的伙伴。而且，北约是‘基于相同价值观的同盟’，是跨越大西洋、连接美国与欧洲的同盟”。安倍还指出，日本和北约“并非单纯的共享基本价值观的‘必然的伙伴’，而是用具体行动实践证明的‘值得信赖的伙伴’”。[③]不仅是与北约及欧洲国家，日本对于所谓的“成长中的民主国家”也是积极“拉拢”。安倍政府积极推进的“印太战略”更是以“民主价值观”为核心的理念，试图推进构建日本主导的地区安全秩序。

“民主价值观”运用的背后是日本对现实利益的谋求，并非单纯的精神追求和理念实践。一方面，安倍强调海洋和天空的自由、基于国际法规则以及和平解决争端，表示反对使用武力或胁迫手段解决争端。另一方面，安倍把反对俄罗斯夺取克里米亚同日本反对中国在钓鱼岛维护国家主权和利益的行为联系起来，恶意指责是中国在破坏“规则”和展示武力。日本假借“道义”的工具变相地渲染“中国威胁”，其实质是谋求联合更多的国家来包围中国，以增强自己与中国交涉的砝码。日本在对外安全合作中的“威胁渲染”“价值观游说”“联盟重塑”与“能力援助”都是围绕日本的安全利益。为争取英国，安倍将日

① [美]理查德·J.塞缪尔斯：《日本大战略与东亚的未来》，刘铁娃译，上海人民出版社，2010，第274—275页。

② “指导性联盟”是指引领当前国际秩序主要方向的国家集团，集团内的各个国家有共同利益和偏好。

③ 首相官邸「北大西洋理事会における安倍内閣総理大臣演説～日本とNATO：必然のパートナー～」、2014年5月6日、http://www.kantei.go.jp/jp/96_abe/statement/2014/0506nato_enzetsu.html。

英关系定义为“a priori”(意即自然天成)的伙伴,[①] 以加强两国安全合作,宣称要维护“基于规则的国际秩序”。既有研究已指出,日本不再装作对现实主义者的“自助”观念视而不见,同时会利用联盟增强自己的自主性。[②] “实际上,东京已经放弃了早先关于做出‘国际贡献’的试探性辩解,转而主张为了‘国家利益’而奋斗。”[③]

日本当前在安全领域内的相关调整是以日本自身的国家利益为重,安倍明言“从长远角度认清日本的国家利益,在此基础上制定国家安全战略”[④]。日本在安保领域所做的调整最终服务的是国家整体战略目标。2018年9月,安倍就未来执政前景表示,希望在现有“政绩”基础上推进修宪及“脱战后秩序”进程,继续构建“美丽日本”。[⑤] 但是,日本对“美丽”大国的追求早就被认为是不合适及危险的。山室信一就指出:“当日本认为自己是一个小国或者中等国家的时候,它就会在外交过程中极度谨慎,并且会考虑自己的邻国。但是,当它认为自己是个大国的时候,它就会遭到失败。”[⑥] 添谷芳秀也提出,作为“中等国家”的日本应该让中国看到自己没有大国的野心,同时日本不但不应该对中国的崛起心存恐惧并采取对抗,还应该为一个稳定的、以中国为中心的地区秩序的建设贡献力量。添谷芳秀主张,“中等国家”不出现在大国所主导的权力政治舞台上,也不是构成国际政治基本秩序的大国,而是能够促使国际秩序产生一定程度变化的国家。[⑦]

对“中国威胁”大肆渲染并积极应对,而对地区“安全麻烦制造者”美国及其战略调整却予以迎合,日本安保调整的背后有着深层的策略和战略考量。在东亚安全方面,日本想要达到的当前目标有:第一,在与中国有争议的钓鱼

① 首相官邸「シティ主催歓迎晩餐会安倍内閣総理大臣スピーチ」、2014年5月1日、http://www.kantei.go.jp/jp/96_abe/statement/2014/0501speech.html。

② Menon Rajan, *The End of Alliances* (Oxford:Oxford University Press,2007).

③ [美]理查德·J.塞缪尔斯:《日本大战略与东亚的未来》,刘铁娃译,上海人民出版社,2010,第10页。

④ 首相官邸「第百八十五回国会における安倍内閣総理大臣所信表明演説」、2013年10月15日、http://www.kantei.go.jp/jp/96_abe/statement2/20131015shoshin.html。

⑤ 2006年7月,安倍为准备同年9月举行的自民党总裁选举,在《文艺春秋》杂志上连载关于“迈向美丽国家”的系列文章,提出建设“美丽日本”。2013年1月,在安倍政权第二次成立后不久,安倍又在此前内容基础上整理成书,名为“迈向新的国家”,系统地阐述了其新国家主义理念。

⑥ [美]理查德·J.塞缪尔斯:《日本大战略与东亚的未来》,刘铁娃译,上海人民出版社,2010,第168页。

⑦ [日]添谷芳秀:《日本的“中等国家”外交》,李成日译,社会科学文献出版社,2015。

岛等问题上取得优势地位,占有钓鱼岛,把握主导权。第二,把美国留在亚洲,在日本还未独立具备相当的军事能力之前,让美国继续为日本的安保服务。日本想要达到的长期目标有:第一,牵制中国的崛起与发展;第二,摆脱"战后体制",实现日本的军事大国化,谋求地区安保主导权。在实际过程中,日本一方面呼应美国的"中国威胁论",把美国更深地拖入亚洲,服务于日本牵制中国的战略需求;另一方面以制造"外部威胁之势"来影响国内舆论和政策方向,进一步调整甚至是"突破"一向被视为"禁区"的战后安保基本框架,争夺未来地区的安保主动权、主导权。在实现以上两个目标的过程中,"中国威胁"和"美国介入"都是日本加以利用的"资源"。

三、 当前日本安全战略转型的特点

当前日本安全战略转型是其战后缓慢追求"大国化"进程中迈出的较快步伐,处于改变战后日本"非军事化"遗产的延长线上,并形成一定的特征。一方面,否定"非军事化"的战后路线,使日本重新掌握军事手段,并以此为后盾来实现日本的国家安全与利益。另一方面,突出强调"威慑力",有试图迫使他国因对自己的军事能力和对自己所处联盟的军事能力"有所顾虑"而改变安全行为的想法。而从日本推动的"印太战略"来看,日本强化安保战略还有谋求"塑造力"的一面,试图掌握安全话语权与秩序主导权。

一是否定"非军事化"。为避免"因政府行为再次导致战争惨祸"①,日本战后宪法倡导和平主义理念,其第九条规定:"日本国民衷心谋求基于正义与秩序的国际和平,永远放弃以国权发动的战争、武力威胁或武力行使作为解决国际争端的手段。为达到前项目的,不保持陆海空军及其他战争力量,不承认国家的交战权。"② 在此基础上,日本战后安保的主线是"重经济、轻军事"的"保守本流"。1954年,日本通过《自卫队法》,尽管其中规定自卫队的主要任务是"防止敌人直接和间接入侵",但由于宪法规定日本不能行使战争等武力手段、不能拥有战争力量,因此宣称"不具有战争潜力"的自卫队也一直面临"违宪"的

① [日]日本防卫大学安全保障学研究会编著《日本安全保障学概论》,刘华译,世界知识出版社,2012,第302页。

② 参議院「日本国憲法」、http://www.sangiin.go.jp/japanese/aramashi/houki/index.html。

批评。但是与此相对的是，日本保守政治家们却提出日本的“非军事”状态并不适合国际形势的发展，也不利于日本利益的实现。铃木善幸内阁大肆强调“国防论”“防卫力量增强论”，中曾根康弘内阁时期日本又开启了军事大国化道路，并助长日本新国家主义的发展。[①] 加上美国的推动，战后以来日本逐渐“军事化”，和平宪法框架下的和平主义往往还被批评为“一国和平主义”“消极和平主义”。当前日本安保战略的强化是对战后“非军事化”路线的否定，是日本政府摆脱“战后体制”的重要一步。日本修宪的目的就是实现自卫队的“军事角色”正常化，使自卫队在国内外能够承担更多的军事而不仅仅是防卫角色。日本事实上所做的，是在加强战后一直严重依赖的美国安全保护的同时，不断突破战后军事限制并在此基础上增添其他新的安保支柱，试图重新回到“军事化”道路。只不过，这些举措目前仍是在“强化防卫”的名义下进行而已。

二是谋求“威慑力”。威慑源于进攻性现实主义传统，指一国倾向于把自己的权力扩大到力所能及的一切地方，通过威胁使用武力迫使对手放弃对既定目标的追求。“威慑模式”建议推行竞争性的政策、积极的平衡和在可行的情况下进行预防性战争。[②] 安倍政府看重并突出谋求“威慑力”。[③] 为达到威慑他者的目的，日本加强对外安全合作，谋求集体的威慑力。在谋求增强日美同盟威慑力的同时，日本还在行使集体自卫权的名义下，谋求自身的“先发制人”能力。前防卫大臣小野寺五典表示，基于日美间妥善的职责分工，日本的对敌基地攻击能力有助于强化日美同盟整体的威慑力。[④] 根据2016年生效的新安保法案，在“存亡危机事态”下，即使日本没有直接受到攻击，也可对他国行使武力。[⑤] 前防卫大臣小野寺五典在众议院安全保障委员会上还提及，如果朝鲜向美属关岛周边发射导弹的话，日本有可能基于安全保障相关法将其认定为可

① 林尚立：《日本政党政治》，上海人民出版社，2018，第229—230页。

② 李小华：《接触的限度：美国战略思想的贫困与对华政策两难》，《世界经济与政治》2002年第8期。

③ 首相官邸「安倍内閣総理大臣記者会見」、https://www.kantei.go.jp/jp/97_abe/statement/2016/0329kaiken.html。

④『小野寺元防衛相「敵基地攻撃能力、検討を」米シンポで』、『朝日新聞』、https://www.asahi.com/articles/ASK534KC3K53UHBI017.html。

⑤ 内閣官房「平和安全法制整備法」、http://www.cas.go.jp/jp/gaiyou/jimu/pdf/anbunheiwaanzenhouseiseibihou.pdf。

以行使集体自卫权的“存亡危机事态”。[①] 日本防卫大学前校长、和平与安全保障研究所理事长西原正建议，要提前设想美军对朝鲜采取军事行动等“重要影响事态”下的自卫队对美军的支援。[②] 在行使集体自卫权的“律法封印”被打开后，日本剩下的就是追求能力及对能力的行使权，提升对他国的“威慑力”。拥有巡航导弹等就是能力追求，修改宪法就是保证能力可被行使。日本还表态不排除拦截通过日本上空的朝鲜导弹的可能。除了谋求巡航导弹等“先发制人”的进攻能力外，日本防卫省还讨论把“出云”级直升机驱逐舰改造成可以搭载F35B战斗机的攻击型“航母”。这些“威慑力”已经不在战后日本防卫“本流”的延长线上，而是具有攻击性的“真正防卫力”。[③]

三是谋求“塑造力”。安倍政府在安保方面也同样强调“战略性”，主动追求塑造安保环境，这与战后所谓“消极地”等待美国来给予安全保护完全不同。一方面，日本在加强防卫力量的同时，还通过“积极和平主义”向外输出“安全贡献”，诸如加强与自身利益有关的国家的海上警备能力，“与各国合作，完善情报、监视和侦察态势”[④] 等，以这样的方式来主动塑造和改善地区安全环境。2015年7月20日，安倍就明言：“从‘被大海守护的国家’转变为‘守护大海的国家’，日本必须发挥领导作用，确保自由、和平的大海。”[⑤] 日本政策研究大学院大学校长白石隆认为，随着财富与力量分布的急剧变化，“应当按照怎样的原则”“建立怎样的秩序”才是日本“眼前的课题”。[⑥] 2017年8月，日美“2+2”共同声明强调，“重申在极具挑战性的安全环境中维护基于规则的国际秩序的决心”，“注意到日本‘自由开放的印太战略’，意识到维护该地区海洋秩序的重要

---

① 日本時事通信社「日本政府、不測の事態懸念＝北朝鮮ミサイルに警戒強化」、https://www.jiji.com/jc/article?k=2017081001193&g=pol。

② 西原正「日本はミサイル迎撃・攻撃能力を強化せよ北の挑発にパターン化してしまった日米の反応…『存立危機事態』の認識を」、http://www.sankei.com/premium/news/170905/prm 1709050009-n3.html。

③ 首相官邸「安倍内閣総理大臣年頭記者会見」、http://www.kantei.go.jp/jp/98_abe/actions/201801/04kaiken.html。

④『日米シーパワーダイアローグによる提言「海洋の安定と繁栄のための日米同盟シーパワー」』、2009年4月17日、https://www.spf.org/opri-j/publication/pdf/200904_seapower.pdf。

⑤ 首相官邸「第20回『海の日』特別行事総合開会式における安倍内閣総理大臣スピーチ」、2015年7月20日、http://www.kantei.go.jp/jp/97_abe/statement/2015/0720uminohi.html。

⑥ Shiraishi Takashi,“Abe's Visit to Southeast Asia and Japan's Five New Diplomatic Principles,”January 30,2013,https://www.nippon.com/en/column/f00016/.

性”,[①] 为日本谋求地区安保主导权背书。另一方面,在软环境上,日本又注重树立安全规范和安全规则,以此来塑造软的安全环境。日本《国家安全保障战略》强调:对于实现海洋国家日本的利益,“发展自由贸易及竞争经济、强化自由贸易体制、提高稳定性及透明性、构筑前景光明的国际环境不可或缺”,需要“维护基于自由、民主、尊重基本人权、法治等共同价值和规则的国际秩序”。[②] 在此前的2015年,日本国际问题研究所就“印太战略”提出:“今后如何形成‘印太’地区的国际秩序及设定规则,是与日本的和平与繁荣相关的新课题。”[③] 日本“印太战略”强调“规则”,并将其极力加以推广,表明了日本试图主导地区秩序,追求区域主导权。

四是日渐注重多边安全合作,补充日美同盟框架。随着对外安全合作的密切化,日本更加具有“自我意识”,并强化多边安全合作,既弥补而不是摆脱对美国的依赖,还进一步巩固相对衰弱的美国在地区的安全力量及影响。日本先是热衷于双边的安全关系。弗里曼、卡赞斯坦、大河原伸夫等提出:“由于缺乏社会目标和必要的能力,日本强烈贬低多边主义。它更看重双边安排。”[④] 除了日美安全同盟,2000年版的日本《防卫白皮书》数据还显示,自20世纪90年代,日本逐渐开始和澳大利亚(自1996年)、新加坡(自1997年)、印度尼西亚(自1997年)、加拿大(自1997年)和马来西亚(自1999年)等定期举行双边的安全会谈。自20世纪90年代起,日本的多边安全主义则日渐发展。海湾战争后,1991年6月,日本外相中山太郎提出了新的多边安全对话,即在每年例行的“东盟外长扩大会议”之后,就安全保障会议问题进行政治对话。1992年7月,中国、俄罗斯等受邀参加了“东盟外长扩大会议”;1993年,宫泽喜一访问东南亚,又发表“宫泽主义”,表示日本将积极参加建立安全保障机制;1994年7月,东盟地区论坛(ARF)首次会议在曼谷召开;从1994年开始,日本在“二轨外交”上也体现出对多边安全合作的运用。1994年,日本国际问题研究所与美

① 外務省「日米安全保障協議委員会共同発表」、http://www.mofa.go.jp/mofaj/na/st/page4_003204.html。

② 内閣官房「国家安全保障戦略について」、http://www.cas.go.jp/jp/siryou/131217anzenhoshou/nss-j.pdf。

③ 日本国際問題研究所「インド太平洋時代の日本外交ースイング・ステーツへの対応ー」、2015年3月、http://www2.jiia.or.jp/pdf/resarch/H26_Indo-Pacific/H26_Japanese_Diplomacy_in_the_Indo-Pacific_Age.pdf。

④ [美]彼得·卡赞斯坦、[日]白石隆编《日本以外:东亚区域主义的动态》,王星宇译,中国人民大学出版社,2012,第96页。

国战略与国际问题研究中心、俄罗斯世界经济和国际关系研究所共同发起北太平洋安全三边论坛；1998年以来，日美中开始半官方的三边安全会谈。[①] 2000年4月，日本政府在东京召开了有关应对海盗问题的会议，为双边和多边的安全合作建立了松散的框架。2001年10月，日本主办二轨会议，就建立政府间组织来逐渐形成区域性的反海盗协议达成共识。2002年7月，日本主办了亚洲地区打击海盗问题专家组第一次磋商，提出《亚洲地区反海盗及武装劫船合作协定》(RECAAP)草案。不久，日本海上保安厅与新加坡警方建立了反海盗信息共享中心，并以打击海盗的名义，开始资助东南亚国家建设海岸警备队。在区域反恐问题上，2004年11月，日本与东盟联合发布《打击国际恐怖主义合作联合宣言》，尝试将在能源运输安全问题上有共同利益的中日韩三国组织起来，同时利用"10+3"合作框架争取在马六甲海峡事务中发挥积极作用。日本政府还建议，由日本、马来西亚、印度尼西亚、新加坡等六国的海岸警卫队共同组建一支海上反恐巡逻队，重点在马六甲海峡等海域进行联合海上巡逻，以应对紧急情况的发生。迈克·望月观察了日本"多边安全关系"后提出，日本的政策目标是把它和美国的双边安全联系放到一个更广泛的、多角度、多侧面的安全关系中，而不是离开双边主义投向多边主义。因此，日本将双边主义、多边主义以及它们之间的关系切入安全政策的核心，原因是日本试图用和日本在经济和政治关系上变得日益密切的亚洲作为其同美国间重要联系的补充，这是日本在一个变化中的区域环境下调整其安全政策的关键点。[②] 日本的多边主义开始补充而不是替代日本传统的双边方式。[③] 而在美国"不靠谱"、中国"不可信"并向发展下，日本还建立了与除中美之外的其他国家进行的多边国际安全合作，这些既可以补充它对美国一直以来的依赖，还可以巩固美国在这个地区的力量。[④] 目前在"印太战略"下，日本正在强化"四边安全对话"机制和构筑多边安全合作框架。

---

① Sasaki,Yoshitaka,"Asian Trilateral Security Talks Debut," *Asahi Evening News*,November 7,1997.

② [美]彼得·卡赞斯坦、[日]白石隆编《日本以外：东亚区域主义的动态》，王星宇译，中国人民大学出版社，2012，第96页。

③ Nobuo Okawara and Peter J. Katzenstein, "Japan and Asian-Pacific Security Regionalization, Entrenched Bilateralism, and Incipient Multilateralism," *Pacific Review*, No.2, 2001.

④ [美]彼得·卡赞斯坦、[日]白石隆编《日本以外：东亚区域主义的动态》，王星宇译，中国人民大学出版社，2012，第99页。

五是强调综合性。强调综合安全,主张在目标和手段上同时考虑军事和非军事层面。日本的综合安全保障的含义为:“在思考国家安全时,在目标方面,不仅要防备其他国家的侵略,还要将经济等更广阔领域的目标作为高度重要的国家目标。在实现这些目标时,要将军事要素抑制在最小限度,而最大限度地运用非军事手段。”[①] 1980年,大平正芳内阁时期“关于综合安全保障问题”的报告提出,所谓安全保障,就是要针对各类威胁保护国民生活,为此需进行三个层次的努力,包括为消除威胁本身而使国际环境整体改善的努力、独立应对威胁的努力,以及作为中间层次的努力——联合理念和利益一致的国家共同实现安全,并部分改善国际环境。报告提出的日本综合安全保障的目标包括防御针对日本的军事侵略、维持自由的国际秩序、确保能源安全等,提出为实现上述目标而需要采取的手段包括:维持和加强与美国的合作关系;逐渐加强日本的防卫力量,使其具备必需的最低限度的抵抗能力;确保海上交通线安全;力求扩大能源储备等。2018年版日本《防卫计划大纲》提出构建“多域联合防卫力”,实际上也是要实现日本的海陆空、太空、网络及电磁波领域内的综合防卫能力。

四、安全战略转型与日本危险化

战后,在日美同盟的安保体制下,日本在安全方面充当“被保护”的角色。经历了冷战后的“同盟漂流”和再调整之后,日美安全关系的基本格局仍是美军充当“攻击之矛”、日本充当“防守之盾”。[②] 作为“防守之盾”,战后日本遵守“专守防卫”的政策,即日本的防卫力仅用于自卫,且控制在必要的最小限度内。日本《防卫白皮书》对“专守防卫”的解释是:“指在受到对手武力攻击后才使用防卫力量,所用程度仅限于自卫所需的必要和最低限度,保持的防卫力量也仅限于自卫所需的必要和最低限度的、和宪法的精神相符的及被动型的防卫战略姿态。”[③] 但是,新安保法案使日本行使集体自卫权有了法律依据,“先发

① [日]衛藤審吉、山本吉宣『総合安保と未来の選択』、講談社、1991年、556頁。

②「巡航ミサイル専守防衛の枠を超える」、『朝日新聞』、https://www.asahi.com/articles/DA3S13270558.html。

③ 防衛省「平成29年版防衛白書」、http://www.mod.go.jp/j/publication/wp/wp2017/html/n2123000.html。

制人”则使日本行使集体自卫权有了能力支持，而修宪则是为了将可以行使集体自卫权的行为主体自卫队合宪化。集体自卫权的行使必然导致日本不能再继续扮演“防守之盾”的角色。日本在行使集体自卫权的情况下而进行的战略强化，使“美国有义务向日本提供军事支援，而日本却没有同等的义务”[①] 的这个战后日美同盟基本关系发生了变化，“专守防卫”政策已然空洞化。

所谓集体自卫权，是指即使本国未遭受直接攻击，但当盟国遭受武力攻击时，也可以用武力进行阻止的权利，也就是联盟内所有成员在其中一个成员遭受攻击时进行相互的武装援助。1945年制定的《联合国宪章》第51条规定，主权国家拥有“单独或集体自卫的固有权利”。但由于第二次世界大战时期的侵略历史，日本战后制定的新宪法第九条就规定“放弃战争，不设军队”，放弃了集体自卫权，允许行使个别自卫权，即在本国受到攻击时行使武力。战后以来，日本政府对集体自卫权给出的官方解释也是“拥有但不能行使”，主张限制集体自卫权。1972年，日本政府的相关解释为：“我国在国际法范畴虽享有所谓‘集体自卫权’，但作为国家权利，行使集体自卫权将超越宪法对自卫措施的限制，因此不会获得允许。”1984年，日本政府在答复社会党众议员稻叶诚一的质询时给出的官方见解是，“在国际法中，国家享有集体自卫权，亦即本国在并未遭到直接攻击的情况下，也有权利以实力阻止对与本国关系密切国家的武力攻击”，“由于我国是主权国家，因此我国在国际法层面当然拥有集体自卫权”，但在另一方面，“宪法第9条所允许行使之自卫权，仅限于防卫我国所需之最低限度，而行使集体自卫权一事超出了这一范畴，因此在宪法上不被允许”。[②] 也就是说，日本虽有集体自卫权利，但禁止行使。

冷战结束后，日本朝野政党认为日本需要行使集体自卫权的声音高涨。海湾战争后的1991年，日本派遣自卫队前往波斯湾执行扫雷任务，事实上是行使集体自卫权。安倍上台后，2014年7月日本内阁通过的相关决议案提出，日本发动“自卫”的条件为“日本遭到武力攻击，或者与日本关系密切的国家遭到武力攻击，威胁到日本的存亡，从根本上对日本国民的生命、自由和追求幸福

① “An Expanding Role for Japan: An Interview with Admiral Dennis Blair,” January 19, 2017, https://www.nippon.com/en/in-depth/a05304/.

② [日]防卫大学安全保障学研究会编著《日本安全保障学概论》，刘华译，世界知识出版社，2012，第322页。

的权利构成明确威胁”,解禁了集体自卫权。在集体自卫权解禁的背景下,日本国际安全合作的范围将更广,层次将更深,可以在“关系密切”的界定下和更多国家展开安全合作,甚至包括进一步深入到联合军事行动上。2020年10月19日,日本防卫大臣岸信夫与访日的澳大利亚防长雷诺兹会谈,就把澳军纳入自卫队的“武器等防护”对象达成共识。日本防卫省设想的“武器等防护”的具体情况包括:(1)包括弹道导弹发射在内的情报搜集及警戒监视活动;(2)面临对日本安全造成影响的事态时的补给运输;(3)联合训练。①

日本谋求通过增强军事实力来威慑目标国,既超出了“专守防卫”政策的初衷,也违背了日本宪法精神。一般来说,军事实力承担的安全保障功能主要包括强制功能、威慑功能和抵抗功能。“强制”是指为使对方停止已经开始的某项行动或从事尚未采取的某项行动,而“直接使用”武力或“威胁使用”武力的行为;“威慑”是指通过威胁施以军事报复,预先制止尚未发动的敌对行动;“抵抗”是指在本国受到武力攻击或军事威胁时使用军事力量,以减轻本国所受的损害,或尽量给攻击国造成损害。自成立之初,自卫队作为军事力量就仅承担抵抗功能,威慑功能则由部署在前沿的美军承担。② 但是,当前的日本却对拥有威慑功能以及强制功能越来越重视,这不利于国际安全。

尽管日本前防卫大臣小野寺五典表示,“对敌基地的攻击还是依靠美国,自卫队不保有对敌基地攻击为目的的装备,目前也没有保有的计划”③,日本防卫省也称“完全是为了专守防卫”,并举例称“对敌基地攻击”主要用于夺回被外国军队占领的离岛等情况。但这些具有中远程攻击能力的武器本身就表明作为“防守之盾”的日本正在拿着“攻击之矛”,自我矛盾暴露无遗。事实上,日本也想主动成为“矛”。时任日本自民党研讨会主席的小野寺五典在2017年3月给政府的意见书中曾建议,“在强化作为盾的弹道导弹防卫能力的同时,也要具有巡航导弹等矛的一面”,强调拥有对敌基地攻击能力。他还说:“要有反

①《日澳防长就协调把澳军纳入自卫队防护对象达成共识》,共同网,2020年10月19日,https://china.kyodonews.net/news/2020/10/3edc8fd70797.html。

② [日]防卫大学安全保障学研究会编著《日本安全保障学概论》,刘华译,世界知识出版社,2012,第87页。

③「長射程の巡航ミサイル検討敵基地攻撃も可能」、『毎日新聞』、https://mainichi.jp/articles/20171206/k00/00m/010/137000c?fm=mnm。

击力是必要的，目前是美国承担相应的任务，但日本也应该有这个能力。”[1]小野寺强调：“根据安保法案可以行使集体自卫权。若朝鲜攻击韩国，那么在日本美军基地被朝鲜攻击前，为了支援韩国，日本难道不能拥有可以攻击朝鲜的武器吗？”他建议“日本应该拿‘矛’这样的观点向美国说明”，“为用导弹保护美军在日的军事基地，希望美国方面强化‘盾’的作用”。[2]小野寺又从“日美职责分工”“强化日美同盟整体的威慑力”等角度表达了积极探讨“对敌基地攻击能力”的想法。[3]

通过调整安保政策，日本在重塑和加强自身防卫的同时，也打造出战后以来具有相当危险性的政军体制。曾经在战后较长时期内远离安保议题的日本现在越来越重视军事，使日本变得更加危险。此外，日本看到的、感受到的还包括美国和区域内不少国家对其在安保领域的“扩张”持认可和支持态度，这无疑也会加剧日本国内政治的“右倾化”，导致自卫队在国内的地位上升，为安倍政府将自卫队上升为“自卫军”创造条件。当前日本职业军人地位的提升正是这一趋势的反映。日本国家安全保障会议将国家安全战略的制定权、对自卫队的指挥控制权、对危机状态的处置权都集中在首相手中，形成“一元化”领导力，而其他的十几名阁僚的作用日渐式微，成为具体事务的执行者，这无疑使日益右倾的日本更加便于走上独裁体制。《特定秘密保护法》和新安保法案等在国会上熟练地被以强硬表决的方式推进，更加剧了日本民主崩溃的危险性。立宪主义和民主主义一旦被破坏，日本回归到战前国家主义不是没有可能。对国民权利的破坏正是日本危险转向的前奏，掌握日本国政的保守主义集团“从‘保障国民安全’的过程中”，“迫使国民承认其权力扩张，侵蚀宪法规定的国民权利的合法性”。[4]安保政策调整的结果也导致宪法更不符合“现状”，这必然会进一步增大日本宪法被迫修改的反压力。就集体自卫权而言，此前日本政府对“宪法第九条”的解释是，允许日本在外交与经济方面参与集体安

---

①「敵基地への攻撃能力持つべき?小野寺元防衛相に聞く」、『朝日新聞』、http://www.asahi.com/articles/ASK47778GK47UTFK01N.html?iref=pc_rellink。

② 同上。

③『小野寺防衛相「敵基地攻撃能力」保有検討に前向き姿勢』、『朝日新聞』、http://www.asahi.com/articles/ASK845VF4K84UTFK01J.html。

④ 潘妮妮：《〈特定秘密保护法〉与日本国民权利浅析》，《日本学刊》2014年第5期。

全，但禁止行使集体自卫权。[①] 而安倍政府通过了新的“武力行使三原则”[②] 和新安保法案，据此相关的限制和禁止被有条件地取消，而这些条件的主观定义性又很强，日本可以在自己的解释下任意突破，使其进入战争变得更加容易和“合法”。

在“多域联合防卫力”的构想下，“跨域”防卫体制的构建，特别是从美国购入的高价格武器对日本自身防卫产业的推动效果实质有限，反倒是增加了日本的财政负担。在整体经济低迷的情况下，日本对中国实施的“成本强加战略”（cost-imposing strategy）很容易陷入“被强加成本战略”（cost-imposed strategy）中，最终承担风险的还是自卫队和日本国民。[③] 日本要展开对敌基地攻击，就需要“准确把握敌人基地的位置，要使对方雷达基地‘无力化’，要有精确制导导弹等”，而要增加这些攻击性装备，防卫费大为增加不可避免，这也会伤及日本。早在2005年，日本防卫研究所的研究报告就指出，周边各国针对日本获得的对敌基地攻击能力而对应采取的军事扩大活动将使日本付出更大的代价，因为日本要为应对这种情况付出更多的防卫支出，经济活动也会受到负面影响。[④] 并且，“对敌攻击必将受到反攻击，有可能发展成为全面战争”[⑤]。

从深层次看，日本安全战略转型中的其他动向与变化同样令人担忧。尽管日本认为，秩序必然建立在某种价值观基础之上，而世界又存在多种多样的价值观或善恶观，因此任何秩序都难免会招致不满，那种可以迎合所有价值观或善恶观的“八面玲珑”式的世界秩序是不存在的。但是日本政府坚持的是欧

① 2005年，小泉纯一郎首相在回答参议员藤末健三关于集体自卫权质问时，明确承认，日本政府对于集体自卫权一向持否定态度，同时，本届政府也将尊重政府关于在宪法第九条下不得行使集体自卫权的一贯立场。参见「集団的自衛権についての政府見解等に関する質問主意書」、内閣参質一六三第九号、https://www.sangiin.go.jp/japanese/joho1/kousei/syuisyo/163/touh/t 163009.htm。

② 新的“武力行使三原则”认为，在达到以下条件时可以行使武力：(1)除发生针对本国的武力攻击外，发生针对与本国具有密切关系的他国的武力攻击从而威胁到本国的存亡，产生明显的从根本上危及国民的生命、自由及追求幸福的权利的危险；(2)除此（行使武力）之外没有其他合适的排除手段；(3)只能行使必要的最小限度的实力。

③ [日]村野将「自衛隊には何が足りない?『競争』時代の防衛戦略とは」、2019年1月18日、http://wedge.ismedia.jp/articles/-/15093?page=6。

④ [日]高橋杉雄「専守防衛下の敵地攻撃能力をめぐって—弾道ミサイル脅威への1つの対応—」、『防衛研究所紀要』第8巻第1号、2005年10月，120—121頁。

⑤「敵基地攻撃力専守防衛が空洞化する」、『朝日新聞』、http://www.asahi.com/articles/DA3S12868919.html?iref=pc_rellink。

美和日本所重视的所谓自由民主价值观,强调必须与欧美合力保卫这一秩序,[①] 甚至否定秩序的合理变化。同时,当前日本修宪的动力不是对宪法价值的确认和发展,产生的动因却是包括基于诸如现行宪法是“被强加的宪法”、应要“自主宪法”的形式论,将“日本的文化传统、爱国心”导入宪法的民族主义导入论,“公民权利过多、义务过少”的人权误解论等,与日本立宪的基本思想及与世界各国宪法发展潮流均不相符。[②] 当前,日本的军事化不仅是一个增强国家军事能力的过程,其本质上还是一个涉及价值体系、文化乃至身份的根本性变化。[③] 因为军事化也包括个人或政治系统越来越依赖军事、被军事控制和受军事影响的过程,或者个人和政治系统采用强军主义价值观、信仰,以及接受人类历史就是不断加强军事过程的假说。此外,安倍政府的“价值观外交”更可能会加强“文明”地缘政治博弈,引发更多的冲突而不是和平与稳定。

五、 日本安全战略转型与地区安全困境

日本当前对安保战略的强化是“军事大国化”的重要举措。由于非正常国家下自身军事实力的缺陷,日本对安全战略的设计更多体现的是非现实主义或者说是自由主义的,比如注重国际法和国际制度等,但却偏好按照现实主义的逻辑认识威胁和寻找威胁,并在实践中越来越多地采取进攻现实主义的安全政策,而这对地区安全却是危险的。通过安保战略的强化,日本强化了日美安保同盟,加强了自主防卫能力。同时,日本也突出了对他国的“威慑力”,这对国际安全具有重要的影响。从地区安全的角度看,日本对军事手段和军事能力的再次追求及其安保战略中的对抗性思维,无疑给东北亚的地区安全增添了新的安全“不确定”性,不利于地区的和平与稳定。

首先,动摇东北亚地区的安全结构。在和平宪法下,受制于国内外的环

---

① [日]防卫大学安全保障学研究会编著《日本安全保障学概论》,刘华译,世界知识出版社,2012,第287—288页。

② [日]户波江二:《日本国宪法的60年与宪法修改问题》,牟宪魁、于晓娜、战东升译,《政法论丛》2008年第3期。

③ Linus Hagström and Ulv Hanssen,“War Is Peace:The Rearticulation of ‘Peace’ in Japan’s China Discourse,” June 19, 2015, https://www. cambridge. org/core/services/aop-cambridge-core/con-tent/view/90F27319AB33F62C2F8531783742D14B/S0260210515000157a. pdf/war is peace_the_ rearticulation_of_peace_in_ja-ans_china_discourse.pdf.

境，日本在东北亚安全结构中还不是一股能够主动产生重要军事影响的安全力量。东北亚的安全结构仍是以美(含其盟国)、中、俄为主要影响主体，韩、朝为次级影响主体，日本则是在美国的同盟体系内发挥辅助和配角的作用。当前的日本在更好地充当“防守之盾”以及在强化日美同盟的名义下提升自身的防卫能力，逐步谋求成为“进攻之矛”，转变自身的防卫角色。一方面，美日同盟的强化及日本力量的增强使得东北亚安全结构整体的相对平衡被进一步打破；另一方面，通过安保战略的逐步强化，在“积极和平主义”的旗帜下，日本正在东北亚地区扮演更“积极主动”的安全角色，东北亚地区又多了一股新的安全力量。在“军事大国化”的道路上，已变得看重军事手段的日本在暂时强化日美同盟的同时，随着自身实力和进攻能力的增强，在其国家实现“正常化”的进程中，也必将从内部打破日美同盟，进而改变东北亚的安全结构。俄罗斯之声就指出：“新右翼崛起让日本和平国家的色彩褪色，当前日本新右翼对抗的不仅是中国，还包括美国，如果日本试图摆脱美国保护伞而自行其是，整个亚洲秩序就会发生翻天覆地的变化，并引发连锁反应。”[①] 而美国的相对衰弱及其对日本安全保护的“不确定”性，将推动日本密切把握“内向化的美国”在亚洲造成的“空隙”，并进一步推动东北亚安全结构变动的提早到来。此外，日本的安保转型配合了美国的东亚安全战略，是日本对日美同盟做出的“贡献”与积极修补，加强了美国对东亚安全事务的干涉与掌控能力。在经济衰退、国防预算削减的情况下，美国可以利用日本军事能力增补其在东亚的力量欠缺，把增强及运用自卫队力量视为“亚太再平衡”战略的关键，必将进一步强化美国对东北亚安全的干涉力度与深度。

其次，不利于地区安全议题的解决。东北亚安全形势因朝核问题本就高度敏感和紧张，而日本以应对朝核问题为由强化安保战略，特别是基于对朝鲜实施“对敌基地攻击”的假想而提出拥有“先发制人”的能力，这显然不利于朝核问题的解决。日本“转守为攻”恐将引发周边国家不安，不利于地区和平稳定，其姿态令人担忧。[②] 对于安倍在参议院全体会议上“有必要积极考虑确保对

①《日本在向危险右翼方向转型》，环球网，2012年12月4日，https://world.huanqiu.com/article/9CaKrn-Jy0Ob。

②「巡航ミサイル専守防衛の枠を超える」、『朝日新聞』、https://www.asahi.com/articles/DA3S13270558.html。

敌人基地发动先发制人打击能力"的表态，朝鲜强调："这是进一步加剧地区紧张局势，严重威胁东北亚与世界和平的十分危险的妄动。"[①] 日本和美军的一体化合作，特别是在朝鲜周边频繁地进行军事演习让朝鲜十分紧张。对于2017年10月的日本海上自卫队护卫舰"涟波"号在冲绳周边与美国核航母"罗纳德·里根"号进行的联合军事演习，朝鲜称日本"欲走重新侵略老路的活动已越过了红线"，"参与战争的日本的一切也都会夷为平地"。[②] 日美的安保强化也导致东北亚地区签订日俄和平条约的进程陷于迟滞。2017年11月11日，俄罗斯总统普京在亚太经合组织（APEC）峰会的记者会上就透露，日俄和平条约的签订问题"必须关注日本在防务安全领域对伙伴国所负有的义务会如何影响谈判"，并将日美安全关系视为问题。普京认为，如果将南千岛群岛交给日本，美军可能基于《日美安全条约》在此进行部署。[③]

再次，经过安保调整，日本可以更多地参与东亚地区的安保事务，容易加剧安全形势的紧张。由于集体自卫权的解禁，日美同盟已从防御/威慑性的"内向型同盟"转为威慑/进攻性的"外向型同盟"。日本超出了此前只能为美国提供"基地"的角色，不仅可以协助美国，还可以帮助美国"反击"第三方的"进攻"。[④] 在与美国并肩作战的名义下，日本可以进一步摆脱约束，参与美军的作战行动，提升干预地区和全球事务的能力；同时，还可以把日美同盟打造为亚太地区安全保障的主角，增强日本对地区事务的影响力。[⑤] 因有强大同盟的依靠，日美也更容易无所顾忌地单方面发起对他国的进攻，东亚爆发冲突的可能性大为增加。而在东亚，日本在诱发冲突方面似乎更具危险性，因为日本的政治精英与决策者更关心东亚地区而不是美国关心的中东地区。日本曾试图考虑将"独立拥有对敌基地攻击能力"写入正在修订的《日美防卫合作指针》。[⑥] 而"指针"中规定的"日本尚未被卷入武装冲突的情况下"，日本"可视情况采取

① 《对朝"先发制人打击"会将日本的命运推入毁灭深渊》，朝鲜中央通讯社，2017年12月2日。

② 《日本依仗美国狂妄猖獗》，《劳动新闻》2017年10月9日。

③ "Putin Links Japan-U.S.Security Alliance to WWⅡ Peace Treaty with Russia," November 12,2017, https://www.japantimes.co.jp/news/2017/11/12/national/politics-diplomacy/putin-links-japan-u-s-security-alliance-peace-treaty-russia/#.WgmpHdlnYYI.

④ 李成日：《日本解禁集体自卫权的举措与影响》，《国际问题研究》2014年第4期。

⑤ 徐万胜等：《当代日本安全保障》，南开大学出版社，2015，第86页。

⑥ 《日本想有独自打击敌方导弹基地能力　美不支持》，新华网，http://news.xinhuanet.com/world/2014-09/02/c_126942764.htm。

包括使用武力在内的手段，参与针对与日本关系密切国家的武装冲突”等无疑将是日本挑起东亚事端的“合规依据”。[①]

最后，导致安全互信进一步缺失，加剧地区的安全困境。日本对侵略罪行的认识从“原罪论”到“爱国论”的蜕变，其本质是煽动日本人的民族主义和爱国主义情绪，企图用“国家主义”的意识形态取代战后日本的“和平主义”政治信仰，服务“战后体制突破”。日本政府想通过否认侵略历史让日本人抛弃耻辱感，寻回日本人的自信与骄傲，这样的日本显然将是亚洲重大的麻烦制造者。在“修正主义史观”甚嚣尘上、国家主义高涨的日本，市民社会多样化和理性的声音势必式微，其对政府行为的制约必然弱化，这样的日本令东亚担忧。约瑟夫·奈早就对此表示过深切担忧，2012年他曾在《金融时报》上撰文说，随着日本经济发展乏力，并被中国超越，日本民意已转向更右和更加民族主义的方向，这无论对日本还是对世界来讲，情况都会更糟。[②] 执意参拜靖国神社，对岛屿“存在争端”的说法寸步不让，始终以“终战”心态粉饰战败，否认南京大屠杀和慰安妇等历史错误，在“全国战殁者追悼仪式”致辞中再度删除向亚洲各国致歉内容并回避“不再引发战争”宣示，日本的种种举措更不利于东亚区域的政治互信。而日本在防御外衣下实际在强化进攻能力，并加强盟友的军事力量，引发地区安全担忧。俄罗斯指出，日本引进陆基“宙斯盾”系统是美国在全球范围推进的导弹防御网的一环。2017年11月，俄罗斯外长拉夫罗夫就质疑运用陆基“宙斯盾”系统的不是日本而是美国，表示该系统不单是拦截导弹，还可以发射巡航导弹，称其“违反了美俄间的《中程导弹条约》(INF)”。[③] 俄罗斯联邦武装力量总参谋长瓦列里·格拉西莫夫也表示，日本计划部署陆基“宙斯盾”系统令俄方担忧。俄罗斯外交部发言人扎哈罗娃称，这将对日俄安保领域内信任的酿成及为两国缔结和平条约展开的谈判带来消极影响，指出日本的行动与促进周边地区和平稳定的努力背道而驰，与日俄间在军事领域建立信赖关系的动向也相矛盾。日本的举措也引起韩国的警觉，韩国政府也多次

① 防衛省「日米防衛協力のための指針」、http://www.mod.go.jp/j/approach/anpo/shishin/pdf/shishin_20150427j.pdf。

②《日本右翼势力抱团冲击“战后体制”》，《新京报》2012年12月6日。

③「ロシア、陸上イージスに反発河野氏と主張平行線」、『毎日新聞』、https://mainichi.jp/articles/20171125/ddm/005/010/075000c。

强调,不希望日本以朝核问题为由走上“军事大国化”的道路,韩国对日本的“印太战略”也表明了慎重态度。[①]

六、 余论

美国国防大学战略研究所原所长约翰·柯林斯认为:“在这充满斗争的世界上,一个国家的对内或者对外规划,如果没有可靠的后盾,就不能长期顺利地执行。而卓有成效的国防措施有赖于完善的战略。”[②] 当前日本安全战略转型是日本实现国家总体战略转型的议程之一,最终指向实现日本的“自主化”和“大国化”。即使日本是在对日美同盟进行强化,其终极目标仍是摆脱美国对日本的控制。日本对美国东亚安全战略的配合,给日本提供了借实力下降的美国进行“亚太再平衡”战略的时候参与塑造并进而主导东亚安全秩序的机会,是日本“国家正常化”的重要契机。事实上,可以预见,伴随着美国实力的相对下降,其对外安全承诺的决心和能力必然下降,日本会越来越多地分担美国在东亚的安全责任并进一步坐大,逐渐走向“军事大国”。在美国亚太战略“有限收缩”[③]的进程中,这种倾向性可能表现得日趋明显。

日本军事大国化转型既不利于自身安全,也得不到国民的普遍支持。2018年3月10日,日本内阁府发布的《自卫队及防卫问题相关舆论调查》报告显示,有84.5%的受访者表示“国际性紧张和对立”有使日本卷入战争的危险,60.1%的受访者认为自卫队的防卫能力“现有程度就好”。因此,不造成“国际性紧张和对立”并继续走坚持和平宪法下的立国路线才是日本能为亚洲安全做出积极贡献的举措,而结盟对抗只会加剧紧张对立并引发更多的安全问题。日本国民仍是和平主义的强大支撑力量。2015年5月3日,安倍政府的重要智囊、安保相关法律基础恳谈会成员、京都大学教授中西宽在《读卖新闻》发文指出,日本国民围绕是否应修改宪法第九条存在严重分歧,使国民理解修改第九条的必要性至为困难。即便在众参两院获得通过,也将会在全民公决中被

---

①「インド歓迎 / 韓国は警戒トランプ氏演説、対中関係を意識」、『朝日新聞』、https://www.asahi.com/articles/DA3S13223347.html。

② [美]约翰·柯林斯:《大战略》,中国人民解放军军事科学院编,战士出版社,1978,第1页。

③ 王浩:《过度扩张的美国亚太再平衡战略及其前景论析》,《当代亚太》2015年第2期。

否决。

任何一个民族和国家都有权利通过变革来谋求发展与繁荣，日本告别“战后”无可厚非，但是它不应采取掩饰国家历史和违背国际公理与正义的方式，不应动摇和平主义。正如俄国著名历史学家克柳切夫斯基的“如果丧失对历史的记忆，我们的心灵就会在黑暗中迷失”这句名言所示，日本保守势力和右翼错误的二战史观正在使日本迷失。既损人又不利己的道路不符合日本利益，也不符合亚洲的安全与世界的和平。日本需要的不是对抗甚至战争，在安倍再次活跃并即将二度登上首相宝座的2012年，日本京都部分大学的教授就曾联合发出声明，称日本越来越多的国民遭遇生活危机，甚至陷入无论老幼均看不到未来的闭塞状况。声明强调，走出这一闭塞状况的正确道路，绝对不是摆脱战后体制、废除和平宪法、重新沦为一个可以发动战争的国家。声明令人警醒，而从更广阔的视野看，日本想要更好地走出“战后”，需要得到世界特别是周边国家的理解和支持，这才是地区和世界的和平之道。

第一章　日本国家安全战略的新构建

在东亚安全格局变化和美国实力相对下降的形势下，安倍政府利用国民和国际社会相对能接受的“国际贡献论”推出“积极和平主义”理念，以改变日本“消极”的安全角色，并在此基础上提出战后首份《国家安全保障战略》，主张从国内、国际环境和国际秩序等各层面维护国家安全利益。与战后日本其他政府慎谈战略不同，安倍政府不仅大谈战略，而且还积极实施战略，并把战略与外交融合，以扩大国家安全利益。在再次就任首相的首次记者会上，安倍表示，日本“有必要以俯瞰世界地图的视角考虑战略，战略性地开展作为综合力量的外交”①。在“积极和平主义”和“战略性外交”的理念下，日本在国际安全领域积极活跃，不断拓展对外安全合作网络。

第一节　安倍“积极和平主义”的谱系

在19世纪初期的拿破仑战争之后，近代和平主义萌生。两次世界大战进一步促使人类思考战争与和平。1942年，美国学者昆西·莱特提出“积极和平”与“消极和平”的概念。1969年，挪威学者约翰·加尔通进一步将“消极和平”定义为“非战争状态”，将“积极和平”定义为“不仅没有战争，也意味着消除了贫困、剥削、歧视等结构性暴力的状态”，并由此推动和平学的确立。令人忧虑的是，安倍“积极和平主义”既不在世界和平主义的主流谱系之中，也有别于战后日本立国的和平主义，深藏战争的危险。2015年8月，不顾高龄亲往日本重新“布道”的和平学之父、诺贝尔和平奖获得者加尔通在零距离接触日本之后就

① 首相官邸「安倍内閣総理大臣就任記者会見」、2012年12月26日、http://www.kantei.go.jp/jp/96_abe/statement/2012/1226kaiken.html。

说，安倍“积极和平主义”“与我所说的‘积极和平主义’完全不同”[①]。

一、日本“和平主义”的嬗变

日本“和平主义”具有“善变性”特点。鉴于第二次世界大战的沉痛教训和对战争的反省，战后初期，日本“反战和平”意识特别强烈，在拒绝外来战争可能性的同时也严格审视自己，一些人甚至认为只要日本参与国际事务就是给国际社会“添麻烦”。为了绝患明志、保持和平，日本主动献策，提出在《日本国宪法》中加入“和平条款”（即宪法“第九条”）。建议者国务大臣币原喜重郎说，这样做的目的是，将剥夺日本旧军方有朝一日可能夺回政权的一切手段，以及世界上其他国家都会知道日本将永远不会发动战争了。经历了非军事化和民主化改革，受益于“重经济、轻武装”的“吉田路线”，日本在创造战后崛起奇迹的同时，也勾画出战后和平主义的基本特征——那就是以经济为中心，在国内坚持和平民主体制，在国际事务中保持低调，在安全上坚持“专守防卫”，向国际社会承诺不做军事大国。和平立国既是日本的主流意识，也是战后日本新的国家形象。尽管如此，和平主义面临的挑战和冲击也从未停止过。虽然在国内斗争中仍保持优势，但随着形势的变化，战后和平主义却因“国际贡献论”而在国际事务方面不再那么低调，这又成为迫使国内和平体制做出“适应性”调整的反压力。

20世纪80年代，成为世界第二经济强国的日本感觉自身已经追上了“坂上之云”的欧美强国，新保守主义思潮兴起，提出了“政治大国”目标，强调日本对国际贡献的责任，主张借助经济力量来增强日本的国际话语权和影响力。日本政治家们把此描述为并齐于明治维新的“日本第三次远航”，试图激发内向的日本人“向外看”。由于国际社会的怀疑和国内社会的冷淡，“国际贡献论”没有取得立竿见影的效果，但它却影响甚远。冷战的结束带来了国际格局的深刻调整，也给日本带去了新的“契机”，日本认为自己的时代已然到来，开始思考“后霸权体制下日本的选择”[②]。1990年1月，海部俊树首相提出“必须以美日欧三极为主导形成世界新秩序”，主张将“经济三极”转化为“政治三极”，

---

①《和平学之父：安倍“积极和平主义”实为打仗》，新华网，2015年8月21日，http://www.xinhuanet.com/world/2015-08/21/c_128152614.htm。

②［日］猪口邦子：《后霸权体制与日本的选择》，杨伯江译，吴学文等校，时事出版社，1991。

共管世界。但是,1990年的海湾战争让日本看到自己离“三极”共管世界相去甚远。尽管日本在这场战争中提供了巨额资金,但由于没有在人员派遣方面采取实际行动,日本的行为并未得到西方盟国的称赞,也没有收到来自受助国科威特方面相应的感谢。

出于抱负,缘于失落,也是忧于被孤立,日本政界和舆论界开始把战后以来形成的和平主义贬为“一国和平主义”“消极和平主义”,并加以批判,进而提出“能动的和平主义”“负责的和平主义”等口号。一些政治家提出,日本要成为能对世界发挥重要作用的国家除了经济力量和军事力量必不可少,更重要的决定性因素是观念。1992年,提出“政治大国”口号的前首相中曾根康弘等在《冷战以后》一书中就提出,“该是时候了,日本必须放弃绝对和平主义,而提倡面向国际社会的‘负责的和平主义’,并应该发挥其领导作用”,并强调所谓的“负责的和平主义”就是“应该在必要的时候不惜以行使武力(或警告行使武力)来维护保持和平的国际规则,而且还应该准备为避免武力冲突的危险而做出经济上的牺牲”。①

以“和平主义”为名,作为经济强国的日本在国际上开始试探性涉入经济之外的领域,先后将自卫队派到柬埔寨、叙利亚、东帝汶等国家和地区参加联合国维和行动。在伊拉克和阿富汗战争期间,日本还对盟军提供了支援。与此同时,日本国内“和平体制”也为了适应自卫队“走出去”的需要而陆续发生调整,先后通过《协助联合国维持和平活动法案》(简称“PKO法案”)、《伊拉克人道复兴支援特措法》等。一方面,尽管鼓吹修改和平宪法的势力在不停地躁动,但这些“能动和平主义”都还在禁止集体自卫权和坚守“专守防卫”的框架之下。国民对战争的厌恶和对和平的坚守还不允许有“野心”的政治家们在通往战争的道路上走得太远。但另一方面,在这一时期,自战后以来否定“军队”、否定“行使武力”的和平意识开始急剧衰退,承认“正义的战争”“正义的武力行为”的意识上升。据日本总理府的相关调查,关于自卫队参加联合国维和行动的赞成者情况,从1991年的占比46%上升到2000年的80%,反对者则从占比46%下降到9%。

---

① [日]中曾根康弘等:《冷战以后》,东方编译所编译,上海三联书店,1993,第144页。

事实上,“积极和平主义”早在安倍提出之前就曾在日本国内作为战略理念被加以提及和讨论。2008年9月10日,日本智库国际论坛召集多达87名智囊,其中不乏知名人士,包括时任拓殖大学海外事务研究所所长的森本敏、防卫大学教授神谷万丈等学者、西尾干二等评论家以及平沼赳夫等国会议员,他们经过多次讨论修改,进而汇总撰出题为《“积极和平主义”与日美同盟的应有状态》的研究报告,报告于2009年10月提交给日本政府后不久,全文又分别公开发表于《产经新闻》《朝日新闻》《日本经济新闻》等比较有影响力的媒体上。报告建议,日本应该由消极被动的和平主义向积极能动的和平主义“进化”,并主张在这样的情况下思考日美同盟的应有状态。

该报告书从三个层面提出日本今后安保的政策调整方案:(1)在国土防卫层面,主张重新探讨“无核三原则”等防卫政策“根本”,配合美军战略调整解禁集体自卫权,修改“武器出口三原则”,强化国家情报搜集和分析体制;(2)在地区安全层面,主张握住东亚地区的对话和合作主导权,强化和发展日美对华战略协调,直视对日本主权的侵害行为;(3)在全球安全层面,主张制定《国际和平合作一般法》,为全球集体安全保障做贡献,推进核不扩散、核裁军、和平利用核能等。该报告的原题目是《日美关系再调整和日本的前进方向》,最终题目在逻辑和用词上的变化旨在向政府强调日本积极作用的必要性。显然,这份早于安倍再次执政有三年多的战略报告是安倍政府的“执政说明书”。报告起草之时,日本尚是自公两党联合执政,但提交之时,日本已经“变天”。2009年9月上台的是民主党政权,鸠山内阁主张“友爱”外交,积极倡导构建“东亚共同体”,他并没有采用该报告中的“积极和平主义”建议。

二、安倍“积极和平主义”

2013年9月,安倍在“制定日本国家安全战略专家座谈会”上公开提出“积极和平主义”,安倍的“新瓶”装的不只是“旧酒”。此后,安倍又在各种场合宣传“积极和平主义”,大到联合国大会的演讲台,小到普通的研讨会,试图把它打造成日本的“标志性旗帜”。在联合国大会上,安倍就“积极和平主义”演讲道,如今世界上的任何一个国家,如仅凭一国之力,则难以维护自身的和平与安定,即使从保卫本国安全的角度,也要积极参与建设国际和平环境。他列举的例子是日本积极参与联合国维和行动等集体安全保障行动,以及为此进行的人才培养事业等。安倍强调,日本与以往将“不一样”,会作为更超以往的、和平与稳定的力量而存在,以与国际社会的协调为支柱,高举“积极和平主义”的崭新旗帜。[①] 在次日的记者会上,安倍又表示日本对叙利亚内战中难民的援助和在伊朗核问题上的外交努力都属于“积极和平主义”。[②] 仅由此看,安倍的“积极和平主义”似乎接近于20世纪90年代的“能动的和平主义”等提法。安倍又表示,当前日本要以这些成绩和评价为基础,高举新的“积极和平主义”大旗。古本阳庄在《每日新闻》发表的评论中指出,安倍所设想的是更高一层次的概念。

2013年12月,安倍在一个特别演讲中继续宣传“积极和平主义”,把朝鲜的核与导弹问题、中国划设防空识别区和在钓鱼岛海域的维权等都作为“积极和平主义”推行的背景。安倍同时倡导建立一个“安全的民主世界”,提出“建立一个日本与东盟各国的防卫大臣进行协商的平台,并决定在今后推行”,并将以上想法明确定位为与日本“提倡的‘积极和平主义’十分相符”。[③] 在2014年初的施政演说中,安倍又将“积极和平主义”专列为演讲的一大部分,把自卫队在菲律宾台风袭击中的救援活动、在亚丁湾执行的反海盗任务等国际贡献作为“积极和平主义”的案例来阐释,但同时也不忘指责中国划设“防空识别区”,强调决不接受试图“依靠实力改变现状”的想法。[④]

“积极和平主义”中的“积极”二字,既暧昧模糊、无法界定,又含义丰富、留有余地。日本对外发动的军事行动甚至战争都可以被解释为“积极和平主义”的行动。暧昧的文字表述背后隐藏着安倍政府修宪强军的野心,《每日新闻》就曾指出,首相提出“积极和平主义”,他头脑中所设想的肯定是通过修改宪法解释来实现自卫队的安全功能和行使集体自卫权,也许修改宪法第九条也被纳入了视野。《东京新闻》观察到,安倍在和平主义前面加上“积极”二字,背后

① 首相官邸「第68回国連総会における安倍内閣総理大臣一般討論演説」、2013年9月26日、http://www.kantei.go.jp/jp/96_abe/statement/2013/26generaldebate.html。

② 首相官邸「内外記者会見」、2013年9月27日、http://www.kantei.go.jp/jp/96_abe/statement/2013/0927naigai.html。

③ 首相官邸「日本アカデメイア安倍内閣総理大臣スピーチ」、2013年12月19日、http://www.kantei.go.jp/jp/96_abe/statement/2013/1219speech.html。

④ 首相官邸「第百八十六回国会における安倍内閣総理大臣施政方針演説」、2014年1月24日、http://www.kantei.go.jp/jp/96_abe/statement2/20140124siseihousin.html。

隐藏着“鹰派”思想，本质上是在全球范围内加强自卫队与美军的军事合作。《琉球时报》也直言，“积极和平主义”不过是安倍为修改宪法、允许自卫队行使集体自卫权、修改“武器出口三原则”而创造出的一个掩人耳目的词汇罢了。①

奠定日本战后初期“重经济、轻军事”路线的吉田茂首相就曾指出，过去所有的战争都是在和平和自卫的名义下发动的，所以日本必须以此为教训，放弃包括自卫战争在内的所有战争。回首望去，日本远远偏离了和平主义国家的立场，币原喜重郎所系的“保险扣”日益松动，日本战后“和平主义”的谱系明显战争化。“积极和平主义”下的日本正在重回依靠军事手段解决争端的老路上去，日本时任防卫大臣小野寺五典曾公开宣称，在周边安全环境发生变化的情况下，日本有权发展先发制人的打击能力。为了实现国家“正常化”，为了“强大”日本，安倍“积极和平主义”之路无异于饮鸩止渴，也必将重蹈覆辙。正如《朝日新闻》指出的那样，安倍“强化”日本的目标是实现了，但战后和平主义也将轰然倒塌，周边邻国也必然对这样充满危险味道的日本保持警惕。从更深层面上看，安倍的“积极和平主义”是将内外政策集于一体的政治招牌，是适应日本转型的战略性政策主张，其宗旨是为了实现日本内政、外交以及安全政策的顺利调整。②

第二节　日本国家安全战略的构建

安倍要求“基于国际协调的积极和平主义”立场，讨论和统合日本外交和国家安全，引导日本国家安全战略的制定。2013年12月17日，日本首份《国家安全保障战略》在日本国家安全保障会议上获得通过，取代了1957年日本国防会议及内阁会议决定的《国防基本方针》。日本《国家安全保障战略》以10年为期限，定期进行系统性评估，随时加以完善。但日本也提出在安全形势发生重大变化时，日本政府可以根据当时的安全环境适时地对其做出必要的修订。日本安全保障防卫恳谈会会长北冈伸一曾表示：“日本近代还从未整合外交与

①《安倍的“积极和平主义”到底是什么货色?》，央视网，http://tv.cntv.cn/video/C10334/f7cbf9be327548c6a77d0d8df065bb4d。

② 王珊:《安倍政权“积极和平主义”辨析》，《现代国际关系》2014年第6期。

防卫事务及统筹制定战略方针。此次制定《国家安全保障战略》将是跨时代之举。”[①] 作为战略性方针，日本《国家安全保障战略》还为海洋、太空、网络、政府发展援助、能源等与国家安全相关的重要领域内的政策提供指导。

一、日本国家安全战略的形势认知

日本《国家安全保障战略》强调日本的两个身份：一是日本是奉行自由、民主，尊重基本人权和法的支配地位等“普遍价值观”的国家；二是日本是追求开放和稳定的海洋环境的海洋国家。立足于此，日本对安全形势的战略认知主要从全球和周边两个层面展开。

对于全球安全环境，日本《国家安全保障战略》从七个层面加以判断。一是认为中国和印度等新兴国家的崛起导致国际力量的均衡发生了“前所未有”的巨大变化，与此相对的是美国在全球的相对影响力逐渐下降，由此极大地影响了国际政治力学，促进了国际政治和经济的重心由大西洋转向太平洋，导致国际既有秩序失去强大领导力。同时还认为，全球化的进一步发展和技术革新在加深国家间的相互依赖的同时，也造成国家和非国家行为体间相对影响力的变化，给全球安全环境造成复杂影响；非国家行为体所造成的恐怖主义活动及犯罪活动等威胁在全球化的当下有可能对日本的国家安全产生直接影响。日本2013年版《防卫计划大纲》也指出：“虽然爆发冷战期间所担心的那种大国间发生大规模战争的可能性很低，但各种安全课题和不稳定因素正趋于明显和严重……面临的安全保障环境进一步严峻。”[②] 二是认为大规模杀伤性武器及导弹技术的转移、扩散和性能的提升对日本是重大威胁，担忧存在以国际恐怖组织为主的非国家行为体获得或使用大规模杀伤性武器的风险。2015年版日本《外交蓝皮书》认为，“全球化和技术革新快速发展。在这一背景下，大规模杀伤性武器、弹道导弹、国际恐怖组织和网络攻击这些威胁增大，风险出现多样化”[③]。三是认为国际恐怖主义活动呈现扩散和多样化态势：日本是一些国际恐怖主义组织指定的攻击对象，面临国际恐怖主义的威胁；日本人

① 「安倍政権の“安保の秋”」、『朝日新聞』、2015年9月13日。

② 防衛省「平成26年度以降に係る防衛計画の大綱について」、http://www.mod.go.jp/j/approach/agenda/guideline/2014/pdf/20131217.pdf。

③ 外務省「外交青書2015」、http://www.mofa.go.jp/mofaj/gaiko/bluebook/2015/pdf/pdfs/1.pdf。

在海外受到恐怖攻击或是日本国家利益受到损害的现象时有发生。四是认为针对海洋、太空和网络空间等国际公共财产以及搅乱秩序的风险扩散和严重化。不尊重国际法、企图用武力单方面改变现状的动向增加;海洋通道安全的悬念和脆弱性增大;太空在其安全重要性日益显著的同时,问题也越来越复杂化;存在着对持续稳定的宇宙空间利用构成妨碍的风险;窃取国家机密、破坏社会基础设施、以损害军事系统为目的的网络攻击等风险增大。五是认为“人类安全”面临威胁,存在贫富差距扩大、环境问题、粮食安全、人道危机等危害个人生存和尊严的安全保障课题。六是认为全球经济存在风险,如经济危机对全球经济的影响、新兴国家和发展中国家出现保护主义倾向,或是对制定新的贸易规则持抵制态度等。七是认为资源民族主义情绪高涨,资源竞争越来越激烈,存在着世界性需求与供应的紧张及偶发性供应危机等。

对于周边安全环境,日本《国家安全保障战略》从三个层面加以判断。一是认为国际力量均衡发生的变化在提高亚太地区重要性的同时,也使地区性问题和紧张局势频发。地区间在领土主权和权益等问题上容易出现既非正常状态也非争端状态的所谓“灰色事态”,而“灰色事态”容易诱发更重大的风险。就东北亚地区而言,日本认为该地区集中了拥有大规模军力的国家、拥核国以及正在研制核武器的国家,但地区性安全合作框架并没有充分制度化,各国的安全保障观念也是多种多样,这是地区存在安全风险的重要因素。二是认为朝鲜在增强以核武器为主的大规模杀伤性武器和弹道导弹能力以及对日本进行各种挑衅,使地区出现紧张局面。同时还指出,朝鲜绑架日本人问题关系到日本主权和国民生命、财产安全,是国家必须负责解决的问题。三是认为“中国军事安全政策不透明”以及“中国对外态度和军事动向等令人担忧”。与2010年版《防卫计划大纲》相比,2013年版《防卫计划大纲》认为,日本周边安全环境的威胁更为严重,对东亚安全形势的判断出现以下变化:一是删除“主要国家间发生大规模战争的可能性下降”表述;二是把“本地区还存在着许多不明朗和不确定的因素,诸如领土和领海问题、朝鲜半岛问题和台海问题等”表述为“在领土、主权和海洋经济权益等方面存在的灰色地带事态将长期化,这存在转为更加重大事态的可能性,情况令人担忧”;三是增加了“朝鲜的核武器及导弹开发等是对日本安全重大且急迫的威胁”等表述；四是增加了“中国试图以强力为后盾改变现状，并采取了可以说是高压态度的做法”等表述。[①]

二、日本国家安全战略的构建路径

虽然日本宪法不允许保持军队，但日本一直注重军事在国家安全保障战略中的地位。早在1985年前后，日本战略研究中心主编的报告就提出，非军事手段在安全保障中的作用与过去相比固然更加重要，但它不能取代军事手段，力量的核心仍然是军事，最后所依赖的还是军事，以军事为核心的外交、经济、金融、治安、教育、文化等综合力量才是安全保障的力量。[②] 对于国家安全战略的构建路径，日本《国家安全保障战略》主要从六个层面加以指导，但着重强调的仍是自身的能力建设，包括防卫名义下的军事能力建设。

一是提高自身经济实力和技术实力，加强自身外交和防卫能力，提高日本安全保障领域的国家坚韧度。包括：(1)提升能够对时刻变化的安全保障环境和国际社会的潮流进行分析判断的能力，以及主导国际社会的相关课题的设定等主动能力。(2)强化外交实施体制，在联合国等国际机构增加日本的工作人员，更加积极地做出贡献。(3)构筑综合防卫体制。完善实效性强的综合防卫力；加强政府机构及地方公共团体、民间部门的合作；从平时就注意建立综合应对体制，应对武力攻击事态和大规模自然灾害等事态；将自卫队体制建设置于综合防卫体制建设的核心地位，强化遏制各种事态的体制。(4)加强国土领域保护，提高领域警备执法机构的能力和海洋监视能力，努力掌握国境离岛和防卫设施周边土地所有权的状况。(5)确保海洋安全。积极主导确立以法律为支配地位的国际秩序，维护和发展开放和稳定的海洋秩序。努力构建国际网络，进一步增加双边和多边有关海洋安全保障的联合训练等协调合作机遇，提高合作水准。(6)举国家之力综合推进跨领域行动，加强对网络空间的保护以及加强应对网络攻击的能力。从平时开始，就要加强官方与民间的合作，加强安全领域人才的培养，加强与有关机构的合作并明确职责分担。要在技术

① 首相官邸「平成23年度以降に係る防衛計画の大綱について」、2010年12月17日、http://www.kantei.go.jp/jp/kakagikettei/2010/12177boneitaikon.pdf；防衛省「平成26年度以降に係る防衛計画の大綱について」、http://www.mod.go.jp/j/approach/agenda/guideline/2014/pdf/20131217.pdf。

② [日]日本戦略研究センター編「どう守る、日本の安全：戦略的防衛体制とは何か」、php研究所、1985年。

和应用等方面采取国际合作措施，同时尝试与相关国家扩大信息共享，推进网络空间的防卫合作。(7)不仅要在日本国内彻底实施针对国际恐怖主义的对策，以保证核电设施等的安全，还要确保世界各地的日本人的安全。加强海外信息收集能力，从而加强反恐对策。(8)加强多种信息源的信息搜集能力，培养具有较高能力的情报专家，加强情报事业的人才基础，提高情报分析、汇总和共享机能，完善横跨政府各部门的情报保护体系，强化反谍报能力。(9)确保太空的稳定利用，扩充、强化情报卫星的功能，确立监控太空状况的机制。同时，从中长期视角出发，将卫星制造等技术作为太空开发利用基础的技术。(10)强化技术实力，从平时起掌握技术研发信息等相关科技动向，集合官产学的力量灵活利用技术，并将这些技术灵活应用于外交领域。维护和加强有关防卫力量的生产和技术基础。对于网络安全，自卫队指挥通信系统部队应24小时不间断地监视通信网络。为了提高信息通信系统的安全性，采取综合对策，包括构建预防入侵系统和防护系统，制定应对网络攻击的方针，完善人才及技术基础，推进信息共享和研发新技术等措施。

二是加强日美同盟。坚持日美同盟仍是日本国家安全的基轴，强调其不仅致力于解决双边课题，还致力于解决全球安全课题，包括应对亚太地区形势、恐怖主义、大规模杀伤性武器扩散等，主张要进一步提升日美安全体制的实效性和层次的丰富性。包括：(1)进一步加强日美在广泛领域开展安全、防卫合作；(2)确保驻日美军地位的稳定；(3)增强日美同盟体制的实效性，构建多层次的日美同盟。为缓和驻日美军问题，2016年1月，美国和日本签署了一项新的五年期一揽子东道国支持驻日美军计划。2016年12月，美军归还了北部训练区的大部分土地，使美军在冲绳的土地使用量减少了近20%。①

三是加强与伙伴国及地区重要国家的外交与安全合作。(1)加强与韩国、澳大利亚、东盟各国、印度等与日本共享普遍价值观的国家的合作关系。(2)稳定与中国的关系。从大局和中长期角度出发，在政治、经济、金融、安全和人员交流等各领域构筑并加强中日“战略互惠关系”。在敦促中国发挥有责任的建设性作用的同时，采取包括构筑防范不测事态在内的各种措施。(3)和相关国

---

① Bureau of East Asian and Pacific Affairs, “U.S. Relations With Japan, Bilateral Relations Fact Sheet,” July 17, 2018, https://www.state.gov/u-s-relations-with-japan/.

家紧密合作，根据“六方会谈”联合声明和联合国安理会决议要求朝鲜“无核化”；致力于依据《朝日平壤宣言》综合解决包括绑架日本人等悬案问题。(4)整体提升日俄关系，积极与俄方谈判解决北方领土问题，签署和平条约。(5)积极利用亚太经合组织、东亚峰会、东盟“10+3”、东盟地区论坛、东盟国防部长扩大会议、《跨太平洋伙伴关系协定》(TPP)等地区多边合作框架，以及美日韩、美日澳、美日印、中日韩等三边合作促进安全，以及加强与亚太地区友好国家的合作。(6)与亚太地区以外的能够为国际社会和平与稳定发挥重要作用的国家，如欧洲诸国、南非等新兴国家、中东各国等加强合作。

四是本着国际协调主义的精神，基于积极和平主义的立场，为国际社会的和平与稳定做出积极的贡献。主要是：(1)加强联合国外交，强化集体安全保障机能，提高联合国的实效性和正统性。其中，日本努力谋求扩大常任和非常任理事国的席位，推动安理会的改革，力争担任常任理事国。(2)强化国际社会的海洋、太空和网络空间法的支配地位。参与各种国际规则的制定，努力形成国际规范。(3)推进国际裁军、防扩散和积极参与联合国维和行动等。(4)推进国际反恐合作和严厉打击国际有组织犯罪，为发展中国家提供援助。(5)努力加强具有普遍价值观的开放的国际经济体系，维护和加强自由贸易体制。促进“人类的安全”，协助发展中国家培养人才。

以上四个层面是日本在2013年《国家安全保障战略》中提出的。2016年4月，日本外务省推出的《日本安全保障政策》又提出了另外两个层面的构建路径：一是为解决全球问题，基于普遍价值加强合作。主要是积极且战略性地活用政府开发援助(ODA)，展开支持民主化、开发课题和全球课题，促进“人的安全”的主流化、强化自由贸易体制和人的交流等。二是强化支持国家安全保障的国内基盘。主要是维持和强化防卫生产和技术基盘，强化信息发布、社会基盘和知识基盘。[①] 2016年8月，为确保技术优势，有效且高效地研发先进装备、应对有关防卫技术和民生技术的各种政策课题，日本制定了《防卫技术战略》，从战略上提出各个措施的具体方向。日本也制定了预测未来大约20年以内技术发展情况的《中长期技术评估》，以及提示未来装备概念与相应研发路线图

① 外務省「日本の安全保障政策積極的平和主義」、2016年4月8日、https://www.mofa.go.jp/mofaj/files/000117309.pdf#page=2。

的《研究开发愿景》等文件。此外，日本还制定了为发掘研究机构和企业的独创性研究、发展具有未来前景的初期研究的“安全保障技术研究推进制度”（资助制度）。至2017年度为止，共有33项研究课题得到采纳。[①]

为实现国家安全战略，日本积极推进安全外交，加强安全交流与相关对话。整体看，除国家首脑层面展开的安全互动外，日本开展对外安全合作的主要形式是安全对话和防卫交流。其中，又包括双边和多边两种类型。双边的安全合作主要包括五个层级：一是防卫高层的安全交流，包括防卫大臣和各国国防部长的对话与交流，以及防卫副大臣、防卫大臣政务官、防卫事务次官、统合幕僚长、陆海空幕僚长层级的对话与相互访问等。二是防卫当局间的定期磋商，包括统合幕僚部、陆海空自卫队等实务部门的局长、审议官层级与关系国相应部门之间的对话与交流。三是部队间的交流，包括人员的交流以及舰艇和飞机部队之间的相互访问及联合训练等。四是防卫领域内的留学生交流，包括防卫学校接收他国留学生以及向海外他国军校派遣留学生等。五是研究交流，包括防卫研究所和他国军事研究机构之间的研究交流。多边的安全合作主要包括两个层面：一是多国间的安全对话，如东盟地区论坛等多国间安全对话；二是多国间实施共同训练和召开研讨会等。[②]

安倍政府时期，日本实现国家安全战略的手段较前更为丰富，特别是注重对ODA的战略性运用。2014年，日本外务省明确提出：“要把积极、有效、战略地运用政府开发援助作为‘国家安全保障战略’和‘日本复兴战略’的重要手段。”[③]同年8月，日本与越南达成协议，计划以政府开发援助的方式向越南提供六艘可以改装为巡逻船的船只。2015年2月10日，日本内阁会议时隔12年后首次修订《政府开发援助大纲》。新大纲扩大了以往的援助范围，改变了一直以来只在与军队无关的民生领域对外开展援助的原则，允许对他国军队进行非军事目的的支援。日本《读卖新闻》称，日本可向占ODA总援助额三成的东南亚各国提供援助，帮助它们修建可军民两用的机场、港口等。此外，为了确

① 防衛省「平成30年版防衛白書」、https://www.mod.go.jp/j/publication/wp/wp2018/pdf/30000043.pdf。

② 防衛省「各国との防衛協力・交流」、http://www.mod.go.jp/j/approach/exchange/nikoku/sankou_02.html。

③《日本要用ODA援助他国军队　安倍射出安保最后一箭》，新华网，http://news.xi-nhuanet.com/world/2014-06/28/c_126682850.htm。

保日本的国家利益，新大纲除了提出要积极利用政府开发援助，还准许对国民总收入(GNI)达到一定标准的所谓“ODA毕业国家”再次提供援助。由于鲜明的安保特色，新《政府开发援助大纲》又和“防卫设备转移三原则”“解禁集体自卫权”一起被称为安倍的“安保三箭”。[①]

三、日本国家安全战略的支持性举措

日本《国家安全保障战略》强调日本所面临的安全保障环境日益严峻，“要用长远眼光审视国家利益，确定日本在国际社会中应走的道路，有必要举政府之全力推进国家安全保障战略”[②]。为更好地实现国家安全保障目标，日本需要广泛促进国民和国际社会对自身国家安全保障政策的理解。为此，日本《国家安全保障战略》主张，在推进国家安全政策时要积极地向国内和国外有效地发布相关信息，提高政策透明度，加深国民的理解，同时加强与外国的合作关系，增进国际社会的信任。

相关具体措施包括：(1)以首相官邸为核心，统一推进战略性信息的发布，最大限度地运用各种信息技术，通过多种传媒方式，加强使用他国语言进行对外信息发布。(2)日本政府要与教育机构、专家和研究机构加强合作，努力培养有助于日语普及和实施战略宣传的人才，加深国际舆论对日本的正确理解。(3)使国民认识到国家的安全与自己切实相关，充分认识国家安全的重要性和复杂性。强调在培养国民热爱国家和家乡的爱国心[③]的同时，要积极推进国民对有关领土主权等安全保障政策、自卫队和驻日美军活动现状、加强居民周边防卫设施的理解与合作。(4)加强知识基础，使国家安全在国民的讨论和理解中得到充实。通过派遣相关省厅工作人员等方式提升高等教育机构的安全教育水平；推进实践性研究，加深政府与这些机构及智库的交流；促进相关见解建议的共享，使日本国家安全保障相关人才队伍更加充实。[④] 通过以上措施，日

①「人間の安全保障に関する国連事務総長の総括報告」、https://docs.unocha.org/sites/dms/HSU/S-G%20Report%20on%20Human%20Security%20A.68.685.pdf。

② 内閣官房「国家安全保障戦略について」、http://www.cas.go.jp/jp/siryou/131217anzenhoshou/nss-j.pdf。

③ 此处的“爱国心”不同于1957年安倍外祖父岸信介主政时期提出的“安定民生”那样的“爱国”，而重在强调面对安全威胁时产生对抗和进行防卫的意识。

④ 内閣官房「国家安全保障戦略について」、https://www.cas.go.jp/jp/siryou/131217anzenhoshou/nss-j.pdf。

本把全体国民引入对安保议题的关注，使他们对国家安全保持紧张性认知，为“能战国家”培育国民基础。

在国际层面，日本大力对外宣传其安全战略与安全政策，以谋求国际理解，进而促进对外安全合作。新安保法案在国内得到通过后，日本政府就利用各种机会向国际社会解释其“和平与安全法制”，以获得来自外部的理解和支持。日本把北约作为向西方国家宣介安保政策的重要平台。2014年5月，安倍在北约总部演讲时声称，“和北约一同参加维和活动的自卫队，在北约部队遭受游击队袭击时，也无法赶去进行护卫”[①]，以求争取北约对其解禁集体自卫权乃至修宪的支持。同时，日本还利用其驻外机构和相关使团，在国际社会中宣传其关于领土完整的立场。

第三节　日本国家安全战略的目标

日本国家安全战略从根本上说，是基于长期的视角追求日本的国家安全利益。日本《国家安全保障战略》强调，要用长远眼光审视国家利益，确定日本在国际社会中应走的道路，举政府之全力推进国家安全保障战略。[②]《国家安全保障战略》强调要维护的国家利益包括三个层面：第一个层面是日本自身。强调维护日本的独立、主权和领土完整，保护国民的生命、财产安全，维持优良文化和传统，确保以自由和民主为基础的国家和平与安全，追求经济发展的繁荣，使日本的和平与安全基础更加牢固。第二个层面是国际环境。强调作为海洋国家，日本要在亚太地区通过自由贸易竞争促进经济发展、强化自由贸易体制，创建一个稳定、开放、拥有光明未来的国际环境。第三个层面是国际秩序。强调维护以自由、民主、人权和法的支配地位等共同价值观为基础的国际秩序。在这三重利益界定下，日本《国家安全保障战略》旨在实现三个安全战略目标，其本质仍是追求综合安全。

---

① 首相官邸「北大西洋理事会における安倍内閣総理大臣演説 ~ 日本とNATO：必然のパートナー~」、2014年5月6日、http://www.kantei.go.jp/jp/96_abe/statement/2014/0506nato_enzetsu.html。

② 内閣官房「国家安全保障戦略について」、https://www.cas.go.jp/jp/siryou/131217anzenhoshou/nss-j.pdf。

一、实现日本自身的安全

日本《国家安全保障战略》强调的第一个安全战略目标是:维护日本的和平与安全,保障国家的存在,强化必要的遏制力,预防威胁危及日本。万一出现威胁危及日本的情况,要消除威胁并将损害降低到最小限度。① 担任"安全保障法律基础再构筑"与"关于安全保障与防卫力"审议会成员的庆应大学教授细谷雄一建议:"比任何其他事情更重要的是,日本要持有充分的力量。"②

提升自身的防卫能力是当前日本安全战略的重要内容和目标。面对不断发展的中国,日本认为"要想主张本国主权,保卫领土、领海和领空,就必须从真正意义上加强自卫队的能力"③。日本有观点提出,2030年是分水岭,在那之后,日美的军事能力能否超过中国很不确定,因此日本需要在2030年前进行"先期投资",强化安保防卫能力。2013年9月12日,安倍在首相官邸召开的"关于安全保障与防卫力量的恳谈会"首次会议上强调,必须从长远角度认清日本的国家利益,并在此基础上使国家安全保障政策更加具有战略性及系统性。安倍表示:"防卫力量是一个国家维护和平、独立的意志和能力的具体体现。自卫队应该着实提高自己的能力,以充分适应新形势的需要。"④ 2013年版《防卫计划大纲》也相应提出:"日本安全保障的根本是靠自身的努力。"⑤ 该版《防卫计划大纲》从联合运用的角度实施能力评价,提出构建"联合机动防卫力",主张充分确保防卫力量的"质"与"量"以支撑各项活动,提高威慑力和应对能力。2018年版《防卫计划大纲》又提出"多域联合防卫力"新防卫战略,提出"多域作战"的概念,这是日本适应国际形势的军事变革,提升自主防卫力的重要战略性举措。

日本对日美同盟的强化以及扩大对外安全合作的最终目标也都是为了日

---

① 内閣官房「国家安全保障戦略について」、https://www.cas.go.jp/jp/siryou/131217anzenhoshou/nss-j.pdf。

② [日]細谷雄一『18世紀ヨーロッパから21世紀アジアへ』、中央公論新社、2012年、330—333頁。

③ "An Expanding Role for Japan: An Interview with Admiral Dennis Blair," January 19, 2017, https://www.nippon.com/en/in-depth/a05304/.

④ 首相官邸「安全保障と防衛力に関する懇談会」、2013年9月12日、http://www.kantei.go.jp/jp/96_abe/actions/201309/12kondankai.html。

⑤ [日]防衛省「平成26年度以降に係る防衛計画の大綱について」、http://www.mod.go.jp/j/approach/agenda/guideline/2014/pdf/20131217.pdf。

本自身的安全。日本观察到“美国在国际社会的相对影响力有所变化”[①],日本保守政治家们甚至早就断言,美国在关键时刻恐怕难以保卫日本。[②] 出于仍是“非正常国家”的现实,日本目前依赖日美同盟更多是为了实现过渡,先把美国拖在亚洲,保护日本直至其自身安全能力足够强大。在实现自身安全的战略目标下,日本实际上也追求自身安全身份转型这个次层次的战略目标。战后日本“非正常国家”的身份是日本“大国化”战略追求的障碍,在“积极和平主义”名义下,日本调整防卫体制、增强防卫力的更大目标其实就是实现战后日本的安全身份转型,成为可以作战的国家。

在变化了的安保环境下,日本仍将立足主权国家身份的传统安全作为安保战略关注的核心内容。日本国内有部分观点也提出,相较于无国界的“地球社会”,“印太”地区作为主权国家之间的“国际社会”的本质未变,国家间的传统矛盾仍将会继续成为主要的安保课题,即使将疫情防控等定位为重要的安保课题,也并不意味着传统课题将会消失。

二、改善周边安全环境

日本把周边环境置于自身的安全战略视野中。战后日本提出的综合安全保障战略就提出,日本安全保障的第一目标是防止直接威胁波及日本,在排除可能威胁的同时将其损失降低到最小;第二个目标是改善国际安全保障环境,努力使日本免受威胁。日本《国家安全保障战略》强调的第二个安全战略目标也是改善亚太地区的安全保障环境,预防和削减对日本构成的直接威胁。但是,当前日本改善周边安全环境的实质内容却是应对不断崛起的中国,背景是日本把中国作为安全上的假想敌。再次上台以后,安倍在很多重要场合都明确表达“抗衡中国”的强硬态度,把中日之间的分歧激化为两国之间的战略对抗。在2014年达沃斯世界经济论坛期间,安倍甚至公开煽动世界对抗中国,声称当时的中日关系就像一战爆发前夕的英德关系。日本前驻华公使、东京佳能全球研究所的宫家邦彦提出:“日本和平主义的幻想没有破灭是由于美国盟友的存在,日本必须威慑许多潜在的侵略者,如果中国执意要成为一个太平洋

① 内閣官房「国家安全保障戦略について」、http://www.cas.go.jp/jp/siryou/131217anzenhoshou/nss-j.pdf。

② [日]安倍晋三、岡崎久彦『この国を守る決意』、扶桑社、2005年、57—63頁。

大国,并挑战美日海上霸权,摊牌是在所难免的。”[①] 2015年5月,日本国会在审议针对旨在令行使集体自卫权成为可能的安保法案修改之必要性时,安倍就辩称,这是由于“我国所处的安全保障环境正变得日益严峻”,并列举了“中国的崛起及在东海和南海上的活动”等具体实例。为此,日本不仅支持美国的“航行自由行动”,而且还参加相关联合军事演习,并向南海周边国家提供巡逻船和侦察机等,以支持它们在海洋上对抗中国。

中国正处于和平发展时期,经济持续高速发展、军事力量迅速增长,中国也一再向世界解释中国的崛起是和平崛起,但是日本对中国的表态没有给予真诚的信任。战后以和平形象立国的日本正在突出曾被它担忧并远离的安保问题,外交连带着安保,并且是突出安保,安保有被日本“重点化”和“战略化”的趋势。安保在“被重点化”的同时还体现出被综合性地战略运用。日本在很大程度上将对外的ODA用于中国的周边国家中,通过战略性地运用来应对中国力量的增强。

在周边安全环境深刻变化,特别是意识到中国力量增强将不可避免带来重大“安全威胁”的预测下,日本在地区合作特别是东亚区域合作中注重突出应对中国的安保考虑。日本政府一开始就对中国提出的“一带一路”倡议反应冷淡,也没有加入由中国主导的亚洲基础设施投资银行,其中主要原因之一就是认为“一带一路”建设对日本的安全利益,特别是对日本的安全环境构成了威胁。2019年,日本防卫省防卫研究所的相关研究报告就认为:“(‘一带一路’建设)通过为周边各国提供经济利益,从而建立良好关系,在谋求中国周边环境稳定的同时,提高中国在经济和政治以及安全方面对周边地区的影响力。”[②]在美国之外,由日本带头领导其他国家加强安全合作也正是在这样的应对中国的战略思维下进行的举措。

三、维持国际安全秩序并谋求主导地位

日本《国家安全保障战略》强调的第三个安全战略目标是:强化和巩固基于共同价值观和规则的国际秩序,在解决争端上发挥主导作用,改善全球安全

---

①《“新民族主义”复辟日本帝国主义?》,搜狐网,2013年12月3日,http://roll.sohu.com/20131203/n391180638.shtml。

② 防衛研究所「中国安全保障レポート2019」、http://www.nids.mod.go.jp/publication/chinareport/pdf/china_report_JP_web_2019_A01.pdf。

保障环境，构建和平、稳定和繁荣的国际社会。[①] 日本强调的维护国际秩序实际上是旨在维护能够实现日本安全利益的国际秩序，其重要举措就是在国际安保领域谋求日本的主导地位，以引领秩序的走向。一方面，《国家安全保障战略》强调对外安全合作，谋求集体安全体制的构建。另一方面，日本通过积极参加对外安全合作，在美国于国际安全领域，特别是于日本周边地区安全影响力相对下降之际，来加强自己对国际安全问题和地区安全问题的主导。与美国实力相对下降相伴随的是，日本判断自己“作为亚太地区最繁荣、最强大且占据枢纽地理位置的国家之一，将在该地区未来发展中起到关键作用”[②]。

一是谋求主导国际重要安全议题。日本强调，“作为唯一一个在战争中受过原子弹轰炸的国家和国际社会的一员”，一直试图在“无核世界”的国际合作中扮演主导角色。2015年版日本《外交蓝皮书》提出：“为了2015年的《不扩散核武器条约》(NPT)审议大会取得成果，日本将主导相关讨论。”[③] 2015年5月，日本外相岸田文雄在NPT审议大会开幕当天的演讲中呼吁各国领导人访问广岛和长崎。而在NPT审议大会的三个主要委员会汇总的最终文件草案中，日本加入的希望各国领导人访问日本核爆受害地广岛和长崎的部分内容，最终被要求删除。[④] 在访问中东各国时，日本明言在援助的同时继续推进“和平繁荣走廊”的构想，试图发挥主导作用。[⑤]

二是谋求在国际重要安全组织和机构中发挥领导作用。2015年是联合国成立70周年，“入常”成为2015年日本战略性外交相当重要的目标。2014年，日本在联大发言中宣称，2015年要在“争常”问题上取得实质性突破。2015年5月，日本政府拟向联合国大会提出新的联合国安理会改革方案，以扩大常任理事国及非常任理事国。在日本所提的这份联合国安理会改革方案中，常任

① 内閣官房「国家安全保障戦略について」、https://www.cas.go.jp/jp/siryou/131217anzenhoshou/nss-j.pdf。

② “The Alliance: Toward a Stronger U. S. -Japan Partnership,” http://www. project2049. net/documents/US_Japan_SPF_Capstone_Paper_2014.pdf.

③ 外务省「外交青書2015」、http://www.mofa.go.jp/mofaj/gaiko/bluebook/2015/pdf/pdfs/3_1.pdf，第14页。

④《NPT审议大会或被日本利用　中方要求删除文件内容》，环球网，http://world.huanqiu.com/exclusive/2015-05/6421486.html。

⑤《国际观察：安倍中东行为日本谋划啥》，新华网，http://news.xinhuanet.com/world/2015-01/21/c1114077965.htm。

理事国由目前的5国扩增为11国、非常任理事国由目前的10国扩增为14或15国。同年9月，安倍在首相官邸与联合国大会候任主席吕克托夫特举行会谈时又表示，期待吕克托夫特上任后推动安理会改革。10月，联合国大会第70届会议选举日本等5国为2016—2017年度安理会非常任理事国。尽管日本“入常方案”和“入常结果”以失败告终，但其过程却是日本战略性外交充分加以运用的体现。

三是提出相关战略构想，谋求主导区域安全秩序。“印太战略”实际上就是日本试图在新的地缘战略板块“印太”地区构建出日本主导的秩序，包括安全秩序，来实现日本的安全利益。日本“印太战略”的重要内容就是对外开展安全合作，既强调日美印澳这样的“钻石安保联盟”国家间的安全合作，也强调与“印太”地区其他相关国家的安全合作，希求再次实现日本对“印太”地区安全秩序话语权的主导。

第四节 日本国际安全合作的特点及路径

日本《国家安全保障战略》认为仅凭一国之力不能确保自身和平与安全，同时还宣称，世界也期待日本为国际社会的和平与安全进一步发挥符合自身国力的积极作用，强调“从国际合作的积极和平主义立场出发，努力实现日本的安全和亚太地区的和平与稳定，进一步积极致力于国际社会的和平、稳定及繁荣”[①]。在“战略性外交”的指引下，日本积极开展国际和地区安保合作。除了日美同盟，与美国之外的国家开展多重安保合作包括与非周边的英法等欧洲国家加强安全互动是日本强化安保战略的主要内容。自2013年以来，日本还与英国、法国、德国、意大利等国家签署相关防卫转让协议，扩大了国防装备和技术合作。日本《国家安全保障战略》提出，“与发挥重要作用的亚太地区内外伙伴建立信赖与合作关系”，“加强与伙伴的外交和安全合作”。[②] 2019年，日本《防卫白皮书》又提出，在“自由开放的印太”愿景下与地区各国加强安全合作与安全交流。

① 内閣官房「国家安全保障戦略について」、http://www.cas.go.jp/jp/siryou/131217anzenhoshou/nss-j.pdf。

② 同上。

一、坚持日美同盟基轴

日本认为,当前世界面临着各种军事活动包括使用核武器在内的威胁与恐吓,即使是超级大国美国仅靠自己来确保国家安全也是困难的。对于日本而言,从人口、国土、经济的角度来看,独立实现自我防卫是不可能的,因此为了确保国家的和平、安全与独立,必须构筑能应对一切事态的无缝防卫态势。在防卫上,日本坚持日美是有共同价值观和战略利益的盟国,坚信以日美安保体制为核心的日美同盟发挥着"公共产品"的作用,不仅有利于日本,还有利于亚太地区乃至整个世界的稳定与繁荣。[①] 基于面临的安全保障环境愈发严峻的战略判断,以及美国正在维持并强化在亚太地区的安全存在和参与日深的现状,日本认为强化日美同盟对于确保日本的安全具有较以往更为重要的意义。

日本对外的双边安全合作尤以日美间最为深入。仅2018年,日美高层政策协调就有14次首脑会议(其中10次为电话会谈)和16次外长会议(其中6次为电话会谈,也包括与代理国务卿的会晤)。2019年版日本《外交蓝皮书》表示:"在两国领导人和外长间的信任关系下,日美同盟比以往任何时候都更加强大。"[②] 仅就安全合作框架而言,日美两国间除了有《日美安全保障条约》及《日美防卫合作指针》等安全条约与协议,其安保磋商及合作框架还已构成三层复合体系:核心层是日美安全保障协议委员会部长级磋商机制,又称外交安全"2+2"会议。次层包括"日美安全保障高级事务级磋商""日美防卫力小委员会""日美联合委员会""BMD(弹道导弹防御)高级运营委员会""网络安全对话"等五个局长级框架。外层包括日美扩大威慑磋商,化学、生物、辐射与核防护工作部会(CBRN),日美信息保护磋商,关于安全保障的日美太空磋商,作用、任务、能力、作业部会等五个具体实施政策的审议官级别框架。[③] 这种紧密的安全合作关系远超于和其他国家的安全合作。根据日本防卫文书的相关记录,2016年至2018年,在首脑会谈和防长会谈等多个场合,日美双方确认的安全合作共识包括:(1)美国使用一切军事力量保护日本的承诺不变;(2)《日美安全条约》第五条适用于钓鱼岛;(3)反对在东海及南海依靠实力试图单方

① 外務省「外交青書2015」、http://www.mofa.go.jp/mofaj/gaiko/bluebook/2015/pdf/pdfs/1.pdf。

② "Diplomatic Bluebook 2019,"https://www.mofa.go.jp/files/000527162.pdf.

③《无惧"同盟弱化"之忧,扎实推进日美磋商框架建设》,日本网,2014年8月28日,https://www.nippon.com/cn/features/h00053/。

面改变现状，根据南海局势，日本和美国合作促进与东南亚国家的防务合作；(4)进一步深化日美装备及技术合作；(5)在朝鲜核武器和导弹开发问题上，日美和日美韩的紧密协作很重要；(6)合作确保驻日美军安全运作，以及合作采取措施使位于冲绳等地的美国军事基地获得日本当地人民的理解。

日美注重加强联合威慑和应对能力，通过联合实施“能力建设支援”“人道支援和灾害救援”“三边及多边的训练和军事演习”等，推动“防卫装备和技术合作”以及“设施和地区的联合使用”等。[①] 日本一直是美国生产的国防装备的主要采购国。2016年，日本和美国签署了互惠防务采购协议。日本在美国的许可下也在国内制造美式防卫设备。为了确保日美通用装备的维修护理，日本在采购美国F35A战斗机之际，还就日本企业参与制造及设立保养基地做了大量工作，把美海军陆战队“鱼鹰”战机和日本自卫队“鱼鹰”战机(V-22)的维护保养等业务放在木更津基地。[②]

日美共同训练与演习是被看作展示日美共同意志与能力、形成遏制力的重要路径，对双方理解对方的能力与战术、提升共同应对能力有较大的作用。在日本“和平安全法案”通过之后，日美同盟安全合作进一步密切。2017年7月，日本还就防护美国舰艇进行了专门的训练。同年，日本还对美国舰艇、飞机各实施了一次警卫。[③] 日本提出，驻日美军的驻留是日美安保体制的核心，可以确保在紧急事态下实现迅速机动。在太空、网络及电磁波等防卫新领域，日美之间的合作也较其他双边安全合作更为深入。在太空合作方面，日本参加了美军主办的太空态势感知(SSA)多边桌面演习(“全球哨兵”)及与太空安全保障相关的演习(“施里弗演习”)。2015年4月，日本与美国设立了“太空合作工作组”(SCWG)，推动广泛领域的合作，包括：(1)推动太空相关政策方面的协商；(2)促使紧密的信息共享；(3)在培养和确保专家方面进行合作；(4)实施模拟演习等。在网络领域，日本与美国有日美防卫当局间网络磋商对话机制。

二、构筑日美印澳多层次安全合作体系

日本频繁构筑的地区安全合作正打造一个新的东亚安全体系，日美印澳

① 防衛省「令和元年版防衛白書」、https://www.mod.go.jp/j/publication/wp/wp2019/pdf/R01000033.pdf。

② 防衛省「平成28年版防衛白書」、https://www.mod.go.jp/j/publication/wp/wp2016/pdf/28030303.pdf。

③ 防衛省「平成30年版防衛白書」、https://www.mod.go.jp/j/publication/wp/wp2018/pdf/30000042.pdf。

多层次安全合作框架逐渐清晰,[①] 逐渐形成日本"印太战略"的国际安全合作基础。在多边安全合作方面,2014年11月16日,美日澳举行首脑会谈,在海洋安全领域,三国有意对中国形成牵制。而上一次的三国首脑会谈是在2007年9月。2015年9月,美日印举行首次外长会谈。同月,美日澳举行外交层面的副部级磋商。日印澳三国则在2015年6月首次召开了外交层面的副部级磋商。2015年11月22日,在日澳外长与防长参加的"2+2"联席会议上,双方同意尽快签署"访问部队地位协定",寻求建立"准同盟"关系,以形成亚太地区的美日澳"铁三角"关系。2015年6月,日印澳三国达成外交副部级会议机制化协议。2016年2月26日,日印澳三国外交部次官会议在东京召开。2017年2月,日本在关岛参加美日澳联合训练("关岛对抗北方2017")。2017年7月,安倍在德国与印度总理莫迪会晤,一致同意推进美日印三国的防务合作。在日美印澳四国安全合作方面,2017年和2018年,四国举行了三次安全磋商,并承诺深化安全合作。2018年11月30日,在阿根廷布宜诺斯艾利斯G20峰会期间,美日印首脑会晤首次举行。

日本分别以"特殊的战略和全球伙伴关系"和"特殊的战略伙伴关系"形式,提升了与印度和澳大利亚间的双边关系。在双边安全合作方面,日本不断提高印度在其亚太安全框架中的位置。安倍强调指出:"如果美国实力在亚太地区衰退,日印关系将会由于双方在塑造地区平衡中有着共同利益而在十年内超越美日关系和中日关系。"[②]对于印度,日本《国家安全保障战略》提出:"印度在地缘政治上至关重要,位于日本海上航线的正中央。"[③] 2014年,日印签署《防务合作协议》,进一步加强双方在防务领域的安全合作。2015年12月12日,在日印首脑会谈上,安倍与莫迪就在经济和安全保障领域广泛开展合作达成共识。此间,双方签署了有关交换机密的"情报保护协定"和有关防卫装备品及相关技术转移的相关协定。两国政府还协商对印度出口日本海上自卫

① Thomas S.Wilkins,"Japan's Alliance Diversification:A Comparative Analysis of the Indian and Australian Strategic Partnerships,"*International Relations of the Asia-Pacific*, Vol. 11, No.1, 2011, p.128.

② [日]安倍晋三、『美しい国へ』、文藝春秋、2006年、159頁。

③ 内閣官房「国家安全保障戦略について」、http://www.cas.go.jp/jp/siryou/131217anzenhoshou/nss-j.pdf。

队的救援用水上飞机US-2。[①] 2018年10月，日印首脑会谈一致同意设立部长级“2+2”磋商机制。2018年11月，日印实施了陆军军种间的联合训练，同月还实施了空军军种间的首次联合训练。

安倍视澳大利亚为其提倡的遏制联盟的潜在参与者。[②] 日本《国家安全保障战略》强调：“日本和地区重要伙伴澳大利亚不仅共享普遍价值观，还共享战略利益和关切。”2014年7月8日，日澳签署《防卫技术和装备转移协定》，这是日本实行“防卫设备转移三原则”后首次的日澳军事合作。2015年11月22日，在日澳外长和防长“2+2”会议上，双方同意尽快签署《访问部队地位协定》，寻求建立“准同盟”关系。继2016年两国修改《物资劳务相互提供协定》后，日本还拟与澳大利亚就签署《访问部队地位协定》（VFA）达成框架协议。[③] 在该框架协议下，日澳两国武器装备和弹药的入境手续在联合训练期间将更加简化，便于日本自卫队与澳军更好地开展活动。2016年9月，日本参加澳大利亚海军主办的多边联合训练（“卡卡杜16”），与澳大利亚皇家海军共同完成海上补给。在2016年12月的首脑会谈中，双方批准了加强日澳安全保障与防卫合作的新倡议。2017年，日本自卫队还远赴澳大利亚参加美澳“护身军刀-2017”联合军演。

三、与亚太相关国家深化安全关系

日本2013年版《防卫计划大纲》强调，为了亚太地区的稳定及全球安全保障环境的改善要特别重视以下几点：实施训练和演习，推进防卫合作和交流，推进能力建设支援，确保海洋安全保障，实施国际和平合作活动，协助军控、裁军和核不扩散。在与亚太国家的多边安全合作上，由于日本和韩国分别是美国的盟国，日本也有意打造美日韩“准安全同盟”。这三国间有美日韩安全会议（DTT）、美日韩次官磋商会议等安全合作机制。日本认为，随着亚太地区战略环境的变化，美日韩在广泛领域的合作进一步深化越来越重要。[④] 日本《国家

①《日印因中国而走到一起？》，日经中文网，http://cn.nikkei.com/politicsaeconomy/politicsasociety/17372-20151214.html。

② Aurelia George Mulgan, “Breaking the Mould: Japan’s Subtle Shift from Exclusive Bilateralism to Modest Minilateralism,” *Contemporary Southeast Asia*, Vol. 30, No.1, April 2008, p.56.

③「来日安保連携協議、来月で調整」、『毎日新聞』、https://mainichi.jp/articles/20171226/ddm/005/030/054000c。

④ 外務省「日本の安全保障政策積極的平和主義」、2016年4月8日、https://www.mofa.go.jp/mofaj/files/000117309.pdf#page=2。

安全保障战略》提出:"韩国在地缘政治上对日本的安全极其重要,和韩国紧密合作对维护以朝核问题为代表的地区和平与稳定而言,具有重大意义。"[①] 美日韩首脑、防卫大臣、外相多次就安全问题举行会谈。2014年3月,三国峰会在荷兰海牙举行,确认为阻止朝鲜核与导弹开发而"互相团结"。2017年8月26日,日本防卫大臣小野寺五典表示把2016年11月签署的日韩《军事情报保护协定》的有效期延长至2018年11月,强调"美日韩三国合作非常重要"[②]。一方面,通过该协定,日本可以通过地理上与朝鲜接近的韩国获得雷达和侦察机收集的情报以及"脱北者"提供的人工情报,而韩国则可通过日本的反潜机及卫星情报获得朝鲜潜舰的活动信息。[③] 另一方面,该协定又与1987年和2007年分别签署的美韩、美日《军事情报保护协定》一起,构成美日韩军事共同体的前期框架。2017年9月21日,美日韩首脑在纽约举行会谈,再次确认加强安全合作。此外,2017年10月,日本与美韩海军进行了共享导弹情报的相关训练,"提升海上自卫队战术的同时,强化美日韩三国的关系"[④]。

东盟各国位于对日本十分重要的海上航线的要冲位置。与和发达国家之间进行相互支持性的安全合作不一样,日本注重加强支援东盟的安全能力建设。日本与东盟之间有各种安全对话,主要集中于推动在跨国犯罪、恐怖主义、网络安全、防务合作、海事安全、防扩散等安全问题上的合作,并关注地区安全议题。2015年2月,安倍与泰国临时总理巴育会谈,就日本援建泰国国内高速铁路网等基础设施事宜达成一致的同时,强调南海"航行自由"以及遵循国际法的重要性。2015年3月,安倍与印度尼西亚总统佐科会谈,双方同意合作推进沿岸警备,完善海洋基础设施建设,以及举行外交安全"2+2"对话。2015年6月,菲律宾总统阿基诺访日期间,日菲双方一致同意在安全保障领域加强合作。2016年2月,日菲签署《防卫装备与技术转让协定》。2018年,日本完成向菲律宾无偿转让五架海上自卫队TC-90教练机。根据日菲签署的相关

① 内閣官房「国家安全保障戦略について」、http://www.cas.go.jp/jp/siryou/131217anzenhoshou/nss-j.pdf。

②「日韓軍事情報協定、1年間延長北朝鮮にらみ安保で連携」、『日本経済新聞』、https://www.nik-kei.com/article/DGXLZO20418500V20C17A8EA3000/。

③「日韓、軍事情報協定を締結防衛秘密の迅速な共有可能に」、『日本経済新聞』、https://www.nik-kei.com/article/DGXLASFK23H0O_T21C16A1000000/。

④ 防衛省「日米韓共同訓練(弾道ミサイル情報共有訓練)の実施について」、http://www.mod.go.jp/msdf/formal/info/news/201710/20171024-03.pdf。

协定，2019年3月，日本开始向菲律宾无偿转让陆上自卫队UH-1H多功能直升机零部件。2015年9月，安倍与到访的越南共产党中央总书记阮富仲举行会谈，在相关联合声明中对中国在南海的岛礁建设活动表达了“严重担忧”。2018年4月和9月，日本与马来西亚分别签订《转让防卫设备和技术的协定》及《防卫合作与交流备忘录》。[①]

2016年11月，在老挝万象举办的第二届日本东盟防长会议上，防卫大臣稻田朋美提出日本倡议的“万象愿景：日本东盟防卫合作倡议”。“万象愿景”的重点是促进国际法（特别是在海洋领域）、人道主义援助和救灾等领域的能力建设、防务装备和技术合作、联合训练和演习，以及人力资源开发和交流等领域的合作。2017年9月，日本在第九届日本东盟防卫当局次官级会议上强调，继续基于“积极和平主义”参与地区安全事务。[②] 日本主张扩大东盟防长会议和东盟地区合作论坛等多边安全框架，就亚太地区的安全保障进行讨论。日本每年都举办日本东盟防卫当局次长级会议以及东京防务论坛。作为日本与东盟之间的安全合作项目之一，2018年5月，日本与东盟还实施了登舰合作项目。[③] 日本积极参加亚太的各种军事演习，包括人道主义联合军演。2017年2月，日本参加了在泰国举行的美泰联合举办的“金色眼镜蛇”多边军事演习。

同时，日本还积极将亚太地区的安全合作推广到印度洋、中东和非洲等广阔地区，努力实现“自由开放的印太”，注重强化“印太”地区的海洋秩序。通过联合训练和停靠港口等，日本强化了与“印太”地区沿岸国家的安全关系。日本还加强和北约、欧安会等区域安全组织，以及与英法等非周边其他国家间的安全合作。2013年4月，日本与北约发表《共同政治宣言》，建立起安全问题高级别磋商机制，强调在反恐、网络安全等安全领域推进合作。2018年，安倍访问塔林期间宣布日本将成为北约合作网络防御卓越中心（CCDCOE）的成员。同年7月1日，日本驻北约代表处正式运行，承担日本与北约在重大地区安全问题上的联络和协商等任务，这是日本在北约总部设立的首个官方机构。日

① “Diplomatic Bluebook 2019,”https://www.mofa.go.jp/files/000527162.pdf.

② 防衛省「第9回日ASEAN防衛当局次官級会合(アジア太平洋地域における共通の安全保障課題に関する防衛当局高級事務レベル会合)」、http://www.mod.go.jp/j/approach/exchange/dialogue/asia_tokyo-seminar/09.html。

③ 防衛省「令和元年版防衛白書」、https://www.mod.go.jp/j/publication/wp/wp2019/pdf/R01000033.pdf。

英与日法间的安全合作日益频繁，日法之间有“2+2”安全磋商机制，双方多次强调加强防务和安全合作。2019年5月，日本海上自卫队在印度尼西亚苏门答腊岛附近的印度洋与法国、澳大利亚、美国的海军举行联合军演。

四、积极参加联合国维和行动及其他国际安全行动

参加联合国维和行动及其他国际安全行动是日本实施国际安全战略的重要内容。日本民众更容易接受的是自卫队在海外非战斗任务中获得更多经验，以及为全球安全做出更大贡献。在“积极和平主义”理念下，至2016年，日本在亚洲、中东、非洲及中美洲等世界各地开展了40多项国际和平合作等行动，派遣了总计约55 000人次的自卫队员。[①] 在联合国维和行动等国际安全方面，日本参与的活动包括：(1)参加与联合国维和行动有关的国际会议。2017年8月，防卫省和自卫队在东京举办了与联合国维和行动相关的国防部长会议的预备会议。2017年11月，在加拿大召开的与联合国维和行动相关的国防部长会议上，山本防卫副大臣表示将继续对“联合国非洲工程部队快速部署项目”做出更大贡献以及采取措施增加联合国维和行动女性人员。(2)向联合国南苏丹共和国特派团(UNMISS)派遣部队人员，从事兵站、情报、设施和航空运输等活动。日本从第十一批派遣工程部队人员起被赋予所谓驰援护卫的任务，经过国家安全保障会议审议，2016年11月15日，内阁会议通过了经修改后的《南苏丹国际和平与合作事务实施计划》。2017年5月末，日本撤回工程部队之后，仍继续向联合国南苏丹共和国特派团等处派遣人员。(3)向联合国秘书处派遣防卫省职员等。日本向各国维和行动中心等处派遣自卫官担任教官，并向联合国维持和平行动部及联合国外勤支助部派遣事务官及自卫官等。此外，日本还向联合国非洲工程部队快速部署项目派遣陆上自卫官等担任教官。截至2017年底，日本共计对非洲8国约170名人员实施了6次工程器材操作训练。[②] (4)积极向多国部队观察团(MFO)派遣人员。2019年4月，日本内阁会议决定向位于西奈半岛的多国部队观察团司令部派遣两名人员，担任埃及和以色列政府及其他机关与多国部队观察团之间的联系协调部副部长和成员。(5)支持联合国维和行动支援部队快速部署项目。自2015年以来，

① 防衛省「平成28年版防衛白書」、https://www.mod.go.jp/j/publication/wp/wp2016/pdf/28000002.pdf。

② 防衛省「平成30年版防衛白書」、https://www.mod.go.jp/j/publication/wp/wp2018/pdf/30000043.pdf。

日本向位于肯尼亚的国际和平支援训练中心派遣陆上自卫官。2018年，日本在越南对9个国家的16名人员进行了尝试性训练。

在其他国际安全行动上，日本自卫队积极参加对他国的救灾援助等活动，包括对2013年台风后的菲律宾、2014年“埃博拉”病毒暴发后的西非、2015年地震后的尼泊尔、2016年地震后的新西兰等进行灾后援助。此外，根据2009年6月施行的《处罚与应对海盗行为法》，自2009年起，日本自卫队就在索马里海域和亚丁湾派遣护卫舰及P-3C固定翼巡逻机，执行警戒监视及船舶护航任务。截至2018年5月，日本舰艇和P-3C巡逻机共护航3826艘舰艇，执行1951次监视飞行任务。[①] 日本还与相关国家合作进行反海盗行动，日本海上自卫队和航空自卫队参加国际为反击亚丁湾海盗而组建的第151联合特遣部队（Combined Task Force 151，CTF151），并与相关国家合作执行任务。2017年3月至6月，日本方面的人员担任了CTF151的司令。2014年12月1日，日本还向北约首次派遣女性自卫官担任秘书长特别代表辅佐官。

① “The U.S.-Japan Alliance,”June 13,2019,https://crsreports.congress.gov/product/pdf/RL/RL33740.

第二章　日本国家安全体制的重构

战后以来，日本国内始终存在构建"后战后国家"的主线。[①]相较于其他内阁，安倍政府明确提出要摆脱"战后体制"。2006年，安倍在"政权公约"中倡议"走出战后体制"。2012年再次出任首相后，安倍在"打破战后体制"和"夺回'强大日本'"的主张下，重构日本国家安全体制，强化安全顶层设计。日本国家安全保障会议既是日本应对安全一体化、提升情报沟通功能的举措，也是日本实施"摆脱战后安全体制"和对外输出安全的需要。同时，安倍政府还调整自卫队的"战斗体制"，修改"武器出口三原则"，积极谋求修改宪法等，极大改变了战后日本的安全体制。

第一节　安倍政府主张"摆脱战后体制"

走出"战后"是当前日本重要的战略追求。20世纪80年代，首相中曾根康弘就提出摆脱"战后体制"，当时因受到国内和国际的相关约束而进展不大。与战后其他政府不同，安倍政府把摆脱"战后体制"作为鲜明的政治目标提出并加以谋略性运用。为形成"摆脱"共识，安倍政府将其重视的外交安全、和平宪法等核心"战后体制"内容置于整体的包括雇佣关系等在内的"大战后体制"框架中，以进行"一揽子"摆脱。

一、日本的"战后"问题

一般来说，"战后"的意思是指第二次世界大战结束后。但日本的"战后"问题则大致有两个层面的含义：一是日本的"战后"，即与象征战前的战争、侵略、专制、贫困不同的反战、和平、民主主义、摆脱贫困等主题。二是与日本密

① 李秀石：《日本新保守主义战略研究》，时事出版社，2010，第25页。

切相关的国际框架的“战后”，即联合国、世界银行、国际货币基金组织、关税和贸易总协定等国际组织，以及殖民地的独立和冷战体制等。对于走出“战后”，目前主要有以下几种观点。第一种是经济上的。1956年，日本经济企划厅《经济白皮书》中提出的“现在已经不是战后了”成为当时的流行语，其背景是至1955年日本经济已经达到战前的最高程度。这里的“不是战后”表示的是经济上战后日本将要结束在恢复中求发展的时代，并不表示日本的“战后”已经结束。第二种是日美关系上的。基于日本自战后被纳入美国的世界战略中，有学者认为，只要在国际政治中日本对美国的从属地位不变，日本的战后就不会结束。也有学者认为，只要冲绳的美国军事基地存在，日本的战后就不会结束。第三种是与第二次世界大战期间日本发动的侵略战争有关的历史认识。有观点提出，只要日本不与亚洲各国清算侵略历史，“战后”便不会结束。第四种是外交和宪法问题上的。该观点认为，日本成为安理会常任理事国可以作为战后结束的标志，因为这可以解决废除“敌国条款”的问题。对于第四种观点，学界一般认为，如果日本以此为借口参加联合国军、行使集体自卫权，甚至将其作为修改宪法第九条的突破口，那么这将是危险的。因为这涉及日本到底在走“战争之路”还是“和平之路”的问题。[①]

对于“战后体制”，从国际框架的层面看，它指的是二战后确立的世界秩序，主要包括支撑世界的雅尔塔体系以及其他由一系列制度和框架构成的体系。冷战结束后，雅尔塔体系失效，但国际货币基金组织等构成战后体制的基础仍存在并发挥作用。雅尔塔体系之下的原则共识仍然坚实，包括倡导和平、民主，处置战败国，防止法西斯主义东山再起，建立联合国等。从二战的战败国日本来看，“战后体制”指的是包括宪法、外交、安保、教育等一系列战后的制度性基础安排。有研究指出，所谓“战后体制”是“世界反法西斯联盟基于日本接受《波茨坦公告》无条件投降，而铲除军国主义政治经济基础，剥夺日本部分国家对外职能的法规及制度安排”[②]。日本国内视角的“战后体制”主要是指“一是以美英为范本的政治民主制度，二是以放弃战争为核心的和平宪法，三是重经济、轻军备的国家发展路线”[③]。日本国际视角的“战后体制”是指日美

① [日]中村政则：《日本战后史》，张英莉译，中国人民大学出版社，2008，第7、223—225页。

② 吕耀东：《试析日本改变“战后体制”的多边外交动向》，《东北亚学刊》2016年第5期。

③ 王珊：《试评析安倍政权“摆脱战后体制”的外交举措》，《现代国际关系》2013年第9期。

安保同盟体制、战后与周边国家形成的基本关系框架，以及联合国框架下日本与国际社会的制度性安排。

总的看，日本对“战后体制”的摆脱既包括国际层面的，如要求获得联合国安理会常任理事国席位、发挥日本对国际机制改革的主导作用等，也包括其对国内“战后体制”的一系列“摆脱”。安倍政府公开谈到的要摆脱的那个“战后体制”主要是指国内层面的，即以宪法为首，包括现行行政系统、教育、经济、雇佣、国家与地方的关系、外交、安全保障等全部在内的基本框架。[①] 2015年3月，在众议院预算委员会的会议上，安倍辩称：“我完全不是历史修正主义者。摆脱‘战后体制’是对内政而言的，并不是要挑战战后体制之类的主张。”同时也是为了缓解“摆脱战后体制”所面临的外部担忧等压力，内阁官房长官菅义伟在记者会上还表示，摆脱战后体制的“宗旨是，致力于改革战后已经疲劳的行政制度”[②]。在实际的“体制摆脱”中，安倍政府时常涉及国际层面的“体制摆脱”，特别是在与邻国之间的关系以及区域主导权争夺问题上。在2018年10月的施政演说中，安倍就提出战后日本“外交总结”的问题，流露出些许想法，他表示，“东北亚地区至今依旧留有冷战时期的结构，处于‘战后’搁置状态”，“战争结束70多年了，但日本与俄罗斯之间仍未签署和平条约，这实属异常”，[③]等等。

二、安倍政府强调摆脱“战后体制”

2006年，在第一次担任首相时期，安倍政府就采取了不少对战后体制的突破举措，主要集中在教育、外交安全、宪法等领域，动摇维系战后体制的相关基石。一是修改《教育基本法》。日本战后的《教育基本法》有“教育宪法”之称。安倍上台后筹建“教育再生会议”，对《教育基本法》进行了修改，改变以“个人的尊严”“个人的价值”为中心的基本理念，提出教育的基本任务是“培养学生爱国家、爱故乡的态度”，宣扬民族主义式的“爱国主义”，动摇了战后的教育体制。二是将防卫厅提升为防卫省，提高军事部门在国家中的地位，使防卫厅在

①「戦後レジームからの脱却って何？右も左もない基本の解説」、https://trendripple.jp/21448.html。

②《日媒：安倍正竭力否认自己是历史修正主义者》，环球网，2015年3月5日，https://world.huanqiu.com/article/9CaKrnJIqTQ。

③ 首相官邸「第百九十七回国会における安倍内閣総理大臣所信表明演説」、2018年10月24日、http://www.kantei.go.jp/jp/98_abe/statement2/20181024shoshinhyomei.html。

历经52年的努力后终于在安倍任内被“扶正”为正式的内阁部门，是日本在摆脱“战后体制”方面的重要一步。三是推动《国民投票法》出台，为修宪铺路。2007年《国民投票法》草案在众议院获得通过，随后于5月在参议院获得通过。该法规定，经过众议院和参议院三分之二的议员同意通过的宪法修正案，在60至180日内须提交国民投票；18周岁以上的日本国民拥有投票权，不设最低投票率限制，过半数赞成宪法修正案即正式通过。

2012年12月，安倍再次上台，开启“安倍2.0时代”，并将自己塑造成“摆脱战后体制的救国宰相”。[①] 与之前相比，“2.0时代”的安倍更明确地打出“打破战后体制”和“夺回‘强大日本’”等政治口号，呐喊着要把日本从战后历史中夺回来，重新交到日本国民手中。2012年，安倍以自民党总裁身份提出了众议院竞选纲领主张：以日章旗为日本国旗，以“君之代”为国歌；（放弃使用武力）不妨碍启动自卫权，日本将拥有国防军；新增应对武力攻击和大规模自然灾害的紧急事态条款[②]等涉及摆脱“战后体制”的内容。同年底，再次赢得政权组阁之后，安倍政府延续该纲领的精神，注重从历史认识、教育体制等基础层面对外交安全以及和平宪法等“战后体制”的核心内容进行相关突破。

安倍政府在历史认识问题上倒退，相关言行主要包括：（1）甲级战犯非罪犯论。安倍多次称甲级战犯在日本国内不是罪犯，战后日本国际军事法庭对甲级战犯的审判是战胜国对战败国的单方面定罪。2013年3月，在国会众院预算委员会上答辩时，安倍再次对当年远东国际军事法庭审判二战中的日本战犯提出质疑。（2）强征慰安妇无证论。安倍称要修改日本政府因强征慰安妇而道歉的“河野谈话”[③]。2014年6月，日本政府向国会报告了专家组对“河野谈话”出台经过的调查报告，称“河野谈话”的文案曾与韩国政府进行过集中、具体的协调，是“政治妥协的产物”。（3）侵略定义未定论。安倍就阁僚参拜靖国神社进行辩解，称学术界和国际上都未对侵略做出定义，相关定义会因国际关系中各国所处的立场而有所不同。在国会答辩中，安倍辩解称，学术界对侵

①「安倍晋三『救国』宰相の試練:ふたたび『戦後レジーム』からの脱却へ」、『正論』(別刊)2013年4月17日。

②《日媒：安倍晋三明确提出修宪主张》，参考消息网，2012年12月19日，https://world.cankaoxiaoxi.com/2012/1219/138240.shtml。

③“河野谈话”，指1993年8月4日时任日本内阁官房长官河野洋平代表日本政府发表的谈话，其中日本政府第一次正式承认日军曾强征韩国等国妇女当“慰安妇”的事实并对此道歉。

略定义存在各种讨论，政治家不应介入，并提出修正日本为侵略战争道歉的“村山谈话”[①]。安倍作为首相，在与侵略历史相关的行为上令人担忧。2013年4月，安倍出席千叶市活动时身着迷彩战衣，头戴坦克帽，并登上陆上自卫队坦克拍照，这是几十年来日本首相首次穿上作战服在公众场合露面。在其后的“主权恢复纪念日”典礼上，安倍又高喊“天皇陛下万岁”的口号，让人“感觉好像回到了战前”。5月，安倍身穿飞行服坐在自卫队编号为“731”的飞机上，面带微笑，竖起拇指，让人不禁怀疑他是在支持二战时期臭名昭著的“731部队”。

安倍政府否定侵略战争，持续参拜靖国神社。2013年12月26日，安倍参拜靖国神社，这是他再次就任首相后第一次正式参拜靖国神社，也是自小泉纯一郎之后相隔七年日本首相的第一次参拜。在2013年的靖国神社春祭中，有160多位国会议员和副首相麻生等内阁官员进行参拜。2013年8月的“终战日”，有190位国会议员和多名内阁官员参拜靖国神社。安倍在接受美国《外交政策》杂志采访时甚至说，他参拜靖国神社就如同美国政府官员前往阿灵顿国家公墓悼念美国的阵亡将士一样。这被认为，安倍政府已经公开将传统视军国主义侵略战争行为为罪行和耻辱的“原罪论”，实质性地转向“殉国”的“爱国论”。[②]日本还不断阻止邻国向世界说明历史真相。2014年，当中国准备把有关南京大屠杀和日军强征慰安妇的一些珍贵历史档案申报世界记忆遗产名录时，内阁官房长官菅义伟居然批评中国“出于政治目的利用教科文组织”，“对两国间过去的一段负面遗产做不必要的强调”。关于南京大屠杀遇难人数的问题，菅义伟强调，“虽然不能否认日军进入南京后存在杀害平民及掠夺的行为，但具体遇难人数有各种各样的说法，政府难以做出判断”[③]，并向中国外交部提出抗议。2014年8月15日是日本宣布无条件投降69周年纪念日。当天，安倍在东京武道馆参加“全国战殁者追悼仪式”上的讲话中，只字未提日本侵略战争给亚洲各国造成的巨大伤害，和之前内阁的态度形成鲜明对比。此外，安倍还利用国事活动与国事访问，不遗余力地向国际社会美化侵略历史，试图

① “村山谈话”，指1995年8月15日时任首相村山富市就历史问题发表的正式谈话，对日本的殖民统治和侵略表示深刻的反省和由衷的歉意。

② 朱锋：《安倍政府错误的历史理解必将激化东亚对抗》，《联合早报》2013年8月20日。

③《外交部：不撤回南京大屠杀和慰安妇档案申遗》，人民网，2014年6月12日，http://yuqing.people.com.cn/n/2014/0612/c210107-25139267.html。

篡改国际社会的相关认识。

在战后日本教育体制层面，安倍政府强调历史教育以政府见解为指导，添入民族主义和爱国主义，置历史事实与邻国关系于不顾。自民党在2012年的众议院选举公约中明确表明了"彻底改善教科书审定基准，近邻各国条款也要重新评估"的内容。安倍认为，在第一次安倍内阁期间虽然改变了《教育基本法》，但没有贯彻改正《教育基本法》的精神。2013年内阁文部科学大臣下村博文在相关答辩中强调，确立持有正确的修养和骄傲的日本人的身份是非常重要的。2014年元旦，下村博文在接受媒体新年专访中就"教育再生"问题又提到了以下内容：安倍希望给战后教育体制来个"大转换"，主要步骤是修改《教育基本法》，修订教科书；教科书中必须纳入政府见解，其中就包括领土、历史问题等。文部科学省还研究为日本的学校设立"道德"科目，并赋予"特别科目"地位。[①] 最终，文部科学省修改了教科书的审核标准，新增多项规定，如：(1)未确定的事项不过分强调；(2)为不使青少年学生产生误解，对近现代史上未有定论的内容要明确说明；(3)如有政府统一见解或高法审判案例者将依此表述。[②]

三、安倍政府摆脱"战后体制"的谋略

为摆脱"战后体制"，首先要打破其得以存在的基础，即否定二战侵略历史和进行"教育再生"，这是安倍政府"战后体制突破"的主要特征。为摆脱阻力顺利地达到其所期望的"战后体制摆脱"，安倍政府在强调"时代发生变化"下日本也需进行调整这个借口的同时，还进行了谋略性运用。

一是以巩固"日美同盟"为说辞。尽管冷战后美国一直推动日本重建军队，但还是保持谨慎的态度，尤其是担心安倍的新民族主义背景和历史修正主义，担心日本"独走"会被亚洲孤立。2015年，美国国会公布的日美关系报告就称，安倍有关历史问题的相关发言导致地区关系紧张并引发了可能会损害美国利益的担忧。一方面，为了减少美国对解禁集体自卫权的担忧，日本紧扣加

① 《安倍亲信：美化侵略历史　邻国应忍受罪行》，人民网，2014年8月15日，http://world.people.com.cn/n/2014/0815/c 1002-25471228.html。

② 张伯玉：《安倍"洗白"侵略历史背后的日本政治力学》，2014年8月15日，http://opinion.haiwainet.cn/n/2014/0815/c353596-20971397.html。

强日美同盟关系和支援美国在亚洲军事强化主题，与美国商谈解禁集体自卫权，以获得美国的支持。2014年7月上旬，日本防卫大臣小野寺五典访问美国，就解禁集体自卫权向美国国防部长哈格尔当面进行说明。日本这种符合美国意愿的解释显然会让美国更乐于支持安倍在解禁的道路上走得更远，因为实力相对下降但却谋划战略重心东移的美国正需要日本在东亚帮它防范和遏制崛起中的中国。2014年7月1日，美国总统副助理罗斯在记者会上就安倍政府决定解禁集体自卫权一事称，奥巴马总统表示强烈支持。美国国防部长哈格尔也在声明中表示欢迎，称对愿为地区及世界的和平与稳定做出更大贡献的日本而言，这是重要的一步。哈格尔在声明中指出，此举将为强化日美同盟的努力提供"补充"。另一方面，安倍又以巩固"日美同盟"为借口压制国内阻碍日本解禁集体自卫权的声音，以美国的需要和日本的安全为由推动"战后体制摆脱"。

二是以突出中国这个所谓的"外部威胁"为渲染。在2014年的记者会上，安倍为解禁集体自卫权辩解，称"拥有强大的实力，这才是威慑力"。安倍口中那个需要威慑的对象国指的是中国，日本《防卫白皮书》明显体现了这一点。2014年版日本《防卫白皮书》中涉及中国的篇幅有21页，远超美国的8页，也超过"朝鲜半岛"的17页。日本外交安保智库在鼓吹"中国威胁"上也发挥了推波助澜的作用。这种渲染出来的紧张氛围也影响了公明党支持安倍"有限度"地行使集体自卫权。在夸大"中国威胁"的同时，安倍政府在外交上也纵横捭阖，把中日两国之间的岛屿争端国际化，把国际争端中国化，严重夸大中国在周边岛屿争端问题中的责任，展开"俯瞰地球仪外交"，其中还夹杂所谓的民主价值观。安倍可谓是借"中国威胁"，明修"包围、孤立中国"的栈道，其实是暗度陈仓，为日本突破战后体制服务。

三是用经济增长诱惑民意，以"强大日本"和"积极和平主义"为幌子。安倍以"安倍经济学"的美好前景诱惑日本民众加强对其政权的支持，通过量化宽松使日元大幅贬值，谋求扩大出口、刺激经济增长。以此，安倍带动民意支持，借长期政权谋求实施"摆脱战后体制"的"安倍政治学"的时间。日本前财务相藤井裕久就指出："如果说前日本首相池田勇人把经济转好作为目的的话，对安倍来说，经济不过是为了保障其最终目的——集体自卫权等安全保障政策能够顺利进行的手段。”同时,安倍还通过宣传“强大日本正在回归”来凝聚民心。

四是对外强硬,对内独裁,紧控宣传。对外,日本对中韩等邻国的抗议强硬对待。在与中国的领土争端问题上,安倍声称“没有谈判的余地”,还称日本已做好在亚洲制衡中国的准备,展示其强者形象。他在国会演讲中宣称要对中韩强硬,引发不断的掌声。对内,国家安全保障会议独裁通过《特定秘密保护法》、内阁解禁集体自卫权等,独裁形象屡受国内民众批评。安倍还紧抓舆论工具,成功地在日本放送协会(NHK)电视台的管理委员会中安置保守分子,加强舆论控制与导向。为加强对外宣传,鼓吹其在钓鱼岛和历史认识上的主张,日本外务省还研究如何有效地利用推特等社交网站的战略。同时,日本还加大扩展海外使领馆建设,谋求开展主动性外交。

五是把日本“复兴”的国家利益与对外争端牵扯在一起,安保色彩浓厚。安倍把国内外的注意力吸引到对外争端上,为“积极”的安保战略转型铺路。2014年,日本为158个离岛“命名”,企图“宣示主权”,其中包括有争议的岛屿。安倍政府有意激化和中国的分歧与矛盾,利用“岛争”不断夸大中国军舰与军机对日本的“侵犯”和威胁,营造日本集体的紧张氛围。此外,日本与周边国家的安全合作也比较扎眼,包括向菲律宾提供10艘巡逻艇帮助其防范中国的“侵扰”,与澳大利亚和印度等国加强安全和军事合作等,以加强国民对“战后体制”的负面认知进而引导国民将其打破。

第二节　重构国家安全顶层设计

2013年,日本成立国家安全保障会议,这是战后日本在安全体制上发生的重大变化。其前身可追溯到1956年7月日本成立的国防会议。根据《防卫厅设置法》,国防会议的职责是包括审议国防方针、《防卫计划大纲》、《军事工业发展大纲》,以及决定战争问题和有关国防的其他重大事项。国防会议由首相任主席,成员有外务大臣、大藏大臣、通产大臣、内阁官房长官、防卫厅长官、经济计划厅长官、科技厅长官、国家公安委员长等。新成立的国家安全保障会议则因其人员构成和机制运作特殊被视为日本外交、安全保障政策的“司令塔”,

处于日本国家安全决策的最顶层。以国家安全保障会议为主体，以《特定秘密保护法》和《国家安全保障会议设置法》为辅助，日本打造出“一车两轮”的国家顶层安全架构。在此之前，日本相关的国家安全保障机构分别经历了国防会议与安全保障会议。安全保障会议横跨部门众多，但却没有强有力的能够进行核心统筹的组织架构，因此在面对棘手的突发问题时，效率低下、延迟决策，从而备受诟病。[①] 2012年在众议院总选举之际，自民党在政权公约中就提出要“强化官邸的司令塔机能，设置国家安全保障会议”[②]。根据相关设置法案，日本国家安全保障会议除统领日本安保、外交、防卫政策等大政外，其权限还覆盖了首相认为有必要的外交和防卫重要事项、首相认为有必要的重大紧急事态应对事项，以及其他首相认为有必要的国家安保事项。[③]

一、日本国家安全保障会议的决策机制

日本国家安全保障会议是日本顶层安全决策机构，旨在全面推出外交和安全一体化战略和政策，并能够以首相为中心迅速处理各种事态。[④] 2013年11月7日和27日，日本众参两院分别表决通过关于设置“国家安全保障会议”的相关法案；12月4日，在首相官邸召开了首次国家安全保障会议。根据《国家安全保障会议设置法》，日本国家安全保障会议负责对以下事项进行审议：(1)国防基本方针；(2)《防卫计划大纲》；(3)基于《防卫计划大纲》的相关产业计划大纲的调整；(4)有关武力攻击事态等，以及应对危急存亡事态的相关基本方针；(5)关于武力攻击事态等，以及应对危急存亡事态的重要事项；(6)关于重要事态应对的重要事项；(7)关于国际和平共同应对事态的重要事项；(8)关于《联合国维持和平行动合作法》(1992年法律第七十九号)第二条第一项规定的有关实施国际和平合作业务的重要事项；(9)关于《自卫队法》

① 李志鹏、张若龙：《日本国家安全保障会议探析》，《江南社会主义学院学报》2015年第2期，第32页。

② [日]自由民主党「自由民主党政策パンフレット」、http://jimin.ncss.nifty.com/pdf/seisaku_ichiban24.pdf。

③ 参議院「安全保障会議設置法等の一部を改正する法律案」、http://www.sangiin.go.jp/japanese/joho 1/kousei/gian/185/pdf/t031830751830.pdf。

④ 首相官邸「国家安全保障会議の創設に関する有識者会議第一回会合安倍晋三総理冒頭あいさつ」、2013年2月15日、http://www.kantei.go.jp/jp/96_abe/actions/201302/15ka_yusiki.html。

第六章规定的自卫队行动的重要事项；(10)关于国防的重要事项(前项所述除外)；(11)关于和国家安全相关的那些与外交政策和防卫政策基本方针并齐的政策的重要事项(前项所述除外)；(12)与重大紧急事态(武力攻击事态、危急存亡事态、重要影响事态、国际和平共同应对事态等这些用平常紧急事态应对体制不能很好应对的事态)应对相关的重要事项；(13)其他与国家安全相关的重要事项。[①]

在组织架构上，根据《国家安全保障会议设置法》，日本国家安全保障会议由议长、议员、干事组成。议长由内阁总理大臣担当，议员构成方面根据会议负责的事项加以区别而分为三类。第一类：对《国家安全保障会议设置法》第1号至第10号以及第13号所述的事项，由总务大臣、外务大臣、财务大臣、经济产业大臣、国土交通大臣、防卫大臣、内阁官房长官以及国家公安委员会委员长担当相关会议的议员。第二类：对《国家安全保障会议设置法》第1号至第11号所述的事项，议员由外务大臣、防卫大臣和内阁官房长官担任。第三类：对《国家安全保障会议设置法》第12号所述的事项，由内阁官房长官以及根据事态的种类事先由总理大臣指定的国务大臣组成。[②] 干事的职责是辅助议长、议员，人数在10人以内，属兼职性质，出自有关行政机关的职员，由内阁任命。根据以上三种议员构成情况，国家安全保障会议形成三种形态的会议——“九大臣会议”“四大臣会议”和紧急事态下“不固定大臣会议”(也就是“紧急状态会议”)，这些是国家安全保障会议最主要的三种议事架构。

“四大臣会议”处于日本国家安全保障会议最核心的位置，由首相(包括副首相)、内阁官房长官、外务大臣和防卫大臣组成，负责中长期国家安全战略的制定以及决定其基本方向，原则上每两周会晤一次，进行实质性的审议。关于“四大臣会议”的议题，安倍在众议院答辩时说，根据安全保障形势由首相综合判断，如对日美军重组、对华关系、朝鲜核导问题和关于日本领土的诸课题进行审议。同时，有关恐怖主义对策、自然灾害等，这些与日本安全保障基础相

① 首相官邸「国家安全保障会議設置法」、https://www.kantei.go.jp/jp/singi/anzenhosyoukaigi/konkyo.pdf。

② 同上。

关的事项也可以由“四大臣会议”进行审议。①

“九大臣会议”维持“安全会议”的文官统治机能，成员包括前述“四大臣”，外加财务大臣、经济产业大臣、国土交通大臣、防卫大臣以及国家公安委员会委员长。其职能是从多视角出发综合审议国防基本方针、《防卫计划大纲》、武力攻击事态的应对等。对于既有的“九大臣会议”和内阁会议是否将因新设的“四大臣会议”而流于形式的质问，安倍在国会答辩时称，“四大臣会议”作为外交防卫政策的决策核心，是指示基本的方向，“九大臣会议”是审议有关防卫的重要事项。内阁官房长官菅义伟还表示：“有关中长期的方向性政策文件，‘四大臣会议’在花费相当长的时间审议之后，再由‘九大臣会议’审议，最终由阁议决定。”②

“紧急状态会议”是根据事态情况召集相关大臣议事的架构，前述“四大臣”在大多数情况下也囊括在内，由首相（包括副首相）、内阁官房长官以及首相事先指定的国务大臣参加，目的是强化对紧急事态的应对。其职责是审议重大事态以及需要进行高度政治判断的重大事项，主要是向首相提出迅速有效的应对措施。关于首相事先指定的大臣情况，《国家安全保障会议设置法》举例如下：（1）领海侵入和违法登陆事态，由法务大臣、外务大臣、国土交通大臣、防卫大臣、国家公安委员会委员长组成；（2）放射性物质的恐怖主义事件，由总务大臣、法务大臣、外务大臣、文部大臣、厚生劳务省大臣、国土交通大臣、环境大臣、防卫大臣以及国家公安委员会委员长组成；（3）大量难民事件，由法务大臣、外务大臣、财务大臣、厚生劳动大臣、农林水产大臣、国土交通大臣、防卫大臣、国家公安委员会委员长组成。③

日本国家安全保障会议由不同议员组成的“四大臣会议”“九大臣会议”及

①「第185回国会衆議院本会議録第4号」(平25.10.25)、[日]今井和昌「『国家安全保障会議』設置法案——安全保障会議設置法等一部改正案をめぐる国会論議を中心に」、https://www.sangiin.go.jp/japanese/annai/chousa/rippou_chousa/backnumber/2013pdf/20131202003.pdf。

②「第185回国会衆議院国家安全保障に関する特別委員会議録第5号18頁」(平25.11.1)、[日]今井和昌「『国家安全保障会議』設置法案——安全保障会議設置法等一部改正案をめぐる国会論議を中心に」、https://www.sangiin.go.jp/japanese/annai/chousa/rippou_chousa/backnumber/2013pdf/20131202003.pdf。

③ 首相官邸「国家安全保障会議設置法」、https://www.kantei.go.jp/jp/singi/anzenhosyoukaigi/konkyo.pdf。

“紧急事态大臣会议”等来应对各种安全事态。另外,《国家安全保障会议设置法》第八条还规定了其他的相关出席者:“在议长的许可下,内阁官房副长官以及负责国家安全保障的内阁总理大臣辅佐官可以出席会议,并进行意见阐述;根据前项规定之外,如一致认为若确有必要,可以让统合幕僚长以及其他的相关者出席会议进行意见阐述。”[①]

在决策过程中,除内阁情报机构外,各有关机构也有义务向国家安全保障会议提供与国家安全相关的信息。《国家安全保障会议设置法》规定:(1)内阁官房长官以及相关行政机构的长官,根据会议的规定,及时向会议提供有助于会议审议的有关国家安全保障的资料或信息。(2)内阁官房长官及相关行政机关的长官,应议长要求,必须向会议提供与国家安全保障有关的资料、信息或者进行说明等其他必要的合作。(3)守秘机制。除国家安全保障会议议长与议员(含前议员)外,副首相和参加会议的其他人员,以及应急会议议长等都有保守知悉秘密的责任。[②]

二、新设国家安全保障局与国家安全保障会议首相辅佐官

根据《国家安全保障会议设置法》的规定,作为服务国家安全保障会议的事务性机构,日本国家安全保障局于2014年1月7日在内阁内设置。根据日本新《内阁法》(2015年6月3日修正)第十七条第二项第一号的规定,国家安全保障局负责的事务及工作包括:“有关日本安全保障的外交政策及防卫政策的基本方针,及与这些政策相关的重要事项(除危机管理及属于内阁宣传官及内阁情报官的所属工作之外)。”其主要职责有:(1)从事设计和综合调整与国家安全保障相关的外交防卫政策的基本方针和重要事项。(2)对于紧急事态的处理,从与国家安全保障相关的外交防卫等观点出发实施必要的建言(对于紧急事态的操作,则由危机管理的专设人员危机管理监接手负责)。(3)情报的综合整理功能。通过适当的形式搜集情报,灵活地向国家安全保障会议提供情报。(4)国家安全保障局长与内阁危机管理监从平时就要加强合作。国家安全保

① 首相官邸「国家安全保障会議設置法」、https://www.kantei.go.jp/jp/singi/anzenhosyoukaigi/konkyo.pdf。

② 同上。

障局长可以在面对各种事态之际,向首相进行建议。(5)国家安全保障局的工作人员,可以对是否来自自卫官和民间进行讨论。

国家安全保障局长是和内阁危机管理监相同级别的特别职公务员,二者经常合作履行职责。其任免是根据内阁总理大臣的申请,在内阁中进行。日本新《内阁法》(2015年6月3日修正)第十七条第四项规定:“国家安全保障局长协助内阁官房长官及内阁官房副长官,接受命令掌管局务。”第十七条第七项规定:“国家安全保障局副局长协助国家安全保障局长,整理局务,由内阁总理大臣从内阁官房副长官候补中指定人选。”

从内部架构看,日本国家安全保障局内设有总括部门、战略部门、情报部门、同盟·友好国部门、中国·朝鲜部门与其他地区部门等六大部门。具体来看,“总括部门”处于安保局核心牵头的地位,主要发挥整体协调的功能。“战略部门”事关日本整个国防外务的基本走向,承担制定日本外交与防卫政策基本方针的《国家安全保障战略》和防卫力量建设基本方针的《防卫计划纲要》。“情报部门”的工作重心是对政府部门在国内外搜集到的涉日外交与防卫领域的相关信息,进行整体管理和分析研判,以期在发生战事或不测事态时,保证将汇总信息迅速提供给国安会做应对处置的参考。“同盟·友好国部门”(又称“政策二班”)以强化与美国、澳大利亚等“友好国家”间的合作为根本职能。“中国·朝鲜部门”(又称“政策一班”)具有明显的地域指向,专管中国和朝鲜事务。“其他地区部门”(又称“政策三班”)负责侦探搜集中东与非洲恐怖活动征兆的相关情报。首任安保局局长由内阁官房参与谷内正太郎担任,两位副局长由外务省和防卫省内文职官员出身的官房副长官兼任,隶属的审议官由外务省、防卫省和自卫队的三名军职官员出任,其中,总管事务的审议官为曾在第一次安倍内阁中任首相秘书官的外务官僚林肇和防卫省地方协力局次长前田哲。

日本国家安全保障会议除了强调首相对情报的纵向“一元化”掌控,还注重情报部门之间的横向沟通。通过整合信息流以及提供快速的分析,旨在提高首相的情报掌控能力和加快决策过程。为了增强从各中央部门获取情报的能力,国家安全保障会议还在各省厅设置具有联络功能的局长级“干事”,定期举行“干事会议”。这些来自各省厅的局级“干事”向国家安全保障局长汇报信息,然后由局长定期向首相汇报,所报情报大多是重要和紧急的,利于首相掌控决策。同时,国家安全保障局也负责与其他国家的对应机构共享情报,包括开通专线与美英两国安全系统保持联系,与美英举行由两国秘书处负责人参加的定期会议等。[①]

为保障国家安全保障会议的运行,日本还仿照美国国家安全委员会的国家安全事务助理,设立"国家安全保障会议首相辅佐官"一职,职责是就有关国家安全保障的重要政策,基于直接辅佐首相的立场,出席会议、表达意见。日本的首相辅佐官定员有五人。《国家安全保障会议设置法》规定"国家安全保障担当辅佐官"必须从这五人中选出。新辅佐官将被允许参加包括"四大臣汇合"在内的"国家安全保障会议"核心会议并发言。[②] 国家安全保障会议成立以来,日本历任国家安全保障会议首相辅佐官分别为:礒崎阳辅(参议院议员)、柴山昌彦(众议院议员,曾任自由民主党情报调查局长、自由民主党财务金融部会长)、薗浦健太郎(众议院议员,曾任外务副大臣)、木原稔(众议院议员,曾任财务副大臣)。

在大国战略竞争加剧的背景下,日本在安保领域更加关注经济和技术课题。2020年4月,日本参照美国国家经济委员会(NEC)机制,在国家安全保障局的框架下新设"经济班",对政府部门的经济事务实施一元化管理,从国家安全的角度战略性地制定政策。"经济班"集结了日本经济产业省、财务省、总务省、外务省、警察厅出身的人员,规模上仅次于"总括部门"。与其他部门不同的是,"经济班"具有较大的决策权,在很多重大事宜上,包括首相在内的政府决策者都要参考经济班的意见。2020年7月,日本政府内阁会议确定的框架中首次使用"经济安全保障"词汇,提出要推进和拥有共同价值观的国家进行物资融通的经济安全保障规则构建。

三、制定《特别秘密保护法》

日本国家安全保障会议的主要法律框架是《国家安全保障会议设置法》与《特定秘密保护法》,这两者相互绑定,是国家安全保障会议的"两轮",保证国家安全保障会议的运行。2013年12月,安倍政府强行通过《特定秘密保护

①《日本"国家安全保障会议"将与美英开通热线》,日经中文网,http://cn.nikkei.com/politicsaeconomy/politicsasociety/7226-20131203.html。

② 李志鹏、张若龙:《日本国家安全保障会议探析》,《江南社会学院学报》2015年第2期。

法》,该法案于2014年12月10日起正式生效,2015年12月1日完全实施。该法案旨在保护与国家安全密切相关的情报,严惩涉及防卫的机密泄露以及加强与英美等国的情报交换与共享。《特定秘密保护法》规定,泄露外交及防卫"特定秘密"的公职人员,最高可被判处10年刑期。根据该法,日本所有政府部门和机构都可以指定涉及国家安全的"特定秘密"。而在这之前,只有防卫省才拥有界定"秘密"的权力。

《特定秘密保护法》主要涉及安全、外交、特定有害活动和反恐等四个领域的55个项目。[①] 主要内容包括四个方面:第一,特定秘密的指定。"特定秘密"由内阁官员等行政机关的长官指定;特定秘密涉及的领域主要是防卫、外交、反谍和反恐四大领域,因为这些领域有因情报泄露而会对国家安全保障产生重大不利影响的可能。第二,有关特定秘密指定的有效期限。一般来说,指定的有效期限为五年,可多次延长。超过30年者,需得到内阁批准。相关指定的最长期限为60年。但有关下列七项情报例外:武器、弹药、飞机等;与外国政府、国际机构的谈判;谍报活动的手法及能力;有关人员信息来源的情报;暗号;外国政府、国际组织以60年以上为条件提供的情报;基于上述各项,由政令规定的重要情报。此外,对已失去秘密指定条件的,在有效期内亦可予以解除。第三,涉密人员的适应性评估。涉密人员必须接受"适应性评估",但行政机关首脑、政务三役(内阁任命的大臣、副大臣、政务官)、首相助理等可以不接受适应性评估。除了行政机关职员外,与行政机关有业务合同者也属适应性评估对象。相关适应性评估将涉及与恐怖政治事件的关系、犯罪经历、精神病史、饮酒程度、经济状况等。第四,对泄密者的惩罚条例。涉密者泄密将被处以10年以下有期徒刑;通过欺骗、威胁闯入有关设施及非法入侵电脑获取机密情报者,将被处以10年以下有期徒刑;合谋、教唆、鼓动泄密者,将被处以五年以下有期徒刑。[②]

《特定秘密保护法》的特点主要有三个:一是特定秘密的范围指向存在不确定性,对特定秘密的界定标准模糊且可根据具体情况作延伸解释,有被滥用的隐患。二是对行政长官自由裁量权的监督控制明显不足,增加了法案被人

---

① 内閣官房「特定秘密の保護に関する法律」、http://www.cas.go.jp/jp/tokuteihimitsu/houritu108.pdf。

②《日本通过〈特定秘密保护法〉》,日本网,https://www.nippon.com/hk/features/h00044/。

为操控的概率。三是对象指向愈加明确，大幅提高对泄密者的处罚力度。法案以公务员、议员等群体为主要指向，对公务员泄密将处以最高10年的有期徒刑，合谋者和教唆者将受到五年以下有期徒刑的处罚。[①]

日本内阁会议通过《特定秘密保护法》的一大借口就是外部安全环境的变化，“随着国际形势的复杂化，在确保国家及国民安全方面，情报重要性凸显”，“特通过规定特定秘密的指定、处理者的限制及其他必要事项来防止情报泄露，以确保国家及国民的安全”。[②] 在2013年12月召开的听证会上，与“盟国情报共享”的军事安全是执政联盟讨论的重点，[③]《特定秘密保护法》有为此服务的目的。《特定秘密保护法》通过后，日本政府机构大量指定“特定秘密”。截至2015年6月底，日本政府10个省厅已指定了417项特定秘密，公布持有秘密文件230121份，其中指定防卫省的秘密事项占比较大，共有266件，秘密文件共有66047份。[④]

安倍政府注重强化日本国家安全保障会议在安全战略上的“司令塔”功能。一方面，强化安保战略指导功能。《国家安全保障战略》强调，“国家安全保障会议可以定期进行系统性评估，估判形势将会发生重要变化时，结合当时的安全保障环境进行研究，做出必要的修改，适时、适当地发展”国家安全保障战略”[⑤]。对于修改《国家安全保障战略》，制定2018年版《防卫计划大纲》和新《中期防卫力整备计划》等安保纲领性工作，日本政府都交付给国家安全保障会议来主导。另一方面，强化安保问题应对功能。对于应对朝鲜核导开发等问题，是经国家安全保障会议讨论后决定的。[⑥] 日本先是通过设置在首相官邸的“朝鲜形势官邸对策室”进行情报搜集、分析并提出对策，再由国家安全保障会议

① 李志鹏、张若龙：《日本国家安全保障会议探析》，《江南社会学院学报》2015年第2期。

② [日]内閣官房「特定秘密の保護に関する法律」、http://www.cas.go.jp/jp/tokuteihimitsu/houritu108.pdf。

③『秘密保护法案:公聴会、入場たった30人、「茶番やめろ」』、『毎日新闻』2013年12月4日。

④「『特定秘密文書半年で4万増』、内閣官房発表」、『毎日新聞』、http://mainichi.jp/articles/20151010/ddm/012/010/056000c。

⑤ 内閣官房「国家安全保障戦略について」、http://www.cas.go.jp/jp/siryou/131217anzenhoshou/nss-j.pdf。

⑥ 首相官邸「我が国独自の対北朝鮮措置について」、http://www.kantei.go.jp/jp/headline/north-korea201602/20160210_northkorea_sochi.html。

商讨并提出应对措施。[①] 2017年11月29日，日本国家安全保障局局长谷内正太郎还与美国总统助理麦克马斯特就朝鲜试射洲际导弹问题展开磋商，强化国家安全保障会议对重大安全问题的应对功能。

在日本国家安全的决策过程中，首相对国家安全的掌控始终迅速而全面。根据安倍每天的日程，可以发现，首相与国家安全保障局长及相关安保官员频繁会面，时刻掌控与国家安全相关的情报与信息。根据日本共同社的报道，以2019年6月24日的"首相一日"记载为例，安倍各时间点的安排如下：

09:15，会见国家安全保障局长谷内正太郎、防卫省防卫政策局长槌道明宏；09:56，会见国家安全保障局长谷内正太郎、外务省的事务次官秋叶刚男等；11:25，会见外相河野太郎、国家安全保障局长谷内正太郎等；11:52，会见外相河野太郎、国家安全保障局长谷内正太郎等；14:59，会见驻美大使杉山晋辅、国家安全保障局长谷内正太郎等；15:15，会见驻美大使杉山晋辅、国家安全保障局长谷内正太郎、防卫省防卫审议官西田安范等；15:43，会见国家安全保障局长谷内正太郎、防卫审议官西田安范等。

第三节　大幅改变"安全输出"体制

日本积极调整自卫队相关体制，提出"防卫设备转移三原则"，并通过内阁决议的方式解禁集体自卫权，加紧修改相关法律，为对外军事行动提供依据。新安保法案在法律上解禁了战后日本宪法禁止的集体自卫权，[②] 修改了日本自卫队行使武力的条件，进一步改变日本战后"专守防卫"政策。

一、调整自卫队，加强体制建设

为了迅速提升部队的部署能力，日本国内一直有加强自卫队指挥统筹体制的呼声。日本海空自卫队有统一司令部，但陆上自卫队却没有类似的相关机构。在冷战期间，日本为防止苏联登陆进攻而在五个地区设置了部队，但由于缺乏类似"统一司令部"的机构，这些部队不能够在日本全国毫无间隙地进行部署。鉴于"3·11"大地震中陆上自卫队各地区部队指挥存在不足，日本意

① 首相官邸「内閣官房長官記者会見」、http://www.kantei.go.jp/jp/tyoukanpress/201705/14_a2.html。

② [日]佐道明広『自衛隊史——防衛政策の七十年』，ちくま新書、2015年、X頁。

识到有效灵活调用陆海空的联合任务部队的体制尚未健全，认为有必要借助创设陆上总队来构筑“全日本体制”。特别是，针对中国海洋力量的崛起，为防止西南诸岛受到攻击，在“强化西南诸岛防卫”的方针下，日本政府更是认为“统一司令部”的存在不可缺少。在政策方面，2013年版《防卫计划大纲》提出：“在每个自卫队主要司令部都配备其所必需的陆海空自卫官，灵活地发挥他们各自的知识与经验，同时还可通过新设的统辖陆上自卫队各方面部队的统一司令部，提高各总队指挥与管理机能的有效性和合理性，确保陆上自卫队作战基本部队（师团/旅团）能够迅速灵活地实现全国性调动。”[①] 为此，2018年，日本陆上自卫队总队（下称“陆上总队”）宣告成立，把日本北部、东北部、东部、中部、西部这五个地区陆上自卫队统合在一起，建立了统一的司令部，“陆上总队”与海空自卫队司令部一同接受统合幕僚长的命令，形成“一元化”的指挥。陆上总队司令部设置在朝霞驻屯地，并在座间驻屯地（相模原市等）配置部队，旨在与美军强化合作。由此，日本自卫队联合作战指挥体制形成了统合幕僚长（相当于联合参谋长）面对陆上总队司令、联合舰队司令和航空总队司令的指挥格局，在顶层设计上实现了扁平化和集权化。[②]

根据2013年8月制定的“防卫省的改革方向”，以及为构建2013年版《防卫计划大纲》提出的“联合机动防卫力”，日本为优化整体防卫力量以及强化联合运用和政策立案功能，对自卫队组织编制进行了不少改革，包括：(1)强化联合运用功能，注重实现统合幕僚监部对部队实际运作业务的统一管理。由统合幕僚监部统一管理与自卫队实际运作相关的业务；废除运用企画局，新设运用政策综括官（统幕副长级别）和运用政策官（部课长级别）文职，负责与相关省厅之间的协调以及对外说明工作。(2)为强化政策立案功能和防卫力量整备功能，将与运作相关的法令的策划、立案、部队训练等功能交由防卫政策局负责；在防卫政策局中新设战略企划科以强化政策立案功能。(3)为强化防卫力量整备功能，新设整备计划局。适用2014—2018年的日本《中期防卫力整备计划》还提出主力部队重组问题。其中，陆上自卫队：新编陆上总队，将两个师团及

---

① 防衛省「平成26年度以降に係る防衛計画の大綱について」、http://www.mod.go.jp/j/approach/agen-da/guideline/2014/pdf/20131217.pdf。

② 袁洋：《日本成立“陆上总队”意欲何为》，《解放军报》2018年4月26日，第4版。

两个旅团改编成两个机动师团和两个机动旅团，新编沿海监视部队和警备部队，新编水陆机动团；海上自卫队：以1艘装备直升机的护卫舰与两艘搭载“宙斯盾”系统的护卫舰为中心，组成四个护卫队群，同时保持由其他护卫舰组成的五个护卫队，并增加潜艇数量；航空自卫队：将战斗机部队的一个飞行队移至那霸基地，在警戒航空部队新编一个飞行队，统筹具有训练支援功能的部队。

为加强应对安全保障新课题，日本还在有第四和第五战场之称的太空和网络空间进行自卫队体制建设。[①] 日本政府决定，于2020年左右在防卫省和自卫队内部新设统括指挥太空、网络空间和电子战部队的具有司令部职能的高级部队，由防卫大臣直辖，该部队与陆上总队是同一级别，首脑由将官担当，主要人员来自陆、海、空自卫队。[②] 在网络空间领域，日本设想把网络部队的规模扩大至约1000人。2017年3月，负责为水陆机动团队员培训技能的“教育部队”在相浦驻屯地成立，推动水陆机动团的组建。水陆机动团的成立被认为是日本在更大范围内夺取制空制海权的关键一步，该团由两个联队约2100人构成。

安倍政府还废除了“文官控制”体制，强化职业军人出身的武官的作用，这是日本防卫省在体制上发生的变化。日本防卫省官员主要由两部分组成，一是以统合幕僚长以及陆、海、空自卫队幕僚长为首的军职武官；二是以防卫省官房长、省内各部局长为首的文职官员。原《防卫省设置法》第十二条规定，当防卫大臣对武官的统合幕僚长、陆海空自卫队的幕僚长发布指示、批准幕僚长的方针及实施日常监督时，文官的官房长、局长负责“辅佐大臣”，据此实施“文官控制”体制。2015年6月10日，日本参议院通过的《防卫省设置法》修正案则将官房长、局长改为与各幕僚长处于同等的地位，两者共同对防卫大臣进行辅佐。同时，修正案还规定：一是将自卫队的调动改为以武官为主体，实现所谓“调动一体化”，削弱文官参与自卫队行动决策的职能。二是修正案同时废除了掌管自卫队作战行动的防卫省文职部门“运用企划局”，将其职能合并到统合幕僚监部。安倍重视自卫队的地位，根据日本统合幕僚长河野克俊的讲述，2013年日本设立国家安全保障会议之后也把统合幕僚长吸纳为会议成员。河

①「宇宙・サイバーに司令部新設へ政府、防衛大綱に明記方針」、『東京新聞』、http://www.tokyo-np.co.jp/s/article/2017121701001639.html。

②「自衛隊再編し統合組織、サイバー・宇宙部隊創設」、『読売新聞』、http://topics.smt.docomo.ne.jp/article/yomiuri/politics/20180103-567-OYT1T50132。

野克俊自2014年出任统合幕僚长后，经常向首相安倍和时任内阁官房长官菅义伟汇报自卫队的情况和活动。安倍也是首位视察部队训练的首相。[①]

二、改变“安全输出”体制

战后日本长期坚持限制性防卫政策，其核心内容包括坚持“武器出口三原则”和限制集体自卫权，旨在“专守防卫”，不对他国产生威胁，这也是战后日本被认为坚守和平主义的标志。日本《防卫白皮书》指出：“专守防卫是指，在受到对手武力攻击后才使用防卫力量，而且仅限于自卫所需的必要和最低限度，保持的防卫力量也仅限于必要和最低限度。”[②]事实上，在“武器出口三原则”之下，日本几乎全面禁止武器出口。对于发生和其他国家进行武器联合开发或技术转移的情况，日本大多是通过内阁官房长官发表“特例谈话”的方式加以处理，战后以来共有21次“特例”。[③]对于集体自卫权，战后日本则依据宪法通过“政府解释”加以限制。[④]但在安倍政府的推动下，“武器出口三原则”改为“防卫装备转移三原则”，日本战后防卫政策发生重大转变。

2010年1月，日本防卫大臣北泽俊美呼吁应考虑修改“武器出口三原则”。鸠山内阁之后，民主党政权确立了放宽“武器出口三原则”的方针。2013年底，安倍内阁出台的首份日本《国家安全保障战略》及2013年版《防卫计划大纲》继承民主党政权的相关政策，提出要修改“武器出口三原则”。日本《国家安全保障战略》强调：“防卫装备和技术合作在国际和平贡献和国际合作领域，通过自

① [日]齐藤胜久：《提升了自卫队地位的大功臣：前统合幕僚长河野克俊谈安倍首相》，2020年11月27日，https://www.nippon.com/cn/in-depth/d00632/。

② 防衛省「平成26年度防衛白書」、http://www.mod.go.jp/j/publication/wp/wp2014/pc/2014/pdf/26_Boei_PDF.zip。

③ 経済産業省「平成25年度安全保障貿易管理対策事業（安全保障貿易管理影響実態調査）調査報告書」、http://www.meti.go.jp/meti_lib/report/2014fy/E004159.pdf。

④ 1972年10月，日本政府在众议院对“集体自卫权”做过统一解释：“主权国家都拥有国际法规定的集体自卫权，日本当然也不例外。政府的立场是日本虽拥有集体自卫权但其行使超出自卫的界限，因而不能被允许。”参见日本防衛省編『平成23年版防衛ハンドブック』、朝雲新聞社、2011、665—666頁。1981年，日本政府在“1972年解释”的基础上进一步解释道：“我国既然是主权国家，在国际法上当然拥有集体自卫权。但对宪法第九条所容许的自卫权的行使，则解释为应仅限于守卫我国所需的最低限度范围之内。而行使集体自卫权是超出这一范围的，因此政府认为宪法是不容许的。”参见「第94回国会衆議院稲葉誠一議員提出の質問主意書に対する答弁書」、『内閣衆質94第32号』1981年5月29日、http://www.shu-giin.go.jp/internet/itdb_shitsumona_pdf_t.nsf/html/shitsumon/pdfT/b094032.pdf/$File/b094032.pdf。

卫队有效地运用所携带的重武器等装备以及向受灾国提供装备等，增加了更加有效的合作机遇。另外，为了提高装备的性能和应对费用上涨，国际合作和联合生产已成为国际社会的主流。在这种背景下，我们要从基于国际合作主义的积极和平主义立场出发，进一步积极地参与防卫装备的灵活运用，同时积极参与防卫装备的联合研制和生产。”①

2014年3月11日，日本国家安全保障会议审议通过的“防卫装备转移三原则”，取代了之前的“武器出口三原则”，大幅放宽日本对外输出武器和军事技术的条件，标志着维持40余年的体现日本和平宪法精神的武器出口政策发生了重大变化。“防卫装备转移三原则”的主要内容包括：“不允许向争端当事国或在违反联合国决议的情况下出口、转移武器装备；仅限有利于做出和平贡献和有助于日本安全的情况下允许出口；仅在能够确保妥善管理的情况下允许出口武器用于其他目的或转移至第三国。”② 新原则中提及会对防卫设备转移进行严格审查，该工作由日本经济产业省和国家安全会议事务局分别进行。和较为受限的“武器出口三原则”相比，“防卫装备转移三原则”大幅度地放宽了日本武器装备和防卫技术的限制条件。2014年4月，日印就飞艇出口举行了政府间磋商。5月，日澳提出将为转移潜艇技术举行副部级工作会议。6月，日本军工企业亮相欧洲武器装备展，被视为第一次国际亮相。日本战后和平主义理念显然发生了变化，正如《东京新闻》所说，日本“武器出口三原则”的核心是“禁止武器出口”，而新“三原则”的核心是“允许武器出口”。为推动防卫装备出口，日本防卫省还开始对军品向印度和东盟三国的出口问题展开可行性调研，并试图以此强化与各国的安全合作关系。2020年9月，日本防卫省分别和丸红、伊藤忠商社签署委托调研合同，其中丸红负责印度方面的调研，伊藤忠负责印度尼西亚、越南和马来西亚方面的调研，两家商社主要是调查各国的军备现状和需求，为防卫设备出口指明方向。

2015年，日本还对防卫组织机制进行了改编与调整，将领导指挥部队等业务归统合幕僚监部统一领导，并且为了加强政策制定功能及防卫力量整备功

① 内閣官房「国家安全保障戦略について」、https://www.cas.go.jp/jp/siryou/131217anzenhoshou/nss-j.pdf。

② 防衛省「防衛装備移転三原則」、http://www.mod.go.jp/j/press/news/2014/04/01a_1.pdf；况腊生、肖力：《日本新的“武器出口三原则”及其影响》，《国防科技》2014年第4期。

能等，还对内部部局进行了改编。特别是，根据2015年6月10日通过的《防卫省设置法》修正案，日本还专门成立了一个负责从装备研发到武器贸易全过程的新机构——防卫装备厅，建立新武器出口机制。① 防卫厅是相对独立于防卫省的外局机构，具有把部队的需求迅速反映到装备方面的作用。在"防卫装备转移三原则"之下，日本武器输出变得统一化与机制化。日本可以向东亚地区特别是在南海问题上与中国有争端的国家提供大量武器装备，包括提供美国军工企业不对国际市场投放的巡逻舰艇和常规潜艇，与美国对该地区国家的军事援助形成互补。日本通过互补性的军事援助和军售项目可以更加全面地强化美国和南海各声索国的实力和对抗力量，加强它们彼此在防务领域的合作，引导各国与中国对抗，从而形成更强的整体合力，加大中国的战略压力。②

除修改"武器出口三原则"之外，日本还步步解禁集体自卫权。日本宪法规定，日本"放弃使用武力解决国际争端"和"不保持战争力量、不承认国家的交战权"。③ 因此，基于宪法，日本不得拥有集体自卫权。④ 1954年，日本条约局长下田武二在国会答辩时也明确说过："宪法不允许日本行使集体自卫权。"⑤ 尽管国内主张解禁集体自卫权的呼声不断，但日本政府一直坚持限制集体自卫权，相关政府解释的要点有："作为主权国家的日本拥有《联合国宪章》第51条规定的自卫权，自然也包含集体自卫权；日本为了自卫拥有必要最小限度的实力；集体自卫权的行使超出了上述必要最小限度的范围，为宪法所不允许。"⑥ 2014年，在北约总部演讲时，安倍表示将通过修改宪法解释解禁集体自卫权。在单独立法允许行使集体自卫权受阻后，安倍强令法制局拟定新的"宪法解释"，修改了1981年以来被历届日本政府承认的有关"行使集体自卫权违宪"的政府统一见解。

安倍政府在国内层面主要通过两大步骤实现对集体自卫权的解禁。第一

① 防衛省「防衛省設置法等の一部を改正する法律案」、http://www.sangiin.go.jp/japanese/joho1/kousei/gian/189/pdf/t031890331890.pdf。

② 徐万胜等：《当代日本安全保障》，南开大学出版社，2015，第94页。

③ 日本国立国会図書館『日本国憲法』、http://www.ndl.go.jp/constitution/etc/j01.html。

④ [日]佐道明広『自衛隊史—防衛政策の七十年』、ちくま新書、2015、X頁。

⑤『第19回国会衆議院外務委員会議録第57号』、1954年6月3日、4—5頁、日本国会会議録検索システム、http://kokkai.ndl.go.jp/SENTAKU/syugiin/019/0082/01906030082057a.html。

⑥ 张晓磊：《宪法视野下的日本"行使集体自卫权"问题》，《日本学刊》2014年第4期。

步，在2014年7月1日，日本内阁通过解禁集体自卫权的决议案，推翻日本历届内阁遵守的“自卫权发动三条件”[①]，提出了新的“武力行使三条件”：(1)日本遭到武力攻击，或与日本关系密切国家遭到武力攻击，威胁到日本的存亡，从根本上对日本国民的生命、自由和追求幸福的权利构成明确危险；(2)为保护国家和国民，没有其他适当手段可以排除上述攻击；(3)武力行使限于“必要最小限度”。决议案称，在同时满足上述三个条件的情况下，允许日本作为“自卫”手段行使武力。[②] 这两个“三条件”相比较而言，实际上是“自卫权发动三条件”中的第一条发生了巨大变化，把“日本遭受武力攻击”修改为“日本遭到武力攻击，或与日本关系密切国家遭到武力攻击”，外增一个附加条件——“威胁到日本的存亡，从根本上对日本国民的生命、自由和追求幸福的权利构成明确危险”，而其他两个条件没有改变。决议案还允许日本自卫队在“非战斗现场”对其他国家的军事行动进行后方支援，并要求对介于军事冲突与和平状态之间的“灰色地带”事态加强应对，简化下令出动日本自卫队的手续等。由于现有法律都是基于往届内阁不得行使集体自卫权的政府解释而制定，在解禁集体自卫权的内阁决议通过后，安倍政府便谋划对相关法律进行修改以便适应新形势。

第二步，日本国会违反宪法，通过新安保法案，从法律上完成对集体自卫权的解禁。2015年7月16日和9月19日凌晨，执政联盟又凭借多数议席分别在众议院和参议院强行表决通过新安保法案。新安保法案包括一个新立法和10个统一打包为《和平安全法制整备法案》的修正法案。一个新立法为《国际和平支援法案》，《和平安全法制整备法案》包括《武力攻击事态法》《周边事态法》《自卫队法》《协助联合国维持和平活动法案》《船舶检查活动法》《美军等行动关联措置法》《海上运输规制法》《俘虏对待法》《特定公共设施利用法》和《国家安全保障会议设置法》等10个现有法律的修正案。

修正案《武力攻击暨存亡危机事态法》在原法案《武力攻击事态法》“日本

① 1954年4月，日本内阁法制局长官佐藤达夫指出日本“自卫权发动三条件”包括：(1)遭到武力攻击；(2)没有其他合适手段可以排除这个攻击；(3)武力行动控制在“最小必要限度”的情况下。参见[日]安田寛、西岡朗編『自衛権再考』、知識社、1987年、20頁。

②《日本正式通过解禁集体自卫权内阁决议案》，新华网，http://news.xinhuanet.com/world/2014-07/01/c_1111409739.htm。

遭受武力攻击，或者有遭受武力攻击的明确危险”这一条文的基础上，增加了“不仅限于日本受到武力攻击，与日本有密切关系的其他国家受到武力攻击，日本生存受到威胁，国民生命、自由以及追求幸福的权利有从根本上被倾覆的危险”这样的条文，解禁了集体自卫权。《周边事态法》1999年立法时适用范围是“日本周边”，其修正案《重要影响事态法》则规定自卫队对美军及别国军队的支持取消地理限制，不再局限于日本周边范围，依据改成“对日本的和平与安全造成重大影响的事态”。修正案《自卫队法》增加了“对美军等部队的武器等防护”的规定，允许防护美军等部队使用的武器等，同时扩大向美军提供物资劳务的范围。《协助联合国维持和平活动法案》规定日本维和部队只有在保护自己的情况下才能使用武力，而其修正案一是扩充了工作内容，“除停战监视、灾民救助等外，还新增安全确保工作、赶往现场护卫工作、司令部工作等，并扩充了有关建立统筹管理组织和重建援助的内容”；二是调整了武器使用权限，“在执行安全确保工作、赶往现场护卫工作时，允许使用以执行任务为目的的武器”。[①]《国际和平支援法案》授权政府在获得国会批准的情况下，可尽速、不限地区地派遣自卫队到纷争地。只要不是战斗现场，自卫队可对作战中的他国军队提供物资和劳务补给、运输、修理与整备、医疗、通信、机场与港湾工作、基地工作、住宿、保管、设施使用、训练工作、建设等后方支持。法案提出这些支持不包括武器的提供，但可提供弹药，并可为准备参加作战行动的飞机加油和进行整备等。新立法的《国际和平支援法案》属于永久法，而在此法出台之前，自卫队若要被派遣到海外需要事先在国会通过有一定时效的“特别法”，根据《国际和平支援法案》则不需要这一手续。

新安保法案是战后日本安保政策的重大调整，它对集体自卫权的解禁是日本军事正常化和军事大国化的前提，是安倍政府突破“战后体制”的一步。日本国民已从安倍的“积极和平主义”里嗅到了危险的味道，积极反对新安保法案的通过。2014年8月4日，日本157名宪法学者联名提出抗议，认为“在不经国会审议和国民讨论的情况下，仅凭一届政府的判断就颠覆60多年来历届政府积累和沿袭的宪法解释，堪称一种暴行”，要求撤回内阁决定。8月26日，

① 防衛省「平成27年版防衛白書」、https://www.mod.go.jp/j/publication/wp/wp2015/pdf/27020103.pdf。

日本各大学团体的负责人召集联合新闻发布会，指出日本面临着战后“最大危机”，呼吁民众齐心协力促使国会否决安保相关法案。8月30日，日本更是出现百万人大游行、10万人示威于国会大厦前，呼吁阻止安保法案通过。

第四节　积极谋求修改和平宪法

日本宪法明确规定日本永远放弃以国权发动的战争，反对以武力威胁或武力行为作为解决国际争端的手段，强调不保持陆海空军及其他战争力量，不承认国家的交战权。如何使自卫队在国家宪法的框架下获得“合法”的地位，是日本能否实现其安保战略的关键。为使自卫队“合宪”，强烈主张打破“战后体制”、夺回“强大日本”①的安倍政府在安保领域内的最大目标就是修宪，②这也是改变其他安全体制的政治基础。就本质而言，安倍心目中“摆脱战后体制”与修宪互为表里，“摆脱战后体制”的核心在于修宪，修宪是“摆脱战后体制”的重要标志。再组阁后，安倍将修宪定位为“需解决的重大课题”。修宪可以进一步从根本上明确日本安全走向以及自卫队在宪法中的地位和作用，能够在很大程度上化解日本战后体制被不断突破而出现的法律与现实不符等各种张力和矛盾。

一、安倍政府执意谋求修宪

自民党自1955年结党时就标榜“自主立宪”，宣扬摒弃外国人强加给日本的宪法。鸠山一郎、岸信介内阁时期曾主张“改宪即时实现”。不过，那个时期的“改宪”和现在的“修宪”内涵不完全相同，“改宪”是推倒重来，“修宪”是在原有基础上的删改。此后，随着日本国内经济高速增长，国民生活逐渐富庶充盈，日本很快步入发达国家行列。一方面，深刻的现实使精英阶层认识到，战前日本通过侵略扩张没能达到的目标，战后经过美国民主化改造很快即得以实现，日本民众逐渐认同并接受战后所确立起来的政治和经济体制，包括自民党内一部分年轻议员的意识也在悄悄地发生着变化，③ 而且“大部分国民已经

① 孟晓旭：《认知、政策与互动：战后中日安全关系研究》，世界知识出版社，2017，第373—374页。

② 首相官邸「安倍内閣総理大臣記者会見」、2017年11月1日、http://www.kantei.go.jp/jp/98_abe/statement/2017/1101kaiken.html。

③ 孙政：《战后日本新国家主义研究》，人民出版社，2005，第135页。

接受了新宪法精神的影响”[①]。另一方面，以社会党为核心的革新势力同自民党的修宪势力进行了长期斗争，围绕修宪与护宪是战后“保革斗争”的焦点之一，修宪议题成为各党派不敢轻易触碰的禁物。此外，战后历届内阁所采取的内敛式安全政策有助于彰显日本的和平国家形象，其中，和平宪法的作用不可或缺。这几方面因素客观上使战后和平宪法体系得以完整保持下来。

但是自1947年宪法生效以来，日本部分保守政治家就不断要求修宪，意图冲破日本战后体制。2000年，日本在众参两院设立了宪法调查会。经过长达五年的宪法调查后，宪法调查会在2005年提出附有宪法修改意见的报告书。其后，日本各政党公布了宪法修改方针。2005年11月，自民党公布宪法修改非官方草案。宪法修改问题日渐提上日本的政治议程。[②] 2015年3月5日，将选举权年龄由“20岁以上”下调到“18岁以上”的《公职选举法》修正案由朝野六党再次提交国会并获得通过。日本下调选举年龄旨在降低修宪门槛，2016年时有240万左右十八九岁的人成为新选民，约占选民总数的2%，这些年轻人被认为是支持修宪的生力军。日本“战后体制”正面临着更大的挑战。

安倍曾多次表示要在任期内亲手修改宪法。[③] 2007年5月，安倍在第一次担任首相期间就指示成立了“关于重新构建安全保障法律基础的恳谈会”，要求该机构就包括调整集体自卫权宪法解释在内的问题进行案例研究，具体包括：在公海上保卫美军舰艇；拦截以美军为攻击目标的弹道导弹；在参加维护国际和平的行动时使用武器；在参加联合国维和行动时为别国部队提供后勤支援。2008年6月，“恳谈会”提交报告指出，在上述所有类型案例中，现行宪法解释均不能有效应对日本当前面临的新安保环境，因此有必要调整现行宪法解释。[④] 2013年，安倍在支持者面前表示：“修改宪法是我的历史使命。”在2014年的新年感言中，安倍宣称，为适应时代变化，需要对宪法加以修正，并进

① [日]渡辺治『政治改革と憲法改正——中曽根康弘から小沢一路まで』、青木書店、1994年6月、249頁。

② [日]户波江二：《日本国宪法的60年与宪法修改问题》，牟宪魁、于晓娜、战东升译，《政法论丛》2008年第3期。

③ 刘江永：《论大选后安倍的修宪政治及影响》，《日本学刊》2017年第6期。

④ [日]防卫大学安全保障学研究会编著《日本安全保障学概论》，刘华译，世界知识出版社，2012，第323页。

行更为深入的国民讨论。[①] 2015年，安倍表示，“日本宪法制定后，经过60多年，宪法已经不能应对新的价值观和课题”，“第九条也要明确写入保持自卫军，地方分权执行道州制。宪法是国家的基本法，只有日本人亲手制定才能开拓新时代”。[②]2015年12月5日，自民党政务调查会长稻田朋美在电视台节目上表示，“有必要开展重返(主张修宪的)我党基本方针的运动”，就今后的举措称“不得到全体国民的认可就无法修宪。向更多国民呼吁很重要”。[③] 迎合美国的战略需求，深化日美同盟的内涵也是安倍政府积极推动修宪的原因。美国亚太战略调整需要军事盟友的配合、支持，而和平宪法的各种束缚使日本在配合美国军事行动上存在诸多不便，所以在修宪问题上安倍既有内政方面的需求，也有来自美国的默许和认可，但美国也不希望日本在军事安全上完全脱离掌控，彻底走上自主化道路。进入21世纪以来，美国直接或间接地将宪法第九条视为日美同盟的障碍之一，认为“修宪也将使日本更广泛地参与联合国授权的维和行动，做出更大贡献”[④]，希望扩大自卫队的作用，突破宪法束缚。

2017年5月，安倍在宪法纪念日上的讲话中明确提出，将在2020年前实现修宪，并力争于2020年颁布施行，[⑤] 要求自民党于2018年内提出宪法修改草案，将修宪纳入实质化议程，但因在野党阻挠，安倍这一计划没能落实。2017年10月，自民党将修宪列在竞选纲领之中，并以“问政于民”为由，发起第48届众议院选举。结果是，自民党和公明党继续共同执政，共计获得312个议席，超过在众议院动议修宪所需要的三分之二议席。而包括希望党、维新党在内的其他改宪势力，议席则超过80%。尽管很多选民选择自民党并不是因为其修宪政策，但自民党却借势积极谋划进一步修宪。2017年12月20日，自民党宪法修改推进总部最终决定了“两种方案并立”的主张：关于把“自卫队存在”写入宪法第九条的同时记述两种方案。第一种方案，维持规定放弃战争的第

① 首相官邸「安倍内閣総理大臣年頭所感」、2014年1月1日、http://www.kantei.go.jp/jp/96_abe/statement/2014/0101nentou.html。

② 参见安倍晋三个人主页，http://www.s-abe.or.jp/policy/consutitution_policy。

③《日本自民党高层透露有意修宪，安倍经济学遭批》，中国新闻网，http://www.chinanews.com/gj/2015/12-06/7657777.shtml。

④ Schoff,L.James, “2014,A Collective Win for Asia,”Carnegie Endowment for International Peace,July 1,2018,https://carnegieendowment.org/2014/07/01/collective-win-for-asia-pub-56059.

⑤「憲法改正2020年に施行したい首相がメッセージ」、『朝日新聞』2017年5月4日。

一款和规定不保持战力等的第二款；第二种方案，删除第二款并更加明确自卫队的目的和性质。在2019年新年记者招待会上，安倍再次抛出修宪议题，要求执政党尽快拿出具体方案，努力加深国民的讨论和理解，呼吁各党派超越政治立场，凝聚共识。[①] 2019年9月11日，第四届安倍政府第二次改组内阁完成后，安倍表示将由自民党主导推进宪法修改相关讨论，强调即使很困难也一定要完成，并要求朝野政党提出各自的修宪方案。

修宪势力争论的焦点之一是如何处理宪法第九条和自卫队的关系。为确保军事大国和海外军事行动的“合法性”和“正确性”，“安倍修宪方案”的核心内容是把“自卫队存在”明确写入宪法第九条。安倍的构想是保持第九条前两个条款不动，增加第三款，以该款确立自卫队的性质、地位。而第九条前两款规定了战后日本“不保持战力”“不承认国家交战权”，显然，增设第三款在逻辑上与前两款的立法宗旨截然相悖。但问题的核心并不在于此，早在2015年5月，安倍内阁审议通过了安全保障相关法案，即“新安保法案”。这些“战争法案”解禁了因第九条而被限制的集体自卫权，允许日本向海外派遣自卫队。从法理上讲，“战争法案”所限定的条件以及对自卫队作用的定位与现行宪法第九条明显地存在矛盾，属于违宪状态。安倍强烈主张修宪是想通过国民投票追认自卫队行使集体自卫权和向海外派兵的合宪性，即“战争法案”在法理逻辑上与宪法不冲突，分解弱化前两个条款的法律效力。另外，保持前两款，增设第三款，也表明安倍不愿公然与民意对立，试图在维持现行宪法主体完整的基础上，通过增设新款为自卫队正名。如果安倍修宪的目标得逞，那么对日本国家安全政策解释的余地将更加宽泛、多元，可以预料日本今后会难以继续沿着和平主义道路走下去。

值得注意的是，日本保守政治家提出，不排除把搁置历史问题作为顺利修宪的选择：“必须排除抵抗，修改宪法第九条。作为手段，修改宪法第九十六条也是一个选择，如果历史问题妨碍第九条的修改，必须有搁置历史问题的勇气。日本成功修改第九条之后，外国对日本历史问题的压力会戏剧性地降低。”[②] 在

①「安倍首相年頭記者会見の要旨」、『読売新聞』2019年1月5日。

②［日］中西辉政「憲法改正で歴史問題を終結させよ:アジアの勢力均衡と平和を取り戻す最後の時が来た」、Voice,07/2013、427号、57頁。

2015年8月14日发表的战后70周年谈话中，安倍对历史问题表述得暧昧不清，并称“下一代无须背负谢罪的宿命”，搁置了日本将来会在历史态度特别是“道歉”问题上进行逃避的解释。而日本外务省官网在有关政府对于战争认识的内容中，正式删除了“侵略”“殖民统治”等词汇。安倍在历史问题上的否定态度在很大程度上也是为了达到修宪目标，服务于对“战后体制”的摆脱。

二、日本修宪前景仍不明确

安倍政府的长期执政态势为其修宪野心提供了一定政治基础，而这个政治局面的形成有深刻的国内动因。一是在野党规模不断萎缩，呈现碎片化迹象，主张和利益诉求多元，难以形成与自民党相抗衡的格局。日本各在野政党不仅不具有昔日的斗争精神，更提不出具有鲜明政策主张的治理方案，已经沦为政坛的点缀品。二是日本社会舆论环境整体转向保守，尤其体现在国政选举中，选民缺少求新求变意愿，无形中等于默认了自民党长期以来养成的政治沉疴痼疾。三是“安倍经济学”在宏观经济调控方面产生了一定成效。据日本总务省统计局数据，2018年8—10月，消费者物价指数(CPI)同比上升1.2%—1.4%。日本企业收益明显增加，就业环境得到改善，股市上扬，股指维持高位运行。同时，安倍的经济政策还得到企业、财团以及一般商业阶层的支持。尽管“安倍经济学”有其局限性，但总体上对稳固安倍的执政地位起到了加分作用。四是安倍在自民党内也遭遇不到强劲的竞争对手。一些国会议员出于选举考虑，虽然已经意识到党内问题累累，却文过饰非，对安倍唯命是从，自民党内呈现一种唯唯诺诺的政治风气，[①] 助长了安倍恣意骄纵、唯我独尊的执政风格。据日本媒体透露，作为安倍唯一的竞争对手，自民党原干事长石破茂在党内的支持势力遭到安倍亲信的打压，安倍支持者甚至威胁农林水产大臣斋藤健如果支持石破茂就应辞职。[②] 不仅如此，安倍还将自己的亲信悉数延揽入阁，比如，将原防卫大臣、后因丑闻困扰而辞职的稻田朋美安排在自民党高层，让

① 日本众议院现行选举制度采用小选区比例代表并立制，竞选国会议员必须获得自民党中央党部公认，以及在比例代表区获得推荐序位，同时竞选人还可从自民党获得选举资金，这些权力完全掌握在自民党高层手里，所以尽管国会议员具有代表国民意志、替民请命的责任和使命，但若想获得连选，必须与自民党高层保持一致。参见[日]村上誠一郎「国家総動員法の時代が来る」、『月刊日本』2018年10月号、40頁。

②「石破茂元幹事長単独インタビュー、安倍さんは将来を語れない」、『Asahi Shimbun Weekly AERA』、2018年10月8日、58頁。

其担任自民党常务副干事长。稻田朋美的政治理念包括修宪主张等与安倍相近，颇受安倍器重。

若想“明文修宪”，安倍政府必须向国会提交宪法修正案，议案需要分别在参众两院得到三分之二以上议员的批准才可通过；现阶段，自民党和公明党组成的执政联盟掌握着三分之二以上的众议院议席，但2019年7月的第25届参议院选举结果显示，自民党、公明党以及在野的日本维新会等修宪势力未能获得参议院三分之二以上议席。因此，安倍政府的修宪比之前难度更大了一些。但由于其他各在野党中也有支持修宪的议员，因此一旦在参议院投票，修宪主张还是有可能在国会层面通过的。如果以上一切顺利，修宪方案才能付诸公投。2019年的调查显示，日本国民对修宪持赞成立场者不足40%，另有40%—50%的人持反对立场。安倍执意打造的“政治遗产”与国民的意愿并不合拍，没有得到广泛的社会认同。

但安倍修宪意志似乎更加坚定，每当涉及该议题，安倍都会表示要努力推进。自民党的修宪策略是拉拢分化在野党，将修宪说成是时代之需。在具体策略上，安倍避实就虚，拟定提出四个修宪条目，先从容易获得国民理解、与民生相关的条款入手，如“增加紧急事项条款”“取消参议院选举制中的合区”等内容，以此唤起国民热议，烘托抬升修宪氛围，进而将讨论引向第九条的安全政策领域，推动“自卫队入宪”。2017年11月1日，在第四次内阁刚成立之际的首次记者招待会上，安倍表示，“已经连续三次大选都获得了三分之二的议席”，“不应拘泥于执政党或是在野党，而应为获得广泛的共识而不断努力”，“不断努力以获得国民的理解”。[①] 2017年11月17日，安倍在国会上发表演说，呼吁“认真展望日本的未来，超越执政党与在野党的界限”，“开展具有建设性的政策讨论”，“通过这样的努力也定能推动有关修宪的讨论”。[②] 12月19日，安倍又在演讲中表示，希望朝野政党都拿出具体方案，能在众参两院宪法审查会的安静环境下深入讨论。

① 首相官邸「安倍内閣総理大臣記者会見」、2017年11月1日、http://www.kantei.go.jp/jp/98_abe/statement/2017/1101kaiken.html。

② 首相官邸「第百九十五回国会における安倍内閣総理大臣所信表明演説」、2017年11月17日、http://www.kantei.go.jp/jp/98_abe/statement2/20171117shoshinhyomei.html。

为激活修宪讨论，2019年10月，日本自民党的宪法修改推进总部还新设了“游说和组织委员会”，此举旨在唤起舆论来推动修宪讨论。“游说和组织委员会”将与政务调查、统领支援团体的组织运动总部携手，在全国举办演讲会等活动进行修宪呼吁。此外，日本自民党党内正考虑加强修宪班子，如在所有众院小选区支部设立推进总部等。日本要修宪，除了要在国会各党派中形成共识，最大的挑战还在于国民投票过半数的这一关。日本国民能否守住“和平国家”的最后防线，用好手中的选票，将成为决定性的因素。

第三章　日本“印太战略”及其秩序构建

2010年之后，美印澳等国纷纷构建“印太”概念，并在“印太”语境下表露战略动向。2016年8月，日本率先明确提出“印太战略”，该战略主张日本应在“印太”地区发挥领导作用，宣称基于自由民主主义的价值观与规范，遵守“法的支配”原则，强调维持和强化“基于规则的国际秩序”，使“印太”地区保持“自由”“开放”，最终实现地区的安全与稳定。“印太战略”本质上是在国际秩序面临变动的新环境下，日本试图在“印太”区域构建一个新的对外战略，具有被动应对和主动构建的双重动因，旨在塑造符合日本利益的国际秩序环境，以有利于日本安全利益的实现。“印太战略”及其后的“印太构想”既体现了新形势下日本的战略性秩序观，也暴露了日本的战略贫困。

第一节　安倍政府提出“印太战略”

悬于海洋的独特地理位置以及自身文化中的“集团意识”，使日本在区域战略方面具有敏锐性和建构性。而“强国意识”又使日本在区域战略的构建上积极主动。根据区域环境变化趋势，结合自身实力和基于国家利益，日本善于不断提出各种区域概念和区域战略。战后很长一段时间，日本刻意隐藏自己的战略“雄心”，将它的“战略构想”大多运用在了对外经济领域，但其政治和安全意义上的战略并没有消逝。20世纪七八十年代，日本提出“环太平洋连带构想”。20世纪90年代，日本致力于推动“亚太”战略。进入21世纪后，日本着力构建“东亚”战略，后又因民主党鸠山由纪夫政权“东亚共同体”构想的失败而逐渐对之淡化。2012年安倍再次执政后，日本再次重视印度洋和太平洋的关联性。[①]“印太”作为一个并不清晰的战略概念逐渐呈现于日本的外交安保政策之中。[②]

一、日本“印太”概念构建及思想资源

早在第一次执政时期的2007年8月，安倍在印度国会所做的关于“两洋交汇”的演讲中就称，互相连接的印度洋和太平洋“正在成为自由与繁荣之海”，“扩大的亚洲已然出现”。[③]但不久后安倍下台，包括“印太”在内的“扩大的亚洲”在随后的政府中没有得到延续。2013年1月18日，再次就任后不久，安倍在印度尼西亚联合记者会上发表题为《开放的海的恩惠：日本外交的新五原则》的外交演说中，又提出“印太一体”，[④]强调“印度洋与太平洋两洋交汇”，提出“自由”“民主”等普遍价值，以及“确保作为公共财产的海洋由法律而非力量支配”等之后在日本“印太战略”中的关键词句。[⑤]2013年2月23日，在美国战略与国际问题研究中心的演讲中，安倍提出“印太”一词，称“亚太地区”和“印太地区”，将“印太”与“亚太”并列。这表露出日本外交从“亚太”向“印太”滑动的迹象，展示了日本战略的一端。此时安倍语境中的“印太”概念还比较模糊，大致指“印度洋及太平洋”或者是“亚太”加上印度洋。

日本的“印太论”是基于民主主义同盟下的战略论。[⑥]“普遍价值”是日本“印太”概念的支柱，强调所谓的“自由”“民主”“开放”“法的支配”等，这些大多是安倍在第一次执政时期提出的“自由与繁荣之弧”战略中的关键词。该战略强调，从北欧诸国开始，经波罗的海诸国、中东欧、中亚高加索、中东、印度次大

① [日]金子将史「『インド太平洋』の時代は到来するか」、2013年6月27日、http://research.php.co.jp/blog/kaneko/2013/06/27.php。

② [日]神谷万丈「日本と『インド太平洋』—期待と問題点—」、2013年3月、http://www2.jiia.or.jp/pdf/resarch/H24_Asia_Security/01_kamiya.pdf。

③ 外務省「インド国会における安倍総理大臣演説『二つの海の交わり』」、2007年8月22日、http://www.mofa.go.jp/mofaj/press/enzetsu/19/eabe_0822.html。

④ [日]神谷万丈「日本と『インド太平洋』—期待と問題点—」、2013年3月、http://www2.jiia.or.jp/pdf/resarch/H24_Asia_Security/01_kamiya.pdf。

⑤ Shinzo Abe, "The Bounty of the Open Seas: Five New Principles for Japanese Diplomacy," Prime Minister of Japan and His Cabinet, January 18, 2013, http://japan.kantei.go.jp/96_abe/statement/201301/18speech_e.html.

⑥ [日]山本吉宣「インド太平洋と海のシルクロード：政策シンボルの競争と国際秩序の形成」、2016年5月16日、http://thinktank.php.co.jp/wp-content/uploads/2016/05/160518.pdf。

陆，再经东南亚联结东北亚，是以自由、民主主义、基本的人权、法的支配、市场经济这些普遍价值为基础的地区，日本要支持这些地区内与日本有"相同价值观"的国家。[①] 在这个基础之上，安倍在美国演说中所提的三个课题与日本的"印太战略"密切相关：一是"'印太'地区正在走向繁荣，日本应保有倡导规则的领导者角色"；二是"日本必须成为全球利益的捍卫者，使海洋这样的公共财产足够开放"；三是"日本与以美国为首的其他国家，包括韩国、澳大利亚等民主主义各国密切合作"。[②]

在去美国做演讲之前，2012年12月27日，安倍还在世界报业辛迪加发文提出"亚洲民主安保钻石"，强调"民主价值观"与"安全保障"的一体性，这也是日本"印太战略"的思想资源。文章称，"太平洋的和平、安定以及航行的自由，与印度洋的和平、安定和航行自由分不开"，"日本作为亚洲历史最悠久的海洋民主主义国家，在保全这两个地域共有的财产方面应发挥更大的作用"。安倍声称，日本"已经准备向这个'安保钻石'贡献最大的力量"，强调要扩大日本的"战略地平线"。基于共有的"普遍价值"，安倍还考虑和法国、英国合作的可能性，并在文章最后强调"2013年之后亚太地区未来的繁荣也将基于这些价值"。[③]

相关外交安保智库的支持也为日本提出"印太战略"打下了政策基础。2011年3月，日本智库国际论坛的《巧实力时代日美同盟与日本外交》政策提言报告提出，中国等新兴国家崛起将导致世界力量平衡发生大规模调整，主张"维持和管理当前国际社会存在的建立在自由、开放和规则基础上的秩序"，建议日本要在日美同盟之外，与包括韩国、东盟诸国、澳大利亚、印度在内的"海洋国家联合"形成大战略。[④] 2011年6月，日本政策智库PHP研究所的《"发达的安定势力——日本"的大战略》政策提言报告提出，"发达国与新兴国间的权势转移可能会带来国际秩序的不安定化"，建议使日美同盟成为维持既存的自

① 外務省「外交青書2007」、http://www.mofa.go.jp/mofaj/gaiko/bluebook/2007/pdf/pdfs/1.pdf。

② Shinzo Abe,"Japan Is Back,"Prime Minister of Japan and His Cabinet,February 22,2013,http://www.kantei.go.jp/foreign/96_abe/statement/201302/22speech_e.html.

③ Shinzo Abe,"Asia's Democratic Security Diamond,"Project Syndicate,December 27,2012,http://www.project-syndicate.org/commentary/a-strategic-alliance-for-japan-and-india-by-shinzo-abe.

④「『スマート・パワー時代』における日米同盟と日本外交」、2011年3月、http://www.jfir.or.jp/j/activities/reseach/special_study/201103.pdf。

由、开放、重视规则的国际秩序的“现状维持的同盟”，并主张日本与共有自由主义政治价值观的先进民主主义国家紧密合作。[1] 2012年3月，国际论坛在日本外务省委托的项目报告书中建议，日本应该维持现有国际秩序中的自由、开放、基于规则等“基本性格”，成为构筑全球治理框架的“中核”。[2] 2012年3月，日本国际问题研究所的《中美日关系的长期展望》报告书建议，“为抑制中国军事影响力的扩大，形成使中国向海外展开基地网变得困难的国际环境非常重要”，建议“促进日美同盟‘集体的软实力’（即将同盟外的诸国拉入，形成同盟全体的能力）”。[3] 2012年3月，日本国际问题研究所的《海洋安全保障的诸课题和日本的对应》政策报告书建议深化日美同盟，扩大和东盟各国、澳大利亚、印度等有共同价值观的地区民主海洋国家间的合作，提出“设立印太海洋安全保障协盟”。[4] 这些政策及建议都被日本“印太战略”加以吸收和利用。

二、日本摸索建构“印太战略”

提出“印太”一词并基于“民主价值观”的理念，日本模糊地表述了“印太”地区并摸索性地建构“印太战略”。首先是向外推出日本的“印太概念”，并将“共同价值”囊括其中。2014年4月，日本外务省在日美首脑会谈后发表的《日美全球及地区合作》文件中模糊地强调对“印太”的关注，称日美将“在强化印度洋及太平洋海上安全保障、区域连接性，在包含印度—太平洋经济连接回廊的建设”等课题上与印度展开三国对话。[5] 2014年5月，安倍在香格里拉对话中提到“使亚洲太平洋以及印度，成为伟大的成长中心”。[6] 2014年7月，安倍在澳大利亚国会两院的演讲中说，“从太平洋到印度洋的广阔海域以及天空，彻底

---

①「『先進的安定化勢力・日本』のグランド・ストラテジー—『先進国／新興国複合体』における日本の生き方—」、2011年6月、http://research.php.co.jp/research/foreign_policy/policy/post_7.php。

②「スマート・パワー時代における国際秩序とグローバル・ガバナンス」、2011年3月、http://www.jfir.or.jp/j/activities/reseach/pdf/53.pdf。

③「日米中関係の中長期的展望」、2012年3月、http://www2.jiia.or.jp/pdf/resarch/H23_Japan_US_China/AllReports.pdf。

④「守る海、繋ぐ海、恵む海——海洋安全保障の諸課題と日本の対応—」、2012年3月、http://www2.jiia.or.jp/pdf/resarch/H23_Sea/09_Report.pdf。

⑤ 外務省「ファクトシート：日米のグローバル及び地域協力」、2014年4月25日、http://www.mofa.go.jp/mofaj/na/na 1/us/page3_000757.html。

⑥ 首相官邸「第13回アジア安全保障会議（シャングリラ・ダイアローグ）安倍内閣総理大臣の基調講演」、2014年5月30日、http://www.kantei.go.jp/jp/96_abe/statement/2014/0530kichokoen.html。

地开放，培育自由的环境”，“从太平洋到印度洋，形成繁荣的海”。其中，安倍还提到“海洋法治三原则”，即“遵守法，不以武力和威吓，用和平的手段解决纷争”。[①] 2014年11月，安倍向印度总理莫迪强调：“日印关系要对‘印太’地区的安定和发展做出贡献。”[②]

2015年1月，日本外相岸田文雄访问印度期间以“为印太时代建立特别的伙伴关系”为题发表演讲，宣称“印太作为世界繁荣中心的时代已经到来”。[③] 岸田文雄提出了“印太”的三个支架：(1)“价值和精神”，包括民主主义、自由和法的支配等普遍价值。(2)有活力的经济，强调经济的连接性。(3)安定的海洋，主张基于国际法的主张，和平解决纷争。[④] 2015年9月，日美印三国外长在联合国大会期间举行的会谈中使用了“印太”用语。[⑤] 2015年12月，安倍访印期间，日印发表《日印展望2025：特别全球战略伙伴关系——为“印太”和世界的和平与繁荣一起努力》联合声明，文中多达九处使用了“印太”概念。[⑥] 此后，日本继续建构“印太战略”：2015年11月22日，在记者招待会上，安倍强调“贯彻‘海洋法治三原则’”；[⑦] 2016年1月22日，安倍在施政演说中再次表明：“日本将进一步深化与共享自由、民主主义、基本人权、法治等基本价值国家之间的合作。”[⑧]

从日本政府层面看，其尚未明确提出“印太”具体包括的地理范围，更多的是提出一个战略性概念。在具体范围上，日本侧重指印度洋、太平洋及这两大

---

① 首相官邸「豪州国会両院総会安倍内閣総理大臣演説」、2014年7月8日、http://www.kantei.go.jp/jp/96_abe/statement/2014/0708australia_enzetsu.html。

② 外務省「日印首脳会談」、2014年11月14日、http://www.mofa.go.jp/mofaj/s_sa/sw/in/page4_000808.html。

③ 外務省「岸田外務大臣スピーチ『インド太平洋時代のための特別なパートナーシップ』」、2015年1月18日、http://www.mofa.go.jp/mofaj/s_sa/sw/in/page22_001770.html。

④ [日]山本吉宣「インド太平洋と海のシルクロード:政策シンボルの競争と国際秩序の形成」、2016年5月16日、http://thinktank.php.co.jp/wp-content/uploads/2016/05/160518.pdf。

⑤ 外務省「日米印外相会合共同メディアノート(仮訳)」、2015年9月29日、http://www.mofa.go.jp/mofaj/files/000102077.pdf。

⑥ 外務省「日印ヴィジョン2025特別戦略的グローバル・パートナーシップ—インド太平洋地域と世界の平和と繁栄のための協働」、2015年12月12日、http://www.mofa.go.jp/mofaj/s_sa/sw/in/page3_001508.html。

⑦ 首相官邸「内外記者会見」、2015年11月22日、http://www.kantei.go.jp/jp/97_abe/statement/2015/1122naigai.html。

⑧ 首相官邸「第百九十回国会における安倍内閣総理大臣施政方針演説」、2016年1月22日、http://www.kantei.go.jp/jp/97_abe/statement2/20160122siseihousin.html。

洋内相连的海上通道的部分。2013年,日本国际问题研究所对“印太”的关注主要集中于西太平洋、南海和印度洋,“印太”所涉及的国家则包括美国、印度、澳大利亚、印度尼西亚、东盟各国、韩国、中国以及欧洲等国家和地区,而中国更多的是充当被战略应对的角色。[1] 同时,还处于摸索期的“印太战略”也没有具体的内容,大致是指与共享“普遍价值”的国家基于“规则”展开全方位的海洋合作,对没有共享“普遍价值”的国家强调“规则”,以规范其对“普遍价值”的尊重。

三、日本“印太战略”的提出

“印太战略”作为一个完整的政策由日本官方明确提出并加以推广,始于2016年8月27日安倍在肯尼亚第六届非洲开发会议(TICAD)上的演讲,其中,安倍提出了“自由开放的印太战略”,这被认为是日本外交新战略的开始。[2] 日本意指的“印太”地区也首次将非洲纳入,形成包括非洲大陆东岸、太平洋、印度洋及其连接纽带在内的广阔区域。安倍表示,“穿越亚洲海域和印度洋”,“连接亚洲与非洲的其实是一条海上之路,给予世界稳定与繁荣的正是这自由开放的两大海域”。安倍强调,日本有责任“将太平洋与印度洋、亚洲与非洲的交流活动构建成与武力和威慑无缘的重视自由、法治和市场经济之地”,“将连接两大陆的海洋建设成为以法维护的和平大海”,并宣称“在亚洲扎根的民主主义、法治和市场经济基础上的发展,以及由此而生的自信与责任感,将会跟随微风吹遍整个非洲”。[3]

此后,日本官方开始统一用“自由开放的印太战略”进行政策表述。2016年9月2日,日本副外相岸信夫在首届印度洋会议[4]上对日本的“印太战略”进行了阐释,表示“首相在上周末表明了日本新外交战略‘自由开放的印太

① 「アジア(特に南シナ海・インド洋)における安全保障秩序:政策提言」、2013年3月、http://www2.jiia.or.jp/pdf/resarch/H24_Asia_Security/10_political_recommendation.pdf。

② 「自由で開かれたインド太平洋…首相、新外交戦略」、『読売新聞』2016年8月28日。

③ 首相官邸「TICAD VI(第6回アフリカ開発会議)開会セッション安倍総理基調演説」、2016年8月27日、http://www.kantei.go.jp/jp/97_abe/statement/2016/0827opening.html。

④ 该会议的参加国除了日本还包括印度、美国、英国、法国、澳大利亚、越南、泰国、马来西亚、孟加拉国、斯里兰卡等。参见外務省「岸外務副大臣の『インド洋会議2016出席』」、http://www.mofa.go.jp/mofaj/press/release/page3_001793.html。

战略’”，强调“国际社会安定和繁荣的关键”在“自由开放的太平洋和印度洋这‘两个大洋’协同所产生的活力”，宣称“要将（亚非）大陆和海洋连成整体，开拓日本新的外交地平线”。[①] 岸田还通过问答形式就法的支配以及和平解决纷争等“印太战略”的关键内容进行了阐释。2016年11月11日，安倍在与莫迪会谈时也就“自由开放的印太战略”交换了意见，强调“‘自由开放的印太战略’和印度‘向东干’合作，主导‘印太’地区的繁荣与安定”。[②] 2017年1月6日，日法在外交防卫“2+2”会谈中声称，“维持亚洲、中东和非洲间自由、开放、安全的通道对世界的安定和繁荣不可或缺”，日方还进一步强调“正是为了以上目的，才推进‘自由开放的印太战略’”。[③]

2017年初，安倍的“印太四国（菲律宾、澳大利亚、印度尼西亚、越南）行”重点就是向各国倡导“自由开放的印太战略”，[④]一度有把日本“俯瞰地球仪外交”打造成“印太外交”的架势。1月13日，在与菲律宾总统杜特尔特的会谈中，安倍表示，在南海问题上希望“与主席国菲律宾一起主张法的支配的原则”，强调“确保‘自由开放的印太战略’”。[⑤] 1月15日，安倍向澳大利亚总理特恩布尔说明了“维持‘印太’地区和平稳定”的“自由开放的印太战略”。[⑥] 同日，安倍在与印度尼西亚总统佐科的会谈中也介绍了“自由开放的印太战略”。[⑦] 1月16日，在越南河内的记者招待会上，安倍总体概述了此次“印太四国行”，他说：“日越是由‘自由的海洋’相连接的邻邦”，“菲律宾、印度尼西亚、澳大利亚都是共享太平洋这一‘开放的海洋’、共有基本价值观的重要邻国”，“海洋安全、航行自

---

① 外務省「インド洋会議2016岸副大臣スピーチ概要」、2016年9月5日、http://www.mofa.go.jp/mofaj/files/000185852.pdf。

② 外務省「日印首脳会談」、2016年11月11日、http://www.mofa.go.jp/mofaj/s_sa/sw/in/page3_001879.html。

③ 外務省「日本国外務大臣及び防衛大臣とフランス共和国外務大臣及び国防大臣との間の共同発表」、2017年1月6日、http://www.mofa.go.jp/mofaj/files/000216550.pdf。

④ [日]長尾賢「安倍首相のアジア太平洋歴訪が映し出す日本の役割」、SSDP安全保障·外交政策研究会、2017年1月、http://ssdpaki.la.coocan.jp/topics/2.html。

⑤《杜特尔特对安倍说：早晚与中国直接对话谈南海》，日经中文网，2017年1月13日，http://cn.nikkei.com/politicsaeconomy/politicsasociety/23280-2017-01-13-07-58-52.html。

⑥ 外務省「共同会合成果文書安倍日本国内閣総理大臣のオーストラリア訪問」、2017年1月14日、http://www.mofa.go.jp/mofaj/files/000218410.pdf。

⑦ 外務省「戦略的パートナーシップの強化に関する日本・インドネシア共同声明（仮訳）」、2017年1月15日、http://www.mofa.go.jp/mofaj/files/000218456.pdf。

由的原则极其重要，为此必须坚决贯彻法治”。[①] 安倍宣称，日本已为“自由开放的印太战略”做好准备。在2017年1月20日的年初施政演说中，安倍又将“印太战略”置于其中，强调“在这前景难测的时期，最为重要的，就是坚定地贯彻基轴，并坚持不动摇；与共同拥有自由、民主主义、人权、法治等基本价值观的国家保持合作；同东盟各国、澳大利亚、印度等携手，切实确保从亚洲、环太平洋地区到印度洋之间地区的和平与繁荣”。[②] 至此，日本的“印太战略”已然成形。

第二节　作为秩序战略的“印太构想”

为淡化“印太战略”的对抗性色彩，2018年11月5日马哈蒂尔访日时，以及11月12日在日本政府与执政党联络会议上，安倍又将“印太战略”表述为“印太构想”[③]，并在其后对新加坡、澳大利亚等国的访问中加以使用。[④] 转变后的“印太构想”虽呈现出“对抗”与“协调”并存的自我矛盾性，但其作为“印太战略”的根本目标没有变，即维持并强化塑造“‘印太’地区自由、开放”的秩序。

一、“印太战略”本质是个秩序战略

在“印太战略”的目标和本质问题上，学界主要有以下几种观点：一是认为外交战略是安倍政府“俯瞰地球仪外交”的重要内容。“印太战略”刚被提出之时，日本方面就指出这是日本新的外交战略的开始。[⑤] 日本官方也将其作为安倍政府的新外交战略加以表述。2016年9月2日，日本副外相岸信夫在印度洋会议上就表示，“首相在上周末表明了日本新外交战略‘自由开放的印太战

① 首相官邸「フィリピン・オーストラリア・インドネシア・ベトナム訪問についての内外記者会見」、2017年1月16日、http://www.kantei.go.jp/jp/97_abe/statement/2017/0116kaiken.html。

② 首相官邸「第百九十三回国会における安倍内閣総理大臣施政方針演説」、2017年1月20日、http://www.kantei.go.jp/jp/97_abe/statement2/20170120siseihousin.html。

③ 首相官邸「平成30年11月12日政府与党連絡会議」、https://www.kantei.go.jp/jp/98_abe/actions/201811/12sei_yoto.html。

④ 首相官邸「平成30年11月16日ASEAN関連首脳会議及びオーストラリア訪問についての内外記者会見」、http://www.kantei.go.jp/jp/98_abe/statement/2018/1116kaiken.html。

⑤「自由で開かれたインド太平洋…首相、新外交戦略」、『読売新聞』2016年8月28日。

略'",要"开拓日本新的外交地平线"。[①] 二是认为"印太战略"的核心内容是安全内容,积极构建海上安全新秩序,关注海权。[②] 三是认为"印太战略"是囊括政治、经济、安全的综合性战略,是针对中国的专项计划。[③] 先行研究都提到了该战略对"秩序的维护和重塑"问题,但少有将其提升至秩序战略层面进行讨论的。[④] 同时,相关研究对日本从自身战略出发,主动构建"印太构想"的一面也缺乏必要关注。其实,"印太构想"与战后日本提出的其他外交战略、经济战略、安全战略等不同,其目标是在从太平洋到印度洋的广阔区域内构筑"自由"和"开放"的秩序,本质上是一个充满宏大愿景的秩序战略。毕竟,"印太"概念的出现本身就是对国际秩序动态变化的一种反应。[⑤] "印太"地区内的相关国家对此也持有同样看法。2018年10月11日,时任斯里兰卡总理维克勒马辛哈在"印度洋:定义我们未来的会议"基调演说中表示,"印太构想"的要旨是强化"印太"地区基于规则的秩序。[⑥]

关于国际秩序的构成,英国学派代表人物赫德利·布尔认为主要有三个要素:共同利益、规则和制度。其中,共同利益是最基本的要素,规则可以促使对共同利益形成明确的认识,制度的功能是使规则具有效力。[⑦] 其他学者也提出,国际秩序涉及一系列规则、规范和体制,涵盖安全、经济和价值观等问题。[⑧] 本

① 外務省「インド洋会議2016岸副大臣スピーチ概要」、2016年9月5日、http://www.mofa.go.jp/mofaj/files/000185852.pdf。

② 葛建华:《试析日本的"印太战略"》,《日本学刊》2018年第1期;廉德瑰:《海洋政治视角下的日本印太战略分析》,《人民论坛·学术前沿》2018年第15期;朱清秀:《日本的"印太"战略能否成功?》,《东北亚论坛》2016年第3期;[俄]B.O.基斯塔诺夫:《日本"印太战略":构建、核心与延伸》,《东北亚学刊》2018年第4期。

③ 吴怀中:《安倍政府印太战略及中国的应对》,《现代国际关系》2018年第1期;吕耀东:《日本深化对非外交与印太战略支点构想》,《国际论坛》2018年第5期。

④ 已有一些研究关注其他国家通过"印太战略"在"印太"地区谋求构建新秩序的观点。参见[日]佐竹知彦「豪州とインド太平洋—多極化時代における新たな秩序を求めて」、『国際安全保障』第46巻第3号、2018年12月。

⑤ Shruti Godbole,"Perspectives on Pacific Geopolitics,"May 11,2018,https://www.brookings.edu/blog/up-front/2018/05/11/perspectives-on-pacific-geopolitics/.

⑥ "Sri Lanka Premier Emphasizes the Need to Maintain Freedom of Navigation in Indian Ocean Sea Lanes,"October 11,2018,http://www.colombopage.com/archive_18B/Oct11_1539281708CH.php.

⑦ [英]赫德利·布尔:《无政府社会:世界政治秩序研究》,张小明译,世界知识出版社,2003,第54—60页。

⑧ Erik Brattberg and Michael Kimmage,"Trump and the (Liberal) International Order,"February 26, 2018,https://nationalinterest.org/feature/trump-the-liberal-international-order-24659.

文采取阎学通的观点，认为国际秩序是一种“状态”而不是“模式”，指国家依据国际规范采取非暴力方式解决冲突的状态，其构成要素包括指导国家行为的国际规范、指导国际规范的主导价值观以及约束国家遵守国际规范的制度安排。[①] 当前国际秩序是美国主导下的自由国际主义秩序，是“具有自由主义特征的等级政治秩序”[②]，体现了自由制度主义的思想，强调国际制度和规范等。其基本架构包括：(1)一系列的制度及其安排。政治上的，有全球性机构包括联合国、半正式全球组织（七国集团、七十七国集团）等；安全上的，有军备控制和防扩散条约及组织等；经济上的，有《关税及贸易总协定》、国际货币基金组织、世界银行、世界贸易组织等。(2)指导性联盟主导价值观。现有国际秩序的主导价值观是西方自由、民主等思想。非正式的但紧密的国家间形成“指导性联盟”，如美国处于核心位置的同盟体系，其核心是承担战后秩序的价值维护。(3)约束国际成员行为的社会化规范、习惯和程序等。[③] 制定当前国际规范的主导性原则是西方价值观，主导价值观决定制度安排和规范的“道义”方向，制度安排和规范保证指导性联盟受益。

引发国际秩序变革的要素有很多，最主要的就是权力转移。现实主义国际关系理论认为，崛起国基于实力，要求进行权力的再分配，会引发国际秩序的调整。进攻现实主义理论甚至认为，两极和多极时代下的世界重复着旧式国际关系的恶性竞争，崛起大国会对守成国发起围绕秩序的争端和战争。[④] 但是，“大国无战争时代”的权力转移是个漫长的过程，而权力转移直接改变的是国际格局，并不必然意味着原有秩序的崩溃。当崛起大国的要求与其实力匹配之后，国际秩序又会趋于相对稳定。而且，“崛起国在现有国际秩序下可以缩小与守成国的实力差距，但不存在赶超守成国并最终建立新国际秩序的路径”[⑤]。实际上，崛起的中国更多的是国际秩序的维护者与促进者，推动国际秩

① 阎学通：《无序体系中的国际秩序》，《国际政治科学》2016年第1期。

② G. John Ikenberry, *Liberal Leviathan: The Origins, Crisis, and Transformation of the American World Order*(Princeton,NJ:Princeton University Press,2011),p.xi.

③ “Summary of the Building a Sustainable International Order Project,” https://www.rand.org/content/dam/rand/pubs/research_reports/RR2300/RR2397/RAND_RR2397.pdf.

④ John J. Mearsheimer, *The Tragedy of Great Power Politics*(New York:W.W.Norton,2001).

⑤ 徐进：《理念竞争、秩序构建与权力转移》，《当代亚太》2019年第4期。

序向更合理的方向发展。习近平主席表示:“中国是现行国际体系的参与者、建设者、贡献者,一直维护以联合国为核心、以《联合国宪章》的宗旨和原则为基础的国际秩序和国际体系。”① 中国崛起是自既有秩序内部的崛起,中国直接参与建设了以联合国为核心的国际秩序和国际体系,不可能成为现有国际秩序的“反叛者”。阎学通指出,美国不认可现行国际贸易秩序而提出制定新的全球贸易规则,而中国则认可现有国际贸易秩序的相对公平性并支持在世界贸易组织内进行改革。② 新兴大国在崛起过程中推动秩序的调整与变革是肯定的,但未必颠覆既有秩序或与守成大国发生激烈冲突。自由制度主义代表人物伊肯伯里提出,守成大国和崛起大国可以共存协作,从而维持自由国际主义秩序。③ 伊肯伯里还指出,中国的崛起目标更趋近于成为全球秩序的核心,而非从外部将其推翻。

影响国际秩序变革的外部因素也有很多,主要是未能解决全球化下的发展不平衡问题、恐怖主义问题等。而守成国也并非既有秩序的完全捍卫者,目前国际秩序面临的冲击恰恰更多的是来自内部既有秩序的主导国与核心国。特朗普上台并执行反自由国际主义秩序政策的原因主要来自美国国内,④ 反建制主义等内部因素对自由主义价值观的挑战大于外部因素。守成霸权国因其本身具有超出他国很强的实力,较易选择“重新立规”,成为既有国际秩序的自我破坏者。特朗普政府采取实用主义的态度,更多地关注国内事务,不愿提供更多的国际公共产品,采取贸易保护主义,忽视国际规则和多边主义,公开表达对同盟的不满等,显示出放弃自由国际主义秩序的迹象,引发了包括盟国在内的国家对自由国际主义秩序前途的担心。美国“突然要改变自由主义的价

① 习近平:《中美应共同推动完善全球治理体系》,2015 年 9 月 22 日,http://world.people.com.cn/n/2015/0922/c 1002-27621133.html。

② 阎学通:《无序体系中的国际秩序》,《国际政治科学》2016 年第 1 期。

③ G. John Ikenberry, *Liberal Leviathan: the Origins, Crisis, and Transformation of the American World Order*(Princeton, NJ: Princeton University Press, 2011);[美]约翰·伊肯伯里:《大战胜利之后:制度、战略约束与战后秩序重建》,门洪华译,北京大学出版社,2008。

④ Doug Stokes, “Trump, American Hegemony and the Future of the Liberal International Order,” *International Affairs*, Vol. 94, Issue 1, January 1, 2018, pp.133-150.

值观，不再遵守现行国际规范了，这意味着现行国际秩序的支柱动摇了”[①]。美国威慑力的下降及发达国家的政治混乱（如“英国“脱欧””、欧洲民粹主义的兴起等），进一步使“战后国际秩序的正统性从内部被降低”[②]。

与守成大国和崛起大国不同，多极化下的地区大国因实力不足，难以成为国际秩序的领导者。加上更多的是既有国际秩序的受益者和指导性联盟的价值观共享者，它们也不去变革国际秩序，而是在既有国际秩序内尽量提高自身的话语权与影响力。在国际秩序变革的背景下，地区秩序的重要性凸显。巴里·布赞提出了“无中心的全球化”。[③] 阿米塔·阿查亚提出“复合世界”，指出地区和地区秩序将在世界秩序中变得更加重要。[④] 面对形势变化，地区大国往往会在地区而不是全球层面采取措施，谋求主导秩序。亨利·基辛格指出，西方主导的秩序不是唯一的秩序，有不同形式的区域秩序，并对国际秩序产生影响。[⑤] 约瑟夫·奈认为，没有真正的全球性国际秩序，自由国际主义秩序的作用仅局限于美洲和西欧一批志同道合的国家间。[⑥] 在复合交叉型的新地区（如“印太”），尽管其内部交织着旧有的各种区域秩序，但尚未出现主导性秩序。对于这些地区，地区大国偏好构建新秩序，而不是依靠实力来维护自身在其内部的利益。其相应的动因一方面是应对守成大国在秩序维持上的“倒退”，另一方面是防范崛起大国对秩序发起的“变革”，甚至还包括实现自己国家战略转型抱负等，如日本就有“政治大国”意愿和“摆脱战后体制”诉求。

作为既有秩序受益者，地区大国更倾向于把既有国际秩序中的制度、规则等“制度性权力”移植于新地区，并加以强化，以形成对己有利的新秩序。新自由主义理论指出，国际制度是成套持久的、相互联系的、正式或非正式的规则，

① 阎学通：《反建制主义与国际秩序》，《国际政治科学》2017年第2期。

②「揺れる国際秩序に立ち向かう新たな安全保障戦略－日本を守るための11の提言－」、http://www2.jiia.or.jp/pdf/policy_recommendations/2018/181010jpn-security_policy_recommendations.pdf。

③ [英]巴里·布赞：《全球性变革与国际秩序的演进》，周桂银译，《外交评论》2015年第6期。

④ [美]阿米塔·阿查亚：《美国世界秩序的终结》，袁正清、肖莹莹译，上海人民出版社，2017，第8—15页。

⑤ [美]亨利·基辛格：《世界秩序》，胡利平译，中信出版集团股份有限公司，2015。

⑥ [美]约瑟夫·奈：《美国的领导力及自由主义国际秩序的未来》，《中国国际战略评论2017》，世界知识出版社，2017，第28—38页。

规则规定行为体的角色，限制行为体的活动，塑造行为体的预期。[①] 规则建构主义者认为，“规则构建出行为体，行为体也构建出规则”，“规则形成制度”，“规则产生统治”，而“如果一些行为体试图改变规则，其他那些因规则改变而获益将比原来少的行为体，就可能选择利用必要的资源来阻止规则的改变”。[②] 他们都提出制度、规则与秩序的密切关系，以及国家的行为选择问题。秩序内的制度、规则等与主导性价值观相互影响，而主导性价值观又和国际权力转移密切联系。伊肯伯里就建议美国政府，如果想保留领导权就必须努力加强支撑秩序的规则和制度。[③] 建构主义理论还提出，中国等新兴国家的崛起会带来新的价值理念。崛起国会成长为守成的霸权国，霸权国的国内因素会转化成国际法中的相关规则。[④] 客观现实是“当前国际秩序不合理的核心问题是以西方的价值观作为国际秩序优劣的唯一标准，未能兼顾世界上多种文明/价值观同时存在”[⑤]，位于既有秩序指导性联盟内的“共享价值观”的地区大国又偏好在西方主导的价值观下判断地区秩序调整的“价值方向”，进而采取应对措施。

二、“印太构想”追求“印太秩序”

日本对国际秩序变动的回应更多地体现在与己密切相关的地区秩序上。冷战结束初期，日本就试图在亚太地区积极领导经济和安全秩序，与澳大利亚一起促成了以东盟为中心的框架体系，包括东盟地区论坛和亚太经济合作组织。随着中国影响力的增强和中国在以东盟为中心的地区框架下更多地讨论经济和政治议题，日本担心中国会主导该论坛。日本随即邀请澳大利亚、新西兰、印度、美国和俄罗斯加入扩大的东亚峰会，就政治议题进行讨论，以削弱中国的影响力。

“印太”是新出现的地缘政治概念和地缘战略概念，[⑥] 构建并强化“印太秩

① Robert Keohane, *International Institutions and State Power: Essays in International Relations Theory* (Boulder:Westview Press,1989), pp.3-4.

② Nicholas Onuf, *World of Our Making: Rules and Rule in Social Theory and International Relations* (Columbia:University of South Carolina Press,1989).

③ 肖晞：《国际秩序变革与中国路径研究》，《政治学研究》2017年第4期。

④ Triepel Heinrich, *Die Hegemonie—Ein Buch von Führenden Staaten* (Stuttgart und Berlin: W. Kohlhammer Verlag,1938)，转引自张相君：《论国际秩序规则供给的路径选择》，《国际观察》2019年第5期。

⑤ 阎学通：《无序体系中的国际秩序》，《国际政治科学》2016年第1期。

⑥ 赵青海：《“印太”概念及其对中国的含义》，《现代国际关系》2013年第7期。

序”是日本“印太构想”的目标。出于对“印太秩序”变化的关注，日本要重构安倍政府第一任期提及的“印太思想”。2012年3月，日本国际问题研究所在《海洋安全保障的诸课题和日本的应对》政策报告书中提出，要“设立印太海洋安全保障协盟”，主张通过集体力量，有战略地维护海洋安全环境。[①] 2013年，安倍在美国的演说中就“印太”概念提到，“‘印太’地区正在走向繁荣，日本应保有倡导规则的领导者角色”。[②] 伴随中国崛起的进程，日本越来越认识到在“印太”地区构建秩序的重要性。

通过“一带一路”倡议，中国在“印太”地区不断扩大的海陆基础设施建设的发展，以及由此可能产生的强于美国的国际政治、经济权力和安全影响力，使日本看到中国有在“印太”地区成长为秩序主导力量的极大可能。美国“知日派”专家霍侬指出：“虽然日本无法承担起全球领袖的作用，但对‘印太秩序’的维持有发挥主导作用的可能性。”[③]立足秩序的战略高度，日本提出崛起的新兴国家“要求形成新的秩序”。[④] 由于中国“一带一路”建设及亚洲基础设施投资银行（AIIB）不设定民主、人权等自由国际主义秩序的相关标准，不把自己的价值观、意识形态强加于他国，主张要让每个国家都拥有平等发展的机会，因此这种对“发展和平”的重视在“一带一路”沿线国家中受到普遍欢迎。对于中国的做法及中国在广大发展中国家、联合国以及地区机构中所获得的赞同和潜在支持，日本却判断其“存在以中国为中心的地区秩序观扩大的空间”，指责与这“新秩序中心”崛起相伴的是新兴国家对既有秩序的“改写”。[⑤] 中国建设“数

① 日本国際問題研究所「守る海、繋ぐ海、恵む海——海洋安全保障の諸課題と日本の対応ー」、2012年3月、http://www2.jiia.or.jp/pdf/resarch/H23_Sea/09_Report.pdf。

② Shinzo Abe,“Japan Is Back,”Prime Minister of Japan and His Cabinet, February 22,2013,http://www.kantei.go.jp/foreign/96_abe/statement/201302/22speech_e.html.

③ Jeffrey W. Hornung,“Japan's Chance to Shine?”https://www.rand.org/blog/2018/10/japans-chance-to-shine.html.

④ [日]山本吉宣「インド太平洋と海のシルクロード:政策シンボルの競争と国際秩序の形成」、2016年5月16日、http://thinktank.php.co.jp/wp-content/uploads/2016/05/160518.pdf。

⑤「中国安全保障レポート2019—アジアの秩序をめぐる戦略とその波紋—」、2019年2月、http://59.80.44.99/www.nids.mod.go.jp/publication/chinareport/pdf/china_report_JP_web_2019_A01.pdf。

字丝绸之路”的倡议也被日本看成是“尝试在IT领域构筑以中国为中心的区域秩序”。[①] 2019年1月23日，在世界经济论坛年会上的演讲中，安倍表明：“日本坚决维护并努力增强自由、开放、有规则的国际秩序。”[②]

日本认为以美国为主导的战后秩序正处于变化的过渡期。这种认知源于日本结构现实主义思维，立足于以权力变化判断秩序趋向。日本《国家安全保障战略》提出，“国际社会的力量均衡发生前所未有的巨大变化”，“导致国际社会的统治秩序失去强大领导力”。[③] 2018年版《防卫计划大纲》也提出，在国际政治力学变化下，“围绕既存秩序的不确定性增加”。[④] 作为美国的盟友和“指导性联盟”的一员，加上自身长期受惠于战后国际秩序，日本自认对抗挑战者具有独特的优势与责任。日本国际问题研究所理事长佐佐江贤一郎就表示，“自由开放的印太”其实是日本外交原则本该回到的原点，“自由”“开放”是日本战后一直立足的价值，是支撑战后日本经济发展的无他理念。[⑤] 日本观察到，“特朗普注重和强调的还是‘美国第一’”[⑥]，与奥巴马相比缺乏地区秩序的“责任感”。而在特朗普支持安倍“自由开放的印太”的时刻，日本也注意到他大部分时间都在谈经济问题，而不是战略问题。这些都让日本意识到，美国对自由国际主义秩序的维护缺乏足够的意图和能力。日本焦虑地看待秩序变动，多次不加掩饰地表达自己负有代替美国维持地区秩序的责任。在2019年慕尼黑安全会议上，日本外相河野太郎在《受到威胁的自由国际秩序》的演讲中强调自

① Daniel Kliman and Abigail Grace,“Power Play:Addressing China's Belt and Road Strategy,”September 20,2018,https://www.cnas.org/publications/reports/power-play.

② 首相官邸「平成31年1月23日世界経済フォーラム年次総会安倍総理スピーチ」、2019年1月23日、http://www.kantei.go.jp/jp/98_abe/statement/2019/0123wef.html。

③ 内閣官房「国家安全保障戦略について」、https://www.cas.go.jp/jp/siryou/131217anzenhoshou/nss-j.pdf。

④ 防衛省「平成31年度以降に係る防衛計画の大綱について」、https://www.mod.go.jp/j/approach/agenda/guideline/2019/pdf/20181218.pdf。

⑤ [日]佐々江賢一郎「インド太平洋の新しい国際秩序と日米中関係」、『外交』Vol. 53、Jan./Feb.2019、https://www.mofa.go.jp/mofaj/files/000442184.pdf。

⑥「アジア歴訪『成果』、米自賛北朝鮮の核・貿易不均衡是正『中国協力』進展は不透明」、2017年11月15日、http://www.asahi.com/articles/DA3S13228215.html。

由、开放的国际秩序的重要性,表示美国仍是自由秩序的最大贡献者,而日本等国则有必要通过分担责任和加强合作来支持美国。[①]

三、日本谋求主导“印太”秩序

当前国际秩序的核心要素和架构都没有发生危机,但日本决定将印度洋和太平洋整合于统一的战略框架下并加以强化秩序。这既有利于日本的海洋安全,更可以把在国际社会中占主导地位的“规则”“民主”“价值”等自由国际主义秩序的核心要素引入新地缘战场“印太”,并借助日本自身在该地区的长期经营等优势,采取扩大多边主义的方式与“后进”的新兴国家中国展开秩序之争。日本多次表示,中国崛起本身是不可阻止的,但日本可以“塑造”和“规范”中国的崛起进程,用日本擅长的“制度安排”和“议题设置”等“软手段”,使中国的“做事风格”朝日本希望的方向发展,对中国采取“规则制衡”。日本相信,如不在“印太”地区对秩序采取主动和及时的应对,则最终将会损害日本的长远利益。

为赢得美国的支持,日本“印太构想”将构建“印太秩序”的切入点落在“基于规则”上,体现了日本战略的主动性意识。2017年美国《国家安全战略报告》强调“有利于美国的力量平衡”的重要性,但没有提到维护国际秩序的重要性。由此,日本判断美国更愿意依靠军事力量,而不是依托既有国际秩序内的规则和制度等核心要素。曾任日本防卫问题恳谈会委员的细谷雄一提出,“基于规则的国际秩序”是更广泛、更有价值的自由国际主义秩序的基础,鉴于当前秩序面临的重大问题是主导性大国基本上不愿意遵守自由价值观但同意维护有利于本国利益的国际规则,为获得广泛的支持,维持“基于规则的国际秩序”应成为建立更稳定、更可预测的国际秩序的重点。[②] 2017年特朗普在访日期间对日本“印太战略”做出积极回应,增强了日本的战略信心。从深层次看,“印太构想”不单是一个被动应对性(包括应对中国崛起、“印太”地位的提升、美国

① 外務省「第54回ミュンヘン安全保障会議パネル討論『脅威に晒される自由な国際秩序』河野太郎外務大臣によるステートメント」、2018年2月16日、https://www.mofa.go.jp/mofaj/files/000336391.pdf。

② Yuichi Hosoya, “Defending the Liberal International Order: The UK-Japan Partnership in an Uncertain World”, in John Nilsson-Wright, *The UK and Japan: Forging a Global and Proactive Partnership*, May 2019, https://www.chathamhouse.org/sites/default/files/2019-05-29%20UK%20Japan%20Global%20Partnership.pdf.

“不靠谱”等)的战略,它也是日本提出的主动出击型战略。那就是“早筹谋”“先下手”,在新的地缘政治地区“印太”提前“画圈子”“定桩子”,通过建立新的联盟、划定规则、构筑秩序来赢得日本的主动权。“印太构想”还超出了既有国际秩序的框架,如在“指导性联盟”中排除某些地区大国,将经济因素置于秩序的重要位置等。

日本主动性战略的国内政治背景是,安倍政府更为强调“战略性外交”,在对外战略特别是在国际规则制定上比较主动,追求在“不确定”的时代主导地区秩序的构建,积极营造变动期日本国家利益所需要的区域环境乃至国际环境。首份日本《国家安全保障战略》就强调,对于日本利益的实现,“构筑前景光明的国际环境不可或缺”,需要“维持及拥护基于自由、民主、尊重基本人权、法治等普遍价值和规则的国际秩序”。① 当前世界的“不确定”对日本也意味着“战略机遇”,沿袭着对“战后体制突破”的战略思维,安倍政府涌动着对国际秩序也做出不同于战后那种消极的“支票外交”的“突破”冲动,试图实践日本的“大战略”。2015年,原日本驻法大使小仓和夫就提出日本外交要做到“修正”“摆脱”直至“超越”国际秩序,他建议:(1)对自由、民主等理念遭到破坏的国际事态不再袖手旁观;(2)与盟友一起向国际社会提出价值观,制定在广阔世界作战的战略;(3)超越为国际秩序作贡献的外交模式,迈向创建全新国际秩序的外交模式。② 国内大量的政策建言都要求日本主动构建“大战略”,强化秩序。日本智库国际论坛在受外务省委托完成的报告中建议,日本应该维持现有国际秩序中自由、开放、基于规则等“基本性格”,成为构筑全球治理框架的“中核”。③ 日本国际问题研究所的报告也建议,“今后如何形成‘印太’地区的国际秩序及设定规则,是与日本的和平与繁荣相关的新的外交课题”。④

① 内閣官房「国家安全保障戦略について」、http://www.cas.go.jp/jp/siryou/131217anzenhoshou/nss-j.pdf。

② [日]小倉和夫「日本外交に望まれる5つの転換」、2015年8月6日、https://www.nippon.com/ja/column/g00301/。

③「スマート・パワー時代における国際秩序とグローバル・ガバナンス」、2011年3月、http://www.jfir.or.jp/j/activities/reseach/pdf/53.pdf。

④ 日本国際問題研究所「インド太平洋時代の日本外交ースイング・ステーツへの対応ー」、2015年3月、http://www2.jiia.or.jp/pdf/resarch/H26_Indo-Pacific/H26_Japanese_Diplomacy_in_the_Indo-Pacific_Age.pdf。

第三节 “印太构想”对秩序的构建

日本政府对“印太构想”的推进尤为积极(具体见表1)。在“印太构想”下，日本对“印太秩序”的建构以“安定”与“繁荣”为愿景，以形成“自由”“开放”的秩序为目标，在地区规范、经济、安全等各层面展开，强调旨在摆脱地区所面临的各种威胁，宣称使“印太”成为各国的“公共财产”。对于如何建构“自由开放的印太”，日本官方多次进行过明确的表述。2015年，时任日本外相的岸田文雄提出日本“印太概念”的三个支架：(1)“价值和精神”，包括民主主义、自由和法的支配等普遍价值。(2)有活力的经济，强调经济的连接性。(3)安定的海洋，主张基于国际法的主张，和平解决纷争。[①] 2018年版日本《外交蓝皮书》提出具体构建“自由开放的印太”的战略措施主要包括：(1)普及和落实航行自由、法的支配以及自由贸易等；(2)通过基于国际标准的高质量基础设施建设来强化连接性，追求经济的繁荣；(3)推进支援海上执法能力提升、海盗对策、防灾、防扩散等工作。[②] 2019年1月28日，日本外相河野太郎在外交政策演说中再次强调了这些措施，提出要在法的支配、建设高质量基础设施及加强海洋安全保障能力等三个方面与相关国家紧密合作，推进“自由开放的印太”。[③] 从实际的具体构建路径上看，“印太构想”以民主价值观为“价值”，以构筑秩序的“指导性联盟”来指导秩序运行，强调“自由贸易”和“基于法的规范”等，以形成“印太”地区的基础和规范。同时，日本又通过“高质量基础设施合作伙伴关系”、提升“印太”地区的安全能力来强化“印太”地区的连接性与稳固性。

一、重拾民主价值观，构筑秩序“指导性联盟”

民主价值观是日本“印太构想”的思想资源，是指导性价值观联盟构建的理念基础。安倍政府认为具有相同价值观的民主国家是日本外交最可依赖

① [日]山本吉宣「インド太平洋と海のシルクロード：政策シンボルの競争と国際秩序の形成」、2016年5月16日、http://thinktank.php.co.jp/wp-content/uploads/2016/05/160518.pdf。

② 外務省「外交青書2018」、https://www.mofa.go.jp/mofaj/gaiko/bluebook/2018/html/chapter 1_00_02.html#s 102。

③ 首相官邸「第198回国会における河野外務大臣の外交演説」、2019年1月28日、https://www.mofa.go.jp/mofaj/fp/pp/page3_002672.html。

表1:2018年日本外交对“自由开放的印太”的主要推进

对象	时间	国别/地区	形式	有关“自由开放的印太”的内容
『钻石联盟』国家(QUAD)	2018年1月18日	澳大利亚	澳总理访日	安倍与澳总理特恩布尔共同出席了国家安全保障会议特别会议,就今后两国在“印太”地区的安全合作开展了讨论
	2018年2月7日	美国	美国副总统彭斯访日	双方表示为实现“印太”地区的“自由”“开放”,将共同强化法治与地区互联互通,促进地区和平与稳定
	2018年3月29日	印度	第九次日印外长战略对话	双方表示进一步深化两国海洋安全战略合作,扩大并加强日印“1.5轨对话”,举行“印太对话”
	2018年4月4日	美国、印度	第九次日美印局长级磋商	三方就强化联通性、基础设施开发、海洋安全等领域合作交换意见,商定共同建立自由、开放、繁荣、和平的“印太”地区
	2018年5月16日	印度	首脑电话会谈	安倍表示,为实现“印太”地区的“自由”“开放”进一步深化日印合作
	2018年6月29日	美国	美国防长马蒂斯访日	双方表示为维护自由、开放的海洋秩序,将推进日美在“印太”地区的具体合作
	2018年8月4日	美国、澳大利亚	第八次三国部长级战略对话	三国商定在“印太”地区紧密合作,采取措施推进“高质量的基础设施建设”;提议在(南海、东海)争议地区“部署高性能武器系统”
	2018年8月19日	印度	小野寺五典防卫大臣出访	与印度防长就实施日印首次陆军联合演习达成正式协议
	2018年10月10日	澳大利亚	日澳“2+2”磋商	谋求在“自由开放的印太”领域合作;联合声明确认在海洋安保领域加强合作;讨论推进日澳联合军演的新协议;将两国关系明确为“准同盟国”
	2018年10月29日	印度	日印首脑会谈	两国重申在“自由开放的印太”领域的合作不动摇
	2018年11月16日	澳大利亚	安倍出访	两国确认“自由开放的印太”是两国共有的“展望”

续表

对象	时间	国别/地区	形式	有关“自由开放的印太”的内容
东南亚国家	2018年1月12日	缅甸	河野外相出访	河野在谈到日缅防卫合作时表示，日本正推进“自由开放的印太战略”，希望与缅甸就此展开合作
	2018年4月8日	柬埔寨	河野外相出访	双方就“自由开放的印太战略”合作等交换意见，并签署5亿日元的无偿资金合作项目及限额92.16亿日元的贷款文件
	2018年5月31日	越南	越南国家主席陈大光访日	安倍表示将为越南提供限额157.14亿日元的贷款；在“自由开放的印太战略”下推进两国在海洋安全、区域联通领域的具体合作
	2018年6月25日	印度尼西亚	河野外相出访	双方就日本“自由开放的印太战略”与印度尼西亚“太平洋构想”间的合作交换了意见
	2018年9月13日	越南	河野外相出访	河野在与越南副总理兼外长范平明的会谈中强调，基于安倍政府的“自由开放的印太战略”，将加强与越南的合作
	2018年10月9日	湄公河流域国家	第10届日本与湄公河流域国家峰会	签署《东京战略2018》，与湄公河流域五国（泰国、柬埔寨、越南、老挝、缅甸）确认建立“战略性伙伴关系”，在基础设施等“硬”层面和经济合作等“软”层面深化联系，落实“自由开放的印太”
	2018年11月6日	马来西亚	与到访的马来西亚总理会谈	安倍提到日本重视“自由开放的印太”
	2018年11月14日	东盟国家	第21次东盟首脑会议	安倍强调，为维持和强化“自由开放的印太”，继续和东盟各国紧密合作
其他印度洋沿岸国家（除印度外）	2018年1月5日	斯里兰卡	河野外相出访	河野表示，日本正推进“自由开放的印太战略”，希望与斯里兰卡加强海洋、安全、防卫、基建领域的合作，强化港湾互联互通
	2018年1月6日	马尔代夫	河野外相出访	河野就“自由开放的印太战略”进行了说明，希望与马尔代夫加强海洋安全与防卫合作

续表

对象	时间	国别/地区	形式	有关“自由开放的印太”的内容
	2018年8月19日	斯里兰卡	小野寺五典防卫大臣出访	与斯里兰卡防长就加强日本海上自卫队对该国海军支援展开磋商，考察日本自卫队舰船停泊的斯里兰卡海港
	2018年12月20日	马尔代夫	马尔代夫外长访日	双方确认开展“自由开放的印太”合作。河野强调了基础设施开发符合国际标准的重要性，马尔代夫外长谈到可持续发展、高质量基础设施以及技术转移的重要性
其他太平洋沿岸国家（除东南亚外）	2018年3月15日	帕劳	帕劳国务部长玛鲁克访日	河野外相与其会谈，双方就“自由开放的印太战略”等交换了意见
其他亚洲国家	2018年12月13日	蒙古国	首脑会谈	双方就实现“自由开放的印太”合作达成一致
欧洲国家及欧盟	2018年1月16日	希腊	希腊外长访日	河野就“自由开放的印太战略”向希腊外长科齐阿斯做了说明
	2018年1月26日	法国	第四次日法“2+2”磋商	双方表示进一步深化“特殊伙伴关系”，将开展具体合作，维护“印太”地区的“自由”“开放”，通过高质量基建加强地区互联互通，对《物资劳务相互提供协定》框架性共识表示欢迎，就2月法国护卫舰停靠日本港口与自卫队展开联合训练达成一致
	2018年7月3日	欧盟	第六次日欧开发政策对话	双方就日本“自由开放的印太战略”与欧盟“连通性战略”等交换了意见
	2018年10月17日	法国	首脑会谈	两国就实现“自由开放的印太”达成进一步合作的意向
非洲国家	2018年12月11日	加纳	加纳总统阿库福·阿多访日	日本为加纳修整国道提供约65亿日元无偿资金援助；两国的联合声明强调基于法治维持“自由”“开放”的海洋秩序
其他国际场合	2018年10月7日	非洲开发会议成员国	非洲开发会议	日本表示推进联结亚非两洲的“自由开放的印太”战略
	2018年10月18日	亚欧国家	第12届亚欧首脑会议	安倍提出“自由开放的印太”对强化亚欧的连接性也有贡献

续表

对象	时间	国别/地区	形式	有关“自由开放的印太”的内容
	2018年11月14日	RCEP成员国	RCEP首脑会议	安倍提出在RCEP基础上，实现“自由开放的印太”
	2018年11月18日	APEC成员国	APEC会议	安倍发言提出，基于国际规则、自由贸易及投资、连接性的强化的亚太地区是“自由开放的印太”的核心

注：此表根据日本首相官邸、日本外务省、日本防卫省、共同社、时事通信社、NHK，以及《每日新闻》《读卖新闻》《产经新闻》《日本经济新闻》等日文网站上的资料整理完成。

的伙伴，他第一次执政时提出的“自由与繁荣之弧”外交构想就强调，支持从北欧诸国开始，经波罗的海诸国、中东欧、中亚高加索、中东、印度次大陆，再经东南亚联结东北亚这片广阔区域内与日本有相同价值观的国家。[①] 副首相麻生太郎甚至提出“国家价值观相同，所以是盟国”的夸张说法。2017年1月20日，在提出“印太战略”后的首年施政演说中，安倍就“印太战略”强调，“与共同拥有自由、民主主义、人权、法治等基本价值观的国家保持合作，同东盟各国以及澳大利亚、印度等国携手，切实确保从亚洲、环太平洋地区到印度洋之间地区的和平与繁荣”[②]。“印太构想”对民主价值观的强调一方面是构筑基于共同价值观的指导性联盟，另一方面就是设定地区制度和规范的“价值取向”。

“印太构想”在对民主价值观的运用中，以多边的日美印澳“钻石联盟”（QUAD，又称“四边安全对话”）为核心，这也源于安倍在2006年提出的“四国同盟”构想和2012年提出的“民主安保菱形”构想。日本“印太构想”尤为重视在这四个共享价值观的主要国家内形成秩序共识，以组织出“指导性联盟”来维持秩序。尽管其他三国对日本“印太构想”存有一些不同看法，但在政策上采取了支持与合作的姿态。2017年10月，外相河野提议重启曾于2007年举行过的四国战略对话。2017年11月，在菲律宾马尼拉东亚峰会期间，“钻石联盟”首次举行高级别官员单独对话，在基于规则的秩序、公海航行和飞越自由、

① 外務省「外交青書2007」、http://www.mofa.go.jp/mofaj/gaiko/bluebook/2007/pdf/pdfs/1.pdf。

② 首相官邸「第百九十三回国会における安倍内閣総理大臣施政方針演説」、2017年1月20日、http://www.kantei.go.jp/jp/97_abe/statement2/20170120siseihousin.html。

尊重国际法、加强连通性、海上安全等有关“自由开放的印太”的议题上进行了讨论。2018年11月，“钻石联盟”在新加坡召开了第三次司局级四边会议，以可持续发展、连接性和“地区良治”为焦点。2019年5月，“钻石联盟”高级别磋商在曼谷举行，各方就推进“印太构想”进行了意见交换，确认在可持续发展、海洋保障，以及“地区良治”上展开合作。日本也积极在“四国三边”框架下推动“印太构想”。2018年4月，日美印进行了第九次局长级磋商。2018年8月，日美澳第八次部长级战略对话召开，商定在“印太”地区推进高质量的基础设施建设。日印澳之间有副部级的对话机制，而双边框架下的日本分别与美印澳三国之间的合作机制也有很多，对话级别也较高。这些指导性联盟之间密切的机制安排“反映出地区地缘政治正在以‘印太’区域建构为标签发生内在变化”[①]。

“印太构想”在地区秩序上注重强调“价值”。日本外相河野在2019年的首场外交演说中表示，在基于自由、民主主义、基本的人权、法的支配、尊重国际法等基本价值的国际秩序面临挑战时如何坚守是日本外交最大的课题。[②] 日本《国家安全保障战略》强调：“维护以尊重自由、民主和基本人权及法律支配地位等共同价值观为基础的国际秩序是日本的国家利益所在。”[③] 日本重提“共同价值”，推动其他国家产生维护秩序的责任感，并使它们成为“印太秩序”坚定的维护者。“钻石联盟”潜在的能力和特殊的结构为日本试图构建一个实用的、有功能的区域合作议程提供了坚实的基础。四国都是能对“印太”地区产生重要影响的国家，其本身具有较强的实力和地区秩序维持能力。另外，四国在“印太”地区的利益正在融合。一方面美印澳都提出了自己的“印太”概念和“印太战略”，也都有应对中国崛起的考虑；另一方面，四国在“印太”地区还有彼此互补的地理位置等特点。这个基于价值观的指导性联盟是日本“印太构想”的重要秩序性支柱。

---

① 林民旺：《“印太”的建构与亚洲地缘政治的张力》，《外交评论》2018年第1期。

② 首相官邸「第198回国会における河野外務大臣の外交演説」、2019年1月28日、https://www.mofa.go.jp/mofaj/fp/pp/page3_002672.html。

③ 内閣官房「国家安全保障戦略について」、https://www.cas.go.jp/jp/siryou/131217anzenhoshou/nss-j.pdf。

二、普及“规则”，形成规范

制度化的规则在统合和协调上具有特殊的作用，当个体偏好不能统合为一致的“集体”利益的时候，制度化的规则可以规范期望与行动。社会建构主义理论认为，规范有时比实力更重要，并提出规范不仅影响行为体的利益，也影响行为体的偏好与政策选择相结合的方式，即使行为体意识到有很多手段可以实现自己的政策目标，但也可能因为规范的制约而认为某些手段是不合适的并加以拒绝。[①] 即使是古典现实主义国际关系理论也指出，“以国际法、国际道德和世界舆论的形式对权力角逐加以规范性的限制”[②]是维持国际秩序的重要方式。作为既有秩序指导性联盟的一员，日本与多数发达国家一样，认为支持基于规则的秩序是实现国家利益的最佳路径。[③] “印太构想”主张“自由开放的印太”要基于规则。在日本国际问题研究所的报告《亚洲（特别是南海、印度洋）的安全保障秩序》中有关地区秩序建议的第一条就是“航行自由、领土问题、排他性经济水域（EEZ）等要基于‘法’来解决”，要求遵守基于法等制度性规则的思想在“印太构想”中得到完整继承。2014年7月，安倍在澳大利亚国会两院的演讲中提出“海洋法治三原则”：基于国际法申诉主张、不以武力和威吓、用和平的手段解决纷争。[④] 2018年9月25日，安倍在第73届联合国大会上的演说中明言：“支配这一广阔区域（‘印太’）的，必须是制度化的法律和规则。”[⑤]特别是对于南海问题，日本多次在各种场合宣传“法的支配”规则的重要性。

经济因素是日本地区秩序战略关注的重点，“印太构想”重视区域经济一体化及其内在的规则设定，强化“印太秩序”的稳定性。日本积极推进区域经济一体化建设，反对贸易保护主义与逆全球化。在美国退出《跨太平洋伙伴关

---

① [美]彼得·卡赞斯坦：《国家安全的文化：世界政治中的规范与认同》，宋伟、刘铁娃译，北京大学出版社，2009，第439页。

② [美]汉斯·摩根索：《国家间政治》，徐昕、郝望、李保平译，北京大学出版社，2006，第51页。

③ “Summary of the Building a Sustainable International Order Project,” https://www.rand.org/content/dam/rand/pubs/research_reports/RR2300/RR2397/RAND_RR2397.pdf.

④ 首相官邸「豪州国会両院総会安倍内閣総理大臣演説」、2014年7月8日、http://www.kantei.go.jp/jp/96_abe/statement/2014/0708australia_enzetsu.html。

⑤ 首相官邸「第73回国連総会における安倍内閣総理大臣一般討論演説」、2018年9月25日、http://www.kantei.go.jp/jp/98_abe/statement/2018/0925enzetsu.html。

系协定》后，日本坚持主导《全面与进步跨太平洋伙伴关系协定》(CPTPP)的建设，支持自由国际主义秩序的经济基础，体现出其对维持地区经济秩序的主导意识。同时，日本政府多次表示，日本不会止步于单纯的贸易自由化，而且要在广阔的市场中建立起新时代的公正规则，而日本自己则作为自由贸易的旗手在推广自由公正规则上发挥引领作用。① 安倍表示，“印太”地区必须“依据21世纪的高质规则，创建自由公正的经济圈”②。在《区域全面经济伙伴关系协定》(RCEP)第五次部长会议上，安倍突出“规则”，多次强调“必须建立自由公正的规则”，“创建基于自由规则的公正市场”，制定“相关的自由规则”，“切实保护知识产权的规则”，等等。③

为形成规则被遵守的环境，日本大力支援“印太”其他各国的法治建设，培育“法的支配意识”等理念。具体措施包括：支援当地基础法律的建设和运用，强化和提升法律执行机关和司法人员的能力；强化知识产权财产法制度的建设及运用等。早在2013年，日本就开始基于《法律制度建设援助的政府基本方针》，以亚洲八国(印度尼西亚、越南、缅甸、蒙古国、柬埔寨、老挝、乌兹别克斯坦、孟加拉国)为重点对象展开法制援助。日本还为包括科特迪瓦在内的西非八国提供刑事司法研修支援。2019年6月，美国发布了题为《未雨绸缪、伙伴关系深化、网络化区域建设》的印太战略报告，在着重强调注意地区力量失衡、建立联合部队及加大与盟国和伙伴国的合作的同时，也提出要重视“维护以规则为基础的国际秩序”。④

三、推进高质量基础设施，加强连接性

加强基础设施的连接性，实现互联互通的一体化，是实现“印太秩序”构建的物理基础。2018年11月，安倍在记者会上表示，在“印太”地区开展透明、开

---

① 首相官邸「G7シャルルボワ・サミット出席についての内外記者会見」、2018年6月9日、http://www.kantei.go.jp/jp/98_abe/statement/2018/20180609kaiken.html。

② 首相官邸「ASEAN関連首脳会議及びオーストラリア訪問についての内外記者会見」、2018年11月16日、http://www.kantei.go.jp/jp/98_abe/statement/2018/1116kaiken.html。

③ 首相官邸「第5回RCEP中間閣僚会合安倍総理スピーチ」、2018年7月1日、http://www.kantei.go.jp/jp/98_abe/statement/2018/0701speech.html。

④ “Indo-Pacific Strategy Report:Preparedness,Partnerships,and Promoting a Networked Region,”June 1, 2019, https://media. defense. gov/2019/Jul/01/2002152311/-1/-1/1/DEPARTMENT-OF-DEFENSE-INDO-PACIFIC-STRATEGY-REPORT-2019.Pdf.

放、具有经济效益、确保被援助国债务可持续性等符合国际标准的高质量基础设施建设是日本"印太构想"的重要内容。[①] 通过经济手段来实现对外战略目标是战后没有正常军事力量的"非正常"国家日本擅长使用的重要方式。在此"路径依赖"下,日本也将推进高质量基础设施建设置于构建"印太秩序"的重要位置,旨在通过加强"印太"地区的连接性提升经济活力,来促进"印太"地区的"自由"与"开放",提前规避"被隔绝"和"被排斥",进而增强日本在"印太"地区的战略存在。

日本注重联合"指导性联盟"国家加强在"印太"地区开展高质量基础设施建设合作。2018年4月,访美后的安倍在官邸就"印太战略"表示,日美将共同推进符合国际标准的高质量基础设施建设的合作。7月17日,安倍表示,"印太战略"下日本与欧盟的合作将在"具有连通性和高质量的基础设施等领域展开"。[②] 10月10日,日澳外交防卫"2+2"会议形成的共识包括"在(基础设施)联结性等各领域强化合作"[③]。日本促进在多边框架下的高质量基础设施合作伙伴关系。2018年11月12日,日本国际协力银行、美国海外民间投资公司、澳大利亚外务贸易部输出金融保险公司三方签署了基础设施建设合作备忘录,提出"三国伙伴关系"旨在支持和促进遵守包含开放、透明及财政持续性等国际标准的基础设施建设,助力地区国家回避非持续性的债务负担,并在基础设施建设上形成了三国共同开发和共同融资的方案。[④] 11月17日,日美澳三国发布"关于'印太'地区基础设施投资日美澳伙伴关系"的声明。2019年2月8日,日美澳三国正式举行基础设施政策对话。此外,日本也积极调整国内相关投融资框架和对外援助体系,加大对"印太"地区高质量基础设施的投资。2018年6月11日,在第24届国际交流会议上,安倍宣布日本在国际协力银行(JBIC)新设投融资框架,在未来三年提供500亿美元协助"印太"地区建设高质量的基础

① 首相官邸「ASEAN関連首脳会議及びオーストラリア訪問についての内外記者会見」、2018年11月16日、http://www.kantei.go.jp/jp/98_abe/statement/2018/1116kaiken.html。

② 首相官邸「日EU共同記者会見」、2018年7月17日、http://www.kantei.go.jp/jp/98_abe/statement/2018/0717eu_kaiken.html。

③ 外務省「第8回日豪外務・防衛閣僚協議(『2+2』)」、https://www.mofa.go.jp/mofaj/a_o/ocn/au/page3_002575.html。

④ 外務省「日米豪政府の『インド太平洋におけるインフラ投資に関する三機関間パートナーシップ』に関する共同声明」、2018年11月17日、https://www.mofa.go.jp/mofaj/files/000420367.pdf。

设施。[①] 2018年，日本官方发展援助（ODA）针对“印太”地区的连接性，也增大了援助投入。[②]

日本向“印太”地区的受援国持续开展高质量基础设施建设项目。日本高质量基础设施建设主要包括都市层面建设、地域层面建设和战略支点建设。在促进“印太”地区互联互通上的相关建设主要包括：（1）南部经济走廊开发，如柬埔寨国道1号线建设和5号线改修、越南盖美—市威港国际机场建设、柬埔寨乃良大桥建设等。（2）东西经济走廊开发，主要是促进中南半岛与印度之间的连接，如老挝国道九号线建设和桥梁改修、越南海云隧道建设、岘港改良建设等。经济走廊东起越南达南港，经过老挝、泰国，西连缅甸。日本还计划通过这些道路和海洋把孟加拉国、印度，直至非洲的肯尼亚连接起来。（3）海洋经济走廊建设，包括印度尼西亚爪哇—苏门答腊间供电线路、菲律宾新薄荷机场等。为促进南部经济走廊和东西经济走廊的各地区与南海、印度洋间的连接，日本致力于推进印度尼西亚新港口和柬埔寨西哈努克港等的建设。为在南亚增强西部、南部的联结性，日本开展印度德里—孟买间产业大动脉构想（DMIC）、金奈—班加罗尔产业走廊构想（CBIC）、孟加拉湾产业成长地带构想（BIG-B）等广域经济开发。在非洲，日本高质量基础设施建设主要面向印度洋的优良港湾，旨在建设以肯尼亚蒙巴萨港为中心的“蒙巴萨北部走廊”及以莫桑比克纳卡拉港为中心的“纳卡拉走廊”等。

四、提升“印太”安全能力，强化安全秩序

“印太构想”在安全领域注重提升地区整体安全能力，强化安全秩序体系。日本认为“印太”陆路秩序面临的挑战主要来自经济层面，海路秩序面临的挑战则来自安全层面。日美安保同盟的深化是“印太”安全体系的核心。2015年以来，日美强化了安保关系，在更多的安全领域（如情报监侦、训练和演习、研发、能力建设、共同使用设施等）以及在更大的全球范围包括“印太”地区开展密切合作。日本重视日美印澳间的安全合作，深入参与包括联合军演在内的联合军事训练成为日本构建“印太安全秩序”的重要举措。2015年，日本首次作为正式

① 首相官邸「第24回国際交流会議『アジアの未来』晩さん会安倍総理スピーチ」、2018年6月11日、http://www.kantei.go.jp/jp/98_abe/statement/2018/0611speech.html。

② 外務省「平成30年度開発協力重点方針」、https://www.mofa.go.jp/mofaj/gaiko/oda/files/000356010.pdf。

成员而不是受邀者参加被认为有望成为四国安全合作“典范”的“马拉巴尔演习”。同时，日本对外多边安全对话的议题也逐渐从“亚太”向“印太”转移。[①]

日本支持美国“航行自由行动”和实施军舰“战略性靠港”，频繁参加各种联合训练。2018年8月26日至10月30日，日本海上自卫队就派遣包括日本“加贺”号在内的三艘舰艇前往南海和印度洋参加各国海军联合训练，并在印度、印度尼西亚、新加坡、斯里兰卡、菲律宾等五国停靠。2018年8月19日，日本防卫大臣小野寺五典访问斯里兰卡时还专门考察了日本自卫队舰船停泊的斯里兰卡海港。通过这些方式，在军事领域被敏感关注的日本既显示了自身在“印太”地区的安全存在和安全决心，还提升了在该地区的安全信心和对“他者”的安全对抗底气，并间接实现了“印太”的扩大性开放。

日本积极支援“印太”沿岸受援国的海洋安保能力和海洋执法能力的提升，提升这些国家在领海和专属经济水域的安全管理能力。这些措施包括提供巡视船和相关器械，招聘各国人员到日本进修学习，向各国派遣日本专家进行专业知识培训等。如日本向越南提供巡逻船；向菲律宾海岸警备队提供巡逻船、小型高速艇及沿岸监视雷达等器材；向马来西亚提供海洋安保器材，长期派遣专家等；向印度尼西亚提供巡逻船等。2017年，在日美“2+2”磋商期间，日本表示，在未来三年内向“印太”地区的沿岸国提供5亿美元用于提升地区海洋安保能力。2018年11月，日本海上保安厅主办“世界海上保安部门首长级会议”，进行国际海洋安保对话。另外，日本还帮助亚洲国家培训了大量的海上安保干部。

深度监视海洋安全是日本“印太构想”的特色内容。2018年5月，日本新一期的《海洋基本计划》（2018—2022年）提出加大对海域态势感知的投入，充分运用先进的光学以及雷达卫星，构建相关情报的统一管理机制等。根据日美在宇宙项目上的合作计划，2022年日本宇宙航空研究开发机构（JAXA）将与美军完成相关合作，[②] 其中包括对“印太”地区进行监视，与美国进行情报共享。

①「日米豪の3首脑、国際秩序協議かインド太平洋戦略」、2017年11月13日、http://www.asahi.com/articles/DA3S13226133.html。

②「防衛省、地上配備型イージス導入へ対ステルス機レーダー試作に196億円平成30年度概算要求」、http://www.sankei.com/politics/news/170817/plt 1708170017-n1.html。

日本计划到2020年将民间的卫星全部更换成防卫省的卫星，以"日本的从太平洋到印度洋的卫星通信网"助力推进"印太战略"。①

第四节　"印太构想"的战略特征

为推进"印太构想"，日本还重点强化了相应的外交能力和保障工作。2018年12月，自民党外交系统联合会议达成为"印太构想"专门支出4042亿日元的计划。日本外务省也有相关经费专门用于"印太"地区的快速部署项目。2019年3月，日本公布的《开发合作白皮书》明确提出了通过ODA支援"印太构想"。可见，推进"印太构想"是日本未来较长一段时间的重点战略工作。综合来看，"印太构想"在构建秩序的过程中形成了三个特征。

一、基于连接的一体性

鉴于美国主导的自由国际主义秩序在全球面临挑战并出现碎片化的现实，日本"印太构想"把防止其他秩序及规范在"印太"地区出现主导性影响作为主要的战略应对，并采取自由主义制度的方法增强"内力"，强化地区连接来增强"印太秩序一体性"的塑造，包括价值连接、规范连接、基础设施连接、经济连接、制度连接、人的连接等，并期望以此将其他国家"一体化"到日本的秩序愿景中。

首先，"印太构想"强调主导性价值和规范的形成、共享与共同维护，注重塑造"印太秩序"的一体性文化基础，提出"自由""开放"的共同愿景。建构主义的主要代表人物亚历山大·温特认为，文化及观念影响着国际秩序的状态与走向。② 日本的"印太论"实质是基于民主主义同盟的战略论。③ "印太构想"通过价值和规范的一体性塑造"印太秩序"的状态及走向。其次，"印太构想"强调经济连接的一体性。日本认为，经济的密切联系和相互依存是保持地区开放的基础，对形成"基于规则的国际秩序"非常必要。④ 除了通过高质量基础设

① 「防衛通信衛星打ち上げ成功自衛隊に強力な通信手段インド太平洋戦略の推進も後押し」、2017年1月24日、http://www.sankei.com/life/news/170124/lif1701240034-n1.html。

② [美]亚历山大·温特：《国际政治的社会理论》，秦亚青译，上海世纪出版社，2008。

③ [日]山本吉宣「インド太平洋と海のシルクロード—政策シンボルの競争と国際秩序の形成—」、2016年5月16日、http://thinktank.php.co.jp/wp-content/uploads/2016/05/160518.pdf。

④ 「アジア(特に南シナ海・インド洋)における安全保障秩序—政策提言—」、2013年3月、http://www2.jiia.or.jp/pdf/resarch/H24_Asia_Security/10_political_recommendation.pdf。

施来连接“印太”地区，日本还积极推动“印太”经济一体化，促进贸易一体化的制度连接。日本希望包括“印太构想”的支柱国家日印澳、东盟各国及中国在内的《区域全面经济伙伴关系协定》早日完成缔结。再次，“印太构想”强调“印太”地区制度和人的连接性，主张通过教育、职业培训以及国家间的友好关系来实现。在“制度连接”和“人的连接”上，日本在基础设施建设，改善贸易、投资等营商环境，开发和培育人才等方面加强发展援助。在推进高质量基础设施建设的过程中，日本与受援国间的一些机制性活动开始活跃。2019年2月21日，日菲经济合作基础设施联合委员会第七次会议在日本大阪召开。最后，多边网状安全合作和对地区国家安全能力的支援性建设，也使“印太构想”在安全秩序上体现出“一体性”。

“印太构想”在“印太秩序”构建的过程中交叉了价值观、经济、制度、人等要素的相互连接、相互作用，形成了新的“一体性”。日本构建的“高质量基础设施”不单指“硬”的基础设施，还包括“软”的旨在实现地区的“人”“制度”“经济”“价值”“安全”相连接的基础设施。“印太构想”中的经济连接还强调价值观的统一，比如在巴伐利亚七国集团峰会上日方就呼吁注重经济政策的价值观。[①]日本外相河野太郎也多次强调，日本的“高质量”包括强调遵守国际标准，坚持开放、透明、无差别，对环境、社会负责以及财政健全等。[②]日本意图通过“高质量”吸引并促使受援国在价值观上追随日本。

二、结构格局的差序性

国际秩序的差序性体现了国际关系行为体在国际格局内的分布状态，反映着国家间的权力结构与权力关系。新现实主义代表人物沃尔兹认为，国际秩序的特征是相似的单元之间相互作用，它们之间的差别主要是按照实力的不同来划分。[③]“印太构想”对“印太秩序”的差序性安排体现了日本对“印太”权力格局的认知与战略意图的设计，它以日本和日美同盟为核心主导，以与主要

①「G7、新興国の腐敗対策の必要性でも一致サミット開幕」、『日本経済新聞』2015年6月8日、http://www.nikkei.com/article/DGXLASFK07H25_X00C15A6000000/。

② 外務省「コロンビア大学における河野外務大臣講演『迫り来る危機における外交』」、https://www.mofa.go.jp/mofaj/na/na 1/us/page3_002248.html。

③ [美]肯尼斯·沃尔兹：《现实主义与国际政治》，张睿壮、刘丰译，北京大学出版社，2012，第143页。

民主价值观国家的合作为主动构建的上层，以与“印太区域”内其他国家的合作作为被动引领的下层，形成了新差序性结构。其中，日美处于发挥引领作用的上层位置；日美印澳及拥有相同价值观的国家构成主要支架；“印太区域”内的众多其他国家构成庞大的尾部；在“印太”地区具有特殊角色的英法则处于侧翼，发挥支持作用。

“指导性联盟”是自由国际主义秩序稳定运行的核心组织架构。2018年，日本内阁会议决定的《基本方针》强调：“以日美同盟为基轴，与澳大利亚、印度等拥有相同价值观的国家，共同推动自由开放的印太战略。”① 2019年4月，日美“2+2”会议联合声明就“自由开放的印太”强调，“确保日美同盟在有事时的优势，平时维护两国的制度及基于规则的秩序，共同应对挑战”②。作为“指导性联盟”，“钻石联盟”四国间的网状合作架构是“主体支架”。安倍多次表示，通过日印澳、日美印澳等各种框架与各国谋求“印太”方面的深入合作。③ 相对而言，“印太构想”对处于“尾部”的“摇摆国家”则给予特别的关注。“摇摆国家”的特点是，作为民主国家的它们乐于支持现存体系中的开放、稳定和基于规则，与地区大国的秩序构建偏好有一致之处，但它们也对既有国际体系持有一定怀疑态度，也会追求传统大国所需要的资源；“摇摆国家”的特点是立场不稳定却会对结果有很大的影响。④ “摇摆国家”不是“印太构想”依赖的主体力量，但是日本相关政策报告要求日本“和‘摇摆国家’一起促进自由开放的国际秩序和规范”。⑤

英法是“印太构想”在差序结构中要积极谋求加强的侧翼。英国是海洋国

① 首相官邸「平成30年10月2日基本方針」、http://www.kantei.go.jp/jp/kakugikettei/2018/1002kihon-housin.html。

② 防衛省「日米安全保障協議委員会共同発表」、https://www.mod.go.jp/j/approach/anpo/kyougi/2019/04/19_js.html。

③「ASEAN関連首脳会議及びオーストラリア訪問についての内外記者会見」、http://www.kan-tei.go.jp/jp/98_abe/statement/2018/1116kaiken.html。

④ 2012年，美国马歇尔基金会研究员丹尼尔·克利曼和新美国安全中心总裁理查德·方丹提出“摇摆国家”概念。参见 Daniel M.Kliman and Richard Fontaine, “Global Swing States Brazil,India,Indonesia,Turkey and the Future of International Order,”The German Marshall Fund of the United States,Nov.27,2012,http://www.gmfus.org/publications/global-swing-states-brazil-india-indonesia-turkey-and-future-international-order。

⑤「『インド太平洋』地域外交に向けた日本の外交政策への提言」、2015年3月、http://www2.jiia.or.jp/pdf/resarch/H26_Indo-Pacific/10-recommendations.pdf。

家，历史上曾是日本盟国，在“印太”地区有特殊作用。英国在中东巴林和阿曼有军事基地，在其印度洋的领地迪戈加西亚岛有美国的军事基地，在新加坡设有国防参谋部办事处。受“回归苏伊士运河以东”动向的影响，英国对参与“‘印太’地区秩序构建”的意愿增强，包括强化1971年形成的《五国联防协议》(FPDA)①，该协议可以使英国利用新加坡和马来西亚的军事设施。日英“印太安全”对话趋密，有外长和防长级(“2+2”)安全对话机制。2019年2月，日本召开了由首相助理薗浦健太郎等成员构成的“为实现自由开放的印太与欧洲合作的有关省厅会议”，讨论日英两国在海洋安全保障、高质量基础设施、5G网络安全等领域加强合作。② 在“全球英国”的愿景下，英国在“印太”地区开展活动的趋势正在加强。法国拥有世界第二大专属经济区，经济区的62%在太平洋，24%在印度洋，法国在两大洋所属岛屿上都有驻军。2018年3月，马克龙总统访问印度时表示“印太”地区对法国具有重要意义。法国在“印太”地区比较活跃，积极参加“香格里拉会议”、印度洋海军论坛、南太平洋防长会议等，其与印度及马来西亚的防卫合作密切。同时，日法积极探索“印太”合作：2019年4月，日本海上自卫队与法国海军在印度洋展开共同训练，日法《物品劳务相互提供协定》在推进谈判中，日法首脑会谈还确认将在2019年内举行两国第一次全面海洋对话。③ 2019年4月，日美“2+2”会议联合声明强调，“自由开放的印太”欢迎英法在该地区加强存在，呼吁英法在“航行自由”、港口停靠等领域加强合作。④ 日本更有观点提出，“印太构想”应在“钻石联盟”框架外引入英法，形成“4+2构想”。⑤

三、合作与对抗并存的矛盾性

日本“印太构想”涵盖地理范围广阔，为实现“自由、开放”的秩序需要得到

①《五国联防协议》中的五国为：英国、澳大利亚、新西兰、马来西亚、新加坡。

② 外務省「『自由で開かれたインド太平洋の実現に向けた欧州との協力のための関係省庁会議』の開催」、2019年2月20日、https://www.mofa.go.jp/mofaj/erp/we/gb/page4_004761.html。

③ 外務省「日仏首脳会談及び昼食会」、2019年4月23日、https://www.mofa.go.jp/mofaj/erp/we/fr/page4_004924.html。

④ 防衛省「日米安全保障協議委員会共同発表」、https://www.mod.go.jp/j/approach/anpo/kyougi/2019/04/19_js.html。

⑤ [日]樋口譲次「中国の海洋侵出を抑え込む『4+2』構想『自由で開かれたインド太平洋戦略』に欧州から強い援軍」、http://jbpress.ismedia.jp/articles/-/53400?page=2。

多边的广泛支持。因此,合作应是"印太秩序"构建的最重要方式。尽管日本表示"和所有赞同的国家一起合作,具体推进"①,但日本"印太构想"深藏对抗性,导致该构想下的"印太秩序"成为以日本利益为核心、以盟友利益为主要关切的对抗型秩序。尽管"印太构想"没有明确地指明对手,但以价值观为标准进行"朋友圈"认证,将价值观不同的国家排除于指导性联盟圈外,甚至把它们当作应对目标。"印太构想"在被表述为"印太战略"的时期,就充满对抗和排斥中国的意味。日本强调法治、开放、航行自由等理念背后的心理认知就是,"印太"地区的大多数国家有可能共同反抗中国。2017年11月14日,安倍在记者会上表示:"如果(对自由开放的'印太战略')赞同,可与包括中国在内的任何国家合作。"② 但日本也多次表示,与中国的合作是"有条件"的,也就是看中国是否会改变方式等。2018年2月24日,日本外交与安全特别顾问薗浦健太郎在华盛顿表示,如果中国遵守开放的价值、经济发展透明等,就欢迎中国与其在"印太战略"上合作。

出于各种考量,"印太构想"逐渐隐藏其针对中国的一面,但对抗意味并未消失。为避免表现出对中国的明显牵制,日本首相菅义伟表示无意构建"亚洲小北约",反对形成"反华包围圈",强调要和中国构建"稳定关系"。在2020年11月14日举行的东盟与中日韩(10+3)领导人会议上,日本首相菅义伟没有直接提及"印太构想"。日本外交部门也一再强调"印太构想"不会另创合作框架,将继续依托既有的东盟地区论坛、东盟防长扩大会议(ADMM+)、东亚峰会、东盟海事论坛扩大会议(EAMF)等。但菅义伟在首次外访东盟期间,以维护"印太海洋秩序"为名继续推动提高东盟国家"海洋安保能力",与越南签署防卫装备品和技术转移相关协定,对外军事安全合作继续跃进,并在"自由开放的印太"名义下加强介入地区安全事务,声称"严重关切"东海及南海问题,强烈反对任何增加紧张局势的行为,等等。另外,对"印太"地区的一些重要国家和自己周边的国家如俄罗斯、朝鲜等,"印太构想"并没有给予重视与合作,造成日本"印太构想"事实上的"空洞化"。

① 外務省「薗浦内閣総理大臣補佐官の米国訪問」、2018年2月26日、https://www.mofa.go.jp/mofaj/na/na1/us/page4_003801.html。

② 首相官邸「APEC首脳会議及びASEAN関連首脳会議出席等についての内外記者会見」、http://www.kantei.go.jp/jp/98_abe/statement/2017/1114kaiken.html。

出于对该战略对抗意味的警惕，东盟国家在表态支持日本“印太构想”的同时，也不想与日本“合作圈”之外的国家形成对立，并提出自己的构想。2018年8月，东盟外长会议的联合声明强调：“我们留意印度尼西亚提出的‘印太概念’。我们期待进一步讨论包含以东盟为中心、开放、透明、包容、遵守规则的‘印太概念’，增进相互信赖、尊重和利益。”① 另外，从东盟各方对日本推进“印太构想”的不同反应也可以看出一些端倪。老挝表示“积极参加东盟内的讨论”，马来西亚表示“确保航行自由是重要的，但不希望造成对立和紧张”，缅甸大多时候说“对日本的支援表示感谢”。② 即便是日本颇为重视的越南，其官方对日本“印太构想”也没有做出明确的支持性声明。③ 这种矛盾性也导致“印太构想”效果暗淡，事实上，尽管日本宣称印度、澳大利亚是“印太构想”中重要的伙伴，但其也认识到“应对中国威胁的印太概念与印度传统的非结盟政策相背离”④，“牵制中国的提议会获得印澳支持的想法不切实际”⑤。

一方面，菅义伟政府的“印太构想”不公开主张对抗，顾及地区国家的疑虑，尊重地区框架和制度安排。菅政府意在推动一个淡化紧张与冲突，强调合作与协调的“印太构想”。菅义伟多次表示无意构建“亚洲小北约”，反对形成“反华包围圈”，强调要和中国构建“稳定关系”。为避免表现出对中国的牵制，在2020年11月14日举行的东盟与中日韩（10+3）领导人会议上，菅义伟没有提及“印太构想”。另一方面，菅义伟政府的“印太构想”又致力于深化与“共享价值观伙伴国家”的安全合作，支持地区小国提升安全能力，具有明显的针对性。在首次施政演说中，菅义伟表示“印太构想”注重与具有共同价值观的国家合作。日本积极推动日美印澳“四边安全机制”走向机制化和扩大化。2020年10月，

① “Joint Communique of the 51st ASEAN Foreign Ministers’ Meeting,”Singapore,August 2, 2018, p.23, https://asean.org/wp-content/uploads/2018/08/51st-AMM-Joint-Communique-Final.pdf.

② [日]庄司智孝「『自由で開かれたインド太平洋戦略』(FOIPS)にASEANが不安を持つ理由」、https://www.spf.org/iina/articles/shoji-southeastasia-foips.html。

③ Andrew Korybko,“Will Vietnam Turn the‘Quad’into the‘Quint’?”March 10,2018,p.1,https://oriental-review.org/2018/03/10/will-vietnam-turn-the-quad-into-the-quint/.

④ [日]神谷万丈「日本と『インド太平洋』—期待と問題点—」、2013年3月、http://www2.jiia.or.jp/pdf/resarch/H24_Asia_Security/01_kamiya.pdf。

⑤《日印加强合作牵制中国》，日经中文网，2016年11月14日，http://cn.nikkei.com/politicsaeconomy/politicsasociety/22326-20161114.html。

日美印澳在东京举行了第二次四国外长会谈，并确定今后将其定例化。10月29日，日本就出台了政策报告书，向外务省提出将四国外长会谈“升级”为四国首脑峰会，并探讨将英法拉入这一“指导性联盟”。疫情背景下的首次外访期间，菅义伟就与越南就签署防卫装备出口协定达成实质协议，与印度尼西亚也达成加快协商的一致意见。日本在地区安全上动作频频，令周边邻国产生了疑虑。

第五节　日本“印太战略”的贫乏

正是顾及众多地区国家的疑虑，日本才将对抗性浓厚的“印太战略”表述为更加温和的“印太构想”。日本“印太构想”更侧重于非对抗的合作性，但“印太战略”在向“印太构想”的演进中并未完全实现蜕变，依然带有明显的针对意味。因此，仍用总括性的“印太战略”来表述日本这项目前仍处于矛盾变化中的国际战略比较合适。“印太战略”是日本在国际秩序变动期试图抢先在新的地缘政治板块——“印太”地区构筑秩序指导性联盟，与相关国家谋求共识，定出“游戏规则”，通过发挥自身“高质量基础设施”等经济优势，在“大国竞争时代”构建以日本为主导的地区秩序，维护开放的国家利益的战略，体现了新时期日本的战略秩序观。从实践上看，“印太战略”仍然处在美国主导的自由国际主义秩序的框架内，利用的是自由国际主义秩序的核心理念和相关制度设计，本质上维护的仍然是美国式“自由霸权”，体现出日本狭隘秩序观下战略的贫乏。

一、“印太战略”的考量

世界战略重心东移下的“印太”将成为全球地缘政治的中心、印度及印度洋的重要性等[①]是包括日本在内的各国重视“印太”的共性因素，也是日本重视“印太战略”的客观原因。但这些“普遍因素”对日本而言又有着特殊意义。未来处于世界中心的“印太”不仅是“希望之地”，也是“风险之地”，二战后放弃“大陆政策”而立足成为“海洋国家”和“通商国家”的日本尤为依赖海洋，重视海洋力量格局的变化。日本更是想要主导“印太”的走向。率先在“印太”新地

① 赵青海：《“印太”概念及其对中国的含义》，《现代国际关系》2013年第7期。

区构建出“规则”，并掌控话语主导权则是日本积极于“印太战略”的更大考量。“印太战略”是日本“战略性外交”的一部分，其对“普遍价值”的强调与日本“战略性外交”有一致之处。2015年7月20日，安倍明言：“从‘被大海守护的国家’转变为‘守护大海的国家’，日本必须发挥领导作用，确保自由、和平的大海。”[①] 2017年5月27日，安倍在记者招待会上提出：“日本决心采取各种方式，将基于自由规则的公正市场扩展到世界各地，今后也将作为自由贸易的旗手发挥引领作用。”[②] 随着“印太”地区重要性的提升，2015年日本国际问题研究所提出：“今后如何形成‘印度—太平洋’地区的国际秩序及设定规则，是与日本的和平与繁荣相关的新的外交课题。”[③] 日本甚至有观点提出：“安倍重视‘印太’，与美英两国在二战之后重视尚未成形的‘北大西洋’地理概念并以此在欧洲形成‘北大西洋条约组织’的姿态相同。”

转变后的“印太构想”虽呈现出“对抗”并“协调”的自我矛盾性，但其作为“印太战略”的根本目标并没有改变，即维持并强化塑造“印太”地区“自由”“开放”的秩序。通过多层次的战略路径，“印太构想”试图构建出以日本为主导的、符合日本利益的“印太秩序”环境。“印太构想”与中国继续展开秩序之争的目标并没有改变。这也正是日本能够迅速将对抗性的“印太战略”转换为协调性的“印太构想”的深层原因，因为日本“印太构想”的最终目的不是单纯地停留在对抗并遏制中国的层面，而是要成为新地区秩序的主导，围堵和“规范”中国是日本建构“印太秩序”的一种路径选择，而与中国合作或者说让中国与日本合作并通过合作实现牵制与“规范”也是另外一种路径选择，最终目的都是实现以日本为主导的、遵守日本“规则”的“印太秩序”。神谷万丈提出，变成“印太构想”的“印太战略”在作为“竞争战略”上不可能失去方向，当前的合作是为了实现其作为“竞争战略”的目的，因为日本还是要维护基于规则的地区

① 首相官邸「第20回『海の日』特別行事総合開会式における安倍内閣総理大臣スピーチ」、2015年7月20日、http://www.kantei.go.jp/jp/97_abe/statement/2015/0720uminohi.html。

② 首相官邸「内外記者会見」、2017年5月27日、http://www.kantei.go.jp/jp/97_abe/statement/2017/0527kaiken.html。

③ 日本国際問題研究所「インド太平洋時代の日本外交ースイング・ステーツへの対応ー」、2015年3月、http://www2.jiia.or.jp/pdf/resarch/H26_Indo-Pacific/H26_Japanese_Diplomacy_in_the_Indo-Pacific_Age.pdf。

秩序并在其中发挥主导作用，这也是日本提出“印太战略”的根本动机。[①] 正因如此，2018年10月，访华归国后的第二天，安倍在山梨县的别墅会见了访日的印度总理莫迪，还是继续呼吁两国在“自由开放的印太战略”上强化合作。[②] 表面上看，日本“印太构想”充满了矛盾[③]：一方面强调“尽可能淡化形成对华牵制的色彩，展示以和平与繁荣为目标的包容性‘印太构想’”，另一方面同时又提出“牵制中国，尽力形成期待的秩序”。[④] 但实际上它并不矛盾，只是日本在实现战略目标的方式上发生了变化。

在日本看来，它所要维持的国际秩序不仅面临来自中国等崛起国这些对既有秩序“不满的国家”，也来自战后曾一直主导自由贸易体制的国家不断增强的保守性和内向性。在美国特朗普政府不愿在国际秩序的自由和开放上做更多支持的情况下，一直在坚持推动全球贸易自由化的中国与日本的利益诉求有更多的共同点。日本也想通过“印太构想”与中国在协调的道路上不断扩大全球的开放性，吸引更多的国家支持具有包容性的“印太构想”，以此变相地、渐进地改变“中国方式”。北冈伸一提出，今后日本要避免（在“印太”地区）与中国产生正面冲突，要通过支援周边国家的独立和发展来完成目标。[⑤] 2019年3月25日，安倍在参议院预算委员会会议上再次就参与中国“一带一路”倡议表态，称有必要对沿线国家提供合理贷款，以确保相关国家的财政健全性、项目的开放性、透明性和经济性等作为参与中国“一带一路”倡议的“四个条件”，并表示“如果采纳（‘四个条件’），就将开展合作而并非全面赞同”。[⑥] 日本有观点提出，考虑将“印太”国家如孟加拉国和斯里兰卡等引入《区域全面经济伙伴关系》，欢迎中国参加《跨太平洋伙伴关系协定》等来推动亚太自由贸易圈

---

① [日]神谷万丈「『競争戦略』のための『協力戦略』―日本の『自由で開かれたインド太平洋』戦略(構想)の複合的構造―」、http://ssdpaki.la.coocan.jp/proposals/26.html。

②「首相別荘外交…インド首相を招待、親密さをアピール」、『毎日新聞』ウェブ版、2018年10月28日。

③ [日]岡田充「矛盾に満ちた『インド太平洋』構想」、2019年5月16日、https://imidas.jp/jijikaitai/c-40-125-19-05-g771。

④ [日]大庭三枝「日本の『インド太平洋』構想」、『国際安全保障』第46巻第3号、2018年12月、27—28頁。

⑤ [日]北冈伸一「インド太平洋構想自由と法の支配が本質」、『読売新聞』2018年12月17日。

⑥ 参議院「平成31年3月25日参議院予算委員会」、http://www.webtv.sangiin.go.jp/webtv/detail.php?sid=5161&type=recorded。

(FTAAP)的形成,这样的话,“一带一路”和“印太构想”相融合的可能性也会增加。[①]

在国际层面,“印太构想”的对华协调性转变是日本在中美两国竞争走向激烈时期所采取的一项确保日本利益的战略调整。基于东盟与中日韩(10+3)成员国身份,日本寻求签署区域全面经济伙伴关系协议是日本采取的一个战术动作,以便在商讨将美国包含在内的自由贸易协议时获得更大影响力,并通过扩大的经贸协定同轨规则来限制中美两国。该举措背后的战略考虑是,通过该协议实现的贸易转向前景将迫使美国致力于构建一个包含东亚在内的更大的自由贸易集团。京都大学教授中西宽还提出,“印太战略”还处于不成熟的阶段,其最大的不确定性因素来自中美关系。如果中美进入“新冷战”的话,“印太”政策有可能变成“设定分裂线的政策”,建议“日本应采取行动避免那样的事态”。[②]

二、“印太战略”的战略贫乏

主观上,日本构建“印太秩序”不是简单地维护美国主导的传统国际秩序,而是要形成自己主导的地区秩序。“印太构想”结构格局的差序性特点也正说明了这一点。美国维持其主导的自由国际主义秩序的目的是维护自己独霸全球的主导权和秩序内不平等的政治经济关系,因为“保持国际秩序的不平等和全球性财富差距就能确保美国在世界秩序中保持特权和权力”[③]。日本构建的“印太秩序”以日美同盟为核心,这是因为日本受制于当前外交安保的现实框架。“印太构想”是为了实现日本的自身利益,重要战略考量就是“作为海洋国家日本繁荣的最基本的活动都是在印度洋和太平洋上展开的”[④]。“印太构想”核心理念体现的是对超级大国支配国际秩序的否定,些许显示出与美国主张的不同。客观上,“印太构想”依靠的仍是美国主导的秩序体系内的指导性联盟,其对地区大国和“中等强国”的重视仍最终让位于日美同盟这一现实基轴。

① [日]河合正弘「『一带一路』構想と『インド太平洋』構想」、http://www2.jiia.or.jp/RESR/column_page.php?id=348。

② [日]中西宽「日本外交における『自由で開かれたインド太平洋』」、『外交』Vol. 52,https://fpcj.jp/j_views/magazine_articles/p=69566/。

③ 李形:《在“相互依存式主导权”和世界秩序重塑下解读中国梦》,《国际展望》2015年第1期。

④ [日]神谷万丈「日本のアジア戦略と『インド太平洋』」、2015年3月、http://www2.jiia.or.jp/pdf/resarch/H26_Indo-Pacific/08-kamiya.pdf。

说到底,“印太构想”只是自由国际主义秩序在新地缘政治地区的强化运用,是因美国的相对消极而呈现出日本穿针引线主导编织地区秩序的假象,日本并没有针对当前国际秩序的不合理之处做出突破性的贡献。而且,“印太构想”强调“基于规则的国际秩序”,不仅无力处理大国竞争,还深受大国竞争影响。[①]因为当触及其重大利益时,美国会毫不犹豫地追求或回落到“基于权力的国际秩序”。[②]

“印太构想”不是一个包容性、开放性的战略构想,它偏重以认识论来定义国家利益,对价值观不同的国家在国际秩序上所做的积极调整持疑虑和否定态度,认为是在构建新的“自由主义霸权秩序”。随着“一带一路”建设及其发展,中国“已经提出了一个地区经济秩序的前景”,这对美国及其盟友日本而言“是不那么开放和易于接受的”。[③]“印太构想”否定文明的多元性,不利于国际秩序的发展,毕竟全球化下的各种问题不是任何一个国家能单独主导来解决的。世界历史证明,如果过于执着具体规范的特定愿景,则可能会加速秩序的衰落,而遏制他国也会削弱自身。日本充满应对色彩的“印太构想”及其隐含的单边性“规则定义”也会被地区秩序所排斥。中国外交部就指出,“战后规则和秩序应当是国际社会公认的,而不是由任何国家自己单方面定义的”,“遵守的规则是基于《联合国宪章》宗旨和原则的,而不是任何国家单方面定义的规则”。[④]由于自身能力有限,面对多边主义的宏大秩序议程,日本的“印太构想”自我造就了“小马拉大车”的困境。受制于国内体制,日本难以在“印太”地区的安全秩序上发挥主导作用。面对“印太”地区庞大的基础设施建设需求,日本提出的“印太构想”也难以满足,“印太构想”更需要得到更多国家的理解、支持与合作。

在“印太构想”下,日本将在国际安全上扮演更多更积极的角色。日本参

① Eric A.Posner and John Yoo,“International Law and the Rise of China,” *Chicago Journal of International Law*, Vol. 7, No.1, 2006, p.15.

② 薛力:《“基于规则的国际秩序”正走向多元》,《世界知识》2019年第15期。

③ “Building Allied Interoperability in the Indo-Pacific Region: Discussion Paper 1,” https://csis-prod.s3.amazonaws.com/s3fs-public/publication/171215_Shearer_BuildingAlliedInteroperability1_Web.pdf?h6YrwM-DqrUIeWDbujuW0.xZzh0wm3Ta.

④ 中国外交部:《2017年11月23日外交部发言人陆慷主持例行记者会》,2017年11月23日,http://www.fmprc.gov.cn/web/wjdt_674879/fyrbt_674889/t1513447.shtml。

加南海所谓的“航行自由行动”以及实施舰艇在国外港湾的战略性靠港等，是对战后国际秩序的一种突破。从战后安全秩序角度看，日本并未存在于安全框架内的指导性联盟之中。日本对国际秩序的这种改变会产生更复杂的影响，因为“修正主义”的日本在尚未解决好历史问题之前难言会在地区产生积极的和平效果。另外，从制度主义的视角看，日本“印太构想”通过话语构建、制度安排及议程设置等构建新秩序的努力，在客观上也有可能带来新一轮秩序竞争和制度过剩。日本的“印太构想”、美印澳及印度尼西亚等国的“印太战略”等，与之前的地区既有战略合作框架难免有重复和冲突之处，不利于地区秩序的良性发展。

世界历史进程表明，本不存在一成不变的国际秩序，崛起大国和其他国家影响美国在规则制定和执行方面的主导力，本是多极系统的自然结果。① 美国的秩序主导地位最终必然会让位于多边秩序，因为“随着权力的消长以及新型国际关系和国际关系民主化进程的发展，国际社会更需要一种反映力量平衡和多元理念的制度秩序”②。日本“印太构想”消极看待国际秩序变化，试图努力构建自己主导的“印太秩序”，虽在一定程度上扩展了日本的利益，但其片面强调“自由和平”，忽视“发展和平”，不符合“印太”地区的发展实际与现实需求。“印太”地区应在“自由和平秩序”与“发展和平秩序”间谋求融合与共进，而日本在强化秩序的名义下把与中国的竞争提升至秩序之争的层面更是弊大于利。中国外交部部长王毅就指出“搞小圈子对抗更没有市场”③。

从日本“印太构想”对秩序构建的路径及其体现出的“差序性”和“矛盾性”等主要特点来看，它反倒很容易带来民主主义的扩张和新式霸权，甚至是造成秩序转型期的激烈对抗。正如斯里兰卡前海军将领所言：“地区应该避免出现曾经的单一霸权国构筑秩序，国家间双赢的关系对确保‘印太’地区的稳定非常重要。”④ 此外，日本对“印太构想”过于积极和执着又难免令人担心“印太”地

① “Summary of the Building a Sustainable International Order Project,” https://www.rand.org/content/dam/rand/pubs/research_reports/RR2300/RR2397/RAND_RR2397.pdf.

② 秦亚青：《世界秩序刍议》，《世界经济与政治》2017年第6期。

③ 中国外交部：《王毅谈“印太战略”：一时引人耳目，转瞬归于平寂》，2018年3月8日，https://www.fm-prc.gov.cn/web/zyxw/t1540496.shtml。

④「日インド太平洋対話『自由で開かれたインド太平洋構想と海洋秩序』メモ」、2019年1月21日、http://www.gfj.jp/j/dialogue/20190121_ro.pdf。

区的和平。毕竟从历史上看,20世纪初的日英同盟被日本用作保障“印度洋自由开放”的手段,实质上却成为日本对外战争的资源。二战期间日本也曾积极构筑“大东亚秩序”,在确保“太平洋自由开放”的口号下最终与美国开战。立足当前日本的国家战略,“印太构想”则处于安倍政府“积极和平主义”理念下“摆脱”战后国际秩序的危险路线之上。在多极化世界中,各国比冷战时期有更多的选择路径,不能让“冷战思维”把未来送回至“冷战”的过去。日本应该摒弃对抗的战略“印太论”,而真诚选择包容的合作论,与相关国家一道致力于地区共同体的构建,为地区的稳定与发展做出建设性的努力。

第四章 “竞争时代”日本防卫力建设转型

在“竞争时代”的大背景下，日本积极推动跨领域、跨部门高度联合的“多域联合防卫力”新防卫战略构建，提出要完全摆脱以陆海空传统领域进行区分的防卫思维，把日本的防卫从传统的陆海空领域扩展至包括太空、网络以及电磁波等新领域在内的“多领域”，强调各领域之间的彼此融合防卫，强调从平时到“有事”各阶段之间、自主防卫与日美同盟及多层次安保合作之间、“前方战场”和“后方体制”之间的综合防卫，进一步深化了日本的立体跨域防卫体系。日本主张要构筑真正有实效的防卫力，确保防卫力的质与量，强调尤其要在新领域取得优势，以变革防卫现状。[①]

第一节 “竞争时代”日本防卫力建设转型背景

为应对“竞争时代”及其背景下的全球军事变革和安全形势的变化，积极加入新领域内的激烈竞争中，以及更好地应对现实的安全问题，日本积极推动跨领域、跨部门高度联合的“多域联合防卫力”战略的出台，并深化其能力构建。“多域联合防卫力”是日本紧跟美国战略思路和军事变革做出的战略调整，拓展了日本的综合性防卫体制，也是日本主动在“竞争时代”的认知下对防卫战略的再次升级，这也给国际安全带来新的竞争与不安，导致地区安全关系复杂化，影响战后日本的和平形象及与周边国家的安全互信。

一、“竞争”“竞争战略”及“竞争时代”

“竞争”，本义指竞逐各方，争相超越。在当前新兴国家崛起、守成国家相对衰弱的国际形势变局之下，“竞争”在安全战略上被美国等国家加上了新的特

① 防衛省「平成31年度以降に係る防衛計画の大綱について」、2018年12月18日、https://www.mod.go.jp/j/approach/agenda/guideline/2019/pdf/20181218.pdf。

殊含义，那就是还表示各方尚未达到武装冲突层面的对峙形态。这里将国家间的对峙分为“竞争”和“武装冲突”两种状态，在武装冲突之前和武装冲突之后都是“竞争”状态，这是一种特殊形态的对峙。美国已将“竞争”作为国防战略上的重要应对。美国陆军训练与条令司令部司令斯蒂芬·汤森强调：“战斗环境发生变化，国家间竞争重新出现，美国国防战略强调在冲突之前和之后赢得‘竞争’的重要性。”[①]

基于美国相对衰弱的趋势凸显，美国战略学者深化了冷战时期提出的“竞争战略”，主张在和平时期利用军事力量的发展、建设、部署和展示来影响竞争对手的选择，使之有利于己方的战略目标。[②] 1972年，兰德公司战略研究室主任安德鲁·马歇尔在《与苏联的长期竞争：战略分析框架》报告中将经济学中的竞争战略思想引入国家安全领域并提出“竞争战略”的概念，提出了美国对苏竞争战略的路径与工具——“净评估”方法。[③] 考虑到中国崛起的“威胁”，在“竞争战略”思维下，美国国防部提出“第三次抵消战略”。[④] 该战略基于“核武器的快速发展和现代化，新反舰、防空导弹、远程攻击导弹以及不断增强的反卫星能力、网络能力、电子作战能力和特种作战能力”[⑤]，强调“使对手当前优势贬值的同时，增加其应对美国行动的成本，从而帮助美国建立长期的竞争优势”[⑥]。

① Stephen J. Townsend, “Accelerating Multi-Domain Operations Evolution of an Idea,” September-October 2018, https://www.armyupress.army.mil/Journals/Military-Review/English-Edition-Archives/September-October-2018/Townsend-Multi-Domain-Operations/.

② Thomas G. Mahnken, *Competitive Strategies for the 21st Century: Theory, History, and Practice* (CA: Stanford University Press, 2012).

③ Andrew W. Marshall, *Long-Term Competition with the Soviets: A Framework for Strategic Analysis* (Santa Monica:RAND, 1972).

④ 20世纪50年代至70年代和20世纪70年代至90年代，美军分别提出第一次和第二次“抵消战略”，核心思路是“以核武器对常规武器”及“以信息化对机械化”来构建针对苏联的非对称战斗力。这两次“抵消战略”帮助美国赢得了战略主动。2014年10月27日，美国战略与预算评估中心发布研究报告《迈向新抵消战略：利用美国的长期优势恢复美国全球力量投送能力》。11月15日，延续上述报告的战略思想，时任美国国防部长哈格尔在演讲中提出旨在投资尖端技术与系统的“国防创新计划”新倡议，标志着美国“第三次抵消战略”的出台。

⑤ Bob Work, “The Third U.S. Offset Strategy and Its Implications for Partners and Allies,” Jan. 28, 2015, https://www.defense.gov/newsroom/speeches/speech/article/606641/.

⑥ Stephen Welby, “The Offset Technology Strategy,” April 12, 2016, https://www.armed-services.senate.gov/imo/media/doc/Welby_04-12-16.pdf.

“第三次抵消战略”强调创新，旨在通过发展新的军事技术和作战概念“改变未来战局”，在与主要对手的新一轮军事竞争中，占据绝对优势地位。“第三次抵消战略”注重打造快速和远程打击“反介入/区域拒止”(A2/AD)能力以及全维战场的体系对抗，将陆地、海上、太空和网络空间形成联网，催生新的作战形态。

美国从战略上认定当前的世界大国处于“竞争时代”。2018年1月，特朗普在其任内发布的首份国情咨文就把中国及俄罗斯定义为战略竞争对手。[①]《2018年美国国防战略报告》认为，在“基于规则的国际秩序”不断衰弱的背景下，美国国家安全的首要关切是大国的长期战略竞争而不是恐怖主义。[②] 2017年1月26日，后来担任美国国家安全委员会战略规划高级主管的纳迪亚·沙德罗提出战略“竞争时代”的到来。从防卫角度看，美国安全战略视野内的“竞争时代”强调以下特点：一是未来冲突将横跨区域和陆海空、太空及网络空间等所有领域，美国在每个作战域享有的绝对军事优势，以及按照自己想要的任何方式展开军事行动的局面已面临全面竞争。二是竞争对手研究美国的作战方式，开始针对美国的实力进行相关能力投资，试图找到美国作战网络和作战构想的弱点，并利用那些没有发生公开战争的竞争领域(如信息战、模糊或否认代理行动及颠覆活动等)来达到目的。三是精确和廉价武器的传播以及网络工具的使用使得国家和非国家竞争者可以在各个领域伤害美国，这些能力还能使对手在不使用核武器的情况下对美国展开战略攻击，从而削弱美国的经济和军事部署能力。四是竞争对手以及其他国家和非国家行为者判断美国以“二元方式”看待世界，将国家分为“和平”状态和“战争”状态，因此它们倾向于采取“灰色事态”的手法来进行“竞技”。使用传统手段和非传统手段相结合、战争界限更加模糊、作战形式更趋融合的“混合战争”，将成为未来发展趋势和大国冲突的形式之一，先进的技术更是将“混合战争”的复杂性提升到新的高度。

① White House, “President Donald J. Trump’s State of the Union Address,” January 30, 2018, https://www.whitehouse.gov/briefings-statements/president-donald-j-trumps-state-union-address/.

② “Summary of the 2018 National Defense Strategy,” https://dod.defense.gov/Portals/1/Documents/pubs/2018-National-Defense-Strategy-Summary.pdf.

二、美国对“竞争时代”的战略判断与作战理念更新

面对长期的战略竞争、科学技术的快速传播，以及横跨所有冲突领域的“战争”和“竞争”新态势，美国认为“真实的世界是竞争不断的竞技场，竞争对手不会按照美国的方式发动进攻”，宣称要“重视竞争博弈，迎接挑战”。[①] 为维持在世界军事领域的领导地位，基于“实力促和平”的战略选择，美国提出：一是实现美国军队关键核心能力的现代化，强调把资金优先用于恢复重建和确保太空任务执行能力的项目上，同时也将投资于网络防御、可恢复能力以及进一步深化网络空间能力与大规模军事行动的融合；二是美国国防部必须发展新的作战理念和能力，打造一支满足现实需要的联合部队，在空中、海上、陆地、太空和网络空间领域没有确定支配地位的情况下赢得胜利，包括不构成常规军事冲突的战斗。[②] 这两个方面都突出了太空、网络等新领域在安全防卫上的重要性，考虑了新技术可能给战场带来的变化，提出军事现代化不单指对硬件进行现代化改造，还需对作战力量的组织和运用进行改变的创新防卫理念。在新的作战理念方面，美国近年来提出“多域战”概念，强调将作战力量从传统的陆地和空中，拓展到海洋、太空、网络、电磁波等其他作战域，获取并维持相应的作战域优势，支援并确保联合部队行动自由，实现整体作战，从物理打击和认知方面挫败对手。2018年，美军又提出“多域作战”的概念，“多域作战”被称为“多域战”的升级版，它虽仍以“多域战”为核心，但在解决方案上则被重新进行了定义，强调在复杂的军事竞争中，未来作战不是以“战斗”(Battle)为中心，而是必须开展整体“作战”(Operation)，通过持续的竞争来获得最终胜利，因为单纯的“战斗”的胜利虽赢得局部胜利但不能赢得整个战役的胜利。美国这种强调“作战”而不是“战斗”的作战理念无缝衔接了“战术”和“战役”，可以更好地应对竞争者在竞争和武装冲突各阶段采用“多层对峙”的方法来削弱美军的多域优势。[③]

① “National Security Strategy of the United States of America,” December 2017, https://www.whitehouse.gov/wp-content/uploads/2017/12/NSS-Final-12-18-2017-0905.pdf.

② “Summary of the 2018 National Defense Strategy,” https://dod.defense.gov/Portals/1/Documents/pubs/2018-National-Defense-Strategy-Summary.pdf.

③ “The U. S. Army in Multi-Domain Operations 2028,” https://info. publicintelligence. net/USArmy-Multi-domainOps2028.pdf.

为在日益复杂的全球安全环境里竞争、震慑和取胜，美国“多域战”和“多域作战”都强调对盟友的依赖，[①] 以可持续的方式充分调动联盟力量，维持美国霸权的基础。《2018美国国防战略报告》提出“一体化军事战略”，要求在政治、经济和军事方面建立更广泛的联盟。[②] 2018年版《防卫计划大纲》也认识到美国这一战略需求，指出美国为了重建军事力量，致力于在技术革新等所有领域维持军事优势、强化核威慑力、提高导弹的综合防御能力等，对同盟国和伙伴国提出维持防卫的承诺，在前方展开持续战斗力的同时，寻求责任分担的增加。[③] “印太”地区被美国定位为优先地区来加强同盟和伙伴关系，在2019年6月1日发布的题为《未雨绸缪、伙伴关系深化、网络化区域建设》的“印太战略”报告中，美国提出通过建设更致命、更灵活和具备快速创新能力的联合部队，武器试验和军事演习来检验作战理念的可行性，加大与盟友和伙伴国的合作，加快盟军与美军的能力集成及深化互操作性等来应对竞争对手在当地的军事优势。[④] 针对日本作为美国在亚洲最重要的安全盟友，特朗普政府多次对日要求责任分担，以及配合美防卫理念和安全战略的调整。从防卫理念和作战方式看，“多域联合防卫力”深受美国的“多域战”和“多域作战”的影响，是美国作战理念在亚洲的翻版。2019年5月，特朗普在访日期间一次性向日本推销了105架F-35隐形战机，使日本成为美国所有盟友中采购该款战机数量最多的国家，这背后的主要原因不单是特朗普追求经济利益，也是美国在给盟友日本充实可以用于“多域作战”的武器，以更好地发挥日本“多域联合防卫力”对美军的无缝配合。日本陆上自卫队原东部方面总监渡部悦和就明言，“跨域作战”是美国参谋长联席会议主席马丁·邓普西上将提倡的，目的是“如果日美双方都采用的话，日美共同作战就会顺利进行”。[⑤]

---

① David Vergu,“Multi-domain Operations Rely on Partnerships to Succeed,”Feb.12, 2019, https://www.defense.gov/explore/story/Article/1755520/multidomain-operations-rely-on-partnerships-to-succeed/.

② “Summary of the 2018 National Defense Strategy,” https://dod.defense.gov/Portals/1/Documents/pubs/2018-National-Defense-Strategy-Summary.pdf.

③ 防衛省「平成31年度以降に係る防衛計画の大綱について」、2018年12月18日、https://www.mod.go.jp/j/approach/agenda/guideline/2019/pdf/20181218.pdf。

④ “Indo-Pacific Strategy Report: Preparedness, Partnerships, and Promoting a Networked Region,”June 1,2019, https://media.defense.gov/2019/Jul/01/2002152311/-1/-1/1/DEPARTMENT-OF-DEFENSE-INDO-PACIFIC-STRATEGY-REPORT-2019.PDF.

⑤ [日]渡部悦和「新たな『防衛計画の大綱』『中期防衛力整備計画』」、http://www.jfss.gr.jp/home/index/article/id/839。

三、新领域内竞争激烈，在安全上重要性提升

全球各国在太空、网络、电磁波等新领域展开的竞争和对抗日趋激烈，日本担心这会影响其未来的安全与发展，不想做旁观者。在科技水平比较接近的国家间展开的现代战中，对太空、网络和电磁波等新领域的利用被普遍认为不可或缺。[①] 2015年，俄罗斯宣布新建空天军新军种。2017年6月，一系列勒索软件席卷全球，美国随后指责这是俄罗斯军方所为。北约也致力于建立一个指挥中心来处理网络攻击。2018年，美国宣布将成立太空军，分散卫星功能和构建采用星座设计技术的军事太空体系。2018年7月，法国表示将制定太空防御战略。北约方面正式承认太空是一个全新的独立作战领域，预计也将会相继开展筹措太空作战指挥司令部和太空部队。美国在电磁波作战领域领先并不断突进，空军主持过反电子系统高功率微波先进导弹（CHAMP）项目等，海军开展过水面电子战提升（SEWIP-Block Ⅰ/Ⅱ/Ⅲ）项目等，陆军有“多功能电子战”（MFEW）系统等。日本防卫界认为，世界各国为确保本国的军事优势地位，在研发太空军事技术方面不断加速，而且很多外国军队将网络作为“攻击敌人弱点”的非对称战略重点。[②] 此外，各国不断推进人工智能，灵活使用先进技术进行武器研发，将来战斗的样式也很难预测。[③] 面对激烈的竞争，日本政府内部弥漫着“日本已经落后”的危机感。有鉴于1957年史普尼克危机（Sputnik Crisis）刺激美苏两国在太空领域展开竞争，并由此促使两国技术实力提升到了其他国家难以企及的高度，日本有观点指出：“如果不能及时投入这场竞争，就有可能出现影响国家整体技术实力发展的问题。”[④] 安倍提出的“保持优势具有生死攸关的重要性”就是面对激烈竞争而表现出的危机感。事实上，早在自卫队参加美国领导的阿富汗战争和伊拉克战争中，日本就切实感受到与美军先进军事技术之间的差距，并强烈要求政府开发相关防卫能力。

---

① 防衛研究所「新たな防衛計画の大綱」、『東アジア戦略概観2019』、http://www.nids.mod.go.jp/publi-cation/east-asian/pdf/eastasian2019/j07.pdf。

② 防衛省「平成30年版防衛白書」、https://www.mod.go.jp/j/publication/wp/wp2018/pdf/index.html。

③ [日]村川豊「新時代の海上防衛への挑戦～」、2019年1月15日、http://www.taiyukai.or.jp/2019/1/2019-0115_3.pdf。

④ [日]铃木一人：《新的争夺领域——太空》，2019年7月11日，https://www.nippon.com/cn/in-depth/a06101/。

在“竞争时代”，新领域在安全上的重要性不断提升。在当前军事技术显著发展的背景下，战斗形态已发生变化，形成了海陆空与太空、网络、电磁波交织混合的现代战争范式。在军事攻击前，发动以使社会不安为目的的网络攻击等“混合战争”的情况增多。[①] 另外，关于海洋、太空、网络等国际公共财产，日本提出以国家干预的形式妨碍自由访问和灵活运用的状况时有发生。新领域在安全上还具有特质性，既可以如海陆空等传统领域那样成为独立的战场，还可以是支撑海陆空领域物理性战斗的基础设施乃至作为战斗力增强的手段。太空领域的安全涉及通信和金融网络、军事情报系统、天气监测、卫星侦察预警和导航定位等多领域安全，可作为其他领域的支持性角色出现在战斗中。日本防卫省就指出：“太空的特性注定其对防卫领域极为有利，也可强化C4ISR系统[②]的机能。”[③] 在海湾战争中，拥有通信卫星及精密诱导武器等信息通信技术的美军在轻微受损的情况下，都能对规模和装备在世界上都领先的伊拉克军队造成毁灭性的打击。网络则“因与其他所有领域紧密相连而成为关键要害之处”[④]，可以提供所有军事行动所依赖的指挥与控制等信息设施。在网络空间与实体空间一体化中，来自网络空间的威胁能对国家安全保障产生直接的影响。[⑤] 如果电力等重要的基础设施受到网络攻击，造成电力供给停止的事态，自卫队的任务执行能力将受到致命的打击。[⑥] 电磁波领域的电子战作为现代战斗样式处于攻防的最前线，[⑦] 可以阻止信息的传递，必然成为防卫关注的主要领域。此外，进入太空、网络和电磁波等新领域一般不会依赖海陆

① 日本国際問題研究所「揺れる国際秩序に立ち向かう新たな安全保障戦略－日本を守るための11の提言－」、http://www2.jiia.or.jp/pdf/policy_recommendations/2018/181010jpn-security_policy_recommendations.pdf。

② “C4ISR”系统：“C4”代表指挥、控制、通信、计算机，这四个单词的英文首字母均为C，所以称“C4”。I代表情报；S代表电子监视；R代表侦察。“C4ISR”是军事术语，意为“自动化指挥系统”。

③ 防衛省「宇宙開発利用に関する基本方針について」、https://www.mod.go.jp/j/approach/agenda/meeting/board/uchukaihatsu/pdf/kihonhoushin.pdf。

④ 首相官邸「安全保障と防衛力に関する懇談会」、2018年8月29日、https://www.kantei.go.jp/jp/singi/anzen_bouei2/dai 1/gijiyousi.pdf。

⑤ 首相官邸『「国家安全保障戦略」の現時点での評価について』、2018年12月18日、https://www.cas.go.jp/jp/siryou/pdf/h301218hyouka.pdf。

⑥「サイバー反撃能力って何？＝新防衛大綱に明記－ニュースQ&A」、2019年1月13日、https://www.jiji.com/jc/article?k=2019011300244&g=pol。

⑦ 防衛省「平成31年度以降に係る防衛計画の大綱について」、2018年12月18日、https://www.mod.go.jp/j/approach/agenda/guideline/2019/pdf/20181218.pdf。

空等传统领域的优势,而进入海陆空领域常常需要这些新领域的支持。在科技飞速发展的当前,新领域对未来的战场十分关键。在太空系统和网络系统支持下,利用人造卫星和雷达等的传感器和信息通信网络进行情报搜集、传达以及统一指挥的能力如不能得到确保,则传统的海陆空领域的部队和武器甚至无法进行有效的运作。电子战是在信息环境中展开的,同样离不开太空、网络等系统的支援。

正因如此,日本强调,随着信息通信等领域的急速技术革新,军事技术的进展十分惊人,各国为了提高整体的军事能力,都在追求新领域的技术优势,如果日本不能实现太空和网络的稳定利用,将会对国家及国民的安全产生重大影响。[①] 日本防卫研究所的报告还提出:“随着日本自卫队对太空、网络空间的依赖度提高,对敌人采用对抗手段也变得必要起来。而且,在锁定特定攻击者比较困难的新领域里,从不至于起冲突到公开的武力纷争阶段(所谓的‘灰色地带事态’)展开持续性的防卫态势不可或缺。”[②] 特别是对于“混合战争”,更需要“有机地融合全部领域的能力,根据相乘效果放大跨域作战的整体能力”。[③]

四、日本对“竞争时代”的安全认知

尽管日本对特朗普政府的“美国优先”存有疑虑,认为“不确定”的美国不再靠谱,但是在安全领域,安倍政府对美国的回应一改战后以来大多数政府的犹豫不决,不是背离,而是积极强化日美同盟。现在日本防卫界的主流观点认为,不仅要使以日美同盟为基础的以往的安全保障体制不发生动摇,还要有积极支持、强化日美同盟的紧迫感。[④] 当然,对日美同盟的强化并未影响日本对自身防卫能力的提升和对自主防卫战略的追求。也就是说,日本注重自身安全能力提升的战略思维并未受到来自美国方面的禁锢,这也和安倍政府追求的

① 防衛省「平成31年度以降に係る防衛計画の大綱について」、2018年12月18日、https://www.mod.go.jp/j/approach/agenda/guideline/2019/pdf/20181218.pdf。

② 防衛研究所「新たな防衛計画の大綱」、『東アジア戦略概観2019』、http://www.nids.mod.go.jp/publi-cation/east-asian/pdf/eastasian2019/j07.pdf。

③「防衛大綱・多次元統合防衛力のイメージ」、2018年12月18日、https://www.jiji.com/jc/graphics?p=ve_pol_seisaku-anpoboei20181218j-01-w510。

④ 防衛研究所「新たな防衛計画の大綱」、『東アジア戦略概観2019』、http://www.nids.mod.go.jp/publi-cation/east-asian/pdf/eastasian2019/j07.pdf。

“战后体制摆脱”及“大国化战略”相关，安倍就多次强调真正的国防是要靠自己。因此，对“多域联合防卫力”的构建不仅是日本对美国在战略竞争思维下向盟友发出责任分担和作用期待的回应，还是自己基于安保战略对“竞争时代”的安全现实进行深入研判后做出的主动选择，目的是维护日本自身的战略安全利益。

日本密切关注美国军事与安全战略的调整，注意到“特朗普政府正从地缘政治学的角度转向以外交、军事、政治、经济的总体战来对待‘大国竞争’问题，美国外交在受道义现实主义理论影响下接近传统的共和党保守本流外交”[①]。日本认可美国对“竞争时代”的“战略判断”，指出围绕现有秩序的不确定性在增加，以形成有利于自己的国际秩序、地域秩序及扩大影响力为目的，涉及政治、经济、军事的国家间竞争显现。日本2019年版《外交蓝皮书》提出：“由于中国等国家的国力进一步增长，权力平衡的变化正在加速，变得更加复杂，从而增加了现有秩序的不确定性。在这样的背景下，在政治、经济和军事领域中，国家间的竞争日益突出，各国在竞争中寻求塑造有利于自己的全球和区域秩序，并提高自己的影响力。”[②] 与美国一样，日本判断当前国家间的竞争方式已然多样化。一方面，国家间从偶尔到经常地使用军队和执法机关威胁他国的主权，使用社交网络等操纵他国舆论。网络威胁正在严重化、巧妙化，[③] 网络战是新时代的战斗，不仅是邻近国家之间的战斗，也是不对称型且不可见的世界中极其严重的战斗。[④] 另一方面，作为国家间竞争的一环，在国际法上还达不到行使武力、使用军队程度的所谓“灰色地带事态”，有长期持续的倾向和趋势，甚至还有进一步增加和扩大的可能。[⑤] 此外，日本强调“混合战争”成为国家间“竞争”的重要形式，它模糊了军事和非军事的界限，国家间可以通过信息战、

① [日]高畑昭男「トランプ流『道義的現実主義』外交の展開」、http://www2.jiia.or.jp/pdf/research/H30_US/02_takahata.pdf。

② “Diplomatic Bluebook 2019,” https://www.mofa.go.jp/files/000527162.pdf.

③ 内閣サイバーセキュリティセンター「次期サイバーセキュリティ戦略骨子」、https://www.nisc.go.jp/conference/cs/dai 17/pdf/17shiryou02.pdf。

④ 平和安全保障研究所「新たな安全保障戦略ー高まる脅威と不透明な国際環境に立ち向かう-」、http://rips.or.jp/jp/wp-content/uploads/2018/07/7e592bdff3d55ffeab904e02811763cb.pdf。

⑤ 防衛省「平成31年度以降に係る防衛計画の大綱について」、2018年12月18日、https://www.mod.go.jp/j/approach/agenda/guideline/2019/pdf/20181218.pdf。

舆论战、网络战、贸易战等展开竞争，强行要求对方做出不仅仅是军事方面的复杂应对。

2018年10月，日本国际问题研究所基于重新审视《防卫计划大纲》和日本国家安保战略的现实需要，提出了涵盖11项建议的政策建议书。[①] 其中，日本安保界的研究者论述了日本对当前国际社会正在加速“竞争”的认知。一是人工智能、无人化、自动化等是军事变革的要因，围绕技术革新的竞争在中美两国之间展开。中美间的贸易战不仅是贸易纷争，还是围绕高科技竞争的一环，与中美两国的国家安全战略密切相关。二是中国旨在于2035年前完成军事的现代化，至21世纪中叶，中美、中日的军事平衡可能向中国方向进行显著的有利的变化。三是网络不仅威胁国家和军队，还涉及重要的基础设施、企业与个人。中国、俄罗斯、朝鲜等国家除通过“网络攻击”取得他国的国家安全保障意图决策过程、军队的作战计划、高科技技术等相关情报外，还进行军事、政治活动。四是妨碍太空空间自由利用的威胁也在高涨，中国和俄罗斯正在进行开发和试验反卫星武器和从轨道上攻击的能力。拥有这样能力的国家可能基于电子干扰和网络攻击对太空体系构成威胁等。[②]该建议书要求日本需构建出新的安全保障战略，以对时代和现实做出积极应对。

在地缘安全意识下，日本提出自己的周边集中了“军事上质与量都占优势的国家”，特别是来自中国和俄罗斯的强大竞争压力。2018年版《防卫白皮书》提出，中国在国防费高水平增加的条件下急速扩张并增强以核武器、弹道导弹战力，以及海上和航空战力为中心的军事力量，增强了“反介入/区域拒止”能力，而且中国还企图发展在电子战、网络等新领域的实战性运用能力；认为中国将在21世纪中叶拥有世界一流的军队。对于俄罗斯，日本提出，必须关注其在自己周边地区日趋活跃的军事行动，指出其参与攻击他国政府机关和军队的信息通信网络以及破坏他国基础设施等。[③]

---

① 该课题研究会的成员有前防卫审议官德地秀士、原海上保安监秋木茂雄、防卫大学教授神谷万丈、日本国际问题研究所主任研究员小谷哲男等。

② 日本国際問題研究所「揺れる国際秩序に立ち向かう新たな安全保障戦略ー日本を守るための11の提言ー」、http://www2.jiia.or.jp/pdf/policy_recommendations/2018/181010jpn-security_policy_recommendations.pdf。

③ 防衛省「平成30年版防衛白書」、https://www.mod.go.jp/j/publication/wp/wp2018/pdf/index.html。

特别是，日本认为俄罗斯和中国是当今时代的“竞争高手”，对“灰色地带事态”和“混合战争”运用娴熟，对日本构成了威胁。日本指出俄罗斯合并克里米亚时巧妙地运用网络攻击、宣传、特殊作战等“混合战争”，达到了扰乱和冲击乌克兰军事机能和国家机能的目的；指责中国以钓鱼岛为焦点在东海展开的“灰色地带战”与“混合战争”相似，担忧中国和俄罗斯的“锐实力”对日本的民主主义构成威胁。[①] 在这条延长线上，日本继续推导出中国极有可能升级对日进攻级别的“剧本”，强调必须尽快强化警备态势，主张在实现传统领域能力强化的同时，把预算投向包含太空、网络、电磁波等领域在内的联合防卫，“谋求大胆的方向转换”。[②] 而且，日本还观察到以美国为首的北大西洋公约组织（NATO）成员国为了应对以力量为背景的现状变更和“混合战争”，已在重新探讨战略并根据安全保障环境的变化增加国防经费。[③] 在这样的安全认知下，日本有进行防卫战略调整的主动需求。

第二节　日本构建“多域联合防卫力”

“多域联合防卫力”强调多领域（传统领域和新领域）防卫力的融合运用。安倍政府多次提出日本必须要构筑出不同于以往的真实有效的防卫力，早就不断讨论“跨域作战”“新领域”等与“多域联合防卫力”战略密切相关的新防卫概念。2018年5月20日，自民党政务调查会在向政府提交的《对于策定新〈防卫计划大纲〉及〈中期防卫力整备计划〉的提言——面向“多域跨域防卫构想”的实现》报告中，首次提出“多域跨域防卫”概念，建议即将出台的新《防卫计划大纲》的制定基本方针“不仅包括海陆空，而且要灵活运用太空、网络及电磁波等来构建多领域交叉（也就是‘多域跨域’）的防卫力，应基于联合运用的观点

① 日本国際問題研究所「揺れる国際秩序に立ち向かう新たな安全保障戦略－日本を守るための11の提言－」、http://www2.jiia.or.jp/pdf/policy_recommendations/2018/181010jpn-security_policy_recommendations.pdf。

② [日]樋口讓次「米中の構造的対立が惹き起こす冷戦『2.0』その行方を左右する新防衛大綱」、http://www.ssri-j.com/SSRC/higuchi/higuchi-60-20190101.pdf。

③ 防衛省「平成31年度以降に係る防衛計画の大綱について」、2018年12月18日、https://www.mod.go.jp/j/approach/agenda/guideline/2019/pdf/20181218.pdf。

对之进行最适化整备”。[①] 8月，在“安全保障与防卫力座谈会”上，安倍提出：“在网络和太空等新领域保持优势，对日本的防卫具有生死攸关的重要性。”该恳谈会的报告在“对将来防卫力的建议”部分提出，“有必要考虑海陆空、太空、网络、电磁波等‘跨域’”[②]，明确了“多域”之所指。9月3日，安倍在第52次自卫队高级干部集会上明确训示：“拘泥于海陆空这样的传统区分已经不能保卫日本，交叉、灵活地运用太空、网络、电磁波新领域的防卫体制变革已箭在弦上。”[③] 在充分吸收“跨域作战”“新领域”等概念的基础上，新版《防卫计划大纲》最终就下一时期日本的防卫提出“多域联合防卫力”的新防卫战略。

一、概念内涵

2018年12月18日，日本内阁会议在新出台的《防卫计划大纲》中提出“多域联合防卫力”新防卫战略，主张构建多维度的联合防卫力。此后，日本政府和执政党不断对该防卫战略进行深化探讨。2019年3月26日，防卫省召开“多域联合防卫力构建委员会”会议，深化相关讨论。[④] 2019年6月12日，日本自民党政调、国防安全保障调查会联合学习会第五次会议的研讨主题也是“面向多域联合防卫力的构建”。[⑤] “多域联合防卫力”的构建具有深刻的竞争背景，是当前安倍政府对未来日本中长期安保战略进行设计的关键，也是指导下一阶段日本防卫力建设的重要指导思想，它改变了日本以往的“传统”安保思维。

根据2018年版《防卫计划大纲》和2019—2023年度《中期防卫力整备计划》（以下简称“新中期防”），日本所构建的“多域联合防卫力”主要包括五个方

① 自由民主党政務調査会「新たな防衛計画の大綱及び中期防衛力整備計画の策定に向けた提言~『多次元横断(クロス・ドメイン)防衛構想』の実現に向けて~」、2018年5月29日、https://www.jimin.jp/news/policy/137478.html。

② 首相官邸「安全保障と防衛力に関する懇談会」、2018年8月29日、https://www.kantei.go.jp/jp/singi/anzen_bouei2/dai 1/gijiyousi.pdf。

③ 首相官邸「第52回自衛隊高級幹部会同安倍内閣総理大臣訓示」、2018年9月30日、http://www.kantei.go.jp/jp/98_abe/statement/2018/0903kunji.html。

④ 该委员会的委员长由防卫副大臣担任，委员长代理由防卫大臣政务官担任，副委员长由防卫事务次官担任，委员包括防卫审议官、防卫大臣官房长、各幕僚长、情报本部长、防卫装备厅长官等。参见『多次元統合防衛力構築委員会の開催について』、https://www.mod.go.jp/j/press/news/2019/03/26e.html。

⑤ 自民党「会議情報」、https://www.jimin.jp/activity/conference/weekly.html?wk=-4。

面的内容:第一,日本的防卫领域不仅仅是海陆空的传统领域,还包括太空、网络和电磁波等新领域。第二,在加强个别领域内防卫力的质与量的同时,还要有机融合各个领域的防卫力,在相乘的效果下提升整体的防卫力来实施“跨域作战”,以克服个别领域内相关防卫力的劣势及弊端。尤其是,重视太空、网络、电磁波等新领域防卫能力,以提升整体防卫力。第三,确保从平时到“有事”的所有阶段能常态可持续地实施灵活且具有战略性的活动,必须更加广泛且高频度地实施展示存在、收集信息、警戒监视等活动。第四,推进日美同盟的强化,并在增强日美同盟的威慑力和应对力的同时,与其他各国推进多方面、多层次的安全保障合作。第五,重视包括后方在内的防卫力持续性和强韧性问题,重视供给、人员、装备技术、产业、信息收集与处理等相关要素的支撑。[①] 日本“多域联合防卫力”是个立体、多维度的防卫概念。综合起来看,“多域联合防卫力”主要包括两个关键词:一是“多域防卫”,二是“联合防卫”,它们体现了当前日本在防卫力构建上的特点与重点。

“多域防卫”,主要强调横向维度的“多领域”及它们彼此之间的融合防卫,即“跨域作战”,这是“多域联合防卫力”最能体现出防卫概念之“新”的地方。所谓“跨域作战”,也就是海陆空、太空、网络、电磁波等各领域交叉融合作战,是将不同领域内的防卫力进行互补性使用,建立起防卫力联合优势,提高作战效率,提供任务所需的行动自由,实现作战目标。关于“跨域作战”的实际运用,日本陆上自卫队原东部方面总监渡部悦和举例说,比如陆上自卫队地对舰导弹攻击敌人舰艇就是从陆地到海洋的“跨域作战”,海上自卫队“宙斯盾”系统和陆上自卫队陆基“宙斯盾”系统攻击敌方的弹道导弹是从陆地和海洋领域向天空和太空领域进行的“跨域作战”。[②]

“统合防卫”,也就是联合防卫。“统合防卫”除了强调横向维度的综合“多域防卫”,还涵盖各防卫领域内及彼此间各阶段、各机构,以及各种防卫体制间的综合防卫等。“多域联合防卫力”强调日本在“统合防卫”方面应做到:第一,

---

① 防衛省「防衛計画の大綱及び中期防衛力整備計画について」、https://www.mod.go.jp/j/approach/agenda/guideline/2019/pdf/20190426_190509.pdf。

② [日]渡部悦和「新たな『防衛計画の大綱』『中期防衛力整備計画』」、http://www.jfss.gr.jp/home/index/article/id/839。

实现从平时到“有事”各阶段的综合防卫。具体措施为：一是通过积极的共同训练、演习和海外港口的停靠等，从平时开始提高存在感，展示日本的意志与能力，推动自卫队战略性交流活动与日本外交的融合；二是灵活运用所有领域的能力，在日本周边广泛且持续性地进行信息收集、警戒监视、侦察等“监视”活动，灵活地选择威慑措施，防止事态极其严重化；三是对于侵犯领空和侵入领海等侵害日本主权的行为，包括与警察机关合作在内，要迅速采取适当措施，从平时就开始持续性地展开对弹道导弹的防御；四是从平时开始持续监视太空、网络、电磁波领域，进行相关信息的收集、分析，在应对攻击时，灵活运用太空、网络、电磁波等作战领域来阻止和排除。第二，自主防卫、日美同盟及与多层次安保合作之间的综合防卫。日本在强化自主防卫力的同时，一是从平时到“有事”的各个阶段，根据《日美防卫合作方针》在日美同盟中积极地发挥日本自身的作用，有效地实施日美共同活动；二是积极推进多层次的对外安保合作，在“印太战略”下考虑地域特性和对方国家实情，战略性地推进包括共同训练、演习、防卫装备和技术合作、支援能力构筑、各军种交流等防卫合作和交流。[①] 第三，“前方战场”和“后方体制”之间的综合防卫。一是根据对太空与网络等的依赖增强的趋势等，与有关机构合作和分担职责；二是为确保弹药和燃料供给、海上运输线和重要基础设施防护等，强化包括后方在内的防卫力的持续性与强韧性；三是与相关省厅合作，通过储备、修复、代替等，增强持续性与强韧性。[②] 这里将完善防卫力的支持要素纳入综合建设视野，包括保障人员、教育基础，以及调整防卫装备体系，强化防卫工业技术基础，实现武器装备采购的合理化，巩固国防工业供应体系稳定等。

二、优先强化事项

一方面，日本主张当前防卫力的强化必须以与以往完全不同的速度进行；另一方面又考虑到人口减少和财政困难等现状，因此对“多域联合防卫力”的构建提出了相关优先事项，在实现“跨域作战”的目标下进行了优先支持与重点强化，其中尤其强调在太空、网络、电磁波等新领域内实现能力的获得与强化。为配合“跨领域作战”，日本持续加强“多域联合防卫力”对传统领域内的

① 防衛省「平成31年度以降に係る防衛計画の大綱について」、2018年12月18日、https://www.mod.go.jp/j/approach/agenda/guideline/2019/pdf/20181218.pdf。

② 同上。

海空能力、导弹防御及防区外打击能力的建设。

在“优先强化事项”方面，日本强调，在太空领域，要求确保具有情报搜集、通信、定位等功能的人造卫星的防卫能力建设，构筑持续监视太空状况的体制，强化从平时到“有事”的各阶段都能够更具优势地利用太空的能力。在网络领域，寻求网络防卫能力的根本强化，加强对自卫队指挥通信系统和网络的持续监视能力，加强受害迅速恢复的能力。在日本遭受攻击等“有事”时，有阻碍攻击方网络运行的能力。在电磁波领域，强化电磁波信息收集与分析能力，提升应对干扰能力的同时，强化使对方雷达和通信“无力化”的能力。在海陆空等传统领域，2018年版《防卫计划大纲》认为，优先强化的事项主要是提升与增强战斗机、舰艇和导弹的应对能力，以维持海空优势。在海空领域强调深化能力，主张强化在更广范围内对周边海空的持续监视能力，强化无人潜航器(UUV)等的应对能力，构筑可灵活运用短距离起飞、垂直起降战斗机(STOVL)在内的战斗机体系等，强化空中应对能力。在提升防区外打击能力方面，在主要强化拥有射程圈外的反击能力等必要能力的同时，加强对相关技术的综合性研究与开发。在提升综合导弹防空能力方面，主张利用导弹防御所需的各种装备，并建立起一个一体化运用的体制。在自卫队的机动展开能力和持续性方面，主张强化水陆两栖作战能力及加强与民间运输的合作。①

日本2019年的防卫预算达到5.2574万亿日元，较2018年增加1.3%，其中相当一部分经费就用于对“跨域作战”的能力建设上。太空领域的项目主要包括获得太空态势感知系统，调查研究C4ISR系统机能强化问题，利用通信卫星、商业卫星、气象卫星，以及学习美军太空基础课程等，相关经费合计达896.5亿日元。网络领域的项目主要包括整备防卫通信基盘、强化航空作战的网络安全对策、实施网络通用课程、参加网络安全的国际训练，以及调查研究应对信息系统供应链风险等，相关经费合计达223亿日元。电磁波领域的项目主要包括获得拥有高电子战能力的F-35战斗机、提升F-15战斗机的电子战能力、获得网络电子战系统、改修多用机UP-3D、提升自动警戒管制(JADGE)系统的电子战能力等，相关经费合计达1271亿日元。海空领域的项目主要包括提升P-3C反潜机的能力及延长其机龄，延长预警机的机龄，建造护卫舰、潜水

① 防衛省「平成31年度以降に係る防衛計画の大綱について」、2018年12月18日、https://www.mod.go.jp/j/approach/agenda/guideline/2019/pdf/20181218.pdf。

艇以及舰龄延长，获得续航无人机与预警机，建设相关雷达，调查研究对护卫舰“出云号”的改修，获得03式和11式地对空导弹等，相关经费合计达4246亿日元（其中未包括已在电磁波领域中统计的获得F-35和提升F-15战斗力的相关经费）。在防区外打击能力建设方面包括获得相关导弹、研究岛屿防卫高速滑空弹等；在综合导弹防空能力构建方面包括整备陆基“宙斯盾”系统、获得SM-3Block IIA及SM-3Block IB拦截弹、建设对空战斗指挥统制系统等；在机动展开能力方面包括获得16式机动战车、155mm榴弹炮、C-2运输机等，这些相关经费合计约为3640亿日元。[①]这些武器及设备都是实施“跨域作战”的关键装备。[②]

三、防卫体制的调整

为“实现横断作战而进行联合运用”提供组织基础，“多域联合防卫力”要求自卫队在体制建设上进行相应调整，目的是汇集各领域内自卫队的情报并进行统一分析，准确弄清事态，集中发挥作用。日本这样做的主要原因是其认为来自敌方复合攻击的可能性较大，因此需要在防卫体制上进行整合。对此，2018年版《防卫计划大纲》提出：一是进一步推进海陆空自卫队在所有领域的联合，迅速发挥自卫队整体的能力效应，主张在统合幕僚监部强化与新领域相关的战略应对态势，探讨未来统合运用应有的状态。二是为持续监视太空状况，确保从平时到“有事”所有阶段的太空利用优势，在航空自卫队成立太空专属部队。三是在网络防卫队原有人数基础上增加70名队员，充实和强化网络防卫队。同时，为了彻底地强化网络防卫能力，确保能够持续地监视自卫队的情报通信网络，成立作为联合部队的网络防卫部队。四是要从“统合”运用的观点对电磁波领域的利用进行适当的管理和调整，强化统合幕僚监部在其中的作用。五是为同时应对各种复合性的空中威胁，保持陆上自卫队地对空导弹部队及弹道导弹防御部队、海上自卫队“宙斯盾”系统护卫舰、航空自卫队地对空导弹部队等，构筑综合导弹防空能力。六是成立一支海上运输部队，在

① 防衛省「我が国の防衛と予算—平成31年度予算の概要」、https://www.mod.go.jp/j/yosan/2019/yosan.pdf。

② [日]渡部悦和「新たな『防衛計画の大綱』『中期防衛力整備計画』」、http://www.jfss.gr.jp/home/index/article/id/839。

"统合"运用下迅速开展自卫队机动的活动。[①]

从具体实施上看,防卫省通过新建和改编自卫队,在充实太空、网络、电磁波等领域的队伍的同时,深化各领域及跨领域的组织体系建设。2019年1月27日,日本防卫省称,正在探讨新建部队来统一负责太空、网络和电磁波等新领域的防卫,该部队与传统上指挥陆海空三大自卫队的统合幕僚监部是不同框架的部队,被定位为兼具司令部职能的"功能统一组织",[②]其级别与日本陆上总队、日本航空总队和日本自卫舰队类同。在太空专属部队方面,防卫省确定将在2022年组建监视太空状况的新部队,编制规模为100人,这支部队预计于2023年开始正式运行。日本已向美国派遣自卫队官员,学习监视废弃卫星、火箭碎片等太空垃圾的相关经验。此外,日本在2019年对在防卫政策局战略规划课新设"太空海洋政策室"(暂称),在统合幕僚监部指挥通信系统企划课新设"电磁波领域规划班"(暂称),在整备计划局信息通信课新设"电磁波政策室"(暂称)、"AI·网络安全推进室"(暂称),同时新设"AI规划班"(暂称)等,也作了相关的经费规划。[③]继2019年春首次在地方部署专门的网络部队外,2019年9月,陆上自卫队又在九州的西部方面队部署了电子战部队。[④]

四、跨区域防卫体系的深化

在"多域联合防卫力"的构建理念下,日美安保同盟进一步强化,超出2015年新《日美防卫合作指针》提出的同盟从"地区"走向"全球"的层面,两国在太空、网络、电磁波等新领域内的安全合作令人关注。2019年4月19日,日美"2+2"会议共同声明开篇就表示,双方欢迎美国的《国家安全保障战略》《国家防卫战略》与日本《防卫计划大纲》之间的整合,强调"日美同盟应更好地准备跨领域作战,将太空、网络及电磁波领域作为优先领域"。在"跨领域作战"方

① 防衛省「平成31年度以降に係る防衛計画の大綱について」、2018年12月18日、https://www.mod.go.jp/j/approach/agenda/guideline/2019/pdf/20181218.pdf。

②「宇宙・サイバー、自衛隊初の統合部隊創設へ防衛省検討」、https://www.sankei.com/politics/news/190128/plt 1901280002-n1.html。

③ 防衛省「我が国の防衛と予算—平成31年度予算の概要」、https://www.mod.go.jp/j/yosan/2019/yosan.pdf。

④「九州に電子戦部隊=南西諸島に地対艦ミサイル—離島防衛、西方シフト着々・陸自」、https://headlines.yahoo.co.jp/hl?a=20190916-00000006-jij-soci。

面，日美共同强调：“要加强互操作性及太空关联能力的深化……要灵活运用新颖的太空观念，支持同盟需要的政策。”[①]另外，在2018年版《防卫计划大纲》的记者发布会上，日本防卫大臣岩屋毅表示，为构筑“多域联合防卫力”，在继续强化日美同盟的同时还要根据“印太构想”灵活运用防卫力，推进多方面、多层次的安保合作。[②]

由此，“多域联合防卫力”与“印太战略”相融合，通过共同训练、联合演习、防卫技术与设备交流等提升互操作性，进一步深化了日本跨区域防卫体系的构建。2018年12月23日，日本海上自卫队与美英两国海军在太平洋开展首次三国联合军事演习，日本准航母“出云号”参加了此次演习。2019年5月，美日法澳四国在印度洋举行联合军演。同月，日印在安达曼海举行联合军演，包括“联合海上行动”、战术演练等。2019年6月10日，日美在中国南海举行战术航行演习，展示海上的威慑能力。2019年，日印还就《物资劳务相互提供协定》进行正式谈判，该协议将允许印度海军进入位于吉布提的日本海上自卫队海外基地，而日本海上自卫队也将被允许使用位于印度洋的安达曼-尼科巴群岛上的印度海军设施等。2019年6月26日，日法首脑会谈同意以海洋安保、高质量基础设施等为中心进行的“印太战略”合作。[③]除了海洋领域的安全合作与交流，“印太战略”还将安全合作深化到了太空、网络等新领域。2019年6月29日，日印在“外相战略对话”中表示：“双方为深化日印关系，将促进在网络、太空领域的合作。”[④]此外，日本与印度在海域态势感知合作上达成协议的同时，还把合作登月纳入近年的合作重点项目，两国可能在2023年共同登月。[⑤] 2019年3月，在新加坡举行的第二届东盟地区论坛闭会期间，在日本的提议下，各成员国在关于信息与通信技术安全会议上，同意彼此共享

① 防衛省「日米安全保障協議委員会共同発表」、https://www.mod.go.jp/j/approach/anpo/kyougi/2019/04/19_js.html。

② 防衛省「防衛大臣記者会見」、2018年12月18日、https://www.mod.go.jp/j/press/kisha/2018/12/18a.html。

③ 外務省「日仏首脳会談」、https://www.mofa.go.jp/mofaj/erp/we/fr/page6_000343.html。

④ 外務省「日印外相間戦略対話」、https://www.mofa.go.jp/mofaj/s_sa/sw/in/page4_005088.html。

⑤「『月の南極』へ無人探査機日本とインド共同宇宙開発」、https://headlines.yahoo.co.jp/videoone-ws/fnn?a=20190730-00421652-fnn-soci。

关于网络安全政策的相关信息。[①] 2019年7月12日，日法第五次网络磋商会议提出“将强化两国的网络安全合作置于优先位置”[②]。

第三节　日本防卫力建设转型与新竞争

安倍再次上台以来，日本政府对安保领域进行了一系列大幅度的综合性调整。“多域联合防卫力”的“新”和“特色”更多体现在“多域”这个横向维度和各领域的“横断”融合上，强调海陆空、太空、网络、电磁波各领域的联合运用、日美共同运用，以及官民一体的综合防卫力的构筑，这些都处于安倍政府对安保领域不断进行调整的路线上，是安倍政府对安全战略的又一次调整和深化，是日本对防卫战略的再次升级。

一、日本防卫力的新强化

“多域联合防卫力”将日本的防卫与美国的安保战略进行深度融合，标志着日美同盟从战后的传统海陆空领域扩展到网络、太空和电磁波等新的战略领域，并开始了各领域之间的联合交叉共同运用。在新领域，2014年日美两国已就太空态势感知问题达成一致。自2013年至2018年，日美已举行六次网络对话。[③] 两国在有关网络的情报交换、政策合作、重要基础设施防护、能力构筑等方面有密切合作。2015年《日美防卫合作指针》是日美安保关系标志性的再深化，其规定了两国从平时到“有事”、从地区到全球的“无缝”安全合作，并涉及太空和网络领域，强调自卫队和美军为应对危险而加强合作。如危险已经发生，自卫队和美军可进一步重构合作。[④] “多域联合防卫力”则进一步衔接和强化了自卫队和美军在各领域于指挥层面和运作层面上的合作，确保在“反介入/区域拒止”的情境下强化对美军支援的基盘，进一步深化日美在警戒监视、综合防空和导弹防御(IAMD)方面的合作，并将进一步丰富两国安全同盟的合

① 外務書「サイバーセキュリティに関する第2回ARF会期間会合等の開催」、https://www.mofa.go.jp/mofaj/press/release/press4_007262.html。

② 在日フランス大使館「第5回日仏サイバー協議」、https://jp.ambafrance.org/article14898。

③ 外務省「第6回日米サイバー対話の開催」、2018年7月25日、https://www.mofa.go.jp/mofaj/press/release/press4_006272.html。

④ 防衛省「日米防衛協力のための指針」、2015年4月27日、http://www.mod.go.jp/j/approach/anpo/shishin/shishin_20150427j.html。

作内容。2019年1月16日，日本防卫大臣岩屋毅在美国智库战略与国际问题研究中心发表演说，在就“多域联合防卫力”强化日本在太空、网络、电磁波等新领域内的能力时表示，“为了提高日美的共同应对能力，在新领域的合作不可缺少”，强调自卫队新设立的“太空领域专门部队”与美国新创设的“太空军”间的紧密合作是提高日美作战能力的关键，同时表示将在网络领域与美国网络军深化合作，提升能力。①

“多域联合防卫力”进一步深化了日本综合性防卫战略和体制建设。日本的安全观注重强调“综合安全保障”，主张整体地看待各种安全问题，将危机管理和国防安全相联系，统一通过国家安全保障会议加以应对，并采用综合性的手段处理安全问题。2013年首次通过的《日本国家安全保障战略》主张构建保卫国家的综合防卫体制，完善实效性强的综合防卫力，强调“举国家之力综合推进有组织和横跨领域的行动，加强对网络空间的保护和针对网络攻击的应对能力”，以及“在自卫队部队运用、情报搜集分析、监控海洋、信息通信、测位等方面，将有效灵活利用日本及各国拥有的各种卫星，同时确立监控太空空间状况的体制”。② 日本2018年版《防卫白皮书》明言：“必须构筑综合防卫体制，努力遏制各种事态的发生，并在事态发生之际，根据其发展无缝应对。”③ 由于国家的快速崛起和战后日本在防卫领域发展的特殊性，日本在个别领域内的防卫实力落后于世界不少国家。为能在军事领域发挥“大国”作用，“多域联合防卫力”与综合安全保障观一致追求防卫的“整体效果”，试图利用“整体”优势来弥补“个别领域”的不足，主张在各领域强化防卫力，突出强调“多域”的综合及相互融合性的运用，强调在对外安全合作上的综合，并主张通过整体统筹日本所有政策手段强化平时的战略性交流，要求在所有阶段，防卫省、自卫队与政府组织以及地方公共团体、民间团体等进行合作，进一步加快日本综合力量的防卫体制和防卫战略的构筑。

---

①「太空・サイバーで日米協力深化」、2019年1月16日、https://www.jiji.com/jc/article?k=2019011700314&g=pol。

② 内閣官房「国家安全保障戦略について」、https://www.cas.go.jp/jp/siryou/131217anzenhoshou/nss-j.pdf。

③ 防衛省「平成30年版防衛白書」、https://www.mod.go.jp/j/publication/wp/wp2018/pdf/index.html。

二、日本防卫力建设的转型

“专守防卫”是战后日本的安全战略基点。从战后日本历次《防卫计划大纲》的防卫构想变迁看，“专守防卫”在安倍再次执政后不断遭受挑战。1976年首版《防卫计划大纲》提出“基础防卫力”概念，强调在“专守防卫”战略下拥有适当规模的防卫力量，在全国各地均衡地部署防卫力量与防卫设备，依靠自己的力量有效应对有限的小规模侵略，当面临的侵略难以粉碎时，将依靠美国的援助将其粉碎。1995年版与2004年版《防卫计划大纲》基本沿袭“基础防卫力”构想。2010年民主党执政时期提出《防卫计划大纲》摆脱“基础防卫力”的“动态防卫力”概念，主张“动态威慑”。安倍再次执政后，日本的安保战略发生了较大调整，其战略安全文化已发生变化，安倍提出了“积极和平主义”的理念。2013年，安倍政府制定的《防卫计划大纲》提出“统合机动防卫力”概念，向进攻型的“扩大防卫”方向转变。①

“多域联合防卫力”超出“专守防卫”，要求加强太空防卫，提高对卫星威胁的监视能力，强化早期警戒能力和通信能力，在提升空中威胁应对能力的同时，构筑综合防空和导弹防御系统，加强包含反击能力在内的网络防卫态势，增强电子战能力和有效利用电磁波。② 日本整合分散的太空、网络、电磁波新型作战力量，实行多域联合战斗的目的就是追求威慑力，使对手屈服，超出了“门槛威慑”的限度。2015年，岩屋毅著文称，日本将为维护、恢复国民安全和世界和平做出积极贡献，而不是墨守“待着不动、不做坏事”这种程度的和平主义，主张提升整体遏制力。③ 2018年10月，日本国际问题研究所在其政策“建议报告”中表示：“采取多领域战斗的构想，在‘反介入/区域拒止’的情境下即使指挥通信体系功能丧失，保有一定自制性的部队仍可以同时在全部领域作战，使敌方处于守势。”④

在战略安全文化发生转变的背景下，日本试图谋求在新领域具有对外发动攻击的可能。“多域联合防卫力”强调，在日本遭受攻击等“有事”时有阻碍攻

---

① 陆伟：《“联合机动防卫力量”：日本新军事战略的构建和影响》，《外交评论》2014年第5期。

② [日]小谷哲男「多次元統合防衛力：評価と課題」、http://www2.jiia.or.jp/RESR/column_page.php?id=325。

③ [日]岩屋毅：《实现“无间断、无缝隙、无漏洞”的安保法制》，2015年9月24日，https://www.nippon.com/cn/features/c02101/。

④ 日本国際問題研究所「揺れる国際秩序に立ち向かう新たな安全保障戦略ー日本を守るための11の提言ー」、http://www2.jiia.or.jp/pdf/policy_recommendations/2018/181010jpn-security_policy_recommendations.pdf。

击方网络战的能力。防卫省对网络战的设想路径大致是，在美国的支持下确定攻击来源，迅速发送大量数据（DDOS攻击）使对方的通信瘫痪。“网络防卫队”是将来发动反击的核心组织。[①] 尽管日本在网络攻击上仍存在一些理论性的挑战，但公开探讨及对可能性的摸索表明日本对其的实现持有坚持不懈的意志。2018年5月20日，自民党在“建言书”中提出，为应对网络空间的攻击，根据对日本发起的武力攻击，会从法律出发认定是武力攻击事态以发动自卫权。[②] 2018年11月30日，日本执政两党自民党和公明党合议认为，有必要从法律上讨论网络受到攻击之际，能否认定为发生武力攻击事态，以便可以发动自卫权。[③] 2019年1月，日本政府还做出了相关的政府见解。关于网络攻击和宪法第九条的关系，防卫大臣岩屋毅在记者招待会上表示：“判断（日本受到攻击的标准）是，如果对重要基础设施的损害将要达到剥夺国民追求生命、自由、幸福权力的程度，就能发动（自卫）。”[④] 在“多域联合防卫力”理念下，日本自卫队加大了对美军的追随，网络攻击也被纳入日美集体防卫的框架之内。2019年4月，日美“2+2”会议强调：“阁僚确认，国际法适用于网络空间的同时，在一定的情况下，网络攻击可以构成《日美安全条约》第五条规定所适用的武力攻击。”[⑤] 其声明中所强调的，“在任何情况下，网络攻击是否构成第五条下的武力攻击，和其他威胁的情况一样，通过日美间紧密的协商进行个别具体的判断”，使日美集体自卫权的行使变得更为有弹性，日本有可能在美国遭到网络攻击的时候对外发动攻击，这增大了日本对外发动攻击的可能性。

日本积极谋求展开对敌基地发动攻击的“先发制人”打击能力。2017年

---

①「セィバ一防衛隊発足へ米と連携反撃力保有を検討」、『東京新聞』2013年12月22日。「サイバー反撃能力って何？ =新防衛大綱に明記ーニュースQ&A」、2019年1月13日、https://www.jiji.com/jc/article?k=2019011300244&g=pol。

②［日］自由民主党政務調査会「新たな防衛計画の大綱及び中期防衛力整備計画の策定に向けた提言～『多次元横断（クロス・ドメイン）防衛構想』の実現に向けて～」、2018年5月29日、https://www.jimin.jp/news/policy/137478.html。

③『「サイバー反撃能力」防衛大綱に明記へ政府方針』、2018年11月30日、https://www.tokyo-np.co.jp/article/politics/list/201811/CK2018113002000281.html。

④「サイバー反撃能力って何？ =新防衛大綱に明記ーニュースQ&A」、2019年1月13日、https://www.jiji.com/jc/article?k=2019011300244&g=pol。

⑤ 防衛省「日米安全保障協議委員会共同発表」、https://www.mod.go.jp/j/approach/anpo/kyougi/2019/04/19_js.html。

3月，自民党安全保障调查会向日本政府建议，日本应拥有“对敌基地攻击能力”。8月4日，防卫大臣小野寺五典继续表达了对“对敌基地攻击能力”进行积极探讨的想法。[①] 9月6日，自民党总裁外交特别助理河井克行在新德里强调：“到了认真讨论让自卫队拥有中程弹道导弹和巡航导弹的时候了。”[②]12月8日，日本政府增补防卫预算，其中涵盖了具有“先发制人”打击能力的三种远程巡航导弹：挪威开发的“联合攻击导弹”（JSM）、美国开发的“贾斯姆”增程型导弹（JASSM-ER）和“远程反舰导弹”（LRASM）。日本的计划是，将F-35全部搭载JSM型导弹，对F-15进行改装后搭载JASSM-ER型和LRASM型导弹。[③] 这三种远程巡航导弹可从公海上发动攻击，可使日本自卫队的攻击范围和攻击能力大幅提升。日本政府还考虑至2022年实现巡航导弹国产化，以“保有长距离的巡航导弹，使从敌人的威胁圈外发动攻击成为可能”。自民党“国防族”就提出：“哪怕只是为了日后能掌握攻击敌方基地能力，实现（巡航导弹）国产化也很自然。”[④]

“多域联合防卫力”进一步谋求对敌攻击能力。对搭载海上自卫队的护卫舰“出云号”进行事实上的航母化改修，以搭载短距离起飞及垂直起降的隐形战斗机F-35B，就是以保有对敌基地攻击能力作为目标的。为落实2018年版《防卫计划大纲》提出的加强防卫圈外的反击能力，日本除了引进“贾斯姆”联合防区外空对地巡航导弹和远程反舰导弹，还将首次研发国产远程巡航导弹，把原有相关导弹的射程延伸至400千米以上，这些对远距离攻击性武器的拥有远超自卫最小限度的范围，使日本拥有了先发制人的打击能力。根据“新中期防”，陆上自卫队还将在冲绳县设立两个大队的“岛屿防御用高速滑翔弹”部队，[⑤] 负责打击敌方舰船。2019年8月2日，美国宣布正式退出《中导条约》。

① 『小野寺防衛相、「敵基地攻撃能力」保有検討に前向き姿勢』、『朝日新聞』、http://www.asahi.com/articles/ASK845VF4K84UTFK01J.html。

② 『首相側近の河井氏「弾道ミサイル保有、検討すべき時期」』、『朝日新聞』、http://www.asahi.com/articles/ASK9564YLK95UHBI01J.html。

③ 防衛省「我が国の防衛と予算（案）－平成30年度予算の概要－」、http://www.mod.go.jp/j/yosan/2018/yosanan.pdf。

④ 『長距離巡航ミサイル「国産化」を検討 34年度試作品完成目指す 敵基地攻撃能力保有を視野』、http://www.sankei.com/politics/news/171228/plt1712280006-n1.html。

⑤ 防衛省「中期防衛力整備計画（平成31年度～平成35年度）について」、https://www.mod.go.jp/j/approach/agenda/guideline/2019/pdf/chuki_seibi31-35.pdf。

在这样的背景下，日美共同运用陆上发射型的远程反舰导弹和战斧巡航导弹等事项也进入了大众视野。[①] 因此，日本“专守防卫”安全战略基点的进一步改变也不利于地区安全形势，甚至能够在国际安全领域产生“蝴蝶效应”，增加大国竞争军事压力。

三、新的“竞争”

日本的防卫和新领域之间的交集逐渐加大。2008年，日本颁布《太空基本法》，要求在遵循日本宪法的和平主义理念下进行太空开发和利用。2012年，日本国会通过《独立行政法人宇宙航空研究开发机构法》修正案，删除了太空开发活动“限于和平目的”的规定。日本修订的2015年版《太空基本计划》提出太空政策的原则之一就是“能否为陆、海、空现有防卫力量提供有效支援”[②]。2018年底，日本修改了确定太空政策基本方针的《太空基本计划路线图》，明确提出与安全保障进行合作，主张在防卫领域扩大利用准天顶卫星系统，并在卫星通信、太空态势感知、海域态势感知方面增加了防卫合作的内容。[③] 在网络方面，日本从纯“技术立国”理念下发展信息技术发展到从安全战略的层面加大对网络空间的运用。[④] 在电磁波领域，日本从美国逐渐引入先进的电子战武器，日本海上自卫队各类水面舰艇和航空自卫队都装备有电子战系统，如海上自卫队装备了EP-3型电子侦察机。2016年末，日本防卫省正式着手加强电子战的相关准备工作，从拥有防御性的电子对抗武器，逐渐转向主动研发能够瘫痪敌方防空系统和指挥通信网络的电子战攻击机。

在“多域联合防卫力”理念下，日本的防卫将更侧重新领域，以防卫为名，扩充部队，扩大自卫队的活动范围和任务角色，进军安全新边疆，大量采购新装备，研发新武器，这无疑将引发新一轮的军备竞赛，增加发生冲突的风险。

---

① [日]村野将「自衛隊には何が足りない?『競争』時代の防衛戦略とは」、2019年1月18日、http://wedge.ismedia.jp/articles/-/15093?page=6。

② 内閣府「宇宙基本計画(平成27年1月9日宇宙開発戦略本部決定)」、https://www8.cao.go.jp/space/plan/plan2/plan2.pdf。

③ 内閣府「宇宙基本計画工程表宇宙開発戦略推進事務局(平成30年度改訂)のポイント」、https://www8.cao.go.jp/space/plan/plan2/kaitei_fy30/kaitei_fy30_gaiyou.pdf。

④ 韩宁:《日本网络安全战略研究》，时事出版社，2018，第60页。

在太空领域，日本已将“确保太空安全”[①] 作为太空计划的首要政策目标。在网络领域，日本指出美国的网络防卫部队有6000人，中国和俄罗斯的网络防卫部队人数更多，强调日本已经落后了。[②] 日本主张扩大目前430人的网络防卫部队规模，计划到2020年，由防卫大臣直辖的网络防卫部队规模增加至2000人。同时，日本还研制开发网络作战武器和相关防御系统。在电磁波领域，日本积极配备多型电子战装备，并引进网络电子战系统，加强电磁干扰作战能力，构建电子战态势。防卫省防卫装备厅还筹划开展电子作战试验。日本还提出要加紧推动智能化技术的军事应用，引进AI体制。[③] 特别是，日本强调技术实力对日本安全保障的重要意义，指出其“不仅是经济实力和防卫实力的基础，还是一种国际社会渴求的有价值的资源”，主张“从安全保障的角度出发，努力从平时就掌握与技术研发相关的信息和科技动向，集合产学官的力量，在安全保障领域有效、灵活地利用这些技术”。[④] “新中期防”提出了很多关于开发新技术、研发新武器的目标，包括自行研发用于岛屿作战的高速滑翔弹关键技术、供新型战斗机使用的一体化任务系统、用于驱逐舰的网络化火力控制系统，以及研发可按任务需求进行功能模块更换的无人潜航器等，[⑤] 这更容易引发军事技术领域的新竞争。

在“多域联合防卫力”的构建中，日本还试图在太空等国际安全新领域扮演更为积极的角色，提出要制定规则，在更广泛的秩序层面上引发竞争。日本《网络安全战略》就声言：“制定基于自由民主共同价值观的规则，日本将为国际社会确立、实践这些规则和规范。”[⑥] 2018年10月，日本国际问题研究所的政策建议提出，日本应在维护既有国际秩序的军事层面上发挥主导性和积极性

① 内閣府「宇宙基本計画（平成27年1月9日宇宙開発戦略本部決）」、https://www8.cao.go.jp/space/plan/plan2/plan2.pdf。

②「サイバー反撃能力って何？ ＝新防衛大綱に明記－ニュースQ&A」、2019年1月13日、https://www.jiji.com/jc/article?k=2019011300244&g=pol。

③ 防衛省「我が国の防衛と予算—平成31年度予算の概要」、https://www.mod.go.jp/j/yosan/2019/yosan.pdf。

④ 内閣官房「国家安全保障戦略について」、https://www.cas.go.jp/jp/siryou/131217anzenhoshou/nss-j.pdf。

⑤ 防衛省「中期防衛力整備計画（平成31年度～平成35年度）について」、https://www.mod.go.jp/j/approach/agenda/guideline/2019/pdf/chuki_seibi31-35.pdf。

⑥ 内閣サイバーセキュリティセンター「サイバーセキュリティ戦略について」、https://www.nisc.go.jp/active/kihon/pdf/cs-senryaku-kakugikettei.pdf。

作用。[①] 2018年7月23日，和平安全保障研究所题为《新安保战略：面对高威胁和不透明的国际环境》[②]的政策建议认为，以美国为中心的同盟网络虽然提供了国际安全保障协力的基础设施，但日本有必要发挥更主导的作用。[③] 规则和话语权与秩序密切相关，它不仅左右国家利益分配，而且决定各国在国际社会中所能扮演的角色，并影响对其国际行为合法性的评判，是当前世界各国竞争的主要目标之一。日本政策研究大学院大学校长白石隆认为，随着国际社会经济与力量分布的急剧变化，应当按照怎样的原则、建立怎样的秩序才是日本“眼前的课题”。[④] 日本有意通过显示和加强力量存在，在新领域取得更大的话语权与主导权，最终形成对日本有利的秩序。2018年版《防卫计划大纲》强调，日本要努力在太空、网络等领域推动形成国际规范。[⑤] 在太空领域，日本进一步的设想是，在监视太空垃圾的基础上，力争与美欧一起构筑太空安全同盟。因此，“多域联合防卫力”继续倡导“印太战略”，通过提升与美国等国家的国际合作加强其在新领域安全上的话语权。在网络领域，2019年日本政府表示，将牵头主导成立与亚太地区26个国家和机构共同应对网络攻击的机制，共享先进经验，并援助发展中国家提高应对能力，还提出设立各国网络负责人联络窗口机制，该措施“是构建网络防御国际体系的第一步”[⑥]。

四、日美安全关系更趋复杂

战后日本政府日渐注重国家自主性的实现，特别是在安全领域，能否实现防卫自主已成为验证日本战后“国家战略”目标是否最终实现的重要指标之

---

① 日本国際問題研究所「揺れる国際秩序に立ち向かう新たな安全保障戦略－日本を守るための11の提言－」、http://www2.jiia.or.jp/pdf/policy_recommendations/2018/181010jpn-security_policy_recommendations.pdf。

② 该研究委员会构成情况是，委员长为和平安全保障研究所理事长西原正，委员包括政策研究大学院大学校长田中明彦、原统合幕僚长折木良一、原防卫审议官德地秀士等。

③ 平和安全保障研究所「新たな安全保障戦略－高まる脅威と不透明な国際環境に立ち向かう-」、http://rips.or.jp/jp/wp-content/uploads/2018/07/7e592bdff3d55ffeab904e02811763cb.pdf。

④ [日]白石隆：《安倍首相出访东南亚所体现的日本外交新五原则》，日本网，2013年1月31日，http://www.nippon.com/cn/column/f00016/。

⑤ 防衛省「平成31年度以降に係る防衛計画の大綱について」、2018年12月18日、https://www.mod.go.jp/j/approach/agenda/guideline/2019/pdf/20181218.pdf。

⑥ 参考消息：《日本欲牵头建亚洲网络防卫机制》，2019年3月12日，http://www.cankaoxiaoxi.com/mil/20190312/2374205.shtml。

一。安倍政府也是将安全领域作为“摆脱战后体制”的重点试验田，不断进行突破。[①] 这个战略目标从根本上来说，和战后因历史原因形成的“不平等”的日美安全同盟是矛盾的，因此，日美同盟的强化最终必然会阻碍这个目标的顺利实现。由于当前与美国在地区有共同的安全利益，加上对美国日益加深的不信任，安倍政府也乐于积极配合美国进行防卫调整，并逐渐向军事战略靠拢，借美国这个外力和“安全便车”来减少阻力，突破战后“军事禁区”，并增强自己的防卫能力，进而培育进攻能力。美国在东亚的立场是维持和强化自己的影响力，其重要方式就是采取“离岸平衡”策略，通过地区盟友来应对“崛起国”，日本对此有充分的认识，但也是为了自己，日本愿意甚至主动谋求日美进一步“军事一体”。“多域联合防卫力”是日本在日美共同需求下于防卫上做出的升级，旨在强化同盟的威慑力和应对力。2018年10月，日本智库的相关政策建议就提出：“由于战争形态和战斗样式发生变化，应重新探讨日美共同有效地推进体制、强化自卫队的统合运用。为提升和美国共同的互操作性，有必要在运维及编制上进行修改。”[②]

“多域联合防卫力”深化了日美在太空、网络、电磁波领域，综合防空和导弹防御，联合训练和演习，联合情报、监视与侦查活动等事项上的合作，加强了两国间的互操作性。在与美军共享作战理念的情况下，日本自卫队将在更广的层面上支持美军的活动，实施后方支援及对美军舰艇和战斗机的防护，以期深化日美关系。美国则利用日本的地理优势，增强了对太空态势和海洋态势的感知能力。2019年6月4日，防卫大臣岩屋毅与美国代理国防部长沙纳汉会谈时共同表示：“日美双方就太空、网络、电磁波等新领域，确认了深化日美合作的必要性，通过提高相互运用性强化运用合作，通过各种演习对两国间合作要领进行检查，确认了‘为跨域作战推进日美合作’。”[③] 但是，为达到共同作战的目标，日本则需要扩大购买美国制造的武器，包括用于准航母“出云号”上的

---

① 孟晓旭：《认知、政策与互动：战后中日安全关系研究》，世界知识出版社，2017，第375—378页。

② 日本国際問題研究所「揺れる国際秩序に立ち向かう新たな安全保障戦略－日本を守るための11の提言－」、http://www2.jiia.or.jp/pdf/policy_recommendations/2018/181010jpn-security_policy_recommendations.pdf。

③ 防衛省「岩屋防衛大臣とシャナハン米国防長官代行との会談の概要」、2019年6月4日、https://www.mod.go.jp/j/approach/anpo/kyougi/2019/0604_gaiyo.html。

F-35隐形战斗机、美制“标准”3Block2A和“标准”3Block1B拦截弹、“爱国者”反导系统3MSE、“全球鹰”无人机、E-2D预警机等，以构筑日美共同的整体防卫力。同时，加上联合军事演习以及相关的课程培训，日本实际上是在武器、作战方式和技术上进一步依附美国。

日本的“多域联合防卫力”所产生的更大效果实际上是进一步增强了美国的全球安保能力。日本在其中的作用发挥得越大，美国越不会让日本摆脱其在美国全球安全战略设计中的角色，对日本的控制就会越牢。在实力相对衰弱的美国实行收缩战略之际，美国更不能让日本摆脱自己的控制，因为日本是美国的“延伸威慑”在地区的重要支柱。事实上，战后以来美国一直在控制着日本，并以此驱使日本做出相应改变来服务自己。在冷战结束初期，日本就认识到，如日本不满足美国的政策需求，美国就不会给日本提供情报信息。[①] 虽然日本重视在日美同盟的强化中提升日本的军事话语权——进行所谓的对日美同盟“纠正非对称性”，一方面自己可以在更大程度上支援美军的行动，另一方面美军在作战上也须与日方切实保持协调与充分磋商，以此谋求“平等性”和“自主性”。但是实际上，日本仍在美国的巨大影响力之下。特朗普政权威胁弱化日美同盟，实际上是美国“以退为进”的策略和战术运用，日本积极回应并强化日美同盟有不得已而为之的苦衷，更说明日本在同盟关系中的弱势角色。“多域联合防卫力”提升日本在新领域内的防卫能力，也是日本在向美国展示自己的重要性，通过相互共享提升自己的地位。但是，由于目前日本自身技术、军事能力和战后宪法的限制，其“多域联合防卫力”仍需更多地依赖美国的支持与援助，包括设备和技术。日本迎合美国付出得越多，对美国的依赖就越深，甚至形成依附，也越难实现其所追求的“防卫自主”，只能更加受制于美国。而且，美国也不会容忍日本在防卫力量或相关安全领域内有超出美国的优势。[②]

---

① Andrew L.Oros, *Normalizing Japan:Politics,Identity,and the Evolution of Security Practice*(California: Stanford University Press, 2008), p.142.

② 李艳:《日本太空战略研究》,时事出版社,2018,第349—350页。

第五章　日美同盟新强化与东北亚安全

日本安倍政府与实施“亚太再平衡战略”的美国奥巴马政府对日美同盟进行了新强化，并与主张“美国优先”的特朗普政府持续强化日美同盟。日本强化日美同盟有多重动因：一方面，日美安保体制在过去的60多年里一直是日本所依赖的安保制度，效果良好，并且在安全机制不充分的东北亚对日本而言还是现成的可依赖的安全体制；日美两国拥有共同的价值观；日本与地区内的大多数国家有历史问题和领土争端的障碍，需要借助美国的力量来加以平衡。另一方面，当前美国的亚太安全战略更需要包括日美同盟在内的强大的同盟体系的支持。日本也意识到美国在东北亚有重要的战略利益，判断美国也需要借助日本，认为特朗普政府对奥巴马政府“亚太再平衡战略”的改变不是颠覆性的，同样是以域内同盟体系作为美国地区战略的支柱，以推动日美同盟的强化与完善作为美国实施地区安全战略的重要途径。[①] 日美同盟的新强化对东北亚地区的安全无疑会产生复杂的影响。

第一节　日美同盟新强化的背景

日美同盟的强化是日美双方的共同意向。在实力相对衰弱的情况下，美国政府的“亚太再平衡战略”侧重于利用亚太盟友及地区国家的力量，要求它们分担美国的“责任”。而美国的战略调整为与中国争议激化的日本提供了可以依靠的后盾。包括日本在内的和中国有争端的一些国家认为，时间优势明显在中国一方，也要求美国把注意力放在亚洲。[②] 于是，维护霸权的美国与东亚区域矛盾纠缠在一起。与中国有争端的日本显然有利用美国战略调整

① 杨伯江、慕健：《特朗普执政以来美日同盟的演变、矛盾及影响》，《当代世界》2019年第3期。

② 陈雅莉：《美国的“再平衡”战略：现实评估和中国的应对》，《世界经济与政治》2012年第11期。

的目的，日美彼此相互利用。另外，日本试图借助强化与美国的安全合作来谋求自身军事功能的渐进“正常化”，补齐自身的安全短板，并应对可能出现的被美国这个安全同盟者抛弃的风险。

一、美国对日本的安全要求

日本位于美国的地缘战略前沿，在安全上对美国具有特殊的重要性。美国在日本全域共设有80多个专用军事设施，构成了美国在亚太地区最大的前沿基地。此外，日本还拥有先进的军事资源，可以在军事行动中给予美军强大的支持，特别是其遍布全国的军事资产支持着美国针对其他大国的海上战略拒止能力。美国官方强调，美日同盟是美国在亚洲安全利益的基石，对地区稳定和繁荣至关重要，该同盟的基础是共同的重大利益和价值观，包括维护“印太”地区的稳定、维护和促进政治和经济自由、支持人权和民主体制，以及促进两国和国际社会的繁荣。[①] 根据美国官方消息，驻日美军约为5.4万人，与他们一起生活和工作的国防部平民和家属有数千名。在军事力量部署上，美国在日本部署了“最有能力和最先进的军事资产”，包括美国“罗纳德·里根”号航母战斗群和F-35战斗机编队等。[②]

尽管日本在地理、规模、财富、技术等方面有相当大的优势，战略重要性也很大，但由于其国内的法律限制和安全体制上“不正常”的结构性现实，美国一直抱怨日本无法在亚太地区发挥应有的安全作用。冷战结束以后，美国不断催促日本在东亚安全事务中扮演更为积极的角色。2000年，美国前副国务卿阿米蒂奇和前助理国防部长约瑟夫·奈牵头撰写的有关加强日美同盟的报告《美日同盟：迈向成熟的伙伴关系》（又称第一份“阿米蒂奇报告”），着眼于纠正克林顿政府后期忽视日本的倾向，就推进日美合作提出具体建议以巩固同盟。2007年，第二份“阿米蒂奇报告”——《美日同盟：让亚洲正确迈向2020》提出设立美军和自卫队的共同作战司令部，强化日美军事产业合作。

① Bureau of East Asian and Pacific Affairs, “U.S. Relations With Japan,” *Bilateral Relations Fact Sheet*, July 17, 2018, https://www.state.gov/u-s-relations-with-japan/.

② Bureau of Political-Military Affairs, “U. S. Security Cooperation With Japan,” May 21, 2019, https://www.state.gov/u-s-security-cooperation-with-japan/.

报告超越美日双边关系，提出利用日本帮助美国维持国际体系。[①] 2012年8月，第三份“阿米蒂奇报告”——《美日同盟：亚洲稳定之锚》涉及能源、经济和全球贸易、与亚洲邻国的关系及安全问题，报告提出日美同盟应包括更广泛的地理范围，以及军事、政治和经济的全面结合，使美军和自卫队能在面临和平时期、紧张局势、危机和战争等各种形势下为充分合作做出反应。该报告建议日本通过能力建设、双边和多边措施更充分地开展防卫和军事外交，提升日本自卫队与美军的双边协作性和互操作性。[②] 在国内经济发展迟缓、社会矛盾突出、军费开支削减的情况下，美国把日美同盟作为其亚太安全战略的核心，希望日本在地区承担更多的安全任务。美国甚至把日本的态度看作日美同盟能否巩固的标准，并以此“威胁”日本。

2010年以来，美国实施“亚太再平衡战略”，要求日本在同盟的安全“责任”上更为积极。美国“亚太再平衡战略”既包括应对崛起的中国对其全球霸权的挑战，也包括充分发挥盟国作用辅助自己进行战略实施，还包括应付自身“战略透支”下的力不从心。约翰·格拉泽就指出：“维持武装力量的全球前沿部署是一个成本高昂的负担，它将边缘利益提升到了至关重要的水平，承担着原本也应该由其他国家履行的安全责任，并对美国利益产生了意外的负面影响。”[③] 2016年，在美国总统大选期间，当时还是共和党候选人的特朗普就多次展示对日强硬姿态，要求日本政府在驻日美军军费问题上“掏更多腰包”。当然，这并不是让日本脱离日美同盟的框架，而是在推动日本在同盟框架内更加“有力”和强大，来巩固日美同盟。

美国一方面公开鼓励日本积极发展防卫力量，加强对西南诸岛的军事部署，并进行有针对性的战备演训；另一方面巩固日美同盟机制，强调对日安保承诺，以此形成两国的对华威慑合力。[④] 2011年6月21日，在华盛顿举行的日

① Richard L. Armitage and Joseph S. Nye,“The U.S.-Japan Alliance: Getting Asia Right through 2020,” http://csis.org/files/media/csis/pubs/070216_asia2020.pdf.

② Richard L. Armitage and Joseph S. Nye,“The U.S.-Japan Alliance: Anchoring Stability in Asia,” August 15, 2012, https://csis-prod.s3.amazonaws.com/s3fs-public/legacy_files/files/publication/120810_Armitage_US-Jap-anAlliance_Web.pdf.

③ John Glaser,“Withdrawing from Overseas Bases: Why a Forward-Deployed Military Posture is Unnecessary, Outdated, and Dangerous,” *Policy Analysis*, No. 816, Cato Institute, July 18, 2017.

④ 黄大慧、赵罗希：《日美强化同盟关系对中国周边安全的影响》，《现代国际关系》2015年第6期。

美安全保障磋商会议上，日美双方“首先讨论了亚太地区的形势，在亚太地区的安全保障环境变得更不确定这一点上达成了共识”[①]。2014年，美国总统奥巴马访日，承诺钓鱼岛适用于《美日安保条约》，重申加强同盟关系，缓解了当时日本比较担忧美国对华立场可能动摇的不安情绪。美方在会谈中表示，“欢迎并支持”安倍政府进行的旨在允许日本行使集体自卫权的政策审查。《日美联合声明》第一段就强调，美国的“亚太再平衡战略”和日本的“积极和平主义”政策均有助于同盟在确保亚太和平与繁荣方面发挥主导作用。美国对日美同盟表达重视的举措，被日本认为是美国支持日本以及在向日本承诺其“亚太再平衡政策”的继续，[②] 给日本在安全上的“积极转型”提供了相当大的信心。需要提及的是，美国国会比较支持日本在中日领土争端上的立场。在2013年的《国防授权法案》(*National Defense Authorization Act*)中，美国国会加入了一项决议，声明第三方的单方面行动不会影响美国承认日本对钓鱼岛的管理。

2020年11月12日，安倍在接受日本共同社的独家专访中透露出美国对日本的安全要求。安倍称，特朗普曾多次针对《美日安保条约》表达不满，并反复强调，若依照该条约，美国在发生紧急情况时所需要承担的职责比日本更多，而这“不公平”。安倍则提到了日本政府在2016年实施的新安保法案，该法案加入了解禁集体自卫权等争议条款。安倍当时向特朗普解释说：“我修改了宪法解释，并实施了新安保法案。为此，我的内阁支持率还下降了10%。”[③]

二、日本安全战略选择

第二次世界大战后，日本经历了以美国为首的盟国指导下的“非军事化”和“民主化”改革，走“重经济轻军事”的“吉田路线”，一度把精力集中于经济发展，将自身的安全交予美国保护。在日美安保体制下，日本刻意淡出安全

① 外務省『日米安全保障協議委員会(「2+2」)共同記者会見(平成23年6月21日)』、http://www.mofa.go.jp/mofaj/area/usa/hosho/kaiken 1106.html。

② Kamiya Matake, “Promoting Japan-U.S.Cooperation by Making a Proactive Contribution to Peace—Japan’s Foreign and Security Policy after the Japan-U. S. Summit Meeting,” July 3, 2014, https://www.japanpoli-cyforum.jp/diplomacy/pt20140703153539.html.

③『トランプ氏、日米は「不公平だ」安倍前首相、安保法で説得』、2020年11月13日、https://www.47news.jp/news/5490669.html。

领域并对美国形成“安全依赖”。战后《日本国宪法》也规定日本不以战争、武力威胁或武力行使作为解决国际争端的手段。在现实中,日本也不得拥有军队。尽管日美同盟经历多次调整,且日本在日美同盟中的地位渐次提升,但日本的安全能力仍未发展至“正常”程度。受制于上述因素,日本依靠自身的安全力量并不能够在地区充分实现自身的安全战略目标和扩大安全利益。

日本的安全政策也因此表现出强烈的对外依赖性,并以与外部安全合作为主要特征,而与美国的安全合作是日本的第一选择。自20世纪60年代的安保斗争以后,日本国内没有出现过真正的反美浪潮,主要原因就是日本日益认识到美国对其安全保障的重要性。即便对日美同盟的可靠性出现了质疑,美国也仍是日本安保战略最重要甚至是“最佳的选择”。[①] 2000年1月,以河合隼雄为主席的“21世纪日本构想恳谈会”向时任首相小渊惠三提交报告指出,日本单独完成安全保障的方向转向成本大,不但不能提高日本的安全性,还会使世界安全保障系统变得不稳定,也会和周边国家产生不必要的摩擦和紧张;报告书提出应对“万一”事态的根本在于日美同盟的稳定与维持,主张应把日美同盟的威信和机能继续作为支持亚太地区和平与稳定的经济、政治、军事基础来应用。[②]

在民主党的鸠山由纪夫内阁下台之后,特别是自民党再次执政后,日本政府转向强化日美关系。安倍政府认为,“坚固的同盟关系具有威慑力……如果同盟之间被人感觉有缝隙……并未实现1加1等于2的话,反而会增加遭受攻击的危险性”[③],因此坚持强化以日美同盟为基轴的战后安保路线。安倍政府提出日本与美国今后要在所有领域加强同盟关系,强调在东亚安全保障环境日益严峻、国际社会面临的威胁多样化的情况下,日美同盟对地区、国际社会的和平、稳定与繁荣来说越来越重要。日本对日美同盟的强化一方面是配合美国的战略调整,通过调整自身以对日美同盟做出贡献,帮助“相对衰弱”的美国承担一部分责任,以此来换取美国继续在东北亚保持威慑力量,使

① [日]中山俊宏「日米同盟の行方:首脳会談で不安薄らぐも、くすぶる対米不信と閉塞感」、日本ネットホームページ、https://www.nippon.com/ja/currents/d00313/。

② 日本のフロンティアは日本の中にある、https://www.kantei.go.jp/jp/21century/houkokusyo/1s.html。

③ 首相官邸「安倍内閣総理大臣記者会見」、https://www.kantei.go.jp/jp/97_abe/statement/2015/0514kaiken.html。

日美同盟继续发挥威慑作用。2013年2月，在日美首脑会谈中，安倍表示，为了便于加强日美同盟，将开始对日本自身防卫能力进行强化，并探讨集体自卫权问题。[①] 安倍政府对战后日本安全体制进行的诸如内阁决议解禁集体自卫权等一系列“摆脱”行为，反映出它对强化日美同盟的承诺的践行，同时也是为了在对日美同盟的新强化中通过提升日本的作用来建立一个更加平等的同盟。

此外，日本也希望通过强化日美同盟积极介入和影响东北亚安全问题，并影响美国的东北亚安全政策，进而实现日本的东北亚安全战略目标。同时，日本还“借船出海”，借着强化日美同盟的需要来反推和改变战后的“专守防卫”政策，改变“安全依附者”日本“不正常”的军事功能，实现日本自身的“军事大国化”转型。在配合美国“亚太再平衡战略”强化同盟关系的同时，日本还提升防卫自主能力，推动日本实现“国家正常化”的进程。强化了的日美同盟要求日本国内体制进行适应性调整，这又为日本保守政治家们进一步突破“战后体制”提供了契机，成为他们说服日本国民的“有力依据”。也正是在这样的背景下，日本2013年版《国家安全保障战略》提倡日美“军事一体化”，主张和美国通过讨论具体防卫合作上的应有状态，与美国进行协调，紧密开展各种合作，提升日美同盟的遏制力和应对力。

三、应对外部安全环境的变化

日本认为1997年修订的《日美防卫合作指针》自实施以来，围绕日本周边的安全环境已经发生了很大的变化。日本有关的安保文书指出，自身周边的军事活动日益活跃，国际恐怖主义活动频发，海洋、太空和网络空间等领域内的安全风险增加，各种安全问题显现“尖锐化”“深刻化”等特征。同时，包括太空、网络空间等新领域在内的安全挑战都不是日本能够单独应付的。关于应对新领域的安全问题，在2013年5月举行的第一次网络对话中，日美就确认两国在网络安全上有共同的目标，强调有必要促进政府对网络空间的共同威胁采取系列应对措施。同时，为应对海盗、参加联合国维和行动以及国际紧急救援活动等，日本自卫队的活动也需在全球范围内扩大。因此，日本冀

① 防衛省「平成25年版防衛白書」、http://www.clearing.mod.go.jp/hakusho_data/2013/2013/pdf/25020304.pdf。

求日美安全合作关系应随着这些安全环境的变化而进一步深化。[①]

中国崛起令日美紧张。日本认为安全环境的变化主要来自中国，批评中国在东海和南海“扩大影响力和控制权”，担心中国采取所谓的“灰色地带”行为，不断渲染、指责中国在钓鱼岛附近海域不时进出，增加使用海警力量接近日本舰艇和渔船，在穿越日本专属经济区（EEZ）的同时加强情报搜集等所谓的威胁。基于维护日美同盟的立场，日本还警惕中国为应对美军的“反介入/区域拒止”战略的进展。同时，日本也谋求采取积极的安全措施以阻止来自朝鲜的挑衅。日本认为朝鲜继续试验和发展核武器是对自身周边安全环境的重大威胁。日本提出：“在东亚安全保障环境日益严峻、国际社会面临的威胁多样化的情况下，对地区、国际社会的和平、稳定与繁荣来说，日美同盟的意义越来越重要。”[②] 于是，日本欢迎美国的“亚太再平衡战略”，认为其有助于地区稳定与繁荣，宣称两国将紧密合作，为建立地区秩序发挥应有的主体作用。

在2011年应对“东日本大地震”中，日美同盟的良好表现也赢得了日本民众对同盟的认可，推动了同盟在其后的强化。日美之间多年的联合训练和大量可互操作的资产提升了两国应对大规模和综合性危机的能力。为应对“东日本大地震”，美国投入共计约8850万美元的救灾援助。大地震发生后的24小时内，美军的人员和设备就被部署到灾区。在高峰时期，大约有24000名美国人员、189架飞机和24艘海军舰艇参与了援助和救济工作。在实际行动中，美军部队首次在日本自卫队的指挥下“作战”。尽管美军发挥了关键作用，但美国注意突出日本当局的主导作用。在这次应对灾情的“伙伴行动”中，日本自卫队的直升机首次使用美国航空母舰来实施行动。美国“罗纳德·里根”号航母不仅提供了行动平台，还为自卫队和日本海岸警卫队的直升机提供了加油等服务。其他美国舰艇也参与到向地震灾区运送自卫队部队和装备的行动中。在此次应对中，日本自卫队的表现和美国的救援工作获得了日本民众的支持。[③]

① 防衛省「平成25年版防衛白書」、http://www.clearing.mod.go.jp/hakusho_data/2013/2013/pdf/25020304.pdf。

② 外務省「外交青書2015」、http://www.mofa.go.jp/mofaj/gaiko/bluebook/2015/pdf/pdfs/1.pdf。

③ “The U.S.-Japan Alliance,” June 13, 2019, https://crsreports.congress.gov/product/pdf/RL/RL33740.

第二节　《日美防卫合作指针》的修订

2015年4月，日美修改的新《日美防卫合作指针》主要阐释了安全威胁的复杂性以及改进日美军事互操作性，提出构建“无缝、强力、灵活、高效”的同盟协调和联合应对机制。《日美防卫合作指针》的修订在政策上为日本解禁集体自卫权提出了要求。而2015年9月新安保法案在日本国会的通过，又在法律上为新《日美防卫合作指针》的履行提供了依据，完善了日本国内制度对日美军事一体化的支持。

一、新《日美防卫合作指针》的出台

2012年8月，日美防长会谈提出1997年的《日美防卫合作指针》已历经十多年，考虑到安全环境的变化和日美防卫合作的应有状态，认为今后对其进行研究和讨论十分必要。2012年9月，日美防长会谈对此共识进行了再确认。同年9月，日本在防卫省内设立“关于《日美防卫合作指针》研究的项目工作组”，启动相关工作。2012年12月底，已成为首相的安倍指示防卫大臣小野寺五典“为强化自卫队的作用，提升威慑力，讨论《日美防卫合作指针》的修订”[①]。在2013年2月的日美首脑会谈中，安倍称，为了提高日美同盟的遏制力，愿意在更广的领域与美国展开合作，并进行有关修订《日美防卫合作指针》的探讨。安倍说：“根据安保环境的变化，通过讨论日美两国的任务、作用、能力，探讨推进修改《日美防卫合作指针》。”2013年4月29日，日美防长会谈，双方表示欢迎把作为《日美防卫合作指针》修订前提的两国对战略环境认识的讨论进行下去。在2013年10月3日于东京举行的日美“2+2”安全磋商会议上，日美两国就不断变化的安全环境交换了意见，并指示防卫合作小委员会（SDC）对1997年的《日美防卫合作指针》起草出修改意见，以确保同盟继续在安全上发挥重要作用，会议发表的联合声明《建立更强大的联盟和更大的责任分担》呼吁强化日美同盟。会议讨论的范围很广，包括从行动层面的审议到各自部队的作用和任务，再到国防合作等政策层面上的对话。[②]

① 防衛省「平成25年版防衛白書」、http://www.clearing.mod.go.jp/hakusho_data/2013/2013/pdf/25020304.pdf。

② 防衛省「共同発表：より力強い同盟とより大きな責任の共有に向けて」、2013年10月3日、https://www.mod.go.jp/j/approach/anpo/kyougi/2013/10/js_03_j.html。

2014年10月8日，日美发布《防卫合作指针修改中间报告》（以下简称《中间报告》），就修订工作提出大致框架和目标，包括：同盟整体协调的"无缝"和有效性，采取措施防止日本安全形势恶化，加强双边合作创造国际安全环境，在同盟范围内开展太空和网络空间合作，及时有效地相互支持等。在日美未来安全合作上强调"无缝、强力、灵活、高效"的双边反应，日美同盟的全球性质及与其他区域伙伴的合作，两国政府安全政策之间的配合及政府间的合作。在对日本安全的保证上，《中间报告》提出，从和平时期到紧急情况的各个阶段，无缝地防止日本安全环境发生恶化，相关措施包括但不限于情报、监视和侦察，培训和演习，设施和区域的使用，后勤支持，资产保护，防空和导弹防御等。《中间报告》强调，如果日本遭到武力攻击，日本将负有击退攻击的首要责任，美国则将提供支持，包括适当的打击行动；如果出现对与日本关系密切的国家发动武装攻击的情况，允许日本使用武力；日本发生大规模灾难时，两国之间要加强合作。在应对国际安全问题上，《中间报告》提出，两国合作领域包括但不限于维持国际和平行动，国际人道主义援助与救灾，海上安全，能力建设，情报、监视和侦察，后勤支持，非战斗人员撤离行动等。[①]

自2015年4月26日起，安倍对美国开展了长达八天的国事访问。在这期间的4月27日，日本外相岸田文雄、防卫大臣中谷元和美国国务卿克里、国防部长卡特在纽约举行日美外交防卫"2+2"磋商，正式公布新《日美防卫合作指针》。同时公布的还有一份联合声明——《动态变化的安全环境中更强大的联盟：新日美防卫合作指针》，决定采取措施大幅提升日美同盟的能力，并提出构建"无缝、强力、灵活、高效"的同盟协调和联合应对机制。[②] 时隔18年，日美再次修订了《日美防卫合作指针》。

二、新《日美防卫合作指针》的特点

在日美双边安全合作上，新《日美防卫合作指针》（以下简称新《指针》）注重强化同盟的威慑力和应对力。包括：（1）确认美军向日本部署现代化和先进的军事能力的战略重要性，将美军P-8海上巡逻机部署到嘉手纳空军基地，

① 防衛省「日米防衛協力のための指針の見直しに関する中間報告（2014.10.8）」、https://www.mod.go.jp/j/approach/anpo/shishin/houkoku_20141008.html。

② 陶文钊：《冷战后美日同盟的三次调整》，《美国研究》2015年第4期。

将美国空军“全球鹰”无人机轮换部署到三泽空军基地，将美国海军陆战队F-35B飞机部署到嘉手纳空军基地。美国预计在2017年前向横须贺海军基地增派“宙斯盾”系统护卫舰，以及将“乔治·华盛顿”号航空母舰与更先进的“罗纳德·里根”号航母互换。（2）继续通过双边对话扩大威慑，包括讨论核能力和常规能力，加强美国对日本防卫承诺的可信度。（3）在加强弹道导弹防御能力方面持续合作，预计在2017年前美国向日本增派两艘具备弹道导弹防御能力的驱逐舰。（4）加强日美在太空安全上的合作，特别是在能力恢复和能力发展方面。（5）呼吁通过日美政府网络对话和网络防御政策工作组，在网络空间问题上，特别是在威胁信息共享、任务保证和关键基础设施保护等领域继续合作。（6）加强情报、监视和侦察（ISR）合作，将美军“全球鹰”无人机轮换部署到三泽空军基地；日本采购先进的ISR平台。（7）扩大后勤和防卫装备合作，促进联合研究和发展先进能力。（8）加强信息安全合作。

在区域安全和国际安全合作上，新《指针》强调：加强人道主义援助与救灾行动方面的合作；密切协调伙伴能力建设，特别是对东南亚国家，包括通过提供沿海巡逻船和其他援助提升其海洋安全能力建设；扩大三边和多边安全合作，特别是与韩国、澳大利亚以及东盟等主要伙伴间的合作。在驻日美军的调整问题上，新《指针》强调，尽快执行现有的驻日美军调整安排，同时确保整个过程中军队的作战能力包括训练能力处于强有力和灵活的状态，加强有效应对未来挑战和威胁的能力，增强威慑力。[①] 为提高两国间合作的实效，新《指针》新增了以下合作内容：防卫装备与技术合作；情报合作与情报保护；教育与研究交流。

根据新《指针》，日美两国向“军事一体化”方向迈出了一大步。新《指针》的主要特点有：（1）日美安全合作的地理范围扩大，已从日本“周边”扩展到全球。美国国防部长卡特在新《指针》公布仪式上表示，地理范围的变化是新《指针》与之前相比的最大变化，它把日美安保合作范围由之前聚焦于地区转向聚焦于全球。（2）日美军事合作实现“无缝链接”。新《指针》强调，“不论是平常时期还是战时状态都要进行联合防御”。（3）日美防卫合作的领域和层次

① 防衛省「新日米防衛協力のための指針」、http://www.mod.go.jp/j/publication/kohoshiryo/pamphlet/pdf/shishin.pdf。

都有新的拓展。增加了离岛防卫,在太空和网络空间等新领域加强合作,以及在情报、演习、反导、防空等方面的合作。(4)日本自卫队对美军的军事支援不再仅局限于提供武器、弹药和油料等后方支援,还可以直接对军事作战进行支援。(5)两国之间的情报搜集和分享能力,以及协同指挥作战能力进一步提升。根据新《指针》,日美两国还将建立一个在内阁层次运行的“联盟协同机制”,从两国外交部、国防部等部门派出代表,以在“从和平到应急事态”的各种情况中实现“无缝响应”。(6)新《指针》还要求日美拓展区域内安全合作,尤其是加强与韩国、澳大利亚、东盟的合作,提升伙伴能力建设。

此外,日美同盟之间的协商机制也得到进一步的调整。“加强联盟的协商和协调机制,使之更加灵活、及时和反应迅速,并在所有情况下实现无缝的双边合作”是2015年日美在“2+2”会议上对新《指针》提出的重要目标。2015年11月,日美设立了确保平时两国间各层级进行情报共享及协调的“同盟协调机制”(ACM)以及“共同计划制定机制”。[①]“同盟协调机制”是一个通过电话、电子邮件相连接的虚拟组织架构,能够对各种突发事件做出反应。这是一个协调同盟应对各种突发事件的主要机制,在一定程度上是为了弥补同盟内缺乏的统一性指挥结构。比较而言,美国与其他盟友如北约和韩国,彼此间有统一的指挥机制。[②]在这之前,日美之间只有在战争状态下可集结的双边协调机制,而对非战争时期的危机或事态没有正式协调应对机制,如“灰色地带”冲突或类似2011年东日本大地震那样的灾难性事件。“共同计划制定机制”的传导路线是,先由共同计划制定委员会(BPC)至防卫合作小委员会(SDC),再至日美安全保障协商委员会(SCC),最后至两国的首脑。

新《指针》提升了日本在同盟中的作用,使日本朝着更大的责任和分担方向迈出了一步。新《指针》提供了一个强化同盟的路线图,实际上是要求日本行使集体自卫权,反映了安倍政府对宪法的重新解释。[③]美国高度评价新《指

① 防衛省「同盟調整メカニズム(ACM)の構成」、https://www.mod.go.jp/j/approach/anpo/shishin/pdf/ACMandBPM.pdf。

② James L.Schoff, “Uncommon Alliance for the Common Good:The United States and Japan after the Cold War,” *Carnegie Endowment for International Peace*, 2017, p.30.

③ Rachel Hoff, “Next Steps for U.S.-Japan Security Cooperation,” https://spfusa.org/wp-content/uploads/2016/06/Hoff-Next-steps-US-Japan-security-cooperation.pdf.

针》,时任国务卿克里认为它是日美联盟的“历史性转变”,并宣称这样能加强日本的安全,帮助日本慑止威胁,允许日本为地区和全球安全做出更大的贡献。新《指针》公布之后,美军在日本的军事部署也发生了调整,日美同盟进一步强化。2015年5月12日,美国国防部宣布,将在日本的美军横田基地部署10架新型运输机——CV-22“鱼鹰”倾转旋翼机。需要提及的是,“鱼鹰”倾转旋翼机虽然已经在普天间基地(冲绳县宜野湾市)配备了24架,但在冲绳之外配备还是首次。

三、日美同盟在“不确定”中再强化

2015年《日美防卫合作指针》修改后,日美仍在密切关注外部安全环境的变化及继续探讨两国同盟的深化之路。美国兰德公司委托一些专家对日美同盟进行研究,并于2016年3月在加州举行了为期两天的会议,阐述了继续加强同盟合作的重要性,并提出了共同应对“崛起的中国”“更具侵略性的俄罗斯”,以及“越来越危险和充满挑衅的朝鲜”的未来道路。其中一些研究还探讨了日美两国在区域安全上的进一步合作,如对东南亚的安全援助和能力建设,包括提升反恐、反海盗能力以及确保持续的民主发展和安全建设等。[①] 2016年5月19日,美国斯坦福大学肖恩斯坦亚太研究中心(APARC)、斯坦福大学弗里曼·斯波格里国际研究所与日本国际交流中心(JCIE)在东京召开主题为“日本不断发展的防卫政策和日美安全合作:期待与现实”的研讨会,会聚了一批来自学术界、媒体、现任和新近退休的日本政府官员,以及日本自卫队、美国政府、美国驻东京大使馆、美国太平洋司令部和驻日美军的官员。会议中各方认为,来自中国和朝鲜的安全挑战越来越多、越来越激烈,并将之视为日美安全同盟面临的最紧迫的问题。[②]

特朗普执政后,对于旨在强化同盟的拥护者来说,日美同盟又再次面临内外挑战的困扰。特朗普交易性的“美国优先”取向、保护主义政策和对军事

① Scott W. Harold et al.,“U.S.-Japan Alliance Conference:Strengthening Strategic Cooperation,” https://www.rand.org/pubs/conf_proceedings/CF351.html.

② “Japan's Evolving Defense Policy and U.S.-Japan Security Cooperation:Expectations versus Reality,”October 2016, https://fsi-live.s3.us-west-1.amazonaws.com/s3fs-public/japansecurityworkshop_report_web_final.pdf.

同盟存在价值的质疑给日本和日美同盟带来了严重风险。特朗普政府重新提出同盟责任分担的问题,建议日本应该为自主防卫做更多的工作,并公开质疑美军前沿部署的价值。特别是特朗普政府对价值观外交的"不积极"做法,削弱了日本对美国关于支持包括"人权""民主""自由市场和贸易"以及"法治"等共同价值观的看法。同时,拥护强化日美同盟的观点还认为,来自中国和朝鲜的威胁持续加剧,军事竞争对手正在削弱与盟国的军事优势,特别是中国的军事现代化正在快速发展。这种想法在2018年的第四份"阿米蒂奇报告"——《前所未有的重要:重建面向21世纪的美日同盟》中有集中的体现,研究小组成员包括阿米蒂奇、约瑟夫·奈、扎克·库珀、迈克尔·格林等。该报告主张同盟必须共同前进,美国需要一个强大而自信的日本,日本需要一个积极和有建设性的美国,以在亚洲和世界范围内发挥更大的领导作用。报告旨在通过提出至2030年可实现的议程,帮助巩固美日同盟。报告还建议,日美需要一个共同的战略来应对中国的"一带一路"建设,以维护全球相对开放的"基于规则"的投资环境,为美日同盟的进一步强化提出了新的方向性建议。在具体措施上,报告提出:"为加强双边经济关系,建议重新致力于建立开放的贸易和投资体制;为深化协调作战,建议使用联合基地,组建联合特遣部队,成立日本联合作战司令部,进行联合应急规划;为推进联合技术开发,建议共同开发国防设备,扩大高技术合作;为深化与地区合作伙伴的合作,建议重振三边安全合作,启动地区基础设施基金,制定更广泛的地区经济战略。"①

尽管特朗普批评日本未能对美国的保护进行补偿,但安倍与特朗普建立了密切的个人关系。同时,特朗普对于日美同盟也逐渐回归支持和强化的立场。2017年8月17日,日美"2+2"安全磋商后的联合声明重申了同盟的核心内容:(1)在双边的安全合作上,强调确认共同的意图及制定具体措施和行动,加强日美同盟。具体包括通过审查作用、任务和能力,确保同盟能够在日益严峻的地区安全环境和各种局势中做出"无缝"反应。日本表示将扩大在同盟中的作用,增强防卫能力。美国表示仍将继续致力于向日本部署最先进

① Richard L.Armitage and Joseph S. Nye,"The U.S.-Japan Alliance:More Important Than Ever:Renewing the U.S.-Japan Alliance for the 21st Century," October 3, 2018, https://csis-prod.s3.amazonaws.com/s3fs-public/publication/181011_MorethanEver.pdf?mqdj.CUqu88cv69VWESL7wICl9e9GqCh.

的军事武器。双方还确认，共同致力于加强和加快在双边规划、防空和导弹防御、非战斗人员撤离行动、国防装备和技术合作、情报合作和信息安全等领域的合作。(2)在地区重要安全议题上，对于东海问题，日美表示将持续关注，重申共同努力维护东海和平与稳定的重要性，并再次确认《日美安全条约》第五条适用于钓鱼岛，反对任何企图破坏日本对这些岛屿进行管理的单方面行动。对于南海问题，日美强调对局势的严重关切，重申反对采取单方面"胁迫"行动，包括填海以及把有争议的海域军事化，指责这些行动改变了现状，加剧了局势的紧张。日美强调继续参与南海事务的重要性，各自将持续支持"航行自由"活动、双边和多边培训和演习，以及能力建设援助等。(3)在新领域的安全合作上，日美双方表示将扩大太空方面的双边合作，特别是在能力恢复、太空态势感知、有效载荷托管和卫星通信方面。日美呼吁同盟及时强化磋商有关应对严重网络事件的对策，强调加强盟军威慑和防御的重要性。(4)在国际安全合作方面，关于与东南亚国家的合作，日美强调将进一步加强能力建设以及在海上安全、国防机构建设、人道主义援助和救灾等领域的防卫设备和相关技术的转让，双方强调认识到维护该区域海洋秩序的重要性，确认共同就海洋安全能力建设开展政府间对话。①

2017年11月，特朗普首次访日期间就阐述了"印太战略"，与安倍提出的"自由开放的印太"构想相呼应，在一定程度上提振了日本坚定日美同盟的信心。特朗普时期日美同盟的强化甚至比之前有更大的进展。2018年底，美国国会立法通过了《亚洲再保证倡议法案》(*The Asia Reassurance Initiative Act*, ARIA)。该法案旨在向美国的盟国保证美国国会致力于"印太"地区的长期战略，强调扩大与盟国和伙伴国的安全和防务合作，主张在"印太"地区保持强大的军事存在。该法案承认日美同盟在促进地区和平与安全方面的价值，呼吁深化与日韩的三边安全合作，支持日美同盟与印度、澳大利亚间的四方安全对话。该法案还提出了新的要求，授权每年支出15亿美元支持各种安全倡议。② 2019年1月，美国日本问题专家、战略与国际问题研究中心的迈克尔·格林

① "Joint Statement of the Security Consultative Committee," August 17, 2017, https://www.mofa.go.jp/na/st/page4e_000649.html.

② "The U.S.-Japan Alliance," June 13, 2019, https://crsreports.congress.gov/product/pdf/RL/RL33740.

表示，民意调查显示，美国对日美同盟的支持率处于几十年来的最高水平。①

在2019年4月19日的日美"2+2"安全磋商会议上，日美明确将"印太"地区作为两国安全合作的重点方向，提出日美同盟是"印太"地区和平、安全、繁荣的基石，日美两国将共同努力实现"自由开放的印太"。四位部长确认，日美两国将共同增强在该地区的存在，同时通过联合演习、港口停靠和其他活动与地区的伙伴加强合作。日美两国还强调将加强跨领域合作，包括在太空、网络空间、电磁波等新领域内加强能力建设，双方申明国际法适用于网络空间。此外，美国表示将通过合作来为日本提供先进的武器系统。为提高日美同盟的战备水平，日美双方还就进一步深化相互的资产保护、后勤保障、联合情报、监视和侦察等合作交换了意见。②

在新冠疫情背景下，日美同盟正酝酿新的强化。2020年12月，美国出台了第五份"阿米蒂奇报告"——《2020的美日同盟：全球议程下更平等的联盟》，提出日本在制定区域议程、支持自由贸易协定和多边合作，特别是在美国时局不稳定的时候实施新的战略等方面可以参与塑造地区秩序，是日本历史上第一次在联盟中扮演平等的角色，认为日本充满活力的地区领导能力对美国有益，提出美国应鼓励日本发挥领导作用。③

第三节　日本强化日美同盟的路径

第二次世界大战后，不管是自民党还是其他的某个政党或联合政党组阁，日本政府一直坚持日美同盟是日本外交安保基石的路线。偶尔有如民主党的鸠山由纪夫政府宣称要摆脱对美依赖，但不久政权就遭遇垮台。继任的民主党菅直人政府则又迅速回归到所谓的"现实主义"的日美同盟路线上。

① "Japan's National Defense Strategy," January 16, 2019, https://www.csis.org/analysis/japans-national-defense-strategy.

② "Japan-U.S. Security Consultative Committee (Japan-U.S."2+2")," April 19, 2019, https://www.mofa.go.jp/na/fa/page3e_001008.html; Joint Statement of the Security Consultative Committee, April 19, 2019, https://www.mofa.go.jp/files/000470738.pdf.

③ "The U.S.-Japan Alliance in 2020: An Equal Alliance with a Global Agenda," December 7, 2020, https://www.csis.org/analysis/us-japan-alliance-2020.

这一方面是美国不想让日本脱离其亚洲战略安排，另一方面则是当前的日本还需要借助日美同盟来影响和建构周边安全环境，使自己国家的安全与利益得到保证和优化。日本坚信，即便日美同盟的可靠性出现疑问时，它也仍是日本安保战略的最优选择。安倍再次执政后，日本更加战略性地运用综合力量开展外交安保。特别是在东北亚，日本在“积极和平主义”理念之下，采取多路径的方式强化运用日美同盟，重在提升其“实效性”。

一、加强安全信赖关系和安全合作对话

日本注重从内部强化日美同盟的信赖关系，并通过高层对话与协商促进日美安全关系的深化。首先是日美首脑层面，日美两国领导人密切的私人关系甚至被认为是两国安全关系的“压舱石”。自2015年4月26日起，安倍对美国开展了长达八天的国事访问，旨在增进日美关系。这次访美是自2006年以来日本首相第一次对美国进行的正式访问（此前2013年2月安倍的访美属于工作访问），安倍也成为第一个登上美国国会众参两院联席会议讲坛发表演讲的日本首相。在题为《迈向希望的同盟》的演讲中，安倍强调“曾以命相搏的敌人，现在成了心灵相通的朋友”①。奥巴马与安倍一起出席联合记者会时则使用了“为了彼此”的日语，彰显日美同盟的深化。2015年版日本《外交蓝皮书》提出，“日本将与实行‘亚太再平衡’战略的奥巴马政府进行合作，在全部领域加强日美同盟关系”②。2016年12月，安倍与美国总统奥巴马一起访问“二战”时太平洋战争的开端地——珍珠港，展示了“昔日的敌人已经成为最紧密的盟友”。特朗普一上台，安倍就出访美国并开展“高尔夫外交”。其后的两国联合声明重申“日美同盟是亚太地区和平与繁荣的基石”，确认了美军对日本的防卫义务，强调《日美安全条约》第五条适用于钓鱼岛“问题”等。日本在关键的安保议题上得到了特朗普政府很多“重要承诺”。在日本的努力下，日美两国多次强调“百分百的共存”③。2017年8月8日，日本自卫队统合幕僚长河野克俊与美军参联会主席约瑟夫·弗朗西斯·邓福德会谈，双

① 外務省「米国連邦議会上下両院合同会議における安倍総理大臣演説」、http://www.mofa.go.jp/mo-faj/na/na 1/us/page4_001149.html。

② 外務省「外交青書2015」、http://www.mofa.go.jp/mofaj/gaiko/bluebook/2015/pdf/pdfs/3_1.pdf。

③ 首相官邸「トランプ米国大統領及びプーチン・ロシア大統領との電話会談についての会見」、http://www.kantei.go.jp/jp/97_abe/actions/201709/03kaiken4.html。

方确认“任何一方受到攻击就是对全体的攻击”①。2017年11月5日，访日的特朗普在东京美军横田基地发表演讲时表示：“日本是极其重要的同盟国。”② 其次是安倍与驻日美军高层之间的对话。2018年4月26日，安倍与美军太平洋司令部司令哈里斯举行会谈，双方确认进一步强化日美同盟至关重要。最后是美日外交防卫部门之间以及日本军方与驻日美军之间展开对话并达成多项共识。日美外交防卫“2+2”安全磋商机制形成的安全共识更多，并且两国的安全合作得到进一步推进。相关文件提出，两国“探索更多的合作方式，探索在各个领域的新活动，如情报监侦、训练和演习、研发、能力建设、共同使用设施”，共同承诺在“双边规划、防空和导弹防御、非战斗人员撤离行动、防务装备和技术合作、情报合作和信息安全”等领域加强合作。③ 共同文件强调：“同盟用全部军事力量来保证对日本安全的承诺，包括美国的核力量。”④ 2019年10月7日，日本防卫大臣河野太郎在日本防卫省与驻日美军司令凯文·施耐德举行了会谈，确认了双边合作的重要性，力图通过交换意见进一步加强日美同盟的威慑力。

二、调整自身体制，配合美国的安全需求

日本不断调整自身体制，以适应新形势下日美同盟强化的要求，从被美国保护的角色转为支援美国的角色，旨在使日美同盟在东北亚发挥更大的安全作用。而在这个过程中，日本自身的安全能力也因部分“解禁”得以发挥。安倍强调，日本需要为国家安全和世界和平做出积极贡献，但这不是墨守“待着不动、不做坏事”那种程度的“消极和平主义”，而是一种主动的“积极和平主义”。为此，安倍政府在日美同盟上所做的强化主要有以下两方面：一是“对美积极”。重视驻日美军的作用，继续支持驻日美军基地发挥安全上的地理优势，配合驻日美军的要求，对美军普天间空军基地搬迁至冲绳岛北部名

① 「日米制服組トップが会談対北連携強化で一致」、http://www.sankei.com/politics/news/170818/plt1708180021-n1.html。

② “Remarks by President Trump to Servicemembers at Yokota Air Base,” November 5, 2017, https://www.whitehouse.gov/briefings-statements/remarks-president-trump-servicemembers-yokota-air-base/.

③ 外務省「日米安全保障協議委員会共同発表」、http://www.mofa.go.jp/mofaj/na/st/page4_003204.html。

④ 同上。

护市边野古地区持坚定不移的态度，[①] 以强化美军的“前沿部署”战略，支援美军的“海空一体战构想”及“联合作战介入理念”。二是“使己积极”。为更好地发挥美军的影响力，日本大幅调整战后国内安保法制，构筑起能给美军提供全面支援的制度与框架，强化与美军在面临危机和紧急情况下共同开展作战行动的能力。2014年7月，日本内阁通过解禁集体自卫权的决议案提出自卫队“武力行使的条件”包括与日本关系密切的国家遭到武力攻击，为日本武力保护美国扫除障碍。2015年7月，日本国会又通过新安保法案，规定自卫队除能执行原有的“海外日本人等的运送”外，还可以采取护卫、营救以及防护美军武器等措施。这些调整既解决了一直困扰日本的集体自卫权问题，也解决了自卫队一直以来不能“合法”地在国门之外发挥安全作用的问题。同时，日本凭借“和平安全法案”开始积极参与对美军武器的防护作业。2016年12月，日本国家安全保障会议出台《关于自卫队法第95条第2款的运用指针》，以美军为对象，开始具体施行该条款。[②] 对于冲绳县强烈呼吁减轻基地负担、要求将美军普天间机场迁往县外的困扰日美同盟的冲绳美军基地问题，日本政府的态度也是积极保证美军的驻留。《日本国家安全保障战略》强调要确保在日美军地位的稳定。[③] 日本2015年版《外交蓝皮书》也强调“在日美安保体制下确保美军的前方部署并使其遏制力提升”[④]。日本防卫省的方针是，在努力取得驻日美军的理解和协助的同时，继续推进美军重组等工作。2018年版日本《防卫计划大纲》提出的“多域联合防卫力”新防卫战略，实质上也是为了配合美国的军事战略调整，加强日美同盟。

三、加强自卫队和美军的“一体化”运用

日本不断扩展日美安全合作领域，加强自卫队和美军的“一体化”运用，向外展示日美同盟的生命力、牢固性与可靠性，提升日美同盟在东北亚的威慑力。特朗普就称“美军与自卫队的(相互)运用能力提高到了史无前例的程

① [俄]B.O.基斯塔诺夫：《日本的东北亚政策：问题和趋势》，《东北亚学刊》2015年第4期。

② 防衛省「平成29年版防衛白書」、https://www.mod.go.jp/j/publication/wp/wp2017/pdf/29000032.pdf。

③ 内阁官房「国家安全保障戦略について」、http://www.cas.go.jp/jp/siryou/131217anzenhoshou/nss-j.pdf。

④ 外務省「外交青書2015」、http://www.mofa.go.jp/mofaj/gaiko/bluebook/2015/pdf/pdfs/3_1.pdf。

度”[①]。2017年2月4日，日本防卫省防卫装备厅宣布，日美在夏威夷附近首次成功实施了SM-3 BLOCK-IIA型反导导弹实弹拦截试验。日美《物资与劳务相互提供协定》于同年4月生效，该协定允许自卫队在“作战区域”向美军提供弹药支援、补给美舰等。根据日美在太空项目上的合作计划，2022年日本宇宙航空研究开发机构将与美军完成合作，[②]构筑针对全球的监视网。[③]日本防卫省正在开发用于监视太空垃圾的高精度雷达，运作雷达的专门机构设置在航空自卫队下，相关费用列入2018年的预算案中。[④]如果新雷达和日本宇宙航空研究开发机构的数据实现一体化，有关太空垃圾以及卫星破坏兵器的相关情报也将和美军共享。[⑤]此外，日本还大量购买美国的军事设备，进一步实现两军设备、技术及操作一体化。安倍再次上台以来至2017年的五年时间内，在两国政府直接签约采购装备的有偿军事援助（FMS）框架下，日本购入美式装备总额是之前五年总额的4.5倍，其中，2017年度预算额达到3596亿日元，约为五年前的2.6倍。[⑥]在军售制度下，美国与日本的政府间军售规模达221亿美元，已实施的重要交易项目有：F-35联合攻击战斗机、“宙斯盾”系统、E-2D机载预警机、KC-46加油机、“全球鹰”无人机、MV-22“鱼鹰”倾转旋翼机，以及AIM120先进中程空空导弹（AMRAAM）、UGM-84“鱼叉”反舰导弹和SM-3 Block IIA弹道导弹防御拦截导弹等。自2014年以来，美国还批准通过直接商业销售程序向日本永久出口超过143亿美元的国防用品，主要类别包括飞机部件、发动机和相关设备、军用电子设备、运载火箭、导弹、火箭和相关

① “Remarks by President Trump to Servicemembers at Yokota Air Base,” November 5, 2017, https://www.whitehouse.gov/briefings-statements/remarks-president-trump-servicemembers-yokota-air-base/.

②「防衛省、地上配備型イージス導入へ対ステルス機レーダー試作に196億円平成30年度概算要求」、http://www.sankei.com/politics/news/170817/plt1708170017-n1.html。

③「空自に『宇宙部隊』創設へ…対衛星兵器など監視」、『読売新聞』、2017年8月18日。

④「空自に宇宙監視レーダー衛星破壊兵器など対策専門部隊新設へ準備要員配置も」、http://www.sankei.com/politics/news/170817/plt 1708170018-n1.html。

⑤同上。

⑥『米の「言い値」第2次安倍政権で急増』、『毎日新聞』、https://mainichi.jp/articles/20171217/k00/00m/040/104000c。

物品。[①]

日美联合军演频繁，进一步密切部队间的互操作性。自1997年以来，日本自卫队和美军联合开展了“尖刀”演习，这是一项年度联合野战训练演习，旨在增强日美同盟框架内的战备力量和互操作性。自2007年以来，日本与美国和印度一起参加了马拉巴尔演习。2017年日美军演活跃。4月以来，日本海上自卫队补给舰多次给美国军舰加油。[②]日本的护卫舰也对美国补给舰加以护卫。[③] 5月，美国补给舰在从横须贺基地前往日本海的途中，日本海上自卫队还给予了护卫。[④]海上自卫队还在朝鲜半岛西侧的黄海及日本海的公海进行警戒监视，并把有关情报提供给美军。[⑤]日美联合军演也空前频繁。7月30日，航空自卫队的F-2战斗机和美国B-1战略轰炸机在九州西部至朝鲜半岛近海的空域实施了联合军演。时任外相兼防卫大臣的岸田文雄认为，军演旨在“提升日美共同应对的能力及部队的战术技能”[⑥]。2017年9月29日至10月1日，海上自卫队护卫舰“涟漪”号在冲绳周边至南海海域与美国航母“里根”号在应对潜艇及战斗机的假想下展开联合军演。[⑦] 10月7日，护卫舰“岛风”号在冲绳附近海域与美军核动力航母“里根”号实施联合军演。11月11—12日，海上自卫队首次与美国三艘航母实施联合军演。[⑧]

---

① “U. S. Security Cooperation With Japan,” Bureau of Political-Military Affairs, May 21, 2019, https://www.state.gov/u-s-security-cooperation-with-japan/.

②「ミサイル防衛中の米イージス艦に海自艦が給油＝政府関係者」、『朝日新聞』、http://www.asahi.com/international/reuters/CRWKCN1BP0C3.html。

③『首相、米艦防護の実施「逐一お答えすること差し控える」』、『朝日新聞』、https://www.asahi.com/articles/ASK5865LCK58UTFK012.html。

④「ミサイル防衛中の米イージス艦に海自艦が給油＝政府関係者」、『朝日新聞』、http://www.asahi.com/international/reuters/CRWKCN1BP0C3.html。

⑤「海自艦、黄海で警戒監視対北朝鮮」、「制裁逃れ」防止、『朝日新聞』、https://digital.asahi.com/articles/DA3S13310961.html?rm=150。

⑥「日米共同訓練を実施、発射2日後で牽制防衛相自ら異例の公表」、http://www.sankei.com/politics/news/170730/plt 1707300029-n1.html。

⑦「海自が米空母と共同訓練北朝鮮を牽制」、http://www. sankei. com/world/news/171002/wor1710020017-n1.html。

⑧「米空母3隻、朝鮮半島海域離れるロナルド・レーガンはフィリピン海へ」、http://www.sankei.com/world/news/171116/wor 1711160009-n1.html。

四、落实日美“盾”“矛”分工

日本落实日美间的“盾”和“矛”的战略分工,积极维持日美同盟所需要的安全环境,在为美国分忧和“看管”东北亚的同时,还主动追求“矛”的进攻性功能,以在东北亚谋求源自日本的“威慑力”。由于日本在军事作用上的“非正常”状态,自卫队与美军的关系被形容为“盾”和“矛”的关系,日本担当“防守角色”。尽管冷战后不久日美同盟就遭遇“漂流”,但经历调整后仍维持着美军担负“攻击之矛”、日本贯彻“防守之盾”的基本格局。① 这种战略分工框架,要求日本完成两项任务:一是开展从弹道、巡航导弹防御到岛屿防御的国土防卫工作;二是保护海上通道,以保障自身的生存和对美军的支援。② 而在对美军的支援上,日本认为西南诸岛关系着日美同盟的安保效用,主张“控制这些地方不仅是作为独立国家的日本的责任,而且对稳定而灵活地运用日美同盟这个维护亚太稳定的关键要素也具有极为重要的意义”③。为应对可能的美中冲突,日本主张“有必要加强从冲绳至台湾的西南诸岛的防卫”④。安倍政府积极考虑将F-35B战斗机运用于与那国岛等西南诸岛上跑道较短的离岛机场,以增强航空自卫队对该区域的监控与应对能力。此外,为了更独立和准确地实施自己的东北亚安全战略,日本又涌现出主动走向前台扮演“矛”的冲动。在特朗普“美国优先”的冲击下,对美国能否继续全心全意地提供安全保护的疑虑在日本政界与安保界蔓延,反推了日本“要积极”的想法。2017年3月,在应对朝核问题上,时任日本自民党相关研讨会主席的小野寺五典在给安倍政府的建议书中建议,“在强化作为‘盾’的弹道导弹防卫的同时,也要拥有巡航导弹等‘矛’的一面”,强调要拥有对敌基地的主动攻击能力。他还说:“拥有反击能力是必要的,目前是美国在承担相应的任务,但日本也应该有这个能力。根据安保法案可以行使集体自卫权,当朝鲜攻击韩国

①「巡航ミサイル　専守防衛の枠を超える」、『朝日新聞』、https://www.asahi.com/articles/DA3S13270558.html。

② [日]香田洋二「中国の南シナ海環礁埋め立てと日本の安全保障」、日本ネットホームページ、https://www.nippon.com/ja/currents/d00190/。

③ [日]香田洋二「南シナ海判決を前に軍艦を日本領海に侵入させた中国の思惑」、日本ネットホームページ、https://www.nippon.com/ja/currents/d00226/。

④「米軍、対中衝突想定で日本に役割『第1列島線』委ねる案、検討」、『東京新聞』、http://www.tokyo-np.co.jp/s/article/2017091601001098.html。

时，在日本的美军基地被朝鲜攻击前，为支援韩国，日本难道不能拥有可以攻击朝鲜的兵器吗？”他建议，“日本应该拿‘矛’这样的观点向美国说明”，“为了用导弹保护美军在日本的军事基地，希望美国方面强化‘盾’的作用”。①

五、将日美同盟运用于地区安保议题

日本把日美同盟运用于对抗东北亚国家，为处理域内争端和安全问题谋取后盾，并趁势扩展其在东北亚的安全利益及谋求区域安全话语权。一是日本通过强化日美同盟来牵制中国崛起，增强与中国对抗的能力，在包括领土争端等问题上取得优势。日本认为中国是其最大的“安全威胁”，美国尽管相对影响力下降，但依然是世界综合国力最强的国家，因此日本需要美国这样的强大伙伴来“牵制”中国在军事安全领域的崛起，加上日本独自难以应对与中国的争端，需要强大的日美同盟来作为后盾。在日本的要求下，日美两国通过首脑会谈等多种方式确认《日美安全条约》第五条适用于钓鱼岛，以给中国发出“信号”并展示威慑。二是日本通过日美同盟向朝鲜加大施压，以使朝核问题向利于日本的方向发展，并趁机解决日朝间的绑架问题。在朝核问题上，安倍政府的目标是“朝鲜以完全、可验证且不可逆的方式，放弃核武器和导弹计划，而且要继续解决最为重要的绑架问题”② 。为迫使朝鲜改变政策，安倍政府的举措表现得比美国的“极限施压”政策还要强硬。日本多次向美国强调日美合作的重要性，安倍甚至与特朗普一周进行三次电话会谈，在首脑层面确认加大对朝鲜施压。为防止美国在朝核问题上退步，日本在日美同盟框架内频繁地对美进行“提醒”和“确认”。日美“2+2”《共同声明》也以最为严厉的措辞谴责朝鲜。在韩国冬奥会后，朝核问题出现和缓与对话趋势。2018年3月9日，安倍在与特朗普的电话会谈中，又拜托美国在即将进行的美朝会谈中谈及“绑架问题”。此外，对朝鲜半岛问题没有太大影响力的日本频繁高调发声的另一个目的，就是借日美同盟谋求在东北亚安保问题，特别是核不扩散问题上的引领力与话语权。三是试图以日美同盟为基础构建日美

①「敵基地への攻撃能力持つべき？ 小野寺元防衛相に聞く」、『朝日新聞』、http://www.asahi.com/articles/ASK47778GK47UTFK01N.html?iref=pc_rellink。

② 首相官邸「第百九十六回国会における安倍内閣総理大臣施政方針演説」、2018年1月22日、http://www.kantei.go.jp/jp/98_abe/statement2/20180122siseihousin.html。

韩同盟,在地区扩建起对抗其他国家的联盟体系。在日美韩之间,日本和韩国都是美国的同盟国,日本认为韩国与其共有战略利益,通过各种机会试图强化“日美韩三边”中相对薄弱的“日韩”一边。日韩《军事情报保护协定》的形成就是三国向“同盟”迈进的表现。日本还积极参与美国的“航行自由行动”,在实现自身介入地区安全议题的同时,又丰富了日美同盟的内容。

第四节　东北亚安全新困境

在同盟关系下,日美安全合作密切而深入。仅2018年,包括电话会谈在内,安倍和特朗普就举行了共计36次首脑会谈,其中不少都涉及两国的安全合作问题。日本2019年版《外交蓝皮书》强调:“在日益严峻的地区安全环境中,日美同盟比以往任何时候都更加重要。”[①] 但是,日本对日美同盟的强化运用更具有消极影响,特别是对东北亚地区。在实现对外安全战略的路径上,日本2013年版《国家安全保障战略》一方面特别强调“强化日美同盟”,主张通过加强“伙伴间的互信及合作关系”来消除及减少针对日本的直接威胁;另一方面,也强调通过自身“强化威慑力”以及“在纠纷方面发挥主导作用”来改善安全环境。鉴于自身军事实力和军事功能存在缺陷,日本又巧妙地将后者融入对前者强化和运用的过程当中。这也是日美共同对地区安全产生复杂影响的原因之一。当前,日美同盟加以强化的主要安全特征就是追求对外的威慑力。日本认为,使东北亚国家坚信“美国保护日本”“日美安保体制一定会被启动”的这种“确定性”,是日美同盟在地区产生有效遏制力的重要组成部分,而如果地区内其他国家不认为“会被启动”,那么安保条约就变成了废纸一张。而对他者威慑的增强必会引起对方的反弹,最终进一步加剧安全困境。

一、阻碍东北亚安全合作的深入

日本在东北亚对日美同盟的强化运用,其目的就是通过加强和提升美国的地位来让同盟发挥更大的作用,由此提升日本在东北亚的话语权与影响力。由于与朝鲜还没有实现邦交正常化,与韩国因慰安妇等二战侵略历史问

① “Diplomatic Bluebook 2019,” https://www.mofa.go.jp/files/000527162.pdf.

题也很难真正走近，对崛起的中国充满了对抗情绪，与俄罗斯之间也存在领土争端等问题，因此日本很难与地区各国在安全上实心实意地合作。加上东北亚安全架构是多层次、复合型的安全网络，各国在东北亚安全机制构建上也主张各异。日本认为日美同盟才是其在东北亚最能实现自身安全和利益的体系，因此日本也不愿选择其他的安全架构，甚至是破坏地区既有的安全机制，这显然不利于东北亚安全合作的深入。

在朝核问题的处理中，日本一度有抛弃“六方会谈”而以日美韩为中心构建“三角同盟”的意图。2018年3月22日，日本外相河野太郎在众议院安全委员会上还发表了“朝鲜所持核武器的废除和处理将委托给美国”这样的见解，有明显绕过“六方会谈”的意思。日本对日美同盟的强化运用在固化了东北亚安全合作机制的多样化和分散化的同时，也在地区进一步造成不均衡体系，使其安全影响力进一步倾向于美国的军事同盟体系，阻碍了东北亚安全共同体的建设。而且，日本将日美同盟这个所谓的“公共产品”当作遏制和影响东北亚各国的“私器”，更缺少对地区安全建设的关怀。日本《防卫白皮书》就表示，根据《日美安全条约》，美国维持并强化在亚太地区的参与程度和存在更符合日本的利益。[①]

二、不利于东北亚安全互信的构建

基于历史原因和对战略安全的考量，日本对日美同盟的强化及其运用受到了东北亚各国的密切关注，并引发安全疑虑。俄罗斯认为日美军事同盟的强化对其构成较大的军事压力。俄罗斯外交部发表声明，严重关切日本部署美国防空反导“宙斯盾”系统的决定，认为这是朝着建立美国全球导弹防御体系的亚太地区导弹防御系统的方向迈进，指出日本的行为直接违背了俄日在军事政治领域建立信任的优先任务，并给双边关系的整体氛围造成了负面影响。[②] 在2018年3月21日的日俄外相会谈中，日本再次觉察到，俄罗斯对日美同盟的警惕感是日俄在“南千岛群岛”问题上难达成果的重要障碍。

中国也多次对日美同盟表达关切，强调其“是在冷战时期形成的双边安

---

① 防衛省「平成29年版防衛白書」、http://www.mod.go.jp/j/publication/wp/index.html。

② 俄罗斯外交部：《俄罗斯外交部官方发言人玛利亚·扎哈罗娃新闻发布会》，2018年2月8日，http://cn.mid.ru/press_service/video/56/768。

排，美日双方有责任确保美日同盟不损害第三方利益，不损害亚太地区的和平与稳定”，“希望美日双方慎重行事，为促进本地区和平稳定发挥建设性作用，而不是相反”。[①] 韩国则对日本强化运用日美同盟的用意是否包括对朝鲜半岛怀有野心而保持警惕。针对新《日美防卫合作指针》及日本新安保法案的通过，韩国表示：“不会容忍日本在韩方不同意或未提出相关要求的情况下，实施涉及韩半岛安全和韩国国家利益的军事行动。”[②] 2015年10月21日，韩国国防部还发布了有关日本自卫队进入朝鲜领域时需事先获得韩国政府同意的“立场资料”。对此，日本则被迫在日韩防长会谈中以书面形式(《联合公报》)承诺遵守“专守防卫”原则。而对日本试图打造“日美韩”同盟，2017年9月，韩国总统文在寅在访美出席联合国大会期间，与美日首脑会晤时明确表示，美国是韩国的同盟但日本并不是，意在强调无法接受日方所要求的美日韩军事同盟，并强调美日韩紧密合作的理由在于应对朝鲜“核导挑衅”，但若发展成为三国军事同盟则并不可取。[③]

三、不利于东北亚安全形势的稳定

日美同盟宣称是亚太安全的基石，但实质是日美两国以联盟形式来应对体系之外被它们视为具有“威胁”的国家，依旧沿袭冷战时期的对抗思维，成为激化朝核问题的重要因素。朝核问题实质上是安全问题，主要原因就是美国及其安全同盟体系对朝鲜构成了安全威胁。加上历史原因，朝鲜对日本的安全动向一向警惕，对日本主张在日美同盟框架下对朝鲜形成“威慑力”的做法甚是反感。对于2017年10月的日本海上自卫队护卫舰“涟波”号与美国核航母“罗纳德·里根”号进行的联合军演，朝鲜称日本“欲走侵略老路的活动已越过了红线”，警告“参与战争的日本的一切也都会被夷为平地”。[④]

日本对日美同盟的运用的另一个结果就是将域外大国美国引入了日本与东北亚内部国家间的领土权益等争端之中，这无疑会激化东北亚本就复杂

① 《2017年8月21日外交部发言人华春莹主持例行记者会》，中国外交部，http://www.fmprc.gov.cn/web/fyrbt_673021/t1486239.shtml。

② 《韩日防长20日在首尔举行会谈　商讨新安保法案等事宜》，韩联社，http://chinese.yonhapnews.co.kr/newpgm/9908000000.html?cid=ACK20151015002600881。

③ 《文在寅强调韩美为同盟　韩日则非同盟关系》，韩联社，http://chinese.yonhapnews.co.kr/newpgm/9908000000.html?cid=ACK20171105000500881。

④ 《日本依仗美国狂妄猖獗》，《劳动新闻》2017年10月9日。

的"安全困境"问题。日俄间"南千岛群岛"(日本称"北方四岛")问题的解决及和平条约的签订都因此受到影响而迟滞不前。2017年11月11日,俄罗斯总统普京在亚太经合组织峰会的记者会上透露,日俄和平条约的签订问题"必须关注日本在防务安全领域对伙伴国所负有的义务会如何影响谈判",明确提出日美同盟是个问题。普京还强调,如果将"南千岛群岛"交给日本,美军可能基于《日美安全条约》在此进行部署。[①] 鉴于日美同盟的强化,为加强海上战略威慑态势,俄罗斯除了在"南千岛群岛"(择捉岛和国后岛)推进军事设施的建设外,还计划至2020年为止在太平洋舰队配备四艘"北风之神"级的弹道导弹核潜艇。此外,日本在《日美安全条约》下,在钓鱼岛问题上对中国施压也为美国介入东北亚争端提供了"抓手"。而日本在更广泛的日美共同安全战略构想下,对崛起的中国的监视和围堵,更会加剧东北亚地区安全形势的复杂与紧张。

四、有可能改变东北亚的安全结构

受制于和平宪法,当前的日本在东北亚还不是一支能独立产生重要军事影响的安全力量。但日本以巩固日美同盟为由,在"积极和平主义"的旗号下,正逐渐转变其在同盟中的"消极"安全角色,开始谋求进攻性安全能力。这是日本对日美同盟强化的战略性运用,目的就是摆脱"战后体制",成为"正常国家"乃至军事大国,其结果是日本必将从内部打破日美同盟。日美同盟曾被认为是抑制日本在地区追求霸权的约束机制,能对日本军国主义发挥"瓶塞"作用。在美国认为日本是"威胁",以及美国实力强大并可以有效"看管"日本的时期,日美同盟可以发挥上述功能。但在对东北亚安全威胁的认知发生变化的形势下,特别是随着实力的相对衰弱,美国却对战后以来处于"消极安全角色"的日本越来越不满,甚至认为其对日本安全保护的支出正是"美国衰弱"的原因之一。奥巴马政府时期,美国的"亚太再平衡战略"就希望盟友更多地承担地区的安全责任,特朗普政府则更明确地希望日本积极承担自己的防务。根据皮尤研究中心2015年的调查,47%的美国人表示,日本应

① "Putin Links Japan-U.S.Security Alliance to WW Ⅱ Peace Treaty with Russia,"November 12, 2017, https://www.japantimes.co.jp/news/2017/11/12/national/politics-diplomacy/putin-links-japan-u-s-security-alliance-peace-treaty-russia/#.WgmpHdInYYI.

该在区域事务中扮演更为积极的军事角色。[①] 和战后初期相比，美国正转为扮演推动日本成为军事大国的角色。对日本而言，日美同盟是其实现军事大国的“成长蛋壳”，目前暂时受“蛋壳”的保护和辅助，但最终一定要突破“蛋壳”实现军事“新生”。目前东北亚的安全结构是以美（含其盟国）、中、俄为主要影响主体，韩、朝为次级影响主体的格局，日本在美国的同盟体系内发挥着辅助和配角的作用。而当日本的军事大国转型完成后，东北亚必将新增一支安全力量，既有的安全结构将被打破。而美国的相对衰弱及其对日本安全保护的“不确定”性，将促发日本密切把握“内向的美国”在亚洲造成的“空隙”，并进一步推动东北亚安全结构变动的提前到来。

日本基于日美同盟展开安全战略，在一定程度上弥补自身安全能力“先天不足”的缺陷，并且因美国强大的全球影响力而更便利地得到较多的安全收益。但日本的这种“安全路径”依赖也有相当的不足，那就是日本的东北亚安全战略效果也会由此深受美国东北亚安全政策的制约和影响。在朝核问题的处理上，安倍政府坚持追随并超出美国的“极限施压”政策，想以“冲锋在前”的坚定姿态引领美国的东北亚政策，服务于日本的利益与目标。结果，在美国朝核政策发生转向的时候，日本就遭遇到了“越顶外交”和“打脸尴尬”，引发外交步伐混乱，并遭到了日本国内的批评，充分暴露了日本搭美国安全便车的困境。

① [英]戴维·皮林：《中国崛起考验美日同盟》，FT中文网，http://www.ftchinese.com/story/001061749。

第六章　日本对华安全政策与新时代中日安全关系

受历史问题、地缘和战略等多重因素影响，安全问题一直是中日关系中的敏感问题，安全关系也是中日关系中最为薄弱的一个环节。日本对安全利益界定的广泛性更使日本对华安全政策包含了更多的考虑，也受到了更多因素的困扰，这些安全利益既包括日本自身的安全利益、日美同盟的巩固及日本周边安全环境的塑造，还包括日本所依赖的全球安全环境，甚至是所谓的“价值观”“规则”等不受到中国的“挑战”和“威胁”。麻生太郎在担任外相时期就明言，对于日本这样的大国，在其追求自身生存、稳定、繁荣三大国家利益的同时，世界上发生的任何事情都不能被视为与己无关。[①] 而在美国的“不确定”和中国发展的背景下，日本对华安全的负面性认知持续加强。此外，由于中国及中日关系本身的重要性，加上全球进入新的“大变局”时代，日本在安全上仍注意与中国开展“协调”，但是中日安全关系面临的挑战却是不容乐观的。

第一节　日本对华安全的消极认知

日本安全战略是以日美同盟为基轴的，在安全上深受日美同盟的约束，其应对中国的安全策略深受美国亚洲安全战略的影响。日本努力使自己成为地区的主导者，为维护自身的地位，敏感地关注区域内力量的消长变化及其可能带来的安全影响。由于和中国存在岛屿争端等现实问题以及复杂的

① Speech by Mr.Taro Aso, Minister for Foreign Affairs on the Occasion of the Japan Institute of International Affairs Seminar “Arc of Freedom and Prosperity: Japan’s Expanding Diplomatic Horizons,” November 30, 2006, https://www.mofa.go.jp/announce/fm/aso/speech0611.html.

历史问题，日本在安全上有明显的、不隐晦的针对中国的政策选择倾向。在这样的情况下，日本对中国正常的军事活动和对外活动均视而不见，却担心中国会再次构建“大中华帝国”。[①]

一、日本对华消极安全认知的基础

日本所追求的地区安全体系是以美国为中心的所谓的“均衡体系”，安倍政府“在很大程度上把日本自卫队置于五角大楼的领导下，将其置于美国在亚洲乃至全世界范围内围堵和遏制中国的‘大战略’中”。[②] 细谷雄一就主张以军事力量与军事同盟迫使中国服膺于由日本主导、美国撑腰的新亚太安全建构，提出在东亚恢复“均衡的体系”。[③] 与中国担心美国在亚洲的利益过度扩张不一样，日本担心的却是美国在该地区的利益下降。[④] 为巩固日美的共同利益，日本在地区注重维护美国的安全利益并将之与自己的安全利益相融合。在对外关系上，日本还持有浓厚的价值观理念，强调共享价值观的重要性，与美国一起应对同盟之外持不同价值观的国家。

日本自身的某些独特性使其密切关注新兴崛起大国可能对其带来的安全影响。日本是一个“全球型”国家，既拥有全球性的利益，也拥有因全球性而形成的安全缺陷，如日本对石油等原材料进口的高度依赖。日本的外部物资一部分从马六甲海峡输入，另一部分则通过南海和东海通道运输。第二次世界大战结束后，日本一直都是依靠美国来保证自身顺利地获得这些资源。因此，日本的安全战略包括防止中国封锁这些海上航道。[⑤] 日本对来自他国的威胁的关注又和日本的危机意识密切相关。一方面，危机意识源于日本自身的缺陷。国土的狭小、资源的短缺、灾害的频发等恶劣的现实存在都使得日本人缺乏安全感，在心底警钟长鸣。另一方面，危机意识也源于日本在文化形成

① [日]麻生太郎『自由と繁栄の弧』、幻冬舎、2007年、6—7頁。

② Stephen Harner,“Under Abe,Japan Partners with U.S.to Contain China—But Will It Last to September?”http://www.forbes.com/sites/stephenharner/2015/04/29/under-abe-japan-partners-with-u-s-to-contain-china-but-will-it-last-to-september/.

③ [日]細谷雄一『18世紀ヨーロッパから21世紀アジアへ』、中央公論新社、2012年、330—333頁。

④ George Friedman,“Examining Japan's National Security Strategy,”February 4, 2016, https://geopoliticalfutures.com/examining-japans-national-security-strategy/.

⑤ Ibid.

早期与发达的其他文明在交往和比较中因自卑而产生的自我警醒。在危机意识下，日本对崛起的中国给予格外的安全“关注”。

日本认为中国是其当前安全上需要应对的重要对手。在围绕《特定秘密保护法》展开的国会辩论中，安倍就说：“为了回应中国的防空识别区，我们需要辩论日本的防御能力是否充足，这会涉及大量秘密……如果政界人士泄露了秘密，他们将受到惩罚。”① 削弱和压制中国，防止中国对日本的安全利益构成挑战及威胁是日本对华安全战略的目标。日本国家安全保障会议第一次会议讨论的内容就包括中国在东海设定防空识别区等问题。② 另外，为更好地维护日本的安全利益，在合作与和平中实现自身的发展，日本又期待地区一体化及相关安全合作的深化。因此对于崛起的中国，日本也有与之进行安全合作并加以“协调”的一面。安倍在施政方针演说中也明言，“中日关系是最重要的双边关系之一”，应“避免因个别问题影响整体关系”。③

二、日本防卫文书中的“中国威胁论”

日本的对华安全认知与其国内安保智库对华的安全认识有密切关系，日本国内外交安保智库主唱“中国威胁论”，建议政府对华采取“防范”与“管控”战略。④ 这些智库的相关论调成为日本“中国威胁论”的代表性言论，主要包括以下几个方面：

一是认为中国力量增长的本身对日本就是安全威胁。基于结构现实主义，日本把发展的中国视为“假想敌”，提出中国“崛起”是东亚安全力学中的重大变量，并引发了地区的不稳定。日本政府外交安保文书渲染称，“中国在国际社会的影响力日益提高”对“国际政治力学构成很大影响”⑤，“这种力量对比的变化造成了世界各地的秩序不稳定，引发了试图否定现有国界、扰乱

① 中国新闻网：《澳媒：安倍立特定保密法　欲重演战前独裁主义》，http://www.chinanews.com/hb/2013/12-13/5615997.shtml。

② 中国新闻网：《日本国家安全保障会议启动　谈及防空识别区》，http://www.chinanews.com/gj/2013/12-04/5581442.shtml。

③ 首相官邸「第百八十三回国会における安倍内閣総理大臣施政方針演説」、2013年2月28日、http://www.kantei.go.jp/jp/96_abe/statement2/20130228siseuhousin.html。

④ 孟晓旭：《日本外交安保智库及其对“中国威胁”的认知》，《人民论坛》2014年第8期。

⑤ 内閣官房「国家安全保障戦略について」、http://www.cas.go.jp/jp/siryou/131217anzenhoshou/nss-j.pdf。

海洋秩序的动向"[①]。日本《2016年中国安全保障报告》提出，近年的东亚安全保障环境的最大特点是，军事实力快速增强的解放军扩大活动范围，可能加剧地区各国之间的紧张关系，也可能使东亚安全秩序混乱。[②] 日本担心中国海洋力量的崛起，警惕中国远海作战能力的提升，认为这对日本的海洋防卫优势构成了挑战。2016年版日本《防卫白皮书》提出，中国海军正在把自己的海上作战能力向"近海防御与远海护卫"型转变，担忧中国海军在印度洋等地区的作战实施能力可能会得到进一步提升。2017年版日本《防卫白皮书》提出，中国海军具备向更远方投送战力的能力，中国海军舰艇在东海持续且频繁地活动，并有向南扩大至钓鱼岛海域的倾向，认为这对日本是个"威胁"。

二是对中国的军事支出和军事动向抱有警惕。日本2013年版《国家安全保障战略》不指名地提出，相关国家军事动向和安全政策的不透明是国际社会的担忧对象。2013年版日本《防卫白皮书》提出，中国对具体的装备保有情况、采购目标与采购结果、主要部队的编制与部署、军队的主要运用与成果、国防预算明细的内容等，不进行明示。日本尤其担心中国的海洋活动的目的，该白皮书还提出："中国在周边海域扩大并频繁活动，这种动向与中国的军事和安全保障方面的透明性不足相辅相成，成为地区和国际社会的担忧事项。"[③] 日本也担忧美军在海洋和太空内的行动受到中国的制约。[④] 2015年版日本《防卫白皮书》提出，中国正致力于加强非对称军事能力（即"反介入/区域拒止"能力），阻止其他军事力量向其周边地区靠近，并阻碍他国在该地区开展军事行动。日本认为中国已经有在第二岛链内对抗美军的能力，并且正在构筑2025年在"印太"地区对抗美军的能力，进而担忧"自己将会在中国的军事影响下处于孤立状态"。[⑤]

---

① 外務省『外交青書2015』、http://www.mofa.go.jp/mofaj/gaiko/bluebook/2015/pdf/pdfs/1.pdf。

② 防衛省『中国安全保障レポート2016』、http://www.nids.mod.go.jp/publication/chinareport/pdf/china_report_CN_web_2016_A01.pdf。

③ 首相官邸「平成23年度以降に係る防衛計画の大綱について」、http://www.kantei.go.jp/jp/kakagikettei/2010/12177boneitaikon.pdf。

④ 防衛研究所「中国安全保障レポート2019—アジアの秩序をめぐる戦略とその波紋—」、http://www.nids.mod.go.jp/publication/chinareport/pdf/china_report_JP_web_2019_A01.pdf。

⑤ [日]用田和仁「防衛計画の大綱とは何なのか」、http://www.ssri-j.com/SSRC/mochida/mochida-10-20190125.pdf。

三是渲染中国对国家主权的维护是所谓的“单方面改变现状”。日本指责中国在东海划设“防空识别区”妨碍了所谓的“公海上空航行自由”，特别担心中国在钓鱼岛附近海域维护国家主权能力的加强和经常性的巡逻行动。2015年版日本《外交蓝皮书》称：“中国在东海和南海等海域空域，基于和现有国际法不相容的主张，继续尝试单方面改变现状。”[①] 2015年版日本《防卫白皮书》针对中国提出“表现出不妥协地实现自己单方面主张的姿态”[②]这样的表述。2016年版日本《防卫白皮书》又提出“关于中国公务船的动向，出现入侵领海常态化态势”等表述。2019年版日本《外交蓝皮书》渲染中国在南海的快速填海造地是修建前哨并将其用于军事目的。[③]日本还渲染中国有采取“灰色地带”行动的可能。《日本国家安全保障战略》提出：“力量均衡的变化带来问题和紧张局势，围绕领土主权和权益等容易出现既不是正常状态，也不是争端状态的所谓‘灰色事态’，而这种‘灰色事态’也是容易诱发更重大事态的风险因素。”[④] 2017年版日本《防卫白皮书》表示，所谓海上民兵起到了维护中国海洋权益的尖兵作用，有必要关注这种非对称战力。

四是忧虑中国在太空、网络等新领域内的能力提升。2013年版日本《防卫白皮书》提出，网络攻击频繁发生，中国、俄罗斯等被指参与其中。2015年版日本《防卫白皮书》强调，正如中国进行的“卫星破坏试验”所示，“卫星攻击武器”的开发和太空垃圾的飞散等已对各国人工卫星等太空资产构成威胁并引起关注，关于太空利用的风险已成为各国在安全保障方面需要应对的重大课题之一。2019年版日本《外交蓝皮书》指出，(应警惕)中国优先确保在外层空间、网络空间和电磁波等新领域的优势。

三、日本对中国“一带一路”建设的负面安全认知

在安全上，日本对中国的“一带一路”建设有消极认识的表现。2016年版日本《防卫白皮书》提出，中国在吉布提建设的部队后勤保障设施以及在印度洋各国援建港口等基础设施，是“中国致力于提高海军在更远海域持续实施

① 外務省『外交青書2015』、http://www.mofa.go.jp/mofaj/gaiko/bluebook/2015/pdf/pdfs/1.pdf。

② 防衛省『平成27年版防衛白書』、http://www.mod.go.jp/j/publication/wp/wp2015/pdf/27010000.pdf。

③ “Diplomatic Bluebook 2019,” https://www.mofa.go.jp/files/000527162.pdf.

④ 内閣官房「国家安全保障戦略について」、http://www.cas.go.jp/jp/siryou/131217anzenhoshou/nssj.pdf。

作战的能力”。2017年版日本《防卫白皮书》提出：在“一带一路”倡议下，中国在印度洋各国支援港口基础设施建设，除了扩大在该地区的影响力外，还有可能进一步提高中国海军在印度洋等海域的作战执行能力。2018年版日本《防卫白皮书》提出，中国军队可能把对海上交通线的防卫作为“一带一路”倡议得以顺利推进的后盾，“一带一路”倡议中的基础设施建设可能会进一步推进中国军队在印度洋、太平洋等地的活动。2019年版日本《防卫白皮书》提出，中国“近年来稳步提高在印度洋等更远的海域作战的能力”，“‘一带一路’倡议含有扩大中国对地区影响力的意图”。

日本还渲染“一带一路”建设是中国在构建“以己为主”的新型国际关系框架，是对国际秩序的“破坏”。2019年，日本防卫研究所发布的《中国安全保障报告》提出，中国有以自身倡导的安全理念为基础主导构筑新的多边安全架构的意图，“一带一路”倡议有扩大以中国为代表的发展中国家在国际秩序的形成和运营方面的影响力的要求。报告进而推论说，中国推进“一带一路”建设加强了对发展中国家的经济影响力，并将其转化成政治影响力，使发展中国家纠集于中国倡导的新的国际秩序的构建，由此和日美“印太战略”在“印太”地区形成了秩序竞争。同时，该报告还猜测，“一带一路”建设是中国依靠实力确保和扩大“核心利益”行动计划的一部分。2019年版日本《外交蓝皮书》在提到欧洲面临的威胁时，也强调：“中国还利用‘16+1’框架[①]在‘一带一路’倡议下对中东欧国家施加影响。”[②]而对于中国在缅甸实兑港、孟加拉国吉大港、斯里兰卡汉班托塔港、巴基斯坦瓜达尔港等印度洋沿岸实施的港湾支援建设，日本认为这是“中国基于‘珍珠链’战略在印度洋确保进出的立脚点”。日本称，“受到中国行动的刺激”，日美有必要“强化与面朝印度洋的澳大利亚及以印度为首的南亚国家的合作”。[③]日本更担心中国通过“一带一路”提升对从南海经由印度洋前往欧洲的海路影响力，因为这条海路与日本从中东进口原油和天然气，以及向欧洲运输集装箱的路线重合。2014年秋，对于中国潜舰

① “16+1”框架，指的是中国与中东欧16国之间的合作框架。

② “Diplomatic Bluebook 2019,” https://www.mofa.go.jp/files/000527162.pdf.

③ [日]神谷万丈「日本のアジア戦略と『インド太平洋』」、2015年3月、http://www2.jiia.or.jp/pdf/resarch/H26_Indo-Pacific/08-kamiya.pdf。

停靠斯里兰卡港口一事,日本渲染称:“中国寻求在从巴基斯坦和斯里兰卡等印度周边国家,直到东非的印度洋地区,建立军事基地。”①

第二节　以防范为主的日本对华安全政策

除大肆渲染“中国威胁论”外,2012年以来,以钓鱼岛争端为焦点,日本不断加大对华的安全防范与对抗。中日钓鱼岛争端长期处于紧张状态与日本刻意为之有关。日本以时间换空间,有意放缓与中国协商对话的步伐。如果日本还像以前一样采取“搁置争议”的共识并以重视中日关系的态度来解决争端的话,中日关系就不会长期保持高度紧张的状态。在这种形势下,中日安全问题开始凸显出来,并摩擦不断。面对中国不断发展壮大的现实压力,特别是考虑到自己的利益,日本在安全政策上对中国充满防范与牵制,强硬处理与中国的相关争端,并积极拉拢各个国家,强化对外安全合作,目的是在地区先行布局,为日本争取有利的舆论氛围与安全环境。

一、强硬应对岛屿争端,加强岛屿防卫

在钓鱼岛争端问题上以强硬态度持续与中国对抗,是日本对华安全政策的主要内容。2016年1月,日本防卫大臣中谷元甚至威胁要出动军舰驱离进入钓鱼岛海域的中国海警船。2016年6月,日本派出军舰应对钓鱼岛附近的中国军舰,同时大肆渲染“中国威胁论”。② 日本内阁官房长官菅义伟大肆渲染称,对钓鱼岛周边海域“中国公务船持续不断地侵入”“有深刻的疑虑”。为强化岛争能力,日本加强了对钓鱼岛及周边的情报搜集能力和岛屿防御能力。2013年版《防卫计划大纲》主张对日本周边海空域飞机和舰艇等目标实施常态监视,强化情报搜集、分析、处理、共享体制,提出如遭遇岛屿入侵,则迅速机动部署用于阻止侵犯的部队,确保海上优势和空中优势。2015年版日本《防卫白皮书》具体提出,为应对外部对岛屿的攻击,在对部队等进行部署的同时,通过平时的情报搜集和警戒监视尽早察觉征兆,并通过陆海空三方联合运

①《日本印度防长会谈 将加强海上安保合作》,日经中文网,2015年3月31日,http://cn.nikkei.com/politicsaeconomy/politicsasociety/13751-20150331.html。

②「中国、ロシア軍艦艇が同時刻、尖閣諸島周辺の接続水域に侵入外務省が中国に抗議」、http://www.sankei.com/politics/news/160609/plt 1606090008-n2.html。

用，机动灵活地部署部队。为有效地实施对日本诸岛周边海域的情报搜集、警戒监视和提升探知能力，日本在岛屿警戒和监视方面进行的能力建设包括：更新P-3C反潜巡逻机的雷达性能以提升探知能力，新建两艘护卫舰以将护卫舰增加到54艘的规模，新建两艘潜艇以将潜艇增到22艘的规模，改装、换装中央计算装置及搭载支持电子战的相关装置等以提升E-767大型预警机的警戒监视能力，获得“全球鹰”无人机以强化对广阔区域实施持续监视的能力，开发新型预警雷达，以及增添两艘E-2D预警机。[①]

日本海上保安厅还提出“构筑战略的海上安保体制”，旨在强化对钓鱼岛海域的控制。[②] 按照海上保安厅的计划，到2018年将完成“钓鱼岛渔船应对体制”，到2019年将完成“钓鱼岛24小时监视体制”。[③] 2018年海上保安厅的预算达到史上最高的2303亿日元，比上年度增加了9%。其中，“战略性的海洋安保体制”涉及的内容包括：基于“有关强化海上安保体制的方针”，强化钓鱼岛警备体制和应对大规模事件同时发生的体制，在2018年使巡逻船只达到137艘；强化海洋监视体制，包括推进飞机配备和情报通信体制的强化等。[④] 海上保安厅还拟改变一直以来依靠增加巡逻船和飞机来完成戒备的任务，计划与民间企业合作，引入人造卫星系统监视日本周边至中、韩、俄等国的沿海地区，特别是强化对钓鱼岛的警戒。[⑤] 2017年12月18日，安倍在首相官邸召开的有关强化海上安保体制阁僚会议上提出，为应对钓鱼岛海域的警备问题，要依靠大型巡逻船，引进用于海洋监视的新型喷气机、海洋调查的大型测量船，以确保相关人员的配备，充实相关教育训练的设备等。[⑥]

为在钓鱼岛问题上应对来自中国的可能举措，日本强化了对西南诸岛的

① 防衛省「平成30年度概算要求の概要」、http://www.mod.go.jp/j/yosan/2018/gaisan.pdf。

② 海上保安庁「平成28年度海上保安庁関係予算概算要求概要」、http://www.kaiho.mlit.go.jp/soubi-yosan/yosan/h28shiropan.pdf。

③ 海上保安庁「平成29年度海上保安庁関係予算概算要求概要」、http://www.kaiho.mlit.go.jp/soubi-yosan/H29youkyuushiropan.pdf。

④ 海上保安庁「平成30年度海上保安庁関係予算決定概要」、日本海上保安庁ホームページ、http://www.kaiho.mlit.go.jp/soubi-yosan/folder794/yosan/H30ketteishiropan.pdf。

⑤「人工衛星で領海監視へ…海難救助にも活用」、2ちゃんねるホームページ、https://www.2nn.jp/newsplus/1503968888/。

⑥ 首相官邸「海上保安体制強化に関する関係閣僚会議」、http://www.kantei.go.jp/jp/98_abe/actions/201712/18kakuryokaigi.html。

防卫。日本2013年版《防卫计划大纲》主张："首先强化在西南地区的防卫态势……在尽可能将对岛屿的攻击限制在海面上的同时，还要真正建立起水陆两栖作战能力，以便在岛屿遭到攻击时迅速实施登陆，开展争夺。"[①] 2016年1月，日本在那霸基地新组建了第九航空团，同年3月在与那国岛新部署了沿岸监视部队。日本还在西南地区新组建了具备两栖作战功能的水陆两栖机动团。2019年3月，日本分别在奄美大岛和宫古岛部署了警戒部队，并表示也将在石垣岛进行部署。为在西南地区建立常态的连续性情报搜集、警戒监视态势以及快速应对体制，日本配备了固定翼巡逻机（P-1）和旋转翼巡逻机（SH-60K）等飞机。日本政府引进F-35B短距离垂直起降战斗机的目的就是将其运用于与那国岛等西南诸岛上跑道较短的离岛机场，以增强航空自卫队对钓鱼岛海域及西南诸岛的监控与应对能力。自2018年起，日本开始着手研究用于岛屿防卫的对舰导弹和高速滑翔弹等关键技术。同时，日本改装了运输舰，采购了"鱼鹰"运输机（V-22）及C-2运输机等，确保拥有迅速且大规模的运输与行动能力。日本还为确保维持航空优势，实施了战斗机部队的转移，包括"将战斗机从F-4向F-35A更新机种，调整百里基地的F-4飞行队，将F-35A飞行队新编进三泽基地"[②]。

对于离岛防卫，日本还进行了针对性训练，旨在提升自卫队的实际战斗力。2017年11月12日，以将要成为新设的水陆机动团主力部队的西部方面普通科连队（简称"西普连"）为首的290人参加了在静冈县沼津海滨训练场实施的登陆训练，训练假定要夺回被敌人登陆的离岛。[③] 另外，考虑到从九州北部出发前往西南诸岛花费的时间较多，为缩短作战距离，日本政府还有意将水陆机动团向长崎外部拓展部署，拟在冲绳设立水陆机动团的第三个联队，驻扎地则选在驻日美军的汉森营地。[④] 为提高水陆两栖作战能力，日本自卫队积极学习美军装备的操作方法及海军陆战队的战略战术，多次与美国海军陆战队共

① 防衛省「平成26年度以降に係る防衛計画の大綱について」、http://www.mod.go.jp/j/approach/agenda/guideline/2014/pdf/20131217.pdf。

② 防衛省「我が国の防衛と予算（案）－平成30年度予算の概要－」、http://www.mod.go.jp/j/yosan/2018/yosanan.pdf。

③「自衛隊が上陸訓練を公開」、http://www.sankei.com/life/news/171112/lif1711120027-n1.html。

④「日本版海兵隊、沖縄配置へ　日米調整、米軍基地を共同使用　2020年代前半、米部隊移転後」、『朝日新聞』、https://www.asahi.com/articles/DA3S13206226.html。

同实施相关联合训练(又称“铁拳”演习)。

为对岛屿实行立体防卫,日本2018年版《防卫计划大纲》强调“联合应对”,包括:(1)迅速动态地展开必要的应对,确保海上优势、航空优势,阻止侵略部队靠近及登陆。在海上优势、航空优势难以确保的情况下,也要从侵略部队的威胁圈外发动攻击,阻止其靠近、登陆。万一被占领,则采取一切措施进行抢夺。(2)对导弹、战机等的经空攻击,通过合适的手段,机动持续地应对,限定受害,维持自卫队的各种能力。(3)对于游击队、特殊部队的攻击,在对核电站等重要设施进行防护的同时,搜索入侵部队并进行击破。[①] 在钓鱼岛海域,由于中国在竞争态势中处于更优地位,因此日本尤为重视联合运用各领域力量,并强调加强后方支持基盘,在持续竞争中与中国进行“长期战”。

二、监视和干扰中国正常的军事活动

日本警惕中国军事力量的增长。根据2017年3月日本NHK的舆论调查,“认为中国军事力量增强及海洋活动扩大和活跃”的占88%。[②] 日本频频出动军机拦截在钓鱼岛周边空域正常飞行的中国军机,甚至做出挑衅性行为,这极易引发空中意外事件。2016年6月17日,对于中国军队两架苏-30战斗机在东海防空识别区的例行性巡航,日本出动两架F-15战机高速逼近挑衅,甚至开启火控雷达实施了照射。[③] 2016年9月26日,对于中国军机通过宫古海峡前往西太平洋训练,内阁官房长官菅义伟表示“加强警戒监视”。[④] 中国国防部指出,日本自卫队舰机“对华高频度侦察,严重干扰了中方的日常训练活动,损害了中国的安全利益”,日本“危险的挑衅行为”是“引发中日海空问题的根源”。[⑤] 2016年12月10日,日本自卫队的两架F-15战斗机再次对通过国际航道前往太平

① 防衛省「平成31年度以降に係る防衛計画の大綱について」、2018年12月18日、https://www.mod.go.jp/j/approach/agenda/guideline/2019/pdf/20181218.pdf。

② 「9条改正必要なし57%北朝鮮は脅威93%」、ヤフーホームページ、https://detail.chiebukuro.yahoo.co.jp/qa/question_detail/q 10173550065。

③ 中国国防部:《国防部就日方挑衅我巡航战机事答记者问》,http://www.mod.gov.cn/info/2016-07/04/con tent_4687271.htm。

④『菅氏「中国軍警戒に万全期す」戦闘機の宮古海峡飛行で』、『朝日新聞』、http://www.asahi.com/articles/ASJ9V3G9HJ9VUTFK004.html。

⑤ 中国国防部:《10月国防部例行记者会文字实录》,http://www.mod.gov.cn/jzhzt/2016-10/27/content_4754432.htm。

洋训练的中国军机进行近距离干扰并发射干扰弹。[①] 2017年9月14日，日本海上自卫队飞机及舰艇在日本下对马地区的西南海域监视中国海军舰艇的活动。[②] 2017年12月18日，中国空军多型多架战机飞越对马海峡赴国际空域组织远洋训练。根据日本防卫省统合幕僚监部的消息，日本确曾对此出动战斗机进行所谓的紧急应对。[③]

2016年版日本《防卫白皮书》提出，2015年度航空自卫队飞机紧急起飞次数多达873次，其中针对中国飞机的次数为571次，"是自开始公布各国各地区的紧急起飞次数以来最多的一年"。2018年版日本《防卫白皮书》提出，2017年度日本航空自卫队飞机的紧急起飞次数达904次，其中对中国飞机的紧急起飞次数为500次。2019年版日本《防卫白皮书》披露，2018年度航空自卫队飞机的紧急起飞次数达999次，其中对中国飞机的紧急起飞次数为638次，比2017年度增加了138次。

日本认为，作为海洋国家日本的利益与海洋通道的安全密切相关，钓鱼岛所在的东海以及南海存在着与日本"生命"相关的水道，而最安全的方法是让中国远离这些水道。日本认为，现在日本的导弹能力对付不了中国海军，[④] 急需加以应对。中国海军突破"第一岛链"向远洋发展已成为常态，日本担心未来中国海军在日本海的军事训练也将变得常态化。

对于岛争和海上竞争，日本正在把太空、网络等新领域与传统海陆空领域融合起来进行强化应对，特别是借助太空领域的优势。日本认为，在军事战争未发生之前，首要的就是加强对中国相关情报的搜集，加大监视力度。目前，日本所使用的海上保安厅的巡视船和海上自卫队警戒机的海洋监视系统被认为难以覆盖从钓鱼岛到小笠原群岛的范围，无法对日本的近海进行实时监视，更遑论在更大范围内实施监视了。因此，日本政府计划推进以国家安全保障

①「中国軍機6機、宮古海峡を通過空自機が緊急発進領空侵犯はなし」、http://www.sankei.com/politics/news/161210/plt 1612100028-n1.html。

② 防衛省「中国海軍艦艇の動向について」、日本防衛省ホームページ、http://www.mod.go.jp/js/Press/press2017/press_pdf/p20170915_03.pdf。

③ 防衛省「中国機の東シナ海、日本海及び太平洋における飛行について」、http://www.mod.go.jp/js/Press/press2017/press_pdf/p20171218_01.pdf。

④「米国から買うより日本で造るべき長距離巡航ミサイル」、JBpressホームページ、http://jbpress.ismedia.jp/articles/-/51834。

局和太空战略室等为中心，运用从太空监视海洋状况的机制，通过综合的海洋监视搜集进入钓鱼岛周边海域的中国舰船和“可疑”船只动向，以及中国在日本周边海域及南海的安保动向。另外，日本还谋求通过人造卫星和空中续航时间较长的无人机之间的信息共享，实现对日本近海及更大范围海域实施实时监视。

三、构筑针对中国的安保包围圈

2012年12月底，安倍一上台就提出要“战略性地开展具有综合力的外交”。[①]在2013年1月的国会演说中，安倍提出，日本要“立足于自由、民主主义、基本人权、法制支配等基本价值观，开展战略性外交”。[②]其“俯瞰地球仪外交”“战略性外交”的主要针对目标就是中国，方式包括拉拢各国包围中国。

第一是加强日美同盟，在安全上威慑和应对中国。日本意识到，一旦美国出现不支持日本的情况，那么必然会出现日本单独对付中国的局面，而日本的单独行动必然会引起(立足和平宪法的)国内的巨大混乱。[③]于是，在国内尚未准备好的情况下，日本更需要借助美国，以日美军事同盟的形式“威慑”中国。安倍政府对《日美防卫合作指针》的修改比较积极主动，原因就是想通过新的条约把美国绑在日本与中国的领土争端之中，[④]借助美军强化在领土争端问题上的军事威慑力。[⑤] 日本希望通过条约与美国明确围绕“钓鱼岛问题”发生“灰色地带事态”时日美的角色及任务。在2017年2月2日的记者会上，对于即将到来的美国防长马蒂斯访日，内阁官房长官菅义伟强调，美国展示对亚太地区的承诺有非常重要的意义。在与马蒂斯的会谈中，安倍力陈日

① 首相官邸「安倍内閣総理大臣就任記者会見」、2012年12月26日、http://www.kantei.go.jp/jp/96_abe/statement/2012/1226kaiken.html。

② 首相官邸「第百八十三回国会における安倍内閣総理大臣所信表明演説」、2013年1月28日、http://www.kantei.go.jp/jp/96_abe/statement2/20130128syosin.html。

③ [日]日本平和安全保障研究所編『アジアの安全保障1996-1997』、朝云新聞社、1996年。

④ 2014年4月奥巴马访日时，承诺《日美安全条约》第五条适用于钓鱼岛，这是美国总统首次做出类似表态。事后美国助理国务卿拉塞尔在接受媒体采访时透露，奥巴马之所以做出上述表态，是因为日方反复要求。参见「米政権が見る東アジア」、『朝日新聞』2014年7月5日(朝刊)。

⑤ 2012年，日本防卫大臣森本敏就修改《日美防卫合作指针》的意图解释说：“今东亚局势已截然不同，钓鱼岛问题引发中日紧张态势，中国海军加速崛起，西南岛屿防卫对日本安全保障变得愈发重要，日本国家安全面临的风险已发生根本变化。”参见《日欲修改日美防卫合作指针，把应对中国作为焦点》，环球网，http://world.huanqiu.com/exclusive/2012-11/3262414.html。

美安全同盟不可动摇。马蒂斯也确认了美国的防卫义务，表示美国反对有损日本施政权和单方面改变现状的行为。[①] 另外，日本也有借与美国的同盟关系向中国展示对中国的“优先地位”，以引导甚至“规范”中国在安全问题上承担“建设性角色”。2018年11月30日，在阿根廷布宜诺斯艾利斯出席G20峰会期间，安倍与特朗普举行了日美首脑会晤。安倍就当年10月访华的情况向特朗普做了解释，同时强调日美的密切合作对鼓励中国发挥建设性作用十分重要。[②]

第二是日本重拾将中国排除在外的“民主价值观”，以此为内核，与共享价值观的国家，如美国、澳大利亚、印度、欧盟各国、北约成员国等构筑“自由与繁荣之圈”，在“自由、民主主义及法律支配”的普遍价值的基础上开展“有自我主张的外交”。通过与这些国家加强安保合作，日本在扩大“外交地平线”的同时，也防范和牵制中国。为了解决所谓的“不确定因素”，2007年安倍向北约呼吁，要求“共享基本价值观的伙伴”与中国展开对话。[③] 安倍强调，从冷战结束至今，中国军费高速增长，基本与北约主要国家英法德三国军费总和持平。在试图激发“中国威胁”共鸣的同时，安倍指出中国扩大的军费内容尚未公开，存在不透明等问题。[④] 与第一次执政时期对价值观外交的运用略有不同的是，安倍加大了在中国周边开展“民主价值观外交”的行动。2013年，在再次担任首相后的首次对东盟各国的访问中，安倍发表了对东盟外交的“五原则”，并在几天后的施政演说中提出日本外交的原则“战略性外交”和“重视普遍价值的外交”，以及维护国家利益的“主张型外交”。安倍的外交原则中最重要的支柱就是“价值观外交”，安倍强调要重建“受损的日本外交，明确日本在世界上坚定不移的立场”。[⑤] 在“民主价值观”理念构筑的包围圈内，安倍推行现实主义的应对型外交。

---

① 外務省「マティス米国国防長官による安倍総理大臣表敬」、http://www.mofa.go.jp/mofaj/na/st/page3_001984.html。

② “Diplomatic Bluebook 2019,” https://www.mofa.go.jp/files/000527162.pdf.

③ Speech by Prime Minister Shinzo Abe at the North Atlantic Council “Japan and NATO: Toward Further Collaboration,”January 12, 2007, http://www.mofa.go.jp/region/europe/pmv0701/nato.html.

④ 首相官邸「北大西洋理事会における安倍内閣総理大臣演説 ~ 日本とNATO：必然のパートナー~」、2014年5月6日、http://www.kantei.go.jp/jp/96_abe/statement/2014/0506nato_enzetsu.html。

⑤ 首相官邸「第百八十三回国会における安倍内閣総理大臣施政方針演説」、2013年2月28日、http://www.kantei.go.jp/jp/96_abe/statement2/20130228siseuhousin.html。

日本构筑的以日美印澳为核心的“印太战略”也有明显针对中国的意味。日本提出“印太战略”后，就有观察家指出，这无疑有牵制中国在印度洋前进的目的。[①] 日本防卫大学教授神谷万丈也指出：“日本把亚太与印度洋联系起来的目的就是要牵制中国在亚洲的影响力。”[②] 2017年4月20日，在日澳外交防务“2+2”联合记者会上，日本外相岸田文雄明确提出，“日本与澳大利亚是共有基本的价值和战略利益的‘特殊战略伙伴’，为维持和强化基于自由和开放的国际秩序，日澳两国应合力推进”。[③] 2017年1月16日，在越南河内记者招待会上，安倍称，“在日美同盟这一牢固的基础上，日本要确保与海洋相连接的，从亚洲到环太平洋地区，进而到印度洋地区的和平与繁荣”，日本将与“美国、东盟、澳大利亚、印度等拥有共同的基本价值观的国家和组织继续保持紧密合作”。[④] 为应对中国，安倍重视扩大与英法的安全关系，并将它们视为其“印太战略”的重要支撑性力量。2013年9月30日，安倍在“振兴21世纪日英关系会议”上发表主旨演讲，将日英作为两个天然的“先验伙伴”，提出要共同“维护航行安全、维护国际海上法治、维护海洋秩序”。2014年，安倍呼吁与英国加强从海洋延伸到天空、太空和网络空间的安全合作。日英的第一次“2+2”会议于2015年1月底在伦敦举行。在日法安全合作方面，2014年1月，日法“2+2”会议强调飞越公海和专属经济区的自由的重要性，日法双方同意在太平洋地区，以及在协助东南亚和南太平洋能力建设方面加强合作等。

日本的“俯瞰地球仪外交”意图在中国周边形成针对性的包围圈。到2013年底，安倍遍访东盟十国，他自己解释：“东盟作为日本的特殊伙伴，一直是这一政策的中心。”2013年7月26日，安倍在新加坡发表的演讲中称：“东盟与日本，超越经济关系，形成了对地区的安全保障，尤其是航行自由，承担负

---

①「インド太平洋戦略で連携へ=中国けん制、首脳会談で合意ー日印」、時事通信社、2016年11月8日、http://www.jiji.com/jc/article?k=2016110800835&g=pol。

② [日]神谷万丈「日本と『インド太平洋』—期待と問題点—」、2013年3月、http://www2.jiia.or.jp/pdf/resarch/H24_Asia_Security/01_kamiya.pdf。

③ 外務省「日豪外務・防衛閣僚協議共同記者会見」、2017年4月20日、http://www.mod.go.jp/j/press/kisha/2017/04/20.html。

④ 首相官邸「フィリピン・オーストラリア・インドネシア・ベトナム訪問についての内外記者会見」、2017年1月16日、http://www.kantei.go.jp/jp/97_abe/statement/2017/0116kaiken.html。

责任的相互关系。”[①] 在2014年“香格里拉对话”主题演讲中，安倍强调共同努力维护海洋和天空自由的重要性，表示将推进“以国际法和法治为基础的争端解决原则”，以形成“进步与繁荣的基础”。安倍强调：“日本全力支持东盟各国为确保海洋安全、天空安全、航行自由、飞行自由所做出的努力。”[②] 在“防卫设备转移三原则”和“战略性ODA”下，日本向菲律宾提供海岸警卫队舰艇，向印度尼西亚提供巡逻船，以及向菲律宾、印度尼西亚和马来西亚提供海洋行动的技术技能和培训，提升相关国家的海洋能力，变相鼓励它们对中国持续制造争端。同时，日本提升印度尼西亚为战略伙伴，将与越南的关系定义为“广泛战略伙伴关系”。2018年1月，安倍就日本—印度尼西亚关系强调，印度尼西亚是日本的重要伙伴，两国同样拥有“自由、民主主义、人权和法治”等普遍价值观，是同为海洋国家的战略伙伴。安倍谋求不断加大日本在中国周边地区安全上的话语权与影响力。

2013年12月，安倍在日本－东盟特别会议上提议建立一个日本与东盟各国间防卫大臣进行协商的平台，以维护共同利益——地区的和平与稳定，并可保持不断地进行政治与安全保障领域的对话。[③] 为形成集体的对华压力，在2014年的“香格里拉对话”会上，安倍还提出“强化东亚峰会与军事预算透明化”问题，认为既有的东盟地区论坛是外交部长级别的会议，东盟防长扩大会议是国防部长级别的会议，其他各种共同探讨应有秩序的舞台没有比东亚峰会更为合适的了，呼吁进一步充实作为探讨地区政治、安全保障重要论坛的东亚峰会。[④] 日本还将包围圈的范围扩大至非洲来应对中国崛起，进而提升日本自身影响力。因为无论是在官方往来、在非企业、往来人员、对非贸易还是在对非支援方面，中国都使日本相形见绌。[⑤]

① 首相官邸『「日本とASEAN・Always in tandem—『3本の矢』で一層のWin-Win関係へ」に関する講演』、2013年7月26日、http://www.kantei.go.jp/jp/96_abe/statement/2013/0726speech.html。

② 首相官邸「第13回アジア安全保障会議(シャングリラ・ダイアローグ)安倍内閣総理大臣の基調講演」、2014年5月30日、http://www.kantei.go.jp/jp/96_abe/statement/2014/0530kichokoen.html。

③ 首相官邸「安倍内閣総理大臣記者会見」、2013年12月14日、http://www.kantei.go.jp/jp/96_abe/statement/2013/1214kaiken.html。

④ 首相官邸「第13回アジア安全保障会議(シャングリラ・ダイアローグ)安倍内閣総理大臣の基調講演」、2014年5月30日、http://www.kantei.go.jp/jp/96_abe/statement/2014/0530kichokoen.html。

⑤「安倍晋三首相がアフリカで打ち出した新外交戦略　大きく後れをとる中国に『質』と『技術力』で対抗」、2016年8月27日、http://www.sankeibiz.jp/macro/news/160827/mca 1608272349026-n2.htm。

四、积极介入南海问题

日本日中协会理事长白西绅一郎曾说，日本根本就不应该介入南海，因为在南海，日本有不光彩的历史。二战期间，日本在南沙群岛建立军事基地作为南进跳板，并由此对印度支那、印度尼西亚等地发动攻击。日本战败投降后，中国政府基于《开罗宣言》和《波茨坦公告》等国际公约和协议依法收复了南沙群岛。然而，经历了战后短暂的“出局旁观期”，特别是在冷战结束后，日本对南海问题的关注显著上升，直至开始强化介入。认为中国与南海周边国家的关系持续存在“温差”，是日本在南海问题上构建针对中国的包围圈的心理基础。日本政策研究大学院大学的校长白石隆就认为，中国积极的外交只不过是“控制受损”，“无论是在南海的主权争端，还是在其他问题上，只要中国今后依然采用大国主义式的思维，试图通过力量来改变现状，那么与之对立、对抗的行动就不会停止”。①

2016年7月12日，“南海仲裁案”仲裁结果完全倒向菲律宾，该裁判结果公布后，日本显得格外激动：当天，外相岸田文雄就召开记者会称，裁决为最终结果，对当事国具有法律约束力，“强烈期待当事国接受裁决”。7月14日，日本自卫队统合幕僚长河野克俊称，菲律宾“南海仲裁案”的裁决分量很重，中国作为大国应该遵从国际规则。2016年10月26日，安倍在与菲律宾总统杜特尔特的会晤中表示，希望菲律宾能够遵循仲裁结果的立场，与日本加强在南海的防卫合作。会谈后，双方签署的文件涉及日本帮助菲律宾提高海洋安保能力及振兴农业经济等内容。11月初，在缅甸国务资政兼外长昂山素季访日期间，南海问题再次被提及。在11月印度总理莫迪访日期间，日印对南海问题也多有关注。在莫迪访日前夕，日本外务省称，鼓励印度在南海问题上发出更大声音。11月中旬，安倍对到访的马来西亚总理纳吉布承诺，将向马来西亚海警提供两艘大型巡视船，以提高马来西亚的海上警备能力，同时提供7亿日元的无偿贷款。在纳吉布访日前，日本政府和舆论就不断制造“南海话题”。此外，自卫队干部出身的自民党参议员佐藤正久公然鼓吹要利用解禁后的集体自卫权构建“南海防御同盟”对付中国。日美“联合巡航”南

① [日]白石隆「中国の活発な首脳外交と『インド太平洋』の地政学」、2013年11月14日、http://www.nippon.com/ja/column/f00024/。

海的言论也不断出现。2016年9月，日本防卫大臣稻田朋美在与美国防长卡特举行会谈之前发表演讲表示，日本对中国在南海地区的领土主权宣示有所担忧，宣称将更多地介入南海事务。2017年2月，在美国防长马蒂斯访日期间，两国表示日美同盟是“地区安全的基石”，日本防卫大臣稻田朋美又表示支持美军在南海的“航行自由”行动，两国还强调中国在南海的海洋活动是“安全保障方面的关切事项”，商定要帮助东南亚各国提高海上警备能力。[①]

日本戴着“有色眼镜”密切关注中国在南海的相关维护主权行动，并大肆恶意渲染。2019年版日本《外交蓝皮书》称，2016—2017年，中国飞机试飞南沙群岛，在西沙群岛的“伍迪岛”（中国永兴岛）部署地对空导弹，轰炸机和其他飞机在“斯卡伯勒浅滩”（中国黄岩岛）上空巡逻，中国海军航空母舰驶向南海等。日本强化介入南海问题最直接的动机是想搞“双海联动”，通过在南海闹事来牵制中国在钓鱼岛争端以及东海油气田开发与划界问题上的行动，这是日本“集体反应”战略的一部分。日本通过重点拉拢菲律宾、越南来联合围华，试图形成东海、南海两翼策应之势，对中国形成强大的压力。日本《每日新闻》称，日本担心国际社会在中日东海对立问题上接受中国的主张。因此日本政府将东海和南海问题“打包”，并展开外交攻势。日本防卫大臣稻田朋美在东盟防长会议后对记者称，对于日本而言，守卫南海关系到守卫东海。

从更广阔的层面看，日本的重点是要包围中国，阻止中国在南海地区形成绝对优势。日本自卫队前舰队司令香田洋二称，中国的南海战略若实现的话，会打破亚洲军事均衡，改变中美力量均衡，也会对日本的安全保障等很多领域产生影响。他建议封杀中国的“独善行动”。日本前防卫大臣中谷元在“香格里拉对话会”上称，在南海问题上没有一个国家是局外人。日本在南海问题上不断刷“存在感”，背后还有借地区议题增强其影响力和话语权的考量，旨在谋求地区主导权。日本把自己打扮成与南海相关国家共同面对“中国威胁”的群体中的一分子，就是想通过融入“集体”，来骗取南海地区相关国家的信任，然后充当领导。美国“亚太再平衡”战略的重要内容之一就是注重发挥盟友在地区安全事务中的作用，而日本自认为其在美国的地区战略中将

① 外務省「日米防衛相共同記者会見概要」、2017年2月4日、http://www.mod.go.jp/j/press/kisha/2017/02/04.html。

承担起更多的责任和扮演更为重要的角色，这也成为日本谋求地区主导权的重要因素。

五、构建高质量基础设施合作伙伴关系，应对“一带一路”基础设施建设

出于防范中国的安全认知，伴随着中国“一带一路”倡议的推进及亚洲基础设施投资银行（以下简称亚投行）的进展，日本也积极加以应对，并提出了高质量基础设施合作伙伴关系战略。该战略下的“高质量”“国际化”“更迅速”“多资金”都是针对“以强大资金实力”和“低价格”扩大基础设施投资的中国。“一带一路”倡议特别是亚投行的设立，更让日本感到竞争压力。[①] 日本把“高质量”作为主要优势，通过显示与中国的不同，来对抗中国的“低价格”“国产技术”，并积极推动“高质量”在地区和全世界形成共识以达到“国际化”，进而挤压中国。为此，日本还把援助标准从“高质量”扩展到“注重环保”“人才培养”及“遵守法律”等方面，以突出与中国“强硬的开发方式”之间的差异。2014年10月，21个首批意向创始成员国的财长和授权代表在北京签约共同决定成立亚投行，日本就在当年11月7日于北京APEC会议上提交了一份“指南”，呼吁“在基础设施建设方面相比成本等，应更加重视质量，提议在区域内共享该指南”，[②] 并在会议最终形成的共同文件——《APEC互联互通蓝图》中加入“以人为中心的投资”，强调“高质量”。在同月于澳大利亚布里斯班举行的G20峰会的首脑声明里，日本也将“高质量基础设施投资”概念强加入会议文件。[③] “更迅速”和“多资金”是日本旨在完善自身以往在海外基础设施投资中存在的机能不足。“更迅速”是因为在日本以往的海外基础设施建设援助方面，审查等手续非常耗费时间，有的长达五年，接受援助的一方认为易用性较差，严重影响日本的海外基础设施投资。“多资金”是应对基础设施投资建设中资金筹措不足的难题，日本需要更多民间资本的融入。

---

① [日]鈴木秀貴『インフラ輸出に必要な「品質ニーズ」の見極め』、2016年12月1日、http://www.mizuho-ri.co.jp/publication/opinion/pmf/pdf/pmf161201.pdf。

②「インフラ整備で質を重視　政府APECで提案へ」、『日本経済新聞』、2014年11月7日、http://www.nikkei.com/article/DGXLASDF06H1A_W4A101C1PP8000/。

③ 外務省「外務省・財務省・経済産業省・国土交通省・総務省・JICA『質の高いインフラ投資』事例集」、http://www.mofa.go.jp/mofaj/gaiko/oda/files/000083884.pdf。

2015年，安倍公布的1100亿美元刚好超出亚投行计划的1000亿美元资本金，显然有对抗中国的意味。在2015年4月20日“BS富士”节目中，当被问及亚投行构想时安倍称，“向声誉不好的放高利贷者借钱，这样的企业最终将失去未来”，[①]显示出其强烈的对抗心理。2016年8月，日本主导下的非洲开发会议所通过的行动计划强调日本的援助优势领域，如扩大地热发电和下水处理等，凸显与中国以互联互通型基础设施为主体的援助项目的不同。日本政府相关人士声称，安倍把与非洲12个国家进行的“马拉松会谈”作为宣传日本高质量的契机，用以对抗中国便宜的基础设施建设。[②]

日本试图以“高质量”为品牌，宣示理念，抛出规则，以此加强以日美为中心的亚洲开发银行的主导力。“高质量基础设施”合作伙伴关系中“四大支柱”之一的“国际化”支柱，就是强调促进这一战略在全世界层面的影响力、被接纳性与引领力。在2015年6月的巴伐利亚G7峰会上，安倍提出了经济政策的价值观。他说：“对于G7来说，经济政策的价值观难道不重要吗？”安倍指出，亚投行的投资标准不透明，有可能出现欠缺公正性的运营，强调“腐败对策至关重要”。[③]安倍呼吁“基础设施建设必须考虑到对人权、环境和社会的影响”[④]。最后，峰会通过的首脑宣言表示要促进高质量的基础设施投资。安倍这番发言的目的，一是对被庞大“中国资金”吸引的欧洲国家进行牵制，希望将这些国家拉回与亚投行保持一定距离的日美身边；二是对外宣示，以高质量为标准，进行规则化基础设施投资。2015年11月16日，在土耳其安塔利亚举行的G20峰会上，安倍积极主张应该扩大“价格虽高但能长期保证质量”的高质量基础设施投资，强调日本将继续推进。[⑤]2015年11月19日，在菲律宾马尼拉举行的APEC峰会上，日本又积极推动大会通过体现“高质量基础

---

①「首相、アジア投資銀は『悪い高利貸』G7で懸念共有」、『日本経済新聞』、2015年4月21日、http://www.nikkei.com/article/DGXLASDE20H1K_Q5A420C1PP8000/。

②「安倍晋三首相、12カ国と“マラソン会談”　中国に対抗、個別に支援策示し連携強化」、2016年8月29日、http://www.sankei.com/politics/news/160829/plt 1608290003-n2.html。

③「首相、中国けん制アジア投資銀参加欧州勢にクギ」、『日本経済新聞』朝刊3面、2015年6月8日。

④「G7、新興国の腐敗対策の必要性でも一致サミット開幕」、『日本経済新聞』、2015年6月8日、http://www.nikkei.com/article/DGXLASFK07H25_X00C15A6000000/。

⑤外務省「G20アンタルヤ・サミット(概要)」、2015年11月17日、http://www.mofa.go.jp/mofaj/ecm/ec/page4_001554.html。

设施”理念的文件——《APEC加强高质量增长战略》。日本外务省据此指出：“高质量基础设施伙伴关系的重要性已在首脑级层面得到了再确认。”[①]

日本“高质量基础设施”合作伙伴关系侧重在“一带一路”沿线以及战略重要的地区和国家布局，在全球范围内和中国展开竞争，势必会对中国“一带一路”倡议的深入推进形成阻碍。此外，日本这一战略已超出基础设施投资领域并体现出对抗中国的战略性，也不利于中日战略互惠关系的推进。针对“21世纪海上丝绸之路”，作为桥头堡的东盟被选择为对抗中国的“前沿”，日本以基础设施建设援助为杠杆，“占据”重要战略通道，并通过经济合作推动安全合作，鼓动区域内相关国家与中国激化争端，进而“围堵中国”。“丝绸之路经济带”上的中亚国家也被安倍选择为“俯瞰地球仪外交”的重点。而在非洲，日本重点选择与“支轴国家”，包括非洲联盟、西非国家经济共同体中的核心国家，构建“高质量基础设施”合作伙伴关系，并在与中国关系密切的国家中打入“高质量”的楔子。“高质量基础设施”合作伙伴关系和“印太战略”两者都是日本应对中国的新战略，具有浓厚的安全意味。

第三节　中日安全合作深化与构建建设性安全关系

日本认为中国是“威胁”，并主张加以防范和牵制。但同时，日本也认为无论是对自己还是对周边安全环境而言，中国又很重要，因此在对华安全合作上也有较强的内生性动力。根据2018年10月日本外交舆论调查，认为今后中日两国关系的发展对两国和亚太地区重要的占81.2%。[②] 日本也看到对华强硬没有出路。一方面，日本认为中美关系不会走向绝对的低谷——中国的投资已经遍及美国全境，中国市场也有很大的吸引力，在这种背景下，难以想象美国社会会对两国走向对抗形成共识。另一方面，日本还有自己的策略性考虑，那就是：“为了促使‘基于规则’的秩序落地生根，除了与中国竞争，还需要对它进行包容和说服，日本应该反复呼吁，不要放弃‘中国会发生改变’这样的期待。”[③] 特朗普政府的“不靠谱”迫使日本将贸易战略与美国

---

① 外務省「フィリピンAPEC首脳会議」、2015年11月20日、http://www.mofa.go.jp/mofaj/ecm/apec/page4_001567.html。

②「外交に関する世論調査(平成30年10月)」、https://survey.gov-online.go.jp/h30/h30-gaiko/index.html。

③ [日]左桥亮：《美中竞争的走向和日本的作用：致力于外交努力，避免过度对抗》，https://www.nippon.com/cn/in-depth/d00454/。

脱钩[①]的现实，也迫使日本将与中国展开包括安全合作在内的协调与合作推到前台。

一、中日安全关系逐渐改善

2014年以来，中日两国多次会谈，在有关安全的议题上逐渐形成一定共识。2014年11月7日，来华的日本国家安全保障局局长谷内正太郎与中国国务委员杨洁篪举行会谈，就处理和改善中日关系达成了“四点原则共识”：(1)双方确认将遵守中日四个政治文件的各项原则和精神，继续发展中日战略互惠关系。(2)双方本着“正视历史、面向未来”的精神，就克服影响两国关系政治障碍达成一些共识。(3)双方认识到围绕钓鱼岛等东海海域近年来出现的紧张局势存在不同主张，同意通过对话磋商防止局势恶化，建立危机管控机制，避免发生不测事态。(4)双方同意利用各种多双边渠道逐步重启政治、外交和安全对话，努力构建政治互信。[②] 此后在双方的共同努力下，中日安全关系开始缓慢走向改善。

中日关系的明显改善应该是在2016年的G20杭州峰会期间。在首脑会谈中，习近平主席指出，中日双方应该根据“四点原则共识”精神，通过对话磋商加强沟通。安倍也表示希望按照中日达成的有关共识精神，努力改善两国关系，并就相关问题同中方保持对话。[③] 两国相关部门的安全对话随之进一步深入。2016年8月，王毅外长与日本外相岸田文雄会谈，“酝酿召开中日海洋事务高级别磋商和尽早启动海空联络机制”。[④] 2016年11月28日，中日两国在第十四次中日安全对话中，同意继续保持安全防务领域的沟通与合作，推动中日关系进一步改善。[⑤] 2017年1月20日，岸田文雄在第193届国会上的外交演说中表示，“中日关系是最重要的两国关系之一，在‘战略互惠关系’下

① Sebastian Maslow, “Japan's ‘Pivot to Asia’: Tokyo Discovers the Indo-Pacific,” August 1, 2018, https://www.policyforum.net/japans-pivot-asia/.

②《中日就处理和改善中日关系达成四点原则共识》，人民网，2014年11月7日，http://world.people.com.cn/n/2014/1107/c 1002-25993302.html。

③《习近平会见日本首相安倍晋三》，《人民日报》2016年9月6日。

④《王毅会见日本外相岸田文雄》，中国外交部，http://www.fmprc.gov.cn/web/wjdt_674879/wjbxw_674885/t 1391492.shtml。

⑤ 外務省「第14回日中安保対話の開催(結果)」、http://www.mofa.go.jp/mofaj/press/release/press4_003972.html。

两国在地区和国际社会构筑合作关系十分重要”，要“努力全面改善中日关系”，[①] 明确表明日本要改善中日关系。2018年5月，李克强总理在访日期间，受到日本政府的高规格接待，安倍几乎全程陪同访问并多次明确向李克强总理表示，中日关系要由“竞争转向协调”。2018年6月，日本政府公布的基建领域基本方针——《基础设施系统出口战略》修订版中也首次加入推进中日合作的内容。

2018年10月25日至27日，安倍晋三对中国进行正式访问。在与安倍的会谈中，习近平主席强调，新形势下中日双方要开展更加深入的战略沟通，发挥好两国多层次、多渠道的对话机制作用，准确把握对方的发展和战略意图，切实贯彻践行“互为合作伙伴，互不构成威胁”的政治共识，加强正面互动，增进政治互信。[②] 安倍对此积极回应，提出中日关系的“三原则”，即“根据国际标准从竞争走向协调”“互不构成威胁”“共同发展自由公正的贸易体制”。[③]在纪念《中日和平友好条约》缔结40周年招待会上的致辞中，安倍表示：“中日两国共同努力，为世界和平与繁荣作贡献的时代已经到来。”[④] 在与李克强总理共同会见记者时，安倍又强调“从竞争到协调，中日关系正在朝着‘新阶段’迈进”，双方应当“推进两国关系前进”，开拓“新时代的中日合作”。[⑤] 10月26日，安倍在第一届中日第三方市场合作论坛上致辞称，该论坛拉开了“中日关系新时代的序幕”。[⑥] 11月15日，在新加坡东亚峰会上，安倍表示“‘自由开放的印太’不排除任何国家”。[⑦] 显然，日本想通过扩大“印太构想”的包容性来缓解夹在日美和中国之间的东南亚各国对“印太战略”的疑虑，同时也向中国展示其相关战略的包容姿态。

---

① 外務省「第193回国会における岸田外務大臣の外交演説」、http://www.mofa.go.jp/mofaj/fp/pp/page3_001969.html。

②《习近平会见日本首相安倍晋三》，新华网，2018年10月26日，http://www.xinhuanet.com//2018-10/26/c_1123620183.htm。

③ 首相官邸「平成31年1月28日第百九十八回国会における安倍内閣総理大臣施政方針演説」、2019年1月28日、http://www.kantei.go.jp/jp/98_abe/statement2/20190128siseihousin.html。

④ 首相官邸「日中平和友好条約締結40周年記念レセプション安倍総理挨拶」、2018年10月25日、http://www.kantei.go.jp/jp/98_abe/statement/2018/1025jpncn40.html。

⑤ 外務省「日中共同記者発表における安倍総理発言」、https://www.mofa.go.jp/mofaj/a_o/c_m 1/cn/page3_002632.html。

⑥ 首相官邸「日中第三国市場協力フォーラム安倍総理スピーチ」、http://www.kantei.go.jp/jp/98_abe/statement/2018/1026daisangoku.html。

⑦「首相中国に配慮？　インド太平洋戦略を『構想』と表現」、『毎日新聞』2018年11月19日。

二、中日安全合作进一步深化

高层推动安全共识与合作。2018年10月26日，在与李克强总理的会谈中，安倍就安全问题主要提了四个要点：(1)关于东海问题，安倍再次表达了日本的想法。(2)认为在海洋、安全保障领域的具体进展对消除两国人民之间的相互不信任，构筑建设性的关系是很重要的；就2018年5月达成协议的防卫当局海空联络机制首次在年内召开会议达成了一致；欢迎《中日海上搜救协定》的签署。(3)将开展日本防卫大臣与中国国防部长的相互访问，进行包括舰艇相互访问在内的防卫当局间的交流、对话，以及海上执法机关间的交流。(4)坚持关于资源开发的"2008年共识"，进一步加强沟通，争取早日恢复谈判，推进实施。[①] 在其后的记者招待会上，安倍就两国安全关系强调："我们是邻国，互为合作伙伴，互不构成威胁，这是明确的原则。"[②] 日本外务省在对2018年10月安倍访华成果所做的介绍中，就安保合作及安全信任构建提出了八项要点建议，将以上四点予以具体化：(1)中日再次确认将东海作为"和平、合作、友好之海"的决心。(2)中日再次确认完全坚持对东海资源开发的"2008年共识"，一致同意进一步加强沟通，早日恢复谈判。(3)中日一致同意在年内召开基于2018年6月开始运行的防卫当局之间的海空联络机制的第一次年会和专门会议。(4)中日双方时隔三年举行防卫大臣会谈，就防卫当局实施高层交流、政策对话、部队间交流、防灾领域交流，以及基于海空联络机制尽早开设热线等达成一致，同时还就日本统合幕僚长与中国联合参谋长的相互访问达成一致，对包括中国人民解放军东部战区代表团访日事宜在内的具体防卫交流成果表示欢迎。(5)中日一致同意讨论在适当时机进行日本防卫大臣和中国国防部长的互访，以及自卫队和人民解放军舰艇的互访。(6)中日欢迎签署《中日海上搜救协定》。(7)中日双方一致同意在海上执法机关间进行多种高层交流，以及中国海警学院与日本海上保安大学校进行交流，日本欢迎中国海警学院学生早日访问日本。(8)中日一致同意尽早召开中日海洋事务高级别磋商及下一轮中日安全保障对话，争取在海洋、安全保障领域取

① 外務省「安倍総理の訪中(全体概要)」、https://www.mofa.go.jp/mofaj/a_o/c_m 1/cn/page4_004452.html。

② 外務省「日中共同記者発表における安倍総理発言」、https://www.mofa.go.jp/mofaj/a_o/c_m 1/cn/page3_002632.html。

得更多的成果。[①] 在高层引领下,中日安全合作持续深化。2019年12月,在中日韩领导人会议期间,中日两国领导人再次表示要加强战略沟通,增进政治互信,本着相互尊重的精神,妥善管控分歧,发展长期和平友好关系。[②]

安全机制建设取得新进展。2018年6月,中日正式运行“海空联络机制”,这一机制主要有三项内容:(1)设立防务部门之间的直接通信规则,通过确认双方行动的意图,来防止发生意外事件和避免紧张局势。(2)设立防务部门之间的热线,利用直通电话(热线),两国防务部门的高层可以进行常态化沟通,交流政策意图,促进政策层面的互相了解,发挥管控危机的作用。(3)相互主办一年一度的会议。中日双方建立并启动海空联络机制,对于两国防务部门增进了解、加强互信、防止误解误判、维护地区和平稳定都具有积极的意义。2018年12月,在北京举行了中日“海空联络机制”首次年度会议,双方就两国海上安全政策、海空联络机制运行情况及下一步防务交流合作等问题坦诚深入地交换了意见。

签署相关安全协定。2014年4月22日,在中国青岛举行的西太平洋海军论坛[③]上正式通过《海上意外相遇规则》,这项规则对海军舰机海上意外相遇时的海上安全程序、通信程序、信号简语、基本机动指南,以及规则本身的法律地位、适用范围等都做出了规范。日本和中国都是该论坛的成员国,因此两国在《海上意外相遇规则》的技术性规范上有一定的共识。2018年10月26日,中国交通运输部部长李小鹏与日本外相河野太郎共同签署了《中日海上搜寻救助合作协定》(以下简称《协定》),对双方主管机关、合作内容与方式、遇险报警等内容,以及《协定》与双方加入的其他国际法律文件的关系等进行了规定。《协定》的签署标志着双方在海上搜救领域的合作进一步深化。

① 外務省「安倍総理の訪中(全体概要)」,https://www.mofa.go.jp/mofaj/a_o/c_m 1/cn/page4_004452.html。

②《中日韩合作未来十年展望(全文)》,新华网,2019年12月24日,http://www.xinhuanet.com//asia/2019-12/24/c_1125383968.htm。

③ “西太平洋海军论坛”的成员国已超出“西太平洋”所含的地域范围,不仅几乎包括了西太平洋地区各国,还吸纳了对太平洋地区具有较大影响的部分国家为观察员国。截至2014年,论坛成员国有21个,包括澳大利亚、加拿大、智利、法国、印度尼西亚、日本、柬埔寨、汤加、马来西亚、文莱、新西兰、巴布亚新几内亚、中国、秘鲁、菲律宾、韩国、新加坡、俄罗斯、越南、泰国和美国。观察员国有4个,包括孟加拉国、印度、墨西哥和巴基斯坦。

这是两国在平等互利的基础上就促进两国海上搜救工作展开的合作，无疑对加强中日海上搜救务实合作、提高海上搜救效率、保障海上人命和财产安全、促进区域海上经济发展产生了积极影响。[①]

防卫交流进一步密切。2018年11月，中国人民解放军东部战区代表团访日。2019年4月，在中国人民解放军海军成立70周年之际，日本自卫队舰艇及海上幕僚长访华，日本护卫舰“凉月”号作为海上自卫队舰艇首次参加在山东省青岛市近海实施的中国海军国际阅舰式。2019年10月10日，中国导弹驱逐舰“太原舰”抵达日本神奈川县横须贺港。据海上自卫队介绍，这是中国军队舰艇第三次访日。受日本邀请，同年10月16日，“太原舰”在返航途中还与海上自卫队的“五月雨”号驱逐舰在东京湾海域进行了联合演练并互致敬意。

安全对话持续推进。2018年12月，第十轮中日海洋事务高级别磋商在浙江乌镇举行。双方同意继续推进海上搜救合作，中国海上搜救中心与日本海上保安厅确认了《中日海上搜救协定》生效后的联络方式，同意将促进信息交换、共同训练等；同意中国海上搜救中心与日本海上保安厅继续展开顺畅高效的海上搜救合作，并就今后推进两部门间的合作交换了意见；同意中国海警局与日本海上保安厅进一步加强双边多边领域的交流与合作；中日还对两国涉海智库之间进行的合作与对话表达了积极姿态。2019年1月，第16次中日安全保障对话在北京举行。4月，日本代表团访华，中日继续进行校级军官交流。5月，第11轮中日海洋事务高级别磋商在日本小樽召开，双方同意在两国高层交往引领下，坚持把东海建设成为“和平、合作、友好之海”；双方同意尽早开通海空联络机制直通电话。同月，日本防卫大臣与中国国防部部长在新加坡香格里拉会议上进行会谈。

非传统安全合作持续开展。为落实第七次中日韩外长会有关共识，2015年5月，经中日韩三国外交部协商，第三次中日韩三方反恐磋商在北京举行，三国重点就国际和地区反恐形势、各自反恐情况和政策举措、应对网络恐怖主义、去极端化等问题交换了意见。反恐磋商有利于推动中日在反恐领域内的

① 《李克强和日本首相共同见证中日签署海上搜救协定》，中国交通新闻网，2018年10月29日，http://www.zgjtb.com/2018-10/29/content_214455.htm。

政策对话和务实合作。2019年11月18日，第四次中日韩网络安全磋商会议召开，探讨了网络安全环境和各国的相关政策等，[①]进一步丰富了中日安全合作的内涵。

对地区安全问题保持对话与合作。在2019年12月的中日韩领导人会议期间，中日两国领导人再次表示将致力于朝鲜半岛完全无核化，重申维护半岛和东北亚和平稳定是中日两国的共同利益和责任，强调只有通过包括对话和外交在内的国际合作，并根据联合国安理会有关决议全面解决各方关切才能实现朝鲜半岛的完全无核化和永久和平等。[②]

三、构建建设性双边安全关系

面对世界“大变局”，在中华人民共和国成立70周年和日本进入令和时代的背景下，中日多次强调共同致力于构建契合新时代要求的中日关系，包括构建新的中日安全关系。2018年10月，在安倍访华期间，两国领导人就中日构建建设性的安全关系达成了原则共识。中国积极肯定并推动中日安全合作，强调双方“加强交流沟通，有利于妥善管控分歧，增进安全互信，推动构建建设性的双边安全关系，为中日关系持续改善和长期健康稳定发展注入正能量”[③]。

2019年6月，在日本大阪G20峰会期间，安倍再次表示愿意加强和中国的合作。中日两国首脑会谈后达成“十点共识”，共同强调中日都已进入发展的新时代，双方共同利益和共同关切日益增多，两国关系面临新的发展机遇，双方应共同致力于构建契合新时代要求的中日关系。“十点共识”在很多方面都涉及中日间的安全问题，主要包括：(1)践行中日互为合作伙伴、互不构成威胁的政治共识，本着化“竞争”为“协调”的精神，推动中日关系沿着正确轨道持续向前发展。(2)中日将坚持走和平发展道路，共做和平发展的伙伴；双方应加强安全领域的交流与合作，积极推动构建建设性双边安全关系，逐步确立稳固的战略互惠互信；双方进一步加强外交和安全领域对话。(3)双方妥

① 外務省「第4回日中韓サイバー協議」、https://www.mofa.go.jp/mofaj/press/release/press4_008012.html。

②《中日韩合作未来十年展望（全文）》，新华网，2019年12月24日，http://www.xinhuanet.com//asia/2019-12/24/c_1125383968.htm。

③《2018年12月26日外交部发言人华春莹主持例行记者会》，中国外交部，https://www.fmprc.gov.cn/wjdt_674879/zcjd/201812/t20181226_7943032.shtml。

善处理敏感问题，建设性管控矛盾分歧；双方将继续推动落实东海问题原则共识，共同努力维护东海和平稳定，实现使东海成为和平、合作、友好之海的目标。(4)中日应积极履行国际责任，共同应对各种全球性挑战，重视在军控、裁军等国际事务中的沟通与协调，携手为世界和平、稳定、发展做出积极贡献。① 其中，中日就安全关系明确提出要构建建设性双边安全关系。

在中日“十点共识”的基础上，2019年8月10日，中国外交部副部长乐玉成和日本外务事务次官秋叶刚男在日本长野县共同主持第十四次中日战略对话，这是双方时隔七年后对该对话的重启。两国就中日关系及共同关心的国际和地区问题坦诚深入地交换了意见。双方再次确认，将积极落实中日领导人大阪会晤达成的重要共识，努力构建契合新时代要求的中日关系。② 在2019年8月20日的中日外相会谈中，日本外相河野强调，“双方再次确认，在中日关系整体氛围大幅改善的过程中，就相互关心的事项做出建设性的互动很重要”③。2019年9月26日，日本外相茂木敏充在中日外相会谈中表示，中日两国对地区和国际社会共同承担着巨大责任，应充分考虑“中日新时代”应有的姿态。④2019年10月4日，安倍在临时国会上发表施政演说时强调，要开辟中日新时代，将中日关系推向新阶段。10月9日，在参议院全体会议上，安倍就中日关系表示：“决心扩大所有层面的交流，把中日关系推上新阶段，开创中日新时代。”⑤ 2019年12月25日，安倍与李克强总理在成都举行会谈，安倍表示要加强沟通对话，共同开创中日关系新时代。⑥

但是，步入新时代之际的中日安全关系仍面临着不少挑战。

---

①《外交部官员：习近平会见安倍晋三　双方达成十点共识》，新华社，http://www.xinhuanet.com//2019-06/27/c_1124681233.htm。

②《中日举行新一轮战略对话》，新华网，2019年8月10日，http://www.xinhuanet.com//world/2019-08/10/c_1124860961.htm。

③ 外務省「日中外相会談」、2019年8月20日、https://www.mofa.go.jp/mofaj/a_o/c_m 1/cn/page 1_000871.html。

④ 外務省「日中外相会談」、2019年9月26日、https://www.mofa.go.jp/mofaj/a_o/c_m 1/cn/page3_002887.html。

⑤ [日]共同社：《详讯：安倍表示决心开创日中关系新时代》，https://china.kyodonews.net/news/2019/10/c7b5ce88ebc9.html。

⑥《李克强同日本首相安倍晋三举行会谈》，《人民日报》2019年12月26日。

第四节　新时代中日安全关系面临的挑战

世界正处于“百年未有之大变局”，一方面呈现全球化和多极化发展，另一方面“逆全球化”盛行，世界“不确定”性增加。在新时代，世界大变局需要稳定发展的中日安全关系。中日两国是亚洲地区的重要国家，还分别为世界第二大和第三大经济体，两国有责任加强各方面的合作，应对世界变局。但是，中日安全关系面临的相关挑战也有很多，并制约着两国安全合作的深入发展。

一、日本安全战略转型的危险性及其“中国指向”

中国强调，日本应“坚持‘专守防卫’，坚持走和平发展道路，在军事安全领域慎重行事，多做有利于增进地区国家互信和地区和平稳定的事”①。对于美军参联会主席邓福德与日本自卫队统合幕僚长河野克俊举行会谈，探讨有关日美整合弹道导弹防御能力问题，中方指出，“反导问题事关全球战略稳定和大国互信，应慎重处理。各国既要考虑自身安全利益，也要尊重其他国家合理的安全关切”②，强调“各国安全不受减损”的原则。针对日本政府引进陆基“宙斯盾”系统的决定，中方重申，“由于历史原因，日本的军事安全动向一直备受亚洲邻国和国际社会的关注”，“希望日方慎重行事，为促进地区的和平稳定发挥建设性作用”。③ 对于日本的“印太战略”，中方表示“希望这种关系不针对第三方，有利于促进地区和平、稳定与繁荣”④。

第二次世界大战后，日本在美国的扶植下“带病”融入国际社会，秉承“日美基轴”，采取“脱亚入美”的外交安保路线。在中日邦交正常化之前，日本成为美国在远东地区针对社会主义国家推行冷战政策的前沿基地与军事工具。20世纪七八十年代，中日邦交正常化和《中日和平友好条约》的签订使中日在

①《2017年12月26日外交部发言人华春莹主持例行记者会》，中国外交部，http://www.fmprc.gov.cn/web/wjdt_674879/fyrbt_674889/t1522159.shtml。

②《2017年8月21日外交部发言人华春莹主持例行记者会》，中国外交部，http://www.fmprc.gov.cn/web/fyrbt_673021/jzhsl_673025/t1486239.shtml。

③《2017年12月19日外交部发言人华春莹主持例行记者会》，中国外交部，http://www.fmprc.gov.cn/web/wjdt_674879/fyrbt_674889/t1520714.shtml。

④《2017年11月13日外交部发言人耿爽主持例行记者会》，中国外交部，http://www.fmprc.gov.cn/web/wjdt_674879/fyrbt_674889/t1510045.shtml。

安全层面上的矛盾与争端隐性化。[①] 但冷战结束后，日本在安全上对中国的指向开始强化。一方面，美国迅速调整东亚安全政策，以“奈设想”[②] 为基础，把“漂流”的日美同盟拉回强化的轨道。[③] 因为“美国能否把盟国和友好国家拉入其军事行动之中”是“美国行使大规模武力的绝对条件”。[④] 1997年新《日美防卫合作指针》及1999年《日美防卫合作指针》相关法案（即《周边事态安全保障法草案》《日美相互提供物品及劳务协定修正案》《自卫队法修正案》）强调应对“周边事态”，日美同盟开始将针对的目标指向中国。另一方面，以村井友秀的“中国威胁论”为代表，日本警惕地观察和防范中国。

面对新兴的亚洲，特别是崛起的中国，“内心自亏”的日本最先意识到的就是自己很可能要吞下轻视亚洲的“苦果”。架着“有色眼镜”，日本认为强大的中国是“危险的”。日本忧虑中国军事力量的急速发展，质疑中国军事透明度，经常夸大中国捍卫国家主权的正常行为。2012年12月安倍再次上台之后，中日安全关系并未改善反倒进一步紧张，日本事实上长期强化了和中国的对抗。除政冷经也冷之外，中日两国的相互认知也在“变冷”。2016年9月23日，日本言论NPO和中国零点研究咨询集团共同实施的第十二次中日关系联合舆论调查显示，日本认为对本国最重要的国家第一位是美国，第二位是“不知道”，第三位才是中国；而中国认为日本是除俄罗斯、美国、东盟、欧盟之外最重要的国家，排名第五。[⑤]

① 孟晓旭：《认知、政策与互动：战后中日安全关系研究》，世界知识出版社，2017。

② 1995年2月，美国国防部发表《美国东亚及太平洋地区安全战略报告》。因该报告是助理国防部长约瑟夫·奈提出，因此也被称为“奈倡议”或“奈设想”。“奈设想”的要点之一就是：强调美国在亚洲存在的重要性以及与日本的安全联盟是美国在亚洲安全政策的关键，主张强化日美同盟。参见United States Department of Defense,“The United States Security Strategy for the East Asia-Pacific Region,” http://www.ioc.u-tokyo.ac.jp/~worldjpn/documents/texts/JPUS/19950227.O1E.html。

③ 面对冷战后的新形势，日本防卫恳谈会于前首相细川护熙时代撰写的《日本的安全保障和防卫力量的应循状态——面向21世纪的展望》报告（又称“樋口报告”）提交给了新上台的村山富市内阁。该报告既反映了日本对美国的安全承诺能否继续的担心，也反映了在“苏联威胁”消失后日本试图脱离日美安保同盟的趋向，参见[日]防衛問題懇談会「日本の安全保障と防衛力のあり方—21世紀へ向けての展望—」(樋口レポート)、[日]东洋文化研究研究所ホームページ、http://www.ioc.u-tokyo.ac.jp/~worldjpn/docu-ments/texts/JPSC/19940812.O1J.html。相关分析又见 Kiyohiko Fukushima,“The Revival of ‘Big Politics’ in Japan,” *International Affairs*, Vol. 7, No. 1, Jan.1996, p.64。

④ [日]浅井基文『大国日本の選択:国連安全保障理事会と日本』、労働旬報社、1995年、22頁。

⑤ 言論NPO「『第12回日中共同世論調査』結果」、http://www.genron-npo.net/world/archives/6365.html。

日本对战后体制进行“突破”的非正常方式，特别是在岛屿争端等问题上与中国的强硬对抗把中日两国拖入了日本制造的安全困境中。安倍政府把遏制“危险的中国”作为其推行“战后体制摆脱”的理由，其谋求“抗衡中国”的方式很有可能逼出之前不存在的敌人。藤井裕久在2014年《每日新闻》的专访中就说：“安倍口口声声提及集体自卫权，是破坏先人维护和平主义的行为。更加严重的是，安倍既然要和美国搞集体自卫权，就必须要做出一个假想敌国，而这个假想敌国就会变成真的敌国。”[①] 安倍一再渲染来自中国的“威胁”，这无疑会引发中国的反感。而安倍不断强化的军事能力包括解禁集体自卫权等行为也让中国感受到威胁，中国认为安倍在“战后体制摆脱”中所打的“中国威胁牌”，是日本附和美国打造遏制中国的“亚洲版北约”所采用的障眼法。中日关系本来就包含了所有让大国关系趋于紧张与对立的基本因素，而安倍却一再恶化形势，加剧了中日安全困境的难解。

日本针对中国持续构筑包围圈，且越来越具对抗性。安全合作是安倍2017年初“四国行”的重要内容。[②] 安倍承诺向菲律宾赠送十艘大型巡逻船，向印度尼西亚海上保安机构提供三艘巡逻船，向越南海警提供六艘巡逻船等。在那之前不久，日本刚决定给菲律宾提供五架日本海上自卫队训练用的TC90型飞机。2017年2月，在中国与东盟国家商讨“南海行为准则”期间，日本政府又决定在国会提出修改相关法律的提议，以便向东盟国家无偿赠送二手军车，提升东盟的防卫能力。[③] 此外，日本海上保安厅计划新设置以“海上安保国际合作推进官”为首的新机构，从2017财年起正式援助东南亚各国的海上安保机构以提高海洋安保能力，向相关国家传授自己在钓鱼岛海域应对中国公务船的经验。[④] 2017年1月21日，日英防卫“2+2”会议就强化包括防卫装备领域在内的安保合作签署了相关文件，共同研究日本引进的F-35战斗机

---

①《前日财相：安倍史观过分偏颇　有意破坏和平主义》，环球网，2014年8月14日，https://world.huanqiu.com/article/9CaKrnJFqm4。

② 外務省「安倍総理大臣：日本は貿易及び海洋安全保障を通じてフィリピンの国造りを支援」、http://www.mofa.go.jp/mofaj/p_pd/ip/page4_002666.html。

③「自衛隊の中古装備品を無償供与東南アジア諸国を中心　通常国会に関連法案提出へ」、http://www.sankei.com/politics/news/170119/plt1701190010-n1.html。

④「東南アの海保能力向上を本格支援日本が研修受け入れ拡大」、『日本経済新聞』、http://www.nikkei.com/article/DGXLASDG08H1D_Y7A100C1000000/。

所配置的新型导弹。[①] 26日，日英又签署《物资与劳务相互提供协定》，据此两国可相互提供弹药等后方支援。在与韩国签订了《军事情报保护协定》之后，日本又在推进与韩国签订《物资与劳务相互提供协定》。日美同盟也出现新的强化，特朗普就任后，在与安倍的首次电话会谈中就确定了美国对日本安全的承诺。[②] 2月10日发表的日美新《联合声明》称，“美国利用基于核武器和常规作战能力两方面的所有类型军事力量保卫日本的责任不会动摇”[③]，给日本撑腰。《联合声明》中还有两国互为“安全交换”的内容——美国将加强在地区的存在，日本将在同盟关系中发挥更大的作用，承担更大的责任。[④] 这也就意味着日本将在新时期的同盟下扮演更为积极的安全角色。此外，在特朗普政府要求盟国做出更大贡献的背景下，日本政府正在考虑引进“萨德”系统。2016年底，日本防卫省成立以副防卫大臣为首的委员会，讨论引进“萨德”系统。[⑤] 2017年1月13日，防卫大臣稻田朋美访问美属关岛的安德森空军基地考察“萨德”系统。基于日韩的《军事情报保护协定》与“萨德”系统，日韩两国可联网构建东亚导弹防御体系，并与美国一起可以打造美日韩三国反导同盟，进一步加强对中国的战略威慑，显然这是引发中日安全关系较难走出困境的新问题。

日本在其他方面的行为也加剧了两国安全关系的困境。首先，在侵略历史问题上，日本并未完成与亚洲的和解。日本在历史问题上经常令中国担心日本在继续为侵略战争“招魂”。其次，尽管日本也强调要与中国在安全上进行“协调”，如《日美联合声明》强调：“日美两国认识到，在应对这些问题时，中国将会发挥极其重要的作用，再次确认两国要与中国建立起生产性和建设性

---

①「日英、防衛装備で協力拡大初の2プラス2」、『日本経済新聞』、http://www.nikkei.com/article/DGXLASFS21H12_R20C15A1PP8000/。

② “Readout of the President's Call with Prime Minister Shinzo Abe of Japan,”Office of the Press Secretary,The White House,https://www.whitehouse.gov/the-press-office/2017/01/28/readout-presidents-call-prime-min-ister-shinzo-abe-japan.

③ 外務省「共同声明(2017年2月10日)」、http://www.mofa.go.jp/mofaj/files/000227766.pdf。

④ 同上。

⑤「防衛省THAAD導入も　ミサイル防衛、検討委設置へ」、『毎日新聞』、http://mainichi.jp/arti-cles/20161125/ddm/002/010/110000c。

的关系。"[①] 但面对中国的崛起，日本事实上是把与中国的安全对抗作为"大国日本"对外安全关系中的主要议程。而"大国主义""霸权主义""抗日""特殊大国""不知如何行事的国家"和"威胁"等这些日本对中国的话语表述，和日本对自己设定的所谓"和平""沉着的外交""民主和宪政"，以及对"国际准则的遵守"等形象自述构成或含蓄或明确的两国安全形象对比。[②] 这又在深层次上阻碍着中日安全合作的深入发展与安全互信的构建。

二、美国安全政策反推日本对华安全消极

日美同盟是日本对外安全政策的基础，美国的亚太安全政策和对华安全政策制约和影响着日本的对华安全政策。安倍再次上台以来，日本经历了美国两任政府的调整，奥巴马政府和特朗普政府在安全问题上对中国都持"防范政策"。日本紧跟美国的地区安全认知和对华安全政策，并积极做出反应加以配合，美国的安全政策反推日本在安全问题上防范和应对中国。

奥巴马政府时期，美国强调"亚太再平衡战略"，主张加大对亚洲的安全投入，提出强化与地区盟国的关系，扩大与伙伴国的合作。在这样的政策下，美国事实上加强了在亚太地区的安全存在。除加大安全承诺外，美国还在日本的军事基地部署大量的先进武器和更新军事存在。以2016年为例，包括部署F-22战斗机、"全球鹰"无人机、MV-22"鱼鹰"倾转旋翼机、P-8反潜巡逻机、F-35B联合攻击机等，追加部署"宙斯盾"系统驱逐舰等；在关岛进行潜艇轮换部署、轰炸机部队轮换部署，以及完善航空母舰临时停靠的码头设施等。与美国的安全举措保持一致，根据2016财年《日本防卫项目及预算》，日本自身军事设备的相应提升包括：(1)飞机方面，陆上自卫队采购12架V-22"鱼鹰"倾转旋翼机，海上自卫队采购17架SH-60K型巡逻直升机，航空自卫队采购六架F-35A战机、一架C-2运输机、八架UH-60J型救援直升机、一架E-2D"先进鹰眼"机载早期预警机，联合部队采购三架"全球鹰"无人机。(2)舰船方

① 外務省「日米共同声明：アジア太平洋及びこれを越えた地域の未来を形作る日本と米国」、2014年4月25日、https://www.mofa.go.jp/mofaj/na/na1/us/page3_000756.html。

② Linus Hagströmand Ulv Hanssen, "War Is Peace: The Rearticulation of 'Peace' in Japan's China Discourse," 19 June 2015, https://www. cambridge. org/core/services/aop-cambridge-core/content/view/90F27319AB33F62C2F8531783742D14B/S0260210515000157a. pdf/war is peace_the_rearticulation_of_peace_in_japans_china_discourse.pdf.

面，海上自卫队采购一艘“宙斯盾”系统驱逐舰和一艘潜艇。(3)导弹方面，陆上自卫队采购12套中程多用途导弹等。(4)导弹防御方面，海上自卫队将两艘“宙斯盾”系统驱逐舰进行升级。[①]

2017年1月，特朗普政府上台，强调“美国优先”，以实力维持和平，提出了重建军队、重视同盟的方针。与奥巴马政权的“重返亚太”相比，战略更趋收缩的特朗普政权则倾向于“重返东亚”，集中应对小范围问题，并在这个重返中更注重发挥地区盟国日本的作用。日本重视并“理解”美国的相关举措，对于奥巴马政府的相关安全政策，日本《防卫白皮书》判断：(1)美国将会在强化与亚太地区同盟国等关系的同时，从质和量上充实该地区的军力部署，继续推动亚太地区再平衡，并显示出继续重视该地区的姿态。在目前中国加强南海力量的背景下，美国为彰显国际法赋予的权利及自由等，将会继续开展“航行自由行动”。(2)在中国等国加强军事力量的情况下，美国认识到美军的军事优势正逐渐地被“侵蚀”，因此为了维持和扩大美军优势，美国计划开发新领域军事技术以推进“第三次抵消战略”。第三次抵消战略的目的是，在技术、组织和运用方面取得优势，以加强对大国的遏制力，这一战略重视人与机械的协同行动及对战斗团队化的投资。[②]

2019年版日本《防卫白皮书》提出，美国在安全上对中国采取“威慑”措施，包括取消邀请中国海军参加“环太平洋”军事演习，在南海实施“航行自由行动”，轰炸机飞越南海上空，对中国军队相关部门实施制裁，对中国的高科技产品课以关税，等等。由此，日本认为美国已认定安全上的最优先课题是与中俄进行战略竞争。日本认为，特朗普政府的对华态度在国会得到了超党派的支持，预计今后也将得到维持。鉴于美国要实施较过去70年最高的研究开发预算——与2017年相比增加了15%的太空相关预算、10%的网络相关预算，日本判断美国“为了遏制大国侵略，将继续采取相关举措，以维持军事优势”[③]。美国这些安全战略动向也在塑造日本的对华安全认知，势必会影响日本的对华安全政策。

① 防衛省「我が国の防衛と予算—平成28年度概算要求の概要」、http://www.mod.go.jp/j/yosan/2016/gaisan.pdf。

② 防衛省「平成28年版防衛白書」、https://www.mod.go.jp/j/publication/wp/wp2016/pdf/28010201.pdf。

③ 防衛省「令和元年版防衛白書」、https://www.mod.go.jp/j/publication/wp/wp2019/pdf/R01010201.pdf。

为了配合美国的安全政策和保护美国的安全利益，日本做出了很多不利于中日安全关系的举措。日本自卫队高层曾表示，如中美在台湾海峡发生紧张对峙危机，“美军将期待日本自卫队承担保卫美国航母不受中国潜艇威胁的任务”。[①] 2013年，日本就有人假想过若中国人民解放军登陆台湾，陆上自卫队坦克部队将南下驰援台湾，为美军争取时间。[②] 日本还认为，中国推进“反介入/区域拒止”战略不仅威胁了西南诸岛，而且还威胁到了日美同盟的安保效用，因为“这些海域和列岛对于中国海空军进入太平洋和返回基地具有重要意义，是中国实现在亚洲地区阻止美军部署和介入这一‘反介入/区域拒止’战略的关键”。日本主张“控制这些地方不仅是作为独立国家的日本的责任，而且对稳定而灵活地运用日美同盟这个维护亚太稳定的关键要素也具有极为重要的意义”[③]。曾任日本陆上幕僚长的岩田清文在华盛顿称，如果美中发生冲突，美军将会把“第一岛链”的防卫任务委托给日本，那么日本“就有必要加强从冲绳至台湾的西南诸岛的防卫”。[④] 日本还认为，中国的目的是通过夺取钓鱼岛，确保向西太平洋的通道，从而增强对美抑制力，而日本的任务是：确保对西南诸岛的控制权以及保障美军的迅速进入。

三、日本是否真正改善两国安全关系

尽管2016年之后安倍政府在安全上展示出对华“协调”的面目，但其对华的安全策略改善似乎还处于偶尔的、表面的外交辞令的层面，在更“常态”的时候仍充满着对华的“批判”与“指责”。在2017年初国会上的外交演说中，日本外相岸田文雄宣称，中国是在“侵入”钓鱼岛周边领海并进行资源开发，“日本将坚持应坚持的，继续冷静毅然地应对”。[⑤] 2019年12月27日，日本防卫大臣河野太郎对中国船只在钓鱼岛海域的正常航行表态称，“将切实致力

---

①「首相、防衛力強化を伝達へ　日米首脳会談」、『日本経済新聞』、http://www.nikkei.com/article/DGXLASFS09H4C_Z00C17A2EA2000/。

②［日］三鷹聡「台湾で激突！日中戦車部隊」、『軍事研究』、2013年9月。

③［日］香田洋二「南シナ海判決を前に軍艦を日本領海に侵入させた中国の思惑」、日本ネットホームページ、https://www.nippon.com/ja/currents/d00226/。

④『米軍、対中衝突想定で日本に役割「第1列島線」委ねる案、検討』、『東京新聞』、http://www.tokyo-np.co.jp/s/article/201709160100l098.html。

⑤ 外務省「第193回国会における岸田外務大臣の外交演説」、http://www.mofa.go.jp/mofaj/fp/pp/page3_001969.html。

于冲绳和西南诸岛的防卫”，强调“抱有强烈关切”。[①]这些都显示出中日安全关系的真正改善依然存在着挑战。

安倍政府在历史问题上也没有向前看的行动。2017年1月31日，安倍在众议院就2016年底防卫大臣稻田朋美参拜靖国神社的相关质询回答，“政府不应插手”，[②]实际上是采取支持的态度。2017年2月14日，日本文部科学省公布的中小学新版《学习指导要领》草案首次明确要求，在中小学社会课程中写入“钓鱼岛是日本固有领土”。伴随日本国内以修宪为主要议程的国家正常化战略的深入，中日安全关系也可能出现新的障碍。目前自民党的策略是，首先争取在紧急事态条款和环境权等条款上过关，打开“封印”，然后再破坏“第九条”。日本对和平宪法的破坏无疑会进一步引发中国的安全担忧，在推动修宪过程中，日本很有可能还会拿“中国威胁”说事儿。

日本在提升岛争和海洋安全能力的同时，其本身也成为对华国际监控网的一部分。从2016年开始，日本防卫省就参加了美英澳等多国间的太空监视训练演习，与北美、欧洲、亚洲、南半球各国合作监视更广范围的太空。[③]根据2018年版《防卫计划大纲》对加强太空防卫力量的要求，防卫省将建设能监视36000千米高的地球同步轨道的太空态势感知系统，大大超出当前日本宇宙航空研究开发机构仅能对200—1000千米低轨道进行监视的水平。防卫省在2023年将该系统投入使用后，将与美军，以及日本太空航空开发机构通过其配备的可对高度在650千米10厘米级的飘浮物进行观测的新型雷达进行三方信息交流。这弥补了日本只能监视限于本国上空及其周边有限范围的不足，也提升了国际对华监控网的能力。目前，日本与美国、英国、加拿大、澳大利亚、新西兰等共享机密情报，组织“五眼联盟”积极构筑国际监视网。此外，日本在地缘安全上具有独特优势，由于位于“第一岛链”，日本不仅与美军共

① 共同社：《日本防卫相称象征今年的汉字为“尖”》，2019年12月27日，https://china.kyodonews.net/news/2019/12/1fddc8edf694.html。

② 衆議院「衆議院議員逢坂誠二君提出稲田防衛大臣の靖国神社参拝についてノーコメントとした安倍総理の考えに関する質問に対する答弁書」、http://www.shugiin.go.jp/Internet/itdb_shitsumon.nsf/html/shitsumon/b 193007.htm。

③「自衛隊"太空防衛"に乗り出す」、2017年11月29日、https://www.nhk.or.jp/politics/articles/feature/1463.html。

同承担封锁岛链的责任,还积极充当美军的前沿预警阵地和反导拦截阵地。日本提升太空防卫技术,加强防卫能力,实际上也是加强美国对"印太"地区的导弹探测能力,增强美军反导能力,威胁中国的战略打击能力。

日本强调的"多域联合防卫力"在安全上针对中国,与中国展开竞争的意味明显。该防卫战略融合了"印太战略",主张积极灵活地运用防卫力,通过共同训练、演习,进行防卫装备和技术方面的合作,加强军种间交流等,与国际社会展开安全合作和交流。"印太构想"有针对中国构建安全包围圈、制约中国实力拓展的意图。[①] 另外,"多域联合防卫力"在提前预演中也显露出其对抗的目标。2018年10月,日本首次参加了美空军太空司令部举行的"施里弗演习2018"太空站演习,该演习假定是为应对2028年位于"印太"的某个大国利用太空和网络手段开展行动以实现其战略目标,演习研究了如何利用国际盟友的能力,威慑制止对手将冲突扩展或升级到太空,以及确定太空和网络空间在多域冲突中的战略与战术作用等,演习针对的某大国明显是指中国。

日本"多域联合防卫力"的新防卫战略企图在多个领域投入力量,增强防卫能力,有在"竞争时代"通过"成本强加战略"导致中国"改变现状"的目的,本质上说是一种新的"军备竞赛",不利于未来的中日安全关系。2018年5月20日,自民党政务调查会在《对于策定新〈防卫计划大纲〉及〈中期防卫力整备计划〉的提言——面向"多域跨域防卫构想"的实现》中提出:"对于向日本发起攻击的对手来说,通过让其考虑巨大的牺牲和负担这样的'成本增加',可以预先防范攻击。"[②] 2018年10月,日本国际问题研究所的政策建议书《面对动荡国际秩序的新安保战略——保卫日本的11个提言》提出,面对中国国力增强和"改变现状"的行为,日本应采取现实主义的应对,强化必要的威慑力,采取"成本强加战略"使中国改变现状和反介入能力变得困难,但不使整体的

① [日]神谷万丈「日本と『インド太平洋』—期待と問題点—」、2013年3月、http://www2.jiia.or.jp/pdf/resarch/H24_Asia_Security/01_kamiya.pdf;吴怀中:《安倍政府印太战略及中国的应对》,《现代国际关系》2018年第1期。

② 自由民主党政務調査会「新たな防衛計画の大綱及び中期防衛力整備計画の策定に向けた提言~『多次元横断(クロス・ドメイン)防衛構想』の実現に向けて~」、2018年5月29日、https://www.jimin.jp/news/policy/137478.html。

中日关系恶化。[①] 根据“新中期防”的规划，2019—2023年度日本的防卫预算高达27.47万亿日元，比2014—2018年度“中期防”的24.67万亿增加近三万亿日元，增幅达11.3%，其中大量的经费是用在和中国进行对抗的岛争上，这必将引发新的竞争及中国对日本的安全警惕。中国外交部发言人强调，“日方这种做法不利于中日关系改善发展，也不利于地区和平稳定大局”，要求日本“坚持‘专守防卫’的政策承诺”。[②]

① 日本国際問題研究所「揺れる国際秩序に立ち向かう新たな安全保障戦略ー日本を守るための11の提言ー」、http://www2.jiia.or.jp/pdf/policy_recommendations/2018/181010jpn-security_policy_recommendations.pdf。

②《2018年12月18日外交部发言人华春莹主持例行记者会》，中国外交部，https://www.fmprc.gov. cn/web/wjb_673085/zzjg_673183/gjs_673893/gjzz_673897/lhgyffz_673913/fyrth_673921/201812/t20181218_7656982.shtml。

第七章　战略交汇与日英安全合作

“印太战略”是安倍政府在“积极和平主义”下推进的国际安全战略，“全球化英国”是英国在“脱欧”背景下提出的旨在增强全球影响力的战略构想，二者均于2016年提出。[①] 在“印太战略”和“全球化英国”下，日英安全关系迅速升温，特别是在“印太”地区的安全合作日渐深入。2019年1月10日，安倍宣称，日英关系在维护国际秩序、推动全球及地区安全等方面的合作已提至新阶段，为“结盟以来最密切”。[②] 2019年7月，日本第25届参议院选举结束后，安倍表示，任内实现国民修宪投票表决，坚持修宪。为推动国内安全议程和扩大国际安全影响，日本会继续深化“印太战略”并拓展对外安全合作；面对“脱欧”时代，“全球化英国”还会加强对日安全合作，以维护英国的“全球利益”。战略交汇下，日英安全合作令人关注。

第一节　“印太战略”与“全球化英国”的战略交汇

在“印太战略”需求下，欧洲在日本“印太”外交安保中的地位逐渐上升。在2013年提出“战略性外交”“重视普遍价值的外交”等外交原则的施政演说中，安倍强调将以“日美同盟为基轴，加深与澳大利亚、印度、东盟各国等亚洲、大洋洲海洋国家的合作”[③]。当时尚未提到欧洲，但在2018年1月的施政

① 2016年8月27日，安倍在第六届非洲开发会议（TICAD）上提出“自由开放的印太战略”。2016年10月2日，特蕾莎·梅在保守党会议的讲话中首次提出“全球化英国”。

② 首相官邸「日英共同記者会見」、2019年1月10日、http://www.kantei.go.jp/jp/98_abe/statement/2019/0110uk.html。

③ 首相官邸「平成25年2月28日第百八十三回国会における安倍内閣総理大臣施政方針演説」、2013年2月28日、http://www.kantei.go.jp/jp/96_abe/statement2/20130228siseuhousin.html。

演说中，安倍则明确提出“与美国、欧洲、东盟、澳大利亚、印度等携手，确保从亚太地区到印度洋地区的和平与繁荣”[①]，将欧洲置于日本外交的第二位。2017年4月28日，日英首脑会谈在强调“印太”“自由”“开放”的重要性后宣称：“支持包含航行自由在内的‘基于国际法的秩序’，在支持推进海洋法的执行能力的提升和联合训练等方面取得一致。”[②] 同年7月21日，岸田文雄在日英外相战略对话上呼吁“日英共享基本的价值”，主张日英合作维持“自由开放的、基于规则的国际秩序”，两国外交大臣还就东海和南海的形势达成一致认识，认为“为维持基于法所支配的国际秩序，进一步加强紧密合作”。[③] 在“印太战略”框架下，日本还有将同是共享“普遍价值观”的英国编入日美印澳“四边安全合作”框架内的考虑。2017年10月，日本外相河野在接受《日经亚洲评论》采访时表示，日本为英法两国提供了参与日美印澳四边合作角色的机会。[④]

“印太战略”重在强化海洋安全，正是“为应对中国向海洋发展，战略层面的‘印太’论开始出现”。[⑤] 鉴于自身实力有限及海洋安全的特殊性，日本有尽可能多地联合更多的国家参与对抗的想法。[⑥] 安倍对同是海洋国家的英国充满了期待，早在2013年9月30日，安倍在英国皇家联合军种国防研究所（Royal United Services Institute for Defence Studies，RUSI）所作的基调演说中就称，日英本来的关系就是“共同捍卫海洋安全”的关系，并将日英关系称为自然天成的合作伙伴关系。[⑦] 同时，在“美国优先”和世界“不确定”的情势下，日本也

① 首相官邸「第百九十六回国会における安倍内閣総理大臣施政方針演説」、2018年1月22日、http://www.kantei.go.jp/jp/98_abe/statement2/20180122siseihousin.html。

② 外務省「日英首脳会談」、2017年4月28日、http://www.mofa.go.jp/mofaj/erp/we/gb/page4_002957.html。

③ 外務省「第6回日英外相戦略対話（結果）」、2017年7月21日、http://www.mofa.go.jp/mofaj/press/release/press3_000311.html。

④ “The ‘Indo-Pacific’ Vision: Room for Britain and France?” https://www.forbes.com/sites/davidhutt/2017/11/14/the-indo-pacific-vision-room-for-britain-and-france/#6c013a243827.

⑤ [日]山本吉宣「インド太平洋と海のシルクロード：政策シンボルの競争と国際秩序の形成」、2016年5月16日、http://thinktank.php.co.jp/wp-content/uploads/2016/05/160518.pdf。

⑥ [日]稲葉義泰「日英なぜ急接近？ 英軍艦『モントローズ』来日と一般公開の背景にブレグジット問題」、https://headlines.yahoo.co.jp/hl?a=20190315-00010001-norimono-bus_all。

⑦ 首相官邸「安倍晋三日本国総理大臣基調講演」、2013年9月30日、http://www.kantei.go.jp/jp/96_abe/statement/2013/0930uk.html。

有“把作为安理会常任理事国的英国拉入亚太战略场”[①]的考量。时任防卫大臣的小野寺五典在2017年12月日英“2+2”会议前就表示：“英国在印度太平洋地区拥有权益，也受到中国军事崛起的威胁。有必要让其进一步了解这种实际情况。”自卫队干部还认为，“英国拥有美军也没有的装备”[②]。显然，安全因素是日本推进与英国关系走近的重要动力，安倍曾表示：“日英是全球战略伙伴，安全和经济是支持这种关系的两个轮子。”[③]

“全球化英国”是时任英国首相特蕾莎·梅在执政时期提出的战略构想，强调伴随着“脱欧”，英国应变得更加外向，在世界舞台上的地位应更突出，主张在海外拓展英国的政治、安全存在及影响力。2016年10月2日，在保守党会议的讲话中，特蕾莎·梅首相首次提出“全球化英国”的愿景，强调“脱欧”可以让英国在更广阔的世界中思考所扮演的角色，在世界上树立雄心勃勃、乐观的新角色。[④] 特蕾莎·梅首相在随后几次重要演讲中继续提及“全球化英国”，包括2017年1月的演讲以及同月在美国共和党会议上的演讲。在2017年达沃斯世界经济论坛和联合国大会的讲话中以及2018年访问中国后接受英国广播公司采访时，特蕾莎·梅首相也提到了“全球化英国”。[⑤] 此后，英国官方不断加强对“全球化英国”的话语构建与战略愿景推进。

2018年2月14日，时任英国外交大臣鲍里斯·约翰逊在“团结起来实现伟大的‘脱欧’”的发言中强调，“脱欧”为“面向外部、自由和全球的英国开辟了道路，‘脱欧’是为了让这个国家重新融入其全球身份”。[⑥] 总的来看，“全球化

① 陆忠伟：《日英安全合作急鼓繁弦》，《文汇报》2018年2月23日。

②《日本想拉英国“重返亚太” 扩大两国军事合作》，环球网，https://mil.huanqiu.com/article/9CaKrnK63yi。

③ “Prime Minister's Speech to UK Japan Business Forum,”September 5, 2017, https://www.gov.uk/government/speeches/transcript-of-speech-given-by-the-prime-minister.

④ “Britain after Brexit: A Vision of a Global Britain,”Conservative Party Conference, 2 October 2016, https://www. conservativehome. com/parliament/2016/10/britain-after-brexit-a-vision-of-a-global-britain-theresa-mays-conservative-conference-speech-full-text.html.

⑤ “The Prime Minister's Speech to the World Economic Forum,”January 19, 2017; and “Speech to the UN General Assembly,” September 20, 2017; BBC News, “Prime Minister Interview with Laura Kuenssberg,” February 2, 2018, https://publications. parliament. uk/pa/cm201719/cmselect/cmfaff/780/78005. htm#_idTextAnchor005.

⑥ “Uniting for a Great Brexit: Foreign Secretary's Speech,”February 14, 2018, https://www.gov.uk/government/speeches/foreign-secretary-speech-uniting-for-a-great-brexit.

英国”的关键词包括：国际视野、老朋友和新盟友、支持“基于规则的国际秩序”，以及自由贸易。[①] 而国际安全是“全球化英国”的核心。2019年2月11日，国防大臣加文·威廉姆森在英国皇家联合军种国防研究所发表的《全球化英国的防卫》演讲中表示，“脱欧”使英国有了50年来最大的机会重新定义自己的角色，英国必须抓住机遇建立新联盟、重燃旧联盟，明确成为一个在需要时采取行动的国家，并强调指出“防卫是加强英国作为一个外向型国家的关键，在大国竞争的时代不能仅仅保护自己的后院”[②]。从权力的视角出发，“全球化英国”强调在地缘政治竞争的时代更需要“结构和工具来保护和投射利益，劝阻、威慑甚至破坏威胁”，并强调“随着英国离开欧盟，外交和国防政策必须再次成为国家的优先事项”。[③]

“全球化英国”关注“印太”地区的海洋安全通道。2018年5月22日，英国下议院发布了亨利·杰克逊学会关于“印太”地区“全球化英国”和海洋贸易的报告，提出尽管中国“一带一路”倡议得到发展，但目前全球贸易的90%以上发生在海上，并且在可预见的将来这仍将是贸易的主导模式，认为保护海上航线是全球安全的重要问题。该报告强调，“全球化英国”未来的姿态应该是一个强大的海洋姿态，英国应利用其历史和能力来保护欧洲的海洋安全和海洋通道。[④]在2018年的国际战略研究所的会议上，英国第一海军大臣兼参谋长菲利普·琼斯上将认为，当前对于英国而言至关重要的是重视海洋领域，以及维护国际法和自由进入全球海洋公地的承诺。[⑤]

在安全秩序上，“全球化英国”强调维护“基于规则的国际秩序”，与日本

① “The Idea of ‘Global Britain’,” https://publications.parliament.uk/pa/cm201719/cmselect/cmfaff/780/78005.htm#_idTextAnchor005.

② “Defence in Global Britain,” February 11, 2019, https://www.gov.uk/government/speeches/defence-in-global-britain.

③ James Rogers, “How to Deliver ‘Global Britain’: Five Strategic Priorities for Britain’s New Government,” July 25, 2019, https://britishinterest.org/how-to-deliver-global-britain-five-strategic-priorities-for-britains-new-government/.

④ “Global Britain in the Indo-Pacific,” https://www.asianaffairs.in/magazine/global-britain-in-the-indo-pa-cific/#.XV8z9Lw6ucY.

⑤ “First Sea Lord Speech at the International Institute for Strategic Studies Conference,” June 28, 2018, https://www.gov.uk/government/speeches/first-sea-lord-speech-at-the-international-institute-for-strategic-studies-conference.

"印太战略"有共同的秩序愿景。在2017年11月的市长宴会上，特雷莎·梅首相发表演讲表示，"维护基于规则的国际秩序，防止不负责任的国家破坏它"是"全球化英国"的关键任务之一。[①] 首相国家安全顾问马克·塞德威尔爵士强调，英国应加强对"基于规则的国际秩序"的支持，因为"随着地缘政治的竞争越来越激烈，这一秩序在21世纪可能会变得更加重要"[②]。在建立于共享价值观之上的联盟总是比建立于交易便利性之上的联盟更持久的认识下，英国主张利用自己所拥有的世界第五大经济体、第三大海外援助预算、北约第二大军事预算、联合国安理会常任理事国、世界级的外交网络和遍布全球的联盟等独特地位，"形成一条连接世界民主国家的'隐形链条'来捍卫共同的价值观"[③]。关注未来五年对外防卫政策的《战略防务与安全审查2015》提出，英国对区域安全的主要目标包括：保护国家利益，促进贸易和武器出口，预测全球影响特别是海军力量，帮助确保航行自由和"基于规则的国际秩序"等。[④] 2018年8月14日，英国外交部亚洲及太平洋事务国务大臣马克·菲尔德在雅加达战略与国际研究中心发表题为《英国与全亚洲：现代伙伴关系》的演讲，强调英国亚太的优先事项是"繁荣、安全和价值观"，"致力于建立一个安全、自由、开放、包容和繁荣的印度太平洋，通过军事、多边和商业参与及能力建设，（英国将）在印度洋地区的海上安全中发挥积极作用"。[⑤]

自1968年正式宣布向苏伊士运河以东撤退之后，英国更多地以欧洲国家的身份参与欧洲的安全保障，几乎没有向亚太及印度洋地区提出任何政治和安全承诺。但近年来，英国对"印太"地区的关注逐渐增多。2017年，英国国防大臣法伦在新德里会见了印度外长，以强化两国对伙伴关系的承诺。在

---

① "PM Speech to the Lord Mayor's Banquet 2017," https://www. gov. uk/government/speeches/pm-speech-to-the-lord-mayors-banquet-2017.

② "The Idea of 'Global Britain'," https://publications. parliament. uk/pa/cm201719/cmselect/cmfaff/780/78005.htm#_idTextAnchor005.

③ "An Invisible Chain: Speech by the Foreign Secretary," October 31, 2018, https://www.gov.uk/government/speeches/an-invisible-chain-speech-by-the-foreign-secretary.

④ Erik Brattberg et al., "Can France and the UK Pivot to the Pacific?" July 5, 2018, https://carnegieendowment.org/2018/07/05/can-france-and-uk-pivot-to-pacific-pub-76732.

⑤ "The UK and All of Asia, a Modern Partnership: Mark Field's Speech," August 14, 2018, https://www.gov.uk/government/speeches/minister-mark-field-speech-the-uk-and-all-of-asia-a-modern-partnership.

2018年2月的访问中，英国国防大臣加文·威廉姆森重申了英国对澳大利亚和太平洋的承诺。2018年4月，英国在巴林建立了一个永久性海军基地，将其指定为英国在波斯湾的主要据点，这里有可能成为印度洋和环太平洋地区活动的中心。[①] 2018年10月，英国外交大臣宣布将要对英国外交网络进行大规模扩展，包括在莱索托、埃斯瓦蒂尼（前斯威士兰）、巴哈马、汤加、萨摩亚和瓦努阿图设立六个新的高级委员会；在安提瓜和巴布达、格林纳达、圣文森特和格林纳丁斯等地设立新的驻地专员；将把驻乍得的英国外交办事处升级为大使馆，并在雅加达建立一个新的英国驻东南亚国家联盟总部的特派团；在吉布提和尼日尔开设新的英国大使馆；等等。到2020年底，英国将向海外派遣335名外交官，并在伦敦增加328名外交人员，意味着英国将在联合国192个国家中的160个国家派驻代表，规模仅略低于美国和中国。[②] 英国正在"全球化英国"下扩大在"印太"的存在与影响。相较于在东南亚，战后英国在东北亚的安全存在与安全合作较少。而在"全球化英国"下，英国对东北亚尤其是对日本的关注逐渐增加。2019年2月，国防大臣加文·威廉姆森宣布从2019年春开始，"蒙特罗斯号"和其他五艘海军舰艇将永久驻扎在海湾地区，"伊丽莎白二世"女王号航母的第一次行动任务将包括地中海、中东和太平洋地区。[③]

"全球化英国"强调作为一个外向的全球伙伴，英国应加强在区域内的存在及活动，虽然主要侧重于建立新的贸易关系，但也需加强外交存在和对安全的贡献。英国不断表达自己将继续成为欧洲和世界主要的安全维护者，强调参与国际防卫有助于建立英国的国际影响力和增强其安全所依赖的强大关系，凸显重视与其他国家之间的安全合作，都体现了"全球化英国"蕴含的积极性。2017年版的《英国国际防卫参与战略》突出"国防设计的国际化"，提出一个不断变化的安全环境对英国的国家利益是危险的，没有一个国家能够

① Erik Brattberg et al.,"Can France and the UK Pivot to the Pacific?"July 5, 2018, https://carnegieendowment.org/2018/07/05/can-france-and-uk-pivot-to-pacific-pub-76732.

② "An Invisible Chain: Speech by the Foreign Secretary," October 31,2018,https://www.gov.uk/government/speeches/an-invisible-chain-speech-by-the-foreign-secretary.

③ "Defence in Global Britain,"February 11, 2019, https://www.gov.uk/government/speeches/defence-in-global-britain.

独自应对所有的挑战，强大的联盟和伙伴关系比以往任何时候都更为重要。[①]英国《战略防务与安全审查2015》认为："世界正在从根本上迅速变化，目前正在上演的是全球经济和军事力量平衡的长期转变，国家之间日益加剧的竞争，以及更强大的非国家行为体的出现。(英国)越来越有可能不得不面对意想不到的事态。"对此，英国《战略防务与安全审查2015》提出的解决路径包括：更多地投资于联盟，建立新的、更强大的伙伴关系，说服潜在的对手共同合作，使能够单独实现的成果成倍增加；加强以规则为基础的国际秩序；维护价值观，将更多的发展工作集中在脆弱的国家和地区；帮助海外其他国家发展应变能力和防备能力，并更有效地应对冲突和危机的影响等。[②]

第二节　日英安全合作的深化

奉行"积极和平主义"外交政策的日本在国际安全领域非常活跃，日英安全互动频繁。2013年，日英签署《国防装备合作框架》。同年7月，日英签订《防卫装备共同开发和防止共同研发的防卫技术外泄框架协议》，开始共同研究防化服。英国成为除美国之外在武器出口问题上对日本松动的首个西方国家。而在索马里海域和亚丁湾，2013年日本海上自卫队就加入了第151联合特遣部队，通过"区域防守"与英国海军联手合作打击海盗。[③]特别是在日本提出"印太战略"，以及英国在"脱欧"背景下展望"全球化英国"后，日英安全合作达到新的高度。

一、高层互动频繁，安全对话级别高，合作程度深

日英首脑就安全问题频繁展开磋商会谈。2017年8月，特雷莎·梅首相在访问日本期间出席日本国家安全保障会议，造访日本海上自卫队的横须贺基地并登上"出云"号准航母。2019年1月10日，日英首脑会谈，双方就以下

① "UK's International Defence Engagement Strategy 2017," https://assets.publishing.service.gov.uk/government/uploads/system/uploads/attachment_data/file/596968/06032017_Def_Engag_Strat_2017DaSCREEN.pdf.

② "National Security Strategy and Strategic Defence and Security Review 2015: A Secure and Prosperous United Kingdom," https://assets. publishing. service. gov. uk/government/uploads/system/uploads/attachment_ data/file/478933/52309_Cm_9161_NSS_SD_Review_web_only.pdf.

③ 首相官邸「安倍晋三日本国総理大臣基調講演」、2013年9月30日、http://www.kantei.go.jp/jp/96_abe/statement/2013/0930uk.html。

安全合作达成一致:(1)以2018年强化国防和安全伙伴关系的联合声明为基础,英国将增加两国部队联合演习的数量及加强海上合作。(2)在新的防卫技术上进行合作,包括在未来作战飞机、导弹开发和自动系统上的合作,以确保两国部队保持有效的威慑力,并支持高技能工作。[①] 2019年8月2日,英国新任首相鲍里斯·约翰逊与安倍进行了电话会谈,同意继续发展两国关系,特别是安全合作关系。[②] 2019年8月26日,在法国比亚里茨G7会议期间,日英首脑会谈商定尽快在日本举行外交和防务高官磋商("2+2"机制),关于日英安全合作关系,日本确认将与约翰逊政府继续保持并发展现有合作关系。[③]

日英安全对话机制有最高级别的外交和防卫"2+2"磋商机制,英国是继美澳俄法之后第五个与日本建立同级别对话机制的国家。自2015年首次会议以来,外交防卫高级别"2+2"会议已连续召开了三次,拟于2019年4月在东京召开的第四次"2+2"会议因英国忙于"脱欧"问题而延期。此外,两国还有年度的外相战略对话、国防高官会议等。2019年4月16日,日英外相会谈,一致同意以安全保障、防卫领域为首加强日英合作。[④] 两国各自的国家安全顾问、国家安全秘书处之间也时常举行季度对话,内容包括监督行动计划进程等。两国还通过工作级别会议讨论有关在援助发展中国家能力建设方面开展合作的战略以及确定未来的发展方向。[⑤] 日英之间还有反恐对话机制与网络空间双边安全磋商机制。日英间的安全合作还形成了具体的官方文件,日英发布过《日英安全合作联合宣言》,表示"致力于通过全面加强日英安全合作,将全球安全伙伴关系提升到新的水平",强调"两国在亚洲和欧洲互为最紧密的安全伙伴,共同致力于维护以规则为基础的国际体系,并在其中发挥

① "UK and Japan Forge New Alliance to Shape 21st Century,"January 10, 2019, https://www.gov.uk/government/news/uk-and-japan-forge-new-alliance-to-shape-21st-century.

② "PM Call with Prime Minister Abe of Japan," August 2,2019, https://www.gov.uk/government/news/pm-call-with-prime-minister-abe-of-japan-2-august-2019.

③ 共同社:《英国首相约翰逊表示将努力顺利"脱欧"》,https://china.kyodonews.net/news/2019/08/e1557953438b.html。

④ 外務省「日英外相会談」、https://www.mofa.go.jp/mofaj/press/release/press4_007324.html。

⑤ "Japan-UK Joint Declaration on Security Cooperation," https://assets.publishing.service.gov.uk/government/uploads/system/uploads/attachment_data/file/641155/Japan-UK_Joint_Declaration_on_Security_Cooperation.pdf.

领导者作用”。[①] 英日第三次“2+2”磋商还就制订“一项关于安全与防务合作的联合行动计划”达成一致，这是日本首次与欧洲国家制订该类计划，且内容不对外公开。

二、部队间防务交流与合作密切化

2017年1月26日，日英两国政府签署自卫队与英军互通弹药等物资的《物资劳务相互提供协定》，英国成为继美国、澳大利亚之后第三个与日本签署此类协定的国家。双方提供的物资与服务包括双方的演习和训练；联合国维持和平行动、国际协调的和平与安全行动、人道主义国际救济行动或应对任何一方或第三国领土内大规模灾害的行动；任何一方或其他方国民的保护措施或运输；任何一方部队的船只或飞机访问另一方领土内的设施；根据各自国家的法律法规允许提供供应品和服务的任何其他活动，包括弹药但不包括武器等。[②]《日英联合展望宣言》称，作为优先事项，日本和英国在《物资劳务相互提供协定》的基础上，致力于建立一个框架，以改进行政、政策和法律程序，促进联合行动和演习。[③] 日英两国政府为使自卫队和英军能在对方国家顺利开展活动，正在为缔结《访问部队地位协定》（VFA）而进行谈判。2019年2月21日，英国陆军总参谋长马克·卡尔顿·史密斯访问了日本陆上幕僚监部，并与陆上幕僚长山崎幸二进行了会谈，双方同意进一步强化陆上自卫队与英国陆军的防卫合作与交流。[④] 2019年5月16日，陆上自卫队派遣专家去英国参加英国陆军计划的联合国南苏丹特派团派遣前的训练，并与爱尔兰军队一起以专业的见解支援英国陆军UNMISS派遣前的训练。[⑤] 同月，日本陆上自卫队官员参加了英国“特伦顿行动”任务演习，两国第一次就UNMISS进行了

① “Japan-UK Joint Declaration on Security Cooperation,” https://assets.publishing.service.gov.uk/government/uploads/system/uploads/attachment_data/file/641155/Japan-UK_Joint_Declaration_on_Security_Cooperation.pdf.

② “Agreement Between the Government of Japan and the Government of the United Kingdom of Great Britain and Northern Ireland Concerning Reciprocal Provision of Supplies and Services Between the Self-defense Forces of Japan and the Armed Forces of the United Kingdom of Great Britain and Northern Ireland,” http://www.ilajapan.org/jyil/components/treaties/2017/10_UK.pdf.

③ “UK Japan Joint Vision Statement,” https://assets.publishing.service.gov.uk/government/uploads/system/uploads/attachment_data/file/641157/JAPAN-UK_JOINT_VISION_STATEMENT.pdf.

④ 防衛省「英国陸軍参謀総長マーク・カールトン・スミス大将による陸上幕僚監部訪問」、https://www.mod.go.jp/gsdf/news/defense/2019/20190221.html。

⑤ 防衛省「英陸軍主催のUNMISS派遣前訓練への陸自専門家による支援について」、https://www.mod.go.jp/gsdf/news/press/2019/pdf/20190516_01.pdf。

经验交流。[①]

联合军演和训练频繁，打破多个纪录。日本和英国通过双边、三边和多边框架实施演习和联合训练，并探索令其常态化，提升两国部队之间的互操作性。2016年10月，英国空军“台风”战机在日本三泽空军基地参加“北方卫士”联合演习，演习内容包括防空、空战与对舰攻击等，这是冷战结束后英军战机首次抵达东北亚地区，也是日本航空自卫队首次与美国之外的安全伙伴在本土展开联合演习。2018年9月，英国陆军与日本陆上自卫队在日本国内实施联合训练，这是除美军之外首支在日本参训的外国陆军部队，演习内容包括利用大型运输直升机CH-47对敌人位置展开侦察，以及对敌方坦克进行模拟攻击等。2019年3月8日，英国皇家海军23型护卫舰“蒙特罗斯”号抵达东京，与日本海上自卫队协同操作。至此，自2018年访日并停靠的英国军演舰达到四艘，与同期访日的他国军舰数量相比明显更多。这些英国皇家海军舰艇都参加了与日本的双边或三边联合军事演习。2018年4月，日本海上自卫队与英国海军在日本周边首次举行联合训练。2018年12月，日本海上自卫队派出最先进的“出云”号准航母与英美海军首次在太平洋进行三国联合军演，演习内容包括海上控制、岛礁争夺、登陆作战等。2019年3月14日，日本海上自卫队与英美海军在太平洋地区举行第二次三边演习，内容以反潜战为重点。

共同开发防卫设备成为两国安全合作的特色。2018年3月，日本防卫省和英国国防部之间就下一代电波传感器系统签订共同研究协议。[②] 2018年9月11日至9月14日，日本防卫副大臣山本朋广访问英国，就人工智能、无人化技术等相关研究听取了英方说明。山本与英国国防部政务次官安德鲁会谈，就继续强化防卫装备与技术合作达成一致。[③] 日英共同研究的导弹正进入新阶段，双方联合研发的最新型战斗机F-35所搭载的空对空导弹，有可能

① “Japan Ground Self-Defence Force Officers Participate in UK Mission Rehearsal Exercise,” https://www.gov.uk/government/news/japan-ground-self-defence-force-officers-participate-in-uk-mission-rehearsal-exercise.

② 防衛省「防衛省と英国国防省との間の次世代RFセンサシステムの実現可能性に係る共同研究に関する取決めの締結について」、https://www.mod.go.jp/atla/nichiei_03.html。

③ 防衛省「山本防衛副大臣のイギリス訪問（概要）」、https://www.mod.go.jp/j/approach/exchange/area/docs/2018/09/14_j-uk_gaiyo.html。

在2023年度完成试制品。英国航空航天系统公司(BAE)正在履行与日本防卫省签署的协议,为被称为日本版海军陆战队的水陆机动团生产两栖突击战车。日本川崎重工与英国罗尔斯·罗伊斯公司在军舰发动机技术方面也有一定的合作。日本防卫省已自2020年起,着手开发于21世纪30年代退役的F-2战机的后续机型。关于该机后续机型,日本政府在最新的"新中期防"中写道:"把国际合作纳入视野,尽快着手由日本主导开发。"[①] 2019年8月21日,英国航空航天公司向日本政府提出了将自己开发的第六代战斗机"暴风"作为共同开发机种的建议。据《读卖新闻》报道,日英两国当局正在就共同开发的可能性交换意见。[②] 此外,日本的无人机技术也想依靠日英共同研发。日本防卫省在发布的《未来无人装备开发愿景》中计划于2046年将战斗机和无人飞机的协作技术进行实用化,日本在无人飞机技术领域比发达国家落后,在这个领域日英两国有合作的可能。[③]

三、在"自由开放的'印太'"上形成共识

《日英安全合作联合宣言》强调:"确认基于法治的自由开放的海洋、太空和网络空间是国际社会稳定和繁荣的基础,包括'印太'地区……日本和英国将加强全球合作,特别是在'印太'地区。"[④]

2017年,日英"2+2"会议同意为了实现"自由""开放"的"印太"地区加强在海洋安全保障、海上安全以及发展中国家的能力构筑和支援等方面的合作。[⑤] 会议之后的《日英安全合作联合宣言》确认,与伙伴合作维护一个"自由开放的印太"是互利的。日本表示:"欢迎英国加强在这一地区的安全参与,包括通过海上、陆地和空军的访问,包括未来英国航母的部署。欢迎英国通

① 防衛省「平成31年度以降に係る防衛計画の大綱について」及び「中期防衛力整備計画(平成31年度～平成35年度)について」、https://www.mod.go.jp/j/approach/agenda/guideline/2019/index.html。

②「日本、次世代ステルス戦闘機自国で開発…2030年代に90機導入」、https://headlines.yahoo.co.jp/hl?a=20190821-00000024-cnippou-kr。

③ [日]竹内修「変わる戦闘機の『あり方』世界中で進む僚機の無人機化、遅れる日本の将来は…?」、https://headlines.yahoo.co.jp/hl?a=20190327-00010001-norimono-bus_all。

④ "Japan-UK Joint Declaration on Security Cooperation," https://assets.publishing.service.gov.uk/government/uploads/system/uploads/attachment_data/file/641155/Japan-UK_Joint_Declaration_on_Security_Cooperation.pdf.

⑤ 外務省「第3回日英外務・防衛閣僚会合(『2+2』)」、https://www.mofa.go.jp/mofaj/erp/we/gb/page4_003549.html。

过《五国联防协议》致力于亚太地区的安全。”[①] 2019年1月10日，在英国首相特蕾莎·梅访日期间，日英就“印太”地区内的合作达成共识，共同宣布：“为实现自由开放的‘印太’，日英两国在海洋安全保障、高质量的基础设施、5G等通信基础设施等领域就加强进一步合作达成了共识。”[②] 2019年2月，日本政府再次强调与英国确认就“自由开放的印太”展开安保合作。[③] 2019年6月28日，在大阪G20峰会期间，日英首脑在会谈中表示，乐见在面向“自由开放的印太”的实现上，日英合作取得扎实进展。[④] 2019年8月1日，日英外相会谈双方表示，将共同致力于进一步强化日英关系，包括实现“自由开放的印太”。[⑤] 2019年8月2日，在日英首脑电话会谈中，安倍表示，“为实现自由开放的印太，包括具体合作在内愿共同致力于加强日英关系”。对此，约翰逊首相同意支持“自由开放的印太”。[⑥]

为维持“自由开放的印太秩序”，日英强调共同维持“基于规则的国际秩序”。《日英安全合作联合宣言》强调：“致力于发挥领导作用，维持以规则为基础的国际秩序……日本和英国强调维持法治国际秩序的重要性，并强烈反对任何旨在通过武力或胁迫增加紧张局势或改变现状的单方面行动。”[⑦] 在2017年8月的日英联合记者会上，特蕾莎·梅首相表示：“我们强调反对在南海和东海采取任何可能加剧紧张局势的行动。这一地区的稳定是全球关注的问题，我们鼓励各方按照国际法和平解决争端。”[⑧] 安倍也表示：“关于东

---

① “UK-Japan Foreign and Defence Ministerial Meeting 2017-Joint Statement,” December 15, 2017, https://www.gov.uk/government/news/uk-japan-foreign-and-defence-ministerial-meeting-2017-joint-statement.

② 首相官邸「日英共同記者会見」、http://www.kantei.go.jp/jp/98_abe/statement/2019/0110uk.html。

③「4月に日英外務・防衛閣僚協議　政府、EU離脱見据える」、https://headlines.yahoo.co.jp/hl?a=20190223-00000102-kyodonews-pol。

④ 外務省「日英首脳会談」、https://www.mofa.go.jp/mofaj/erp/we/gb/page6_000347.html#section3。

⑤ 外務省「日英外相会談(昼食会)」、2019年8月1日、https://www.mofa.go.jp/mofaj/erp/we/gb/page4_005155.html。

⑥ 外務省「日英首脳電話会談」、2019年8月2日、https://www.mofa.go.jp/mofaj/erp/we/gb/page4_005171.htm。

⑦ “Japan-UK Joint Declaration on Security Cooperation,” https://assets.publishing.service.gov.uk/government/uploads/system/uploads/attachment_data/file/641155/Japan-UK_Joint_Declaration_on_Security_Cooperation.pdf.

⑧ “PM Press Conference with PM Abe of Japan,” August 31, 2017, https://www.gov.uk/government/speeches/prime-ministers-press-statement-in-tokyo.

海、南海形势，日英双方一致强烈反对单方面改变现状，确认了紧密维持基于国际法的支配的国际秩序。”① 2017年9月，特雷莎·梅首相在日英商务论坛上强调：“在世界更加不确定的背景下，英国等可靠的、志同道合的伙伴将与日本站在一起，捍卫基于规则的国际秩序。”②《日英联合展望声明》强调，两国通过在部队演习、防御和军事行动等领域的安全与合作，加强协调应对“基于规则的国际秩序”面临的挑战。③ 2017年12月15日，日英“2+2”磋商后的《日英外交防务部长联合宣言》肯定以共同战略利益和基本价值观为基础的日英全球战略伙伴关系，强调通过利用基于国际合作的“全球化英国”和“积极和平主义”，致力于维护“基于规则的国际秩序”。④

关于支持“自由开放的印太”和维持“基于规则的国际秩序”，2019年1月10日，《日英共同声明》强调发展更加互联互通的“印太区域”，支持以规则为基础的国际秩序，最终为建立一个“自由开放的印太”作出贡献。为此双方提出，将就海上安全合作做出安排，包括增加联合演习等。《日英共同声明》表示，继续加强在亚洲及其他地区的安全合作，强调关注东海、南海局势，强烈反对任何旨在改变现状、加剧紧张局势的单方面行动，包括将有争议的海域军事化。⑤日英联合参加南海“航行自由行动”，是两国为促进“基于规则”的“自由开放的印太”展开国际安全合作的重要表现。2016年10月20日，日美英海上防卫部门签署三方协议，声明加强合作、增加巡逻和演习、提高海上部队作战效能，强调在太平洋还有更深层的合作空间。⑥

为维持“基于规则的国际秩序”，日英还就朝核问题加大安全合作。日英

① 首相官邸「日英共同記者会見」、2017年8月31日、https://www.kantei.go.jp/jp/97_abe/statement/2017/0831uk.html。

② “Prime Minister's Speech to UK Japan Business Forum,” September 5, 2017, https://www.gov.uk/govern-ment/speeches/transcript-of-speech-given-by-the-prime-minister.

③ “UK-Japan Joint Vision Statement,” https://assets.publishing.service.gov.uk/government/uploads/system/uploads/attachment_data/file/641157/JAPAN-UK_JOINT_VISION_STATEMENT.pdf.

④ “UK-Japan Foreign and Defence Ministerial Meeting 2017-Joint Statement,” December 15, 2017, https://www.gov.uk/government/news/uk-japan-foreign-and-defence-ministerial-meeting-2017-joint-statement.

⑤ “UK-Japan Joint Statement,” January 10, 2019, https://assets.publishing.service.gov.uk/government/uploads/system/uploads/attachment_data/file/770467/UK-Japan_Joint_Statement.pdf.

⑥ “Document: Statement on Trilateral Maritime Agreement Between U.S., U.K. and Japan,” https://news.usni.org/2016/10/20/document-trilateral-maritime-agreement-u-s-u-k-japan.

宣称，齐心协力地反对朝鲜危险的政策和挑衅，“继续与伙伴和盟国一道为实现朝鲜半岛无核化和严格全面执行联合国安理会的决议而努力”。[①] 2019年1月10日，《日英共同声明》强调要彻底、可核查和不可逆转地拆除朝鲜所有大规模杀伤性武器和弹道导弹及其相关项目和设施，并吁请联合国所有成员国全面执行联合国安理会相关决议。[②] 日英的具体行动主要包括监测可疑的海事活动。例如，英国在“印太”部署过的“萨瑟兰”号、“阿尔比恩”号、“阿盖尔”号、“蒙特罗斯”号均在海上监视过朝鲜船只所涉及的违反联合国制裁的行为。2019年3月2日凌晨，在日本海上自卫队舰艇的帮助下，英国海军“蒙特罗斯”号在东海发现朝鲜船只在进行联合国制裁中所禁止的“海上过驳”行为。在这之前的2018年5月，“萨瑟兰”号还发现并报告了一艘悬挂巴拿马国旗的船只与一艘悬挂朝鲜国旗的船只进行的“海上过驳”行为。[③]

强化支援地区的安全能力，是日英为“印太战略”加强国际安全合作的重要内容。《日英安全合作联合宣言》强调，促进与第三国的海上安全合作，协助东南亚、南亚和非洲发展中国家在海上安全和安全领域的能力建设，包括打击海盗、反恐、网络安全、人道主义援助，以及履行在排雷方面的国际承诺等。[④] 2017年6月，日英在安哥拉合作展开清理地雷工作，主要是为地雷清除项目提供必要的资金。其中，日本提供了55万美元的援助，英国提供了5万英镑的援助。[⑤] 2016年11月，日英在越南举办主题为“面向自由开放的亚洲海

① “Japan-UK Joint Declaration on Security Cooperation,” https://assets.publishing.service.gov.uk/government/uploads/system/uploads/attachment_data/file/641155/Japan-UK_Joint_Declaration_on_Security_Cooperation.pdf.

② “UK-Japan Joint Statement,”January 10,2019, https://assets.publishing.service.gov.uk/government/uploads/system/uploads/attachment_data/file/770467/UK-Japan_Joint_Statement.pdf.

③ “Royal Navy Vessel Identifies Evasion of North Korea Sanctions,” https://www. gov. uk/government/news/royal-navy-vessel-identifies-evasion-of-north-korea-sanctions.

④ “Japan-UK Joint Declaration on Security Cooperation,” https://assets.publishing.service.gov.uk/government/uploads/system/uploads/attachment_data/file/641155/Japan-UK_Joint_Declaration_on_Security_Cooperation.pdf.

⑤ 外務省「アンゴラにおける地雷除去に関する日英連携の実施」、https://www.mofa.go.jp/mofaj/press/release/press4_004723.html。

洋:法治与国际合作”的联合讲习班。[①] 2017年2月,日英决定为在印度尼西亚开展反暴力极端主义培训提供援助。[②] 2018年2月,日英在文莱共同举行与东盟各国的网络研讨会。[③]

第三节 日英安全合作的动因及挑战

近年来,英国在日本安保合作中的地位不断上升,英国在安全上也很看重日本。英国2015年《国家安全保障战略》共12次提到与日本的关系,并称日本为“同盟国”。2018年英国《国家能力报告》用了将近一页详细叙述日英安全关系。[④] 日英安全合作具有深刻的背景动因,但也有不少挑战制约着两国安全合作的进一步发展与深化,相关的影响更需要关注。

一、当前日英安全合作深化的动因

日英安全合作密切与双方看重彼此在地区安全上的特殊性与重要性有关。英国曾经是称霸海洋的国家,在“印太”地区有特殊的作用和潜在的重要影响力。英国在中东的巴林和阿曼存有军事基地,在印度洋有海外领地迪戈加西亚岛,且在该岛上建有美国的军事基地。英国与东南亚有传统的安全合作关系,与澳大利亚、新西兰、马来西亚和新加坡是《五国联防协议》的成员,彼此之间几乎每年都进行军事演习。根据《五国联防协议》,英国可以利用新加坡和马来西亚提供的军事设施。英国还通过《五国联防协议》进一步发展和整合彼此的防卫能力,包括最新一代的军事装备。英军定期与东盟成员国进行安全接触。近年来,英国逐渐加强在东南亚地区的永久和持续的安全存在,包括增加与美国在夏威夷的“印太司令部总部”的联络人员以及在吉隆坡的反恐中心人员数量,并根据2016年12月首相的声明,在新加坡成立了亚太地区的国防参谋部办公室。在2013—2018年的五年里,东盟成员国有近百名官员从英国国防机构毕业。2013—2017年,印度尼西亚是英国武器的第三大

① 外務省「『自由で開かれたアジアの海に向けて:法の支配と国際協力』に関するベトナムにおけるワークショップの開催(日英連携案件)」、https://www.mofa.go.jp/mofaj/press/release/press4_003976.html。

② 外務省「インドネシアにおける暴力的過激主義対策研修に係る日英連携」、https://www.mofa.go.jp/mofaj/erp/we/gb/page23_001910.html。

③ 外務省「日英共催ASEAN諸国向けサイバーワークショップ」、https://www.mofa.go.jp/mofaj/press/release/press4_005709.html。

④ [日]秋元千明「多層な安全保障協力の構築と『新日英同盟』—今後の日本の外交安全保障戦略—」、https://ippjapan.org/archives/1234。

进口国。英国还表示在2020年前后派出新型航母在“印太”地区展开活动。[①] 日本重视英国在“印太”地区的特殊安全作用和相关安全动向。安倍表示：“从印度洋到太平洋一带，分布着英国的同盟国，英国正在重新思考，应当在这一地区发挥怎样的作用。”[②]《日英安全合作联合宣言》强调：“日本欢迎英国通过《五国联防协议》致力于亚太地区的安全。”[③] 英国也看中日本在安全上的重要性。在2017年9月的东京日英商业论坛上，特蕾莎·梅首相表示，“全球化英国”迎来了和日本等志同道合的伙伴加强合作的好时机。[④]

其他因素也推动着日英安全关系深化。日英都是“外向型国家”，都有全球性“开放的国家利益”。两国都与自己位处的地区格格不入，英国有“脱欧”面向全球的海洋国家视野，与欧洲大陆国家保持着距离；日本有“脱亚入欧”的历史和心理。两国特殊的合作历史也在其中扮演了积极的推动作用。日本的现代海军基础知识几乎全部来自英国。[⑤] 1902—1923年，英日有过安全同盟关系。日英关系研究专家鹿岛守之助就指出，日本从明治开国到第三次日英同盟废弃的53年时间里，能够“在海外拥有一定的领土和势力范围，一举成为拥有世界最强陆海军力量的强国之一”，“与英国在经济、政治、军事上的指导、合作以及援助密不可分”，而且“明治维新的顺利进行也主要是由于得到了英国的援助”。[⑥] 同时，与英美保持一致的立场还是战后日本“保守本流”的外交安保立国路线。奠定战后日本外交框架的吉田茂首相就曾强调说，明治维新以来的日本走过的道路要求与“以英美为中心的自由各国一道前进”。[⑦]

---

① Tim Huxley,“Developing the Five Power Defence Arrangements,” *The Strait Times*, June 1, 2017, http://www.straitstimes.com/opinion/developingthefivepowerdefencearrangements.

② 首相官邸「安倍晋三日本国総理大臣基調講演」、2013年9月30日、http://www.kantei.go.jp/jp/96_abe/statement/2013/0930uk.html。

③ “Japan-UK Joint Declaration on Security Cooperation,” https://assets.publishing.service.gov.uk/government/uploads/system/uploads/attachment_data/file/641155/Japan-UK_Joint_Declaration_on_Security_Cooperation.pdf.

④ “The Prime Minister’s speech to UK-Japan Business Forum,”September 5, 2017, https://www.gov.uk/government/speeches/transcript-of-speech-given-by-the-prime-minister.

⑤ 首相官邸「『海の日』を迎えるに当たっての内閣総理大臣メッセージ」、2013年7月12日、http://www.kantei.go.jp/jp/96_abe/discource/20130712uminohi.html。

⑥ [日]鹿島守之助『日英外交史』、鹿島研究所、1957年、8頁。

⑦ [日]吉田茂『大磯随想·世界と日本』、番町書房、1963年、127頁。

二、日英安全合作面临的挑战和问题

一是英国对能否在“印太”地区满足日本的安全期待存有疑问。英国如果在“印太”永久性地部署航母及舰艇等打击小组，那么它仍有足够的军舰来应对在欧洲强大的俄罗斯军事力量则令人怀疑。不少观点指出，英国海军最好还是继续关注俄罗斯在欧洲海域上日益增长的威胁，并批评英国对“印太”做出承诺是不明智的。批评的观点还提出，英国海军维持对马尔维纳斯(福克兰)群岛的控制权，执行在波斯湾的护航任务已然是超负荷运转，完成所有任务是困难的。[①] 英国国防部财政上持续存在的资源短缺，以及历届政府不愿缩小承诺与资源之间的差距[②]都给“全球化英国”的对外安全合作带来了不乐观的前景。2019年6月25日，林恩郭博士应邀在英国国防委员会上提交的《英国在印太:实现持久的、有原则的存在》报告中指出，英国国防部可以在“印太”地区发挥温和与重要的作用，如定期维护海洋权利和自由，以及与盟国和伙伴合作以提高区域能力等。但报告同时也指出，对英国在该地区能发挥的真正作用存有严重的怀疑，对其战略影响力也日益感到怀疑。[③]

二是由于日本仍处于和平宪法之下，还没有如愿完成修宪，其在地区安全上能发挥出预想的作用也要大打折扣。在军事硬实力方面有缺陷的日本对他国的安全贡献实质上是有限的，不能为“全球化英国”提供实质性的军事支援。

三是两国安全的主要针对对象和合作重点存在差别，这影响了两国安全合作的深入。日本安全的针对方主要是中国，而英国主要针对的是俄罗斯。英国“脱欧”后，其与俄罗斯的关系是最紧迫的安全问题，但英国仍然认为中国是重要的贸易伙伴。与之形成对比的是，日本将俄罗斯视为外交机会，而将中国视为“紧迫的安全威胁”。在日英两国的安全对话中，英国的表述时常带着“市场”，强调“在英国离开欧盟之际，在两国之间建立最紧密、最自由的

---

① Baronmaya,“Britain Needs French Connection to Establish an Indo-Pacific Strike Group,”January 19, 2011, https://blackholezoo.com/britain-needs-french-connection-to-establish-an-indo-pacific-strike-group/.

② “Indo-Pacific: Are the British Coming Back?” https://www.lowyinstitute.org/the-interpreter/indo-pacific-are-british-coming-back.

③ “The United Kingdom in the Indo-Pacific: Achieving a Persistent,Principled Presence,” https://www.iiss.org/blogs/analysis/2019/07/the-uk-in-the-indo-pacific.

贸易关系”。[①] 对日本而言，“脱欧”的英国对日本经济益处不大，很多日企是因为“英国是欧盟的一员而在英国扩展业务，建立了据点”，“脱欧”则是对日企敲响了警钟。[②] 但是，日本对“脱欧”下的英国在“印太”地区能有更加积极活跃的安全表现充满期待。也就是说，英国不忘经济合作，而日本更倾向于安全合作。

三、影响

一是日英的安全合作实质上是“复合型”的对外安全“输出”，不利于地区安全形势的稳定与和缓。近年来，日英都积极向外进行国防出口，其中有不少是在对他国进行防卫能力支援与建设的名义下进行的。根据2019年7月英国官方发布的数据，2018年全球国防出口总额为620亿英镑，亚太、欧洲和北美占出口额的90%。其中，日本是第三大国防产品出口国，英国是第四大国防产品出口国。[③] 国防安全组织认为国防出口的增加是国际紧张局势升级的一个征兆。《日英安全合作联合宣言》甚至还强调：“日本和英国将继续大力支持《武器贸易条约》的普遍化及其实施。”[④]

二是日英通过共同研发并出售防卫设备，正在使东亚形成新的“军工复合体”。首先，通过联合研发与生产高科技武器系统与军事设备，日英不仅将武器与设备出售给伙伴国家，也通过军售取得资金再投入研发与生产，刺激地区的军备竞赛。其次，有助于美国盟国与伙伴之间形成“武器标准化”，强化物资的融通性及作战的互操作性，从而使美国的军事结盟体系更加紧密。最后，改善了日本防卫产业落后于世界的“闭门造车”现状，提升了日本在一些防卫重点领域的实力，如远程空对空导弹，航空发动机和造舰技术等。日英两国共同研发的是“JNAAM”新型空对空导弹，可以使战机飞行员在更早

① “Prime Minister's speech to UK-Japan Business Forum,” September 5, 2017, https://www.gov.uk/government/speeches/transcript-of-speech-given-by-the-prime-minister.

②「英国のEU離脱で最も困る日本企業は日立？ 日産？ それとも」、2016年6月21日、https://newswitch.jp/p/5085。

③ “UK Defence and Security Export Statistics for 2018,” https://www.gov.uk/government/publications/uk-defence-and-security-exports-for-2018/uk-defence-and-security-export-statistics-for-2018.

④ “Japan-UK Joint Declaration on Security Cooperation,” https://assets.publishing.service.gov.uk/government/uploads/system/uploads/attachment_data/file/641155/Japan-UK_Joint_Declaration_on_Security_Cooperation.pdf.

的阶段、更远的地方发射导弹，且命中率很高，由于不用缩短和敌人战机的距离就可以发射导弹，因此可以轻而易举地躲避敌人的攻击。日本航空自卫队预计将该导弹搭载在最新引进的隐形战机F-35上，提升了日本在防区外进攻的能力，而该能力是2018年版《防卫计划大纲》中要追求的能力，旨在获取“对敌基地攻击能力”。这样做既违背了战后日本的“专守防卫”政策，也对日本的邻国和所在地区构成了威胁。

三是针对中国周边存在的“软遏制”环境，会因日英安全合作而进一步严峻。在“基于规则的国际秩序”的旗帜下开展的日英安全合作，对英国来说是其传统的对欧洲大陆实施“战略平衡”手法的再次运用。英国2015年版《战略防务与安全审查报告》提出，中国利用“锐实力”、军事胁迫和外交自信等挑战“基于规则的国际秩序”，并以中国在南海加速岛屿建设等军事化行动作为所谓的“依据”。出于同样的战略考量，由于担心“一带一路”下的中国在地区影响力增强，担忧地区各国会进一步靠近中国，以及担心中国崛起的国际效应会对其他地区产生连锁的地缘政治影响，日本认为：“当务之急是建立新的战略平衡，包括稳定的权力平衡。如果相似的国家不插手干预（中国）对领土和海洋现状的进一步挑战，未来五年可能会坚定地巩固中国的战略优势。”[①]日英都旨在通过安全合作而对中国产生战略牵制，日英强调的“基于规则的国际秩序”有将中国置于对立面并进而施加压制的战略考量。

四是增加了南海问题的复杂性和紧张性。尽管日本试图与美印澳等拥有共同价值观的海洋国家建立多层的安保体系，但如果中日之间就南海或钓鱼岛问题发生冲突，这些国家会由于参与干预的制约因素太多而置身事外。但英国可能与这些国家不一样。英国珍视其海洋身份且重视在“印太”地区拓展利益，定期派遣海军前往“印太”，积极参与南海“航行自由”行动。日本与英国建立的技术、装备、物资供给等协议可以解决英国海军的停泊、训练、补给等问题。因此，拉拢一个不会害怕中国、作为一个潜在的执法者和政治安全盟友的英国站在自己这边对日本来说是个不错的选择。[②] 同时，日英安

① Brahma Chellaney, “Japan’s Pivotal Role in the Emerging Indo-Pacific Order,” July 14, 2018, *Asia-Pacific Review*, Vol. 25, 2018, Issue 1.

② Bastian Harth, “The Intensifying UK-Japan Maritime Security Relations,” December 18, 2018, https://www.young-diplomats.com/the-intensifying-uk-japan-maritime-secuirty-relations/.

全合作体系是美国在南海问题上的重要域外支撑。“印太战略”下的日本在地区安全上的积极表现，以及“全球化英国”在“印太”海洋上不断地展示存在，实际上是强化了美国战略安全利益的实现，增强了美国和相关地区国家与中国对抗的底气，为南海问题的解决进一步增加了难度。日英安全合作及之前存在的地区系列安全合作框架，使中国的海洋力量面临着更严密的海洋监视。由于要应对俄罗斯海洋力量对自己的威胁，英国积极研究提升海上警戒监视能力，并表现出对日本P-1巡逻机的浓厚兴趣，英国海上监视能力的提升无疑会增强国际情报网对中国海洋力量的监视。

第四节 再同盟？日英安全合作的前景

日英两国继续深化安全合作的战略需求都比较强烈。在2019年的施政演说中，安倍强调要“重建安保政策”和“完成‘俯瞰地球仪外交’”，表示要在令和时代为日本外交开拓新天地，与共享愿景的所有国家携手合作，开创“自由开放的‘印太’地区”。[①] 在指导日本未来五年防卫规划的2018年版《防卫计划大纲》记者发布会上，日本防卫大臣岩屋毅也表示，将继续根据“印太构想”灵活运用防卫力，推进多方面、多层次的安保合作。[②] 英国前首相约翰逊政府对“全球化英国”也持积极支持的态度，日英安全合作具有较强的深化前景。

一是日英有可能在新领域拓展安全合作。日本在2018年版《防卫计划大纲》和“新中期防”中提出“多域联合防卫力”概念，强调日本的防卫领域不仅仅是海陆空的传统领域，还应包括太空、网络和电磁波等新领域，主张有机融合所有领域的防卫力，在相乘的效果下提升整体的防卫力来实施“跨域作战”，倡导建立联合部队。[③]与此同时，2018年12月18日，英国国防大臣加文·威廉姆森发布的《现代化国防计划》评估报告也表示：“我们的敌人和对手正在加速开发新能力，制定新战略。我们必须跟上步伐，构思我们由陆、海、空、网络和太空五大领域所组成的联合部队，而不是传统的三个领域。”2019年2月

① 首相官邸「第百九十八回国会における安倍内閣総理大臣施政方針演説」、2019年1月28日、http://www.kantei.go.jp/jp/98_abe/statement2/20190128siseihousin.html。

② 防衛省「防衛大臣記者会見」、2018年12月18日、https://www.mod.go.jp/j/press/kisha/2018/12/18a.html。

③ 防衛省「防衛計画の大綱及び中期防衛力整備計画について」、https://www.mod.go.jp/j/approach/agenda/guideline/2019/pdf/20190426_190509.pdf。

11日，国防大臣加文·威廉姆森在《全球英国的防卫》的演讲中又具体概述了英国武装部队的未来方向，强调在“灰色地带”战斗环境下，“对手越来越多地利用网络攻击和信息战来挑战我们和‘基于规则的国际秩序’”，主张英国将战略能力结合起来并有效整合，以应对日益激烈的竞争环境。① 日英两国新的防卫方针都提出对太空、网络等新领域进行重点关注，新领域很可能成为日英两国下一步安全合作的新方向。

而日英既有的安全合作已为这种趋势奠定了前期基础。在网络空间安全合作方面，2017年《日英安全合作联合宣言》强调：日英将促进网络空间的国际稳定框架，建立信任措施和进行能力建设，以加强合作；强调日英合作提高太空空间活动的透明度，并强化所有在外层空间活动的行为准则。2019年1月10日，《日英共同声明》进一步重申了两国在网络空间的合作及目标。② 在太空安全合作方面，2017年日英“2+2”磋商声明强调，两国通过进一步对话与合作来应对外层空间的安全挑战。2017年12月13日，日英召开有关两国经济合作的“日英产业政策对话”，签订了通过合作减少人造卫星碎片等太空垃圾的备忘录。③ 日英还有可能在新领域联合宣示，甚至提出所谓的“规则的秩序”。2019年2月25日，英国亚洲及太平洋事务大臣马克·菲尔德就指责中国“利用网络攻击获取商业机密，违反了双边和G20的承诺”，强调英国继续主张建立“自由、开放、和平和安全的网络空间”。④

二是在“印太战略”上日英有可能进一步加强合作深度，日本“印太战略”的主体架构有涵盖英国的可能。尽管英国不是“印太战略”的核心——“四国安全联盟”的成员国，但其在“印太”地区有进一步发挥作用的可能与条件。近年来，英国围绕《五国联防协议》的强化等问题，加强了“回归苏伊士运河以东”的动向。英国原本就是海洋国家，有维持活跃的海洋贸易之传统。另外，

---

① “Defence in Global Britain,”February 11, 2019, https://www.gov.uk/government/speeches/defence-in-global-britain.

② “UK-Japan Joint Statement,”January 10, 2019, https://assets.publishing.service.gov.uk/government/uploads/system/uploads/attachment_data/file/770467/UK-Japan_Joint_Statement.pdf.

③「日英、宇宙ごみ低減で協力　政府が覚書対策企業を格付け」、https://www.sankeibiz.jp/macro/news/171214/mca 1712140500001-n1.htm。

④ “Speech by the Minister for Asia and the Pacific on the Rules-Based International System,”February 25, 2019, https://www. gov. uk/government/speeches/speech-by-the-minister-for-asia-and-the-pacific-on-the-rules-based-international-system.

英国的海外领地也很多，拥有约为国家领土25倍的专属经济水域。由此，英国为了确保包括海外领地在内的安全及周边海域安全，在海军派遣上一直比较积极。目前，日本有观点提出，可以将英法并入“印太战略”的主体架构中，构建所谓“4+2”（即“日美印澳”+“英法”）的“印太安全”主导结构。[①] 在萌发“印太战略”的2012年所发表的专栏文章《亚洲民主安全菱形》中，安倍就有想在“印太”与英国加强安全合作的想法，安倍写道：“我还将邀请英国和法国参与加强亚洲安全，卷土重来。”安倍甚至表示，英国在与马来西亚、新加坡、澳大利亚和新西兰的《五国联防协议》中再次获得价值，希望日本也加入这个组织，每年与成员国举行会谈，并一起参加小型军事演习。[②] 而对于日本未来的国际安保战略，在日本陆上自卫队和防卫厅任过职的山下辉男也强调，“在（四国）‘安保钻石’同盟中加上英国具有重要的意义”，并主张构建“日美英印澳”的“五国海洋同盟”。[③]

三是日美英相互间的安全合作会进一步加强。首先，日本有可能在英国的亚太集体安全框架中提升存在感。原英国驻日本大使馆海军武官西蒙·切尔顿曾指出，日本有获得《五国联防协议》观察员地位的可能性。[④] 其次，伴随着“全球化英国”，英国海军将在“印太”频繁进出，而日本会因自己在军事上的特殊优势而进一步加强日英安全关系。日本在引进F-35A之际，在亚太地区设置了唯一的“最终组装检查设施”。因此，对于维持英军F-35B的出动率，日本将在“自主后勤全球保障系统”的框架下因拥有“最终组装检查设施”而对英国作出贡献。日本还与澳大利亚一样都是F-35在亚太地区的国际整备据点，所以日本还有可能承担英军F-35B的重整工作。[⑤] 而由于日本和英国都是美国的盟国，其三边安全关系由此可能会进一步强化。2018年，英国皇

---

① [日]樋口譲次「『自由で開かれたインド太平洋戦略』に欧州から強い援軍」、http://www.ssri-j.com/SSRC/higuchi/higuchi-51-20180623.pdf。

②Shinzo Abe, “Asia’s Democratic Security Diamond,” December 31, 2012, https://www.project-syndicate.org/commentary/a-strategic-alliance-for-japan-and-india-by-shinzo-abe.

③ [日]山下辉男「我が国の同盟戦略と次期NSS等への提言」、http://j-strategy.com/wp-content/uploads/2017/12/yamashita20171228.pdf。

④サイモン・チェルトン「安保の憂い濃い日本英国の力は有効海でつながる連携へ」、『WEDGE Infinity』、2012年12月21日。

⑤ [日]永田伸吾「5カ国防衛取極（FPDA）とアジア太平洋の海洋安全保障」、https://www.spf.org/oceans/analysis_ja02/_1.html。

家海军“阿尔比恩”号在驻东京以南的美国第七舰队基地被维护了一个月。[①] 长期以来,英国正是通过位于新加坡森诺科的皇家海军经营的燃料库为美国第七舰队提供了60%的所需燃料。[②] 2019年7月,日本“钻石”网站发表立命馆大学政策科学部教授上久保诚人的文章,该文建议日本摆脱短视而从中长期展望出发,趁势构筑美日英的“特朗普—安倍—鲍里斯”关系。文章认为,日美同盟发展成“日美英安全同盟”意味着世界排名第一(美国)、第四(日本)、第五(英国)的海军力量联合会形成巨大的海军联盟,这无疑可以对中国形成强烈的牵制,建议安倍在英国鲍里斯首相刚就职而美国2020年总统选举前景尚不明朗前尽快采取行动,构筑“日美英同盟”。[③] 总的来看,在美国相对衰弱的背景下,日英安全关系相对密切并有走向“准同盟”的趋势,但认为日美英三国的“真同盟”即将形成又言之过早。从历史上看,是美国破坏了日英同盟。当前美国对日英的绝对优势仍然存在,日英安全合作反倒是美国“印太安全体系”之下的议程安排,何况“欧洲在亚太地区的任何努力只有在与华盛顿协调之后才会有效”。[④] 美国最近对“印太”采取重视态度,其2019年6月发布的《未雨绸缪、伙伴关系深化、网络化区域建设》“印太战略报告”强调,将通过加大与盟友和伙伴国的合作、加快盟军与美军的能力集成及深化互操作性等来应对竞争对手。[⑤] 从这个角度看,日美英在“印太”地区的安全合作有可能进一步深入。

① “HMS Albion Wraps up Tokyo Visit,” https://navaltoday.com/2018/08/08/hms-albion-wraps-up-tokio-visit/.

② “UK Is Extensively Involved in Southeast Asia: Speech by Scott Wightman,” July 18, 2018, https://www.gov.uk/government/speeches/uk-is-extensively-involved-in-southeast-asia-speech-by-scott-wightman.

③ [日]上久保誠人「英国がEUから『合意なき離脱』しそうな今こそ日本は関係強化を急げ」、https://diamond.jp/articles/-/210162。

④ Erik Brattberg et al.,“Can France and the UK Pivot to the Pacific?” July 5, 2018, https://carnegieendowment.org/2018/07/05/can-france-and-uk-pivot-to-pacific-pub-76732.

⑤ “Indo-Pacific Strategy Report: Preparedness, Partnerships, and Promoting a Networked Region,” June 1, 2019, https://media.defense.gov/2019/Jul/01/2002152311/-1/-1/1/DEPARTMENT-OF-DEFENSE-INDO-PACIFIC-STRATEGY-REPORT-2019.PDF.

第八章　日本重“施压”的朝核政策

尽管宣称要在“对话与施压”“行动对行动”[①]的原则下应对朝核问题，但日本安倍政府的政策更侧重“施压”与“行动”而轻视“对话”，属于“极限施压”政策范畴。这和2003年小泉纯一郎执政时期的朝核政策有些类似，当时小泉政府的政策就是，日本对朝鲜的原则是只要核武器、导弹、绑架问题得不到一揽子解决，就不能指望日朝实现邦交正常化。[②] 2013年2月，针对金正恩执政以来实施的第一次核试验，刚刚再次上台的安倍就主张采取“施压”政策。[③]对于2016年2月和2016年9月朝鲜连续实施的两次核试验及系列导弹试射，日本表示要“采取与以往不同的新对策”[④]，强调“施压”与“行动”。[⑤] 而在金正恩政府完成朝鲜第六次核试验及系列导弹试射后，安倍表示：“今后唯有通过一切手段将压力提升至最高。”[⑥] 安倍政府的朝核政策是综合运用外交、安保、经济制裁等多种政策手段，对朝鲜展开攻势和施加压力，旨在迫使朝鲜弃核停导，同时试图趁机增强日本的防卫力和话语权。

---

① 首相官邸「第百九十三回国会における安倍内閣総理大臣施政方針演説」、2017年1月20日、https://www.kantei.go.jp/jp/97_abe/statement2/20170120siseihousin.html。

②《日本加紧围堵朝鲜　对朝实行“压力加对话”政策》，2003年6月25日，http://news.southcn.com/international/zhuanti/nuclear/jp/200306250647.htm。

③ 首相官邸「我が国の対北朝鮮措置について（内閣官房長官発表）」、2013年4月5日、http://www.kantei.go.jp/jp/tyoukanpress/201304/_icsFiles/afieldfile/2013/04/05/130405tyoukanhappyou_1_1.pdf。

④ 首相官邸「第71回国連総会における安倍内閣総理大臣一般討論演説」、2016年9月21日、https://www.kantei.go.jp/jp/97_abe/statement/2016/0921enzetsu.html。

⑤ 首相官邸「我が国独自の対北朝鮮措置について」、2016年2月10日、http://www.kantei.go.jp/jp/headline/northkorea201602/20160210_northkorea_sochi.html。

⑥ 首相官邸「安倍内閣総理大臣記者会見」、2017年9月25日、http://www.kantei.go.jp/jp/97_abe/statement/2017/0925kaiken.html。

第一节　朝核问题与日朝安全关系

20世纪50年代朝鲜战争结束后，朝鲜决定开始核技术研究，并于20世纪60年代中期在苏联的帮助下在宁边创建了原子能研究基地，此后断断续续探索发展核能力。2002年10月，美国特使凯利访问朝鲜，朝鲜承认核开发计划。2002年12月，朝鲜宣布废除冻结核开发宣言。2005年2月，朝鲜宣布"拥有核武器"。2006年10月，朝鲜进行首次核试验。2009年5月，朝鲜进行第二次核试验。在1994—2012年金正日执政期间，朝鲜核武器发展速度相对缓慢，国际社会一般认为朝鲜的核问题只不过是为了和美国实现关系正常化而采取的手段。金正恩执政后，公开阐明朝鲜"拥核"政策，并首次将拥核写入宪法。金正恩强调"经济建设和核武力建设并进的路线"，表明朝鲜有发展核武和拥核的决心。2013年2月，朝鲜进行第三次核试验。2016年1月，朝鲜进行了第四次核试验。2016年9月，朝鲜进行了第五次核试验。2017年9月，朝鲜进行了第六次核试验。

一、日本重视朝核问题

一直以来，日本对朝核问题都非常关注。2003年9月23日，日本外相川口顺子就在联合国大会上对朝鲜进行了谴责，敦促朝鲜立即、全面、以可核查和不可逆转的方式放弃任何核武器计划。对于金正恩执政以来的朝鲜核导能力的发展，安倍政府更是重视。2013年2月28日，在第183届国会的总理大臣施政方针演说中，安倍强调："坚决不能容忍朝鲜强行实施核试验……强烈要求朝鲜为一揽子解决包括绑架、核、导弹在内的各项悬而未决的问题而采取具体行动。"[①] 2015年9月25日，安倍表示："围绕我国的安全保障环境，不以我们的意愿为转移，正越发严峻。朝鲜拥有几百发将日本大部分地区列入射程内的弹道导弹，对于可搭载导弹的核武器的开发也越发紧急。"[②] 2016年9月21日，日本首相安倍在第71届联合国大会上的一般性辩论演说

---

① 首相官邸「第百八十三回国会における安倍内閣総理大臣施政方針演説」、2013年2月28日、http://www.kantei.go.jp/jp/96_abe/statement2/20130228siseuhousin.html。

② 首相官邸「平成27年9月25日安倍内閣総理大臣記者会見」、http://www.kantei.go.jp/jp/97_abe/statement/2015/0925kaiken.html。

中提出:“朝鲜的核开发与屡次的弹道导弹发射是表里一体的事情……从潜水艇发射的弹道导弹、搭载在弹道导弹上的核弹头……给国际社会造成的威胁日益加剧。”[①]

与核问题相伴的是,日本非常关注朝鲜关于“核武”运载工具的导弹能力的发展。日本观测2017年朝鲜发射了四类新型弹道导弹:(1)2月12日和5月21日发射的导弹据推测是将洲际弹道导弹(SLBM)改进为地面发射的新型弹道导弹。根据推算,这是以比通常更高的弹道轨道发射的。(2)5月14日发射的新型弹道导弹,被推算是以高弹道轨道发射的。(3)5月29日发射的导弹被推算可能是“飞毛腿”导弹的改进型,被认为是新型弹道导弹。(4)7月4日发射的弹道导弹被推测是在进行远程弹道导弹的实用化。[②] 日本认为,朝鲜有可能已经新配备了将日本纳入射程之内的、使用固体燃料的新型弹道导弹。日本认为朝鲜开发导弹有四个“企图”:射程远程化;提升饱和攻击所需要的准确性和运用能力;提高突袭攻击能力;发射形态的多样化。[③]

在朝核问题相对缓和的2018年之后,日本仍在国际社会不断地提出朝核问题,旨在引发国际社会关注和应对朝鲜核问题。2018年5月18日,日本政府邀请太平洋岛屿国家首脑在福岛县磐城市召开讨论地区课题的第八届“太平洋岛屿峰会”,该会议也把朝核问题作为主要议题之一。会议通过的联合宣言强调,为实现朝鲜半岛的完全无核化,要求朝鲜采取包括彻底履行联合国安理会制裁决议在内的具体行动,并对朝鲜多次在海上“转移物资”逃避联合国制裁的行为表示严重关切。值得注意的是,该峰会在宣言中提及朝鲜问题尚属首次。

二、复杂的日朝安全关系

日本对朝核问题重视的背后是日朝复杂的安全关系,这也成为日本制订朝核政策的内在动因。2017年7月29日,自民党干事长二阶俊博在自民党朝鲜核与导弹问题对策总部的会议上表示:“危机已不再是观念,而是切实能感

---

① 首相官邸「第71回国連総会における安倍内閣総理大臣一般討論演説」、2017年9月21日、http://www.kantei.go.jp/jp/97_abe/statement/2016/0921enzetsu.html。

② 防衛省「平成29年版防衛白書」、https://www.mod.go.jp/j/publication/wp/wp2017/pdf/29000031.pdf。

③ 防衛省「令和元年版防衛白書」、https://www.mod.go.jp/j/publication/wp/wp2019/pdf/R01010203.pdf。

受到的现实。”[①] 二阶俊博表述出了日本关注朝核问题的现实性。此外，2018年1月4日，安倍在记者会上提到朝核问题时，又表示：“将致力于加强保卫国民所真正需要的防卫力，而不是在以往的延长线上。”[②] 这又显示出日本有借朝核问题推动日本防卫转型的策略。日本重视朝核问题的策略性还不止于此。

（一）日本认为朝核问题是安全威胁

日本认为，朝鲜核导开发对日本的安全而言已经成为很严重的问题。2017年版日本《防卫白皮书》中提出朝核问题是“新阶段的威胁”。[③] 8月3日，日美韩三国防卫部门的会谈进一步认为，朝鲜核及导弹开发“不仅对东北亚，而且对美国的和平与安定也是重大且现实的威胁”。[④] 在朝鲜完成第六次核试验及多次的洲际弹道导弹试射后，日本反应激烈。9月20日，安倍在第72届联合国大会上的一般性辩论中强调，朝核问题是“前所未有的严重威胁”，那些“为获得大规模杀伤性武器而制造的历次危机与之相比，完全不是一个级别”。[⑤] 11月17日，安倍在第195届国会上发表的演说中强调，“日本目前处于战后最为严峻的安全保障环境中”，“由于朝鲜的挑衅不断升级，我们做好准备应对一切可能发生的事态”。[⑥] 日本令和元年（2019年）《防卫白皮书》估计朝鲜实现了核武器的小型化和弹头化，拥有数百枚覆盖日本全域的弹道导弹并已实战部署，还继续拥有带发射台的车辆和潜艇且能对日本进行弹道导弹突袭攻击，因此提出：“现阶段朝鲜的核武器和导弹能力没有发生本质的变化……继续对日本安全构成严重且迫在眉睫的威胁。”[⑦]

①「自民・二階俊博幹事長『危機は肌で感じる現実』政府に施策の回答求める」、『産経新聞』、http://www.sankei.com/politics/news/170729/plt1707290022-n1.html。

② 首相官邸「安倍内閣総理大臣年頭記者会見」、2018年1月4日、http://www.kantei.go.jp/jp/98_abe/actions/201801/04kaiken.html。

③ 防衛省「平成29年版防衛白書」、http://www.mod.go.jp/j/publication/wp/wp2017/pdf/H29_MDF_white-paper.pdf。

④『日米韓、北の核「新たな段階の脅威」3カ国が協力する重要性を確認』、http://www.sankei.com/world/news/170803/wor 1708030012-n1.html。

⑤ 首相官邸「第72回国連総会における安倍内閣総理大臣一般討論演説」、2017年9月20日、http://www.kantei.go.jp/jp/97_abe/statement/2017/0920enzetsu.html。

⑥ 首相官邸「第百九十五回国会における安倍内閣総理大臣所信表明演説」、2017年11月17日、http://www.kantei.go.jp/jp/98_abe/statement2/20171117shoshinhyomei.html。

⑦ 防衛省「令和元年版防衛白書」、https://www.mod.go.jp/j/publication/wp/wp2019/pdf/R01010203.pdf。

随着朝鲜核能力的增强，日本认为与以往处于常规武器下的威胁完全不同，遭受朝鲜核打击可能性加大。出于朝鲜对美国的核攻击能力还处于有限的初步阶段，且针对同属一个民族的韩国使用核武器的可能性也不高的判断，日本认为自己最有可能是受到朝鲜核攻击和威胁的第一目标。[①] 此外，朝鲜使用核武器威吓日本不要介入朝鲜半岛，还可以使美国对韩国实施防卫变得困难。[②] 尤其与朝鲜核导能力发展相并行的是，来自美国保护的"不确定性"反倒更强。当朝鲜导弹展示出可打到美国领属甚至本土的能力后，美国能继续给予"安全保护"的可靠性遭到质疑。日本认为，奉行"美国优先"的"特朗普政府最优先的课题是阻止洲际弹道导弹"对美国的威胁，如果这个目标得以实现，"美国将不再追求朝鲜'放弃'核试验和导弹，而是寻求现阶段的'冻结'"，这样"朝鲜对日韩等国的威胁有可能被忽视"。[③] 与第二次世界大战后的美国历届总统对价值观和世界秩序的重视不同，特朗普更倾向于短期获益的"交易式外交"，这又使日本担心特朗普还有可能采取"越顶外交"，越过日本直接同朝鲜进行交易。[④] 另一方面，美国表示不排除使用武力但又表示有意对话的对朝态度，在日本看来就是特朗普式的"不确定"。因此，日本通过"极限施压"这种强硬手段来表达明确的态度，做出示范甚至是"绑架"美国，防止美国"越顶"或"脱身"，并在国际社会对朝鲜产生"围观效应"，以免出现日本独自应付朝鲜的困境。

（二）防止东北亚地缘政治版图发生变动

日本认为朝核问题已成为"新阶段的威胁"，[⑤] 并判断朝鲜开发核导的目标已超出维护自身安全而有朝地缘政治和地缘战略发展的趋势。日本外务

---

① [日]戸崎洋史「北朝鮮の核問題と日本の抑止態勢—現状と課題」、『安全保障政策のリアリティ・チェック—新安保法制・ガイドラインと朝鮮半島・中東情勢—』、2016年3月、http://www2.jiia.or.jp/pdf/research/H27_Korean_Peninsula/13-tosaki.pdf、145—146頁。

② [日]戸崎洋史、小泉悠、神保謙「"四面『核』歌"状態の日本が生き残る道」、『月刊Wedge』2017年4月号。

③「日本狙うミサイル・拉致、米朝対話で置き去り?」、2017年8月25日、https://www.nikkei.com/article/DGKKZO20368920V20C17A8PP8000/。

④ [日]戸崎洋史「北朝鮮核問題を巡る変動と日本の抑止態勢」、『安全保障政策のリアリティ・チェック—新安保法制・ガイドラインと朝鮮半島・中東情勢—』、2017年3月、http://www2.jiia.or.jp/pdf/research/H28_Korean_Peninsula/13-tosaki.pdf。

⑤ 防衛省「平成29年版防衛白書」、http://www.mod.go.jp/j/publication/wp/wp2017/html/n 1120000.html。

省的相关外交安保研究报告就指出:“朝鲜的核打击能力在不断增强,其目的将不仅限于现政权的延续与稳固,更将延伸到包括朝鲜半岛统一在内的多方面军事目标。”① 日本不希望朝鲜“拥核统一”,因为一个有核的、由朝鲜统一的半岛将对美国及日本形成不利的地缘政治格局。而韩国在朝核形势下的动向及其可能对东北亚地缘政治造成的影响也推动着日本努力“积极”地应对。尽管文在寅政权对核武装持有反对态度,认为一旦部署核武器也就没有理由再要求朝鲜弃核,但以韩国保守派为中心的“核武装论”正在抬头,访美的韩国国防部长宋永武在与美国国防部长的会谈中就提及在韩国再次配备战术核武器的问题。而根据韩国《文化日报》2017年8月的舆论调查,韩国国民赞成核武装的人数占比上升至62.8%,比持反对意见的比例34.8%高很多。② 日本不希望韩国自行发展出核武器,因为“这势必会极大地改变东北亚战略环境,日本也会受到巨大影响。因为拥有了核武器的韩国很难同美国继续保持现行的韩美同盟模式,美日韩安全保障合作也将很难实现进一步发展”。③ 安保环境和安保合作模式的变化必然影响东北亚地缘政治版图的维持。日本对地缘政治版图的担心超出对朝核问题本身的担心。通过施加压力,加强包括“先发制人”能力在内的军事力量来威慑朝鲜,“迫使朝鲜内部发生变化或改变政策来化解核危机”④成为安倍政府的一种战略选择。

(三)展示日本在核不扩散体系和地区安保议题上的引领力

自20世纪80年代的“政治大国”思潮、“国际国家贡献论”到安倍政府的“积极和平主义”,日本注重追求国际影响力和引领力。受制于国际环境和国

① [日]戸崎洋史「北朝鮮核問題を巡る変動と日本の抑止態勢」、『安全保障政策のリアリティ・チェック—新安保法制・ガイドラインと朝鮮半島・中東情勢—』、2017年3月、http://www2.jiia.or.jp/pdf/research/H28_Korean_Peninsula/13-tosaki.pdf。

②『タブー破った韓国国防相「戦術核再配備」発言保守層で急浮上…対北「非核化」要求は有名無実に』、2017年9月3日、http://www.sankei.com/world/news/170903/wor1709030001-n1.html。

③ [日]戸崎洋史「北朝鮮核問題を巡る変動と日本の抑止態勢」、『安全保障政策のリアリティ・チェック—新安保法制・ガイドラインと朝鮮半島・中東情勢—』、2017年3月、http://www2.jiia.or.jp/pdf/research/H28_Korean_Peninsula/13-tosaki.pdf。

④ Jeffrey A.Bader, “Why Deterring and Containing North Korea Is Our Least Bad Option,” August 8, 2017, https://www. brookings. edu/blog/order-from-chaos/2017/08/08/why-deterring-and-containing-north-korea-is-our-least-bad-option/.

家实力，日本将着力点集中在重点区域和重点议题上。由于有遭受核弹打击的特殊历史，日本在国际核不扩散领域积极谋求领导角色。朝核问题是对核不扩散体系的挑战，日本担心若不加以严格控制的话，核不扩散体系将会遭到破坏，而日本所做的就是列阵于前。安倍提出："这种现象有可能向世界上具有秘密开发核武器和导弹野心的势力传送错误信息。如果对这个问题置之不理，那么安全保障方面的威胁有可能会像传染病一样向全世界蔓延，十分危险。"[①] 安倍认为，朝鲜不断挑战国际核不扩散体系的活动表明"为了对话而对话毫无意义"，[②] 因此主张逼迫朝鲜在"弃核还是崩溃"中加以选择。此外，日本也通过积极在朝核问题上发声来避免被边缘化。2018年朝核问题有所缓和，在2018年6月12日的朝美首脑会晤之后，日本开始表示愿为国际原子能机构（IAEA）的核查行动提供资金，期待在朝核事务中有所作为。

另外，日本在朝核问题上有关对话方式的"放弃"也有刻意区别于中国的意图，其目的有谋求地区安保议题的领导权之意。日本和平与安全保障研究所理事长西原正指出，特朗普在阻止朝鲜核导开发上对中国的依赖是美国在亚洲降低地位的危险外交，提出"一旦习近平主席终止了朝鲜的核开发，事态将会如何呢？那就是中国对朝鲜半岛特别是韩国的影响力将增强"，西原正建议选择由美日韩主导的解决之路。[③] 朝鲜中央通讯社指出，日本"努力塑造其在地区安保问题上似乎比谁都能发挥主导作用的形象"，"就是出于在地区问题上抬高自身'存在感'的自私目的"。[④]

（四）服务日本国内政治安保议题

安倍政府有借激化朝核问题来提升政权支持率，推动修宪及解决日朝"绑架"问题等目的。积极应对朝核问题符合日本国内"保护国民安全"这种"政治正确"。2017年6月8日，自民党向安倍提交"保护国民的应有体系的相

① 首相官邸「内外記者会見」、2017年5月27日、http://www.kantei.go.jp/jp/97_abe/statement/2017/0527kaiken.html。

②「日本は圧力強化で旗幟鮮明、日米と協調」、2017年8月16日、http://www.sankei.com/politics/news/170816/plt 1708160004-n1.html。

③ [日]西原正「『中国依存』は米国の西太平洋地域の存在を否定する危険な外交だ」、2017年7月13日、http://www.sankei.com/column/news/170713/clm1707130005-n1.html。

④ [朝]中央通讯社：《署名文章：日本的对美追随妄动从何而来？》，2017年8月4日。

关提议"[①],表达相关要求。地方政府和国民也要求政府积极应对。对于朝鲜试射的导弹落在日本专属经济区的问题,北海道知事高桥在7月29日抗议称:"作为保护道民生命和财产的知事,受到很大冲击,断然不能认可。"[②] 和以前相比,日本国民也比较接受在防卫上采取强硬立场。根据2017年3月日本NHK的舆论调查,国民对朝鲜核导开发等"挑衅性行动""感到威胁"的占93%,"感到很大威胁"的占60%。[③] 对安倍政府而言,朝核问题引发的紧张情绪有利于推动国民选举在安保领域相对有经验的自民党来执政。在安倍政府陷入森友学园和加计学园丑闻而遭遇执政危机之际,自民党内有观点认为"安保领域是自民党和安倍首相擅长的领域,有可能会使支持率回升"。[④] 在2017年10月的众议院选举中,自民党正是打出应对朝鲜威胁的"国难牌",赢得选举并走出内阁支持率跌破30%的危险境地。此外,日本也想炒热朝核问题,利用集体压力将"绑架问题"摆在台面上与朝核问题一并解决。2014年5月达成"斯德哥尔摩协议"后,"绑架问题"已经发展到承诺以存在被绑架嫌疑的全部日本人为对象推进调查的阶段,但之后陷入僵持状态。2017年11月1日,第四次安倍内阁刚成立时,安倍就在记者会上将朝核问题与日本"极其重要的绑架问题"并列提出,表达早日解决之意。[⑤]"绑架问题"与朝核问题的性质有所不同,"绑架问题"是日本固有的问题,安倍提出力争在任期内解决。借多边朝核问题来解决双边的"绑架问题",这是安倍的策略。

第二节　日本重"施压"的朝核政策

安倍政府综合运用外交、安保、经济等手段,通过严肃传达和强硬行动,

---

① 首相官邸「自由民主党による『国民保護のあり方に関する提言』申入れ」、http://www.kantei.go.jp/cn/97_abe/actions/201706/08kokuminhogo_moshiire.html。

② 「『落下地点近く、衝撃』北海道知事」、http://www.sankei.com/world/news/170729/wor1707290088-n1.html。

③ 「9条改正必要なし57%北朝鮮は脅威93%」、https://detail.chiebukuro.yahoo.co.jp/qa/question_detail/q 10173550065。

④ 「朝鮮半島有事への備え、注文相次ぐ　自民対策本部」、2017年9月4日、https://www.nikkei.com/article/DGXLASFS04H7U_U7A900C1PP8000/。

⑤ 首相官邸「安倍内閣総理大臣記者会見」、2017年11月1日、http://www.kantei.go.jp/jp/98_abe/statement/2017/1101kaiken.html。

对朝“极限施压”。外交上，安倍强调日本与美韩合作“自不必说”，也表示“与中国及俄罗斯合作也很重要”，同时“与国际社会合作，坚决应对”。[①] 安保上，军事压力必不可少是日本政府的共识。[②] 经济上，日本在联合国安理会相关决议的框架外还对朝鲜实施单边制裁。

一、对朝构筑多层“包围圈”

日本对朝构筑的外交“包围圈”分为三个层次：一是以美日韩为内层，二是以“美日韩+中俄”为次层，三是以国际社会其他国家为外层。其中，内层以美日为中心，外层以世界主要国家和亚太国家为主。

一是构筑以美日为中心的美日韩对朝包围圈。日本最看重美国的支持，主张“在日美主导下与国际社会合作”，促使朝鲜改变政策。[③] 2017年8月，日美“2+2”会谈后发布的《共同声明》“以最为严厉的措辞谴责”朝鲜核试验，确认两国继续对朝鲜施压。[④] 在2017年11月初的特朗普“亚太行”中，安倍“亲密化”日美关系，巩固对朝的联合施压阵线。安倍甚至与特朗普“一周进行三次电话会谈”，确认“紧密合作，提升对朝鲜的压力”[⑤]以及“日美百分百的共存”[⑥]。11月29日，日美外相会谈确认，对发射“火星-15”的朝鲜“断然不能容忍”。[⑦] 日本鼓励美国对朝加大施压力度，积极支持美国把朝鲜重新纳入“支持恐怖主义国家”的名单中。[⑧]

---

① 首相官邸「北朝鮮による弾道ミサイル発射事案についての会見」、2017年5月21日、http://www.kantei.go.jp/jp/97_abe/actions/201705/21kaiken.html。

②「日本は圧力強化で旗幟鮮明、日米と協調」、2017年8月16日、http://www.sankei.com/politics/news/170816/plt 1708160004-n1.html。

③ 首相官邸「トランプ米国大統領との電話会談についての会見」、2017年11月29日、http://www.kantei.go.jp/jp/98_abe/actions/201711/29kaiken2.html。

④ 外務省「日米安全保障協議委員会共同発表」、2017年8月17日、http://www.mofa.go.jp/mofaj/na/st/page4_003204.html。

⑤ 首相官邸「トランプ米国大統領との電話会談についての会見」、2017年9月3日、http://www.kantei.go.jp/jp/97_abe/actions/201709/03kaiken.html。

⑥ 首相官邸「トランプ米国大統領及びプーチン・ロシア大統領との電話会談についての会見」、2017年9月3日、http://www.kantei.go.jp/jp/97_abe/actions/201709/03kaiken4.html。

⑦ 外務省「日米外相電話会談」、2017年11月29日、http://www.mofa.go.jp/mofaj/press/release/press4_005344.html。

⑧ 首相官邸「米国による北朝鮮のテロ支援国家再指定についての会見」、2017年11月21日、http://www.kantei.go.jp/jp/98_abe/actions/201711/21kaiken.html。

为防止美国在朝核问题上退步，日本频繁地"提醒"和"确认"。在美日韩三国防卫会议上，日本提醒美国，朝核问题"不仅对东北亚，对美国的和平与安定也是重大且现实的威胁"。[①] 对于美国国务卿蒂勒森愿与朝鲜进行"不设前提条件对话"的发言，日本六方会谈团长、外务省亚洲大洋洲局局长金杉宪治第二天就与美国六方会谈团长、国务院朝鲜政策特别代表尹汝尚会谈，双方达成"朝鲜不真正表明弃核意愿并落实具体行动就不对话"的原则性协议，强调日美合作对朝鲜施加压力的必要性。[②] 在以日美为中心的基础上，日本还注重与韩国的合作。2017年12月19日，外相河野太郎呼吁韩国"对朝鲜采取最大限度的压力"。[③] 12月22日，日韩两国"六方会谈"的团长磋商，确认在联合国安理会等国际会议中紧密合作和加强施压。[④] 日本利用日韩与美国的同盟关系，试图把倾向对话路线的韩国与日美拢为一体，打造美日韩对朝核心圈，在朝核问题上开展"一体化"外交。8月7日，美日韩三国外长会谈，在"对朝鲜加强施压很重要"上达成共识，确认合作施加"有效压力"。[⑤] 9月21日，日美韩首脑会谈，安倍强调三国要一起对朝施加新的压力。[⑥] 11月29日，金杉宪治又分别与美韩六方会谈团长会谈，就"通过所有手段把对朝鲜的压力提升到最大程度，迫使朝鲜改变政策必不可少"[⑦]达成一致。

二是软硬兼施，试图推动中俄加入对朝"包围圈"，构建"美日韩+中俄"的对朝框架。日本认为中俄特别是中国与朝鲜有较多的经济往来，作用十分重要，可以对朝鲜产生更大影响，如能把中俄拉入对朝的压力包围圈将会取得

---

①『日米韓、北の核「新たな段階の脅威」3カ国が協力する重要性を確認』、2017年8月3日、http://www.sankei.com/world/news/170803/wor 1708030012-n1.html。

② 外務省「金杉アジア大洋州局長とユン米国国務省北朝鮮政策担当特別代表との意見交換」、2017年12月13日、http://www.mofa.go.jp/mofaj/press/release/press4_005423.html。

③「日韓の高官「対北圧力」の重要性で一致」、2017年12月22日、http://www.sankei.com/politics/news/171222/plt 1712220025-n1.html。

④ 外務省「金杉アジア大洋州局長と李度勳韓国外交部朝鮮半島平和交渉本部長との意見交換」、2017年12月22日、http://www.mofa.go.jp/mofaj/press/release/press4_005475.html。

⑤『日米韓外相会談「北朝鮮に圧力」一致 ASEANに要請』、2017年8月8日、https://mainichi.jp/articles/20170808/ddm/002/010/132000c。

⑥ 外務省「日米韓首脳会談」、2017年9月21日、http://www.mofa.go.jp/mofaj/a_o/na/page4_003342.html。

⑦『米国・韓国と「圧力最大限まで」を確認外務省幹部』、2017年11月29日、http://www.sankei.com/world/news/171129/wor 1711290024-n1.html。

更好的效果。安倍强调“不仅与日美、日韩，还要与中俄合作”。[①] 2017年7月4日，安倍表示：“将敦促习近平主席、普京总统采取更加具有建设性的措施。”[②] 7月31日，安倍在官邸强调：“以中俄为首，国际社会必须重视严峻事实，并加强施压。”[③] 8月，日美“2+2”会议的《共同声明》明确敦促中国采取“坚决措施，使朝鲜改变一系列行动”。[④] 9月7日，安倍与普京会谈时，要求俄严格执行联合国制裁决议案，给予朝鲜最大压力。[⑤] 11月29日，安倍在参院预算委员会上明确反对中国的“双暂停”提议。除了“硬争取”外，安倍还向中俄“软示好”，以谋求支持。11月，利用越南APEC首脑峰会，安倍向习近平主席和普京总统表达了希望合作之意。[⑥] 日本对“一带一路”态度的转向及改善中日关系也有谋求中国支持其朝核政策的考虑。11月30日，肩负促进中日关系任务的日本执政党公明党党首山口那津男在羽田机场前往中国时表示，希望中国对朝鲜加大施加压力。

三是开展“俯瞰地球仪外交”，争取国际社会的支持。安倍再次上台后主张“俯瞰地球仪外交”，强调外交不要单纯盯着双边，而是要开展俯瞰世界的战略外交。[⑦] 对于朝核问题，安倍强调“强烈向国际社会表达要紧密合作加以应对的必要性”，主张运用“国际包围网”应对朝鲜，[⑧] 重点是“澳大利亚、东盟

---

① 首相官邸「北朝鮮による弾道ミサイル発射事案についての会見(2回目)」、2017年5月14日、http://www.kantei.go.jp/jp/97_abe/actions/201705/14kaiken2.html。

② 首相官邸「北朝鮮による弾道ミサイル発射事案についての会見」、2017年7月4日、http://www.kantei.go.jp/jp/97_abe/actions/201707/04kaiken.html。

③ 首相官邸「トランプ米国大統領との電話会談についての会見」、2017年7月31日、http://www.kantei.go.jp/jp/97_abe/actions/201707/31kaiken.html。

④ 外務省「日米安全保障協議委員会共同発表」、2017年8月17日、http://www.mofa.go.jp/mofaj/na/st/page4_003204.html。

⑤「露大統領、対話重視崩さず安倍首相は圧力要請」、2017年9月8日、https://mainichi.jp/articles/20170908/k00/00m/010/094000c。

⑥「安倍晋三首相、ASEAN首脳に対北圧力訴え」、2017年11月13日、http://www.sankei.com/politics/news/171113/plt 1711130037-n1.html。

⑦ 首相官邸「第百八十三回国会における安倍内閣総理大臣所信表明演説」、2013年1月28日、https://www.kantei.go.jp/jp/96_abe/statement2/20130128syosin.html。

⑧「安倍首相、G20で北朝鮮包囲網=ICBM発射、警戒一段と」、2017年7月5日、https://www.jiji.com/jc/article?k=2017070500705&g=prk。

各国、印度、欧洲各国”等。[①] 2017年8月30日，安倍与澳大利亚首相特恩布尔在对朝鲜实施进一步的压力上达成了一致。[②] 同日，安倍与英国首相特蕾莎·梅就朝核问题“是深刻且重大的威胁，不能容忍”达成共识。[③] 9月3日，安倍派自民党总裁外交特别顾问河井克行前往印度，说明朝鲜的严重威胁。[④] 9月5日，安倍与德国总理默克尔通话，确认对朝鲜强化施加压力的必要性。安倍还敦促与朝鲜关系密切的东南亚各国对朝建立包围网。[⑤] 在有关APEC及日本与东盟（ASEAN）首脑会议的国内外记者会上，安倍呼吁“国际社会要团结一致对朝鲜施加最大限度的压力”。[⑥] 此外，日本还与联合国安理会理事长及法国外长等进行会谈，要求对朝鲜采取压力措施。[⑦]

二、提升对朝威慑力

除了采取换装旧雷达、开发次期警戒管制雷达[⑧]等措施来提升对朝核问题的情报搜集能力，日本还强调“有必要谋求制止”[⑨]，着力提升对朝威慑力。

一是巩固日美同盟，强化安保合作。日美同盟是当前日本最重要的安保基础及资源，安倍强调“加强日美同盟的威慑力和应对力十分重要”[⑩]。安倍

① 首相官邸「第百八十九回国会における安倍内閣総理大臣施政方針演説」、2015年2月12日、https://www.kantei.go.jp/jp/97_abe/statement2/20150212siseihousin.html。

②「安倍首相、豪首相と電話協議北朝鮮問題で協力確認」、2017年8月30日、https://www.nikkei.com/article/DGXLASFS30H38_Q7A830C1000000/。

③「日英首脳会談、北朝鮮のミサイル発射は『言語道断の挑発行動』の共同声明発表　英、空母展開含めたアジア太平洋への関与強化へ」、2017年8月31日、http://www.sankei.com/politics/news/170831/plt 1708310042-n1.html。

④「河井克行外交特別補佐をインド、ブータンに派遣　安倍晋三首相　北朝鮮情勢めぐり意見交換」、2017年9月1日、http://www.sankei.com/politics/news/170901/plt 1709010043-n1.html。

⑤「安倍晋三首相、ASEAN首脳に対北圧力訴え」、2017年11月13日、http://www.sankei.com/politics/news/171113/plt 1711130037-n1.html。

⑥ 首相官邸「APEC首脳会議及びASEAN関連首脳会議出席等についての内外記者会見」、2017年11月14日、http://www.kantei.go.jp/jp/98_abe/statement/2017/1114kaiken.html。

⑦「日独首脳が電話会談、強力な制裁決議採択へ連携」、2017年9月5日、http://www.sankei.com/poli-tics/news/170905/plt 1709050064-n1.html。

⑧ 外務省「平成30年度概算要求の概要」、2017年8月31日、http://www.mod.go.jp/j/yosan/2018/gaisan.pdf。

⑨「日本は米とミサイル迎撃を検討し、北戦力の無力化を見せつけよ」、2017年8月6日、http://www.sankei.com/politics/news/170806/plt 1708060021-n2.html。

⑩「内外記者会見」、2017年5月27日、http://www.kantei.go.jp/jp/97_abe/statement/2017/0527kaiken.html。

对特朗普"把所有的选项都摆在桌面上的态度给予了高度评价"[①],鼓励美国采取强硬的军事手段。2017年7月31日,安倍与特朗普举行电话会谈,提出两国采取具体的行动提升防卫态势与防卫能力。[②] 8月,日美"2+2"会议确认了两国在防空和导弹防御等领域内的职责分工。[③] 8月31日,防卫大臣小野寺五典向美国呼吁对朝鲜"给予看得见的压力"。[④] 日美两国首脑也确认,"两国间牢不可破的相互防卫承诺",特朗普"再次承诺使用所有的外交、常规武器,包括核武器保护美国的本土、领土及同盟国"。[⑤]

日美军事合作进一步密切。日本认为,如果自己的行动减小了美国遭受的损害,美国遭受威慑的可能性就会降低,这样美国向日本提供的"延伸威慑"的可靠性就会提高。日本顺应特朗普的要求大量引入美国武器,在日本2018年的防卫预算中,关于对外有偿军事援助协议框架下的对美军事采购额高达4102亿日元。[⑥] 日美联合军事训练频繁,加速推进军事一体化。2017年4月23日,海上自卫队与"卡尔·文森"号航母群实施联合军演。[⑦] 7月28日,航空自卫队与美军在朝鲜半岛近海实施联合军演,"这是日美韩合作的一环"。[⑧] 9月29日至10月1日,海上自卫队与美军实施联合军演。[⑨] 11月12日,海上自

① 首相官邸「トランプ米国大統領との電話会談についての会見」、2017年4月24日、http://www.kantei.go.jp/jp/97_abe/actions/201704/24kaiken.html。

② 首相官邸「トランプ米国大統領との電話会談についての会見」、2017年7月31日、http://www.kantei.go.jp/jp/97_abe/actions/201707/31kaiken.html。

③ 外務省「日米安全保障協議委員会共同発表」、2017年8月17日、http://www.mofa.go.jp/mofaj/na/st/page4_003204.html。

④「『目に見える圧力を』対北朝鮮で日米防衛相が電話協議」、2017年8月31日、http://www.asahi.com/articles/ASK8032B0K80UTFK003.html。

⑤ "Readout of President Donald J.Trump's Call with Prime Minister Shinzo Abe of Japan," September 3, 2017, https://www. whitehouse. gov/the-press-office/2017/09/03/readout-president-donald-j-trumps-call-prime-minister-shinzo-abe-japan.

⑥「18年度予算案防衛費増、際立つ　4年連続、過去最大」、2017年12月23日、https://mainichi.jp/articles/20171223/ddm/002/010/152000c。

⑦ 首相官邸「トランプ米国大統領との電話会談についての会見」、2017年4月24日、http://www.kantei.go.jp/jp/97_abe/actions/201704/24kaiken.html。

⑧「日米共同訓練を実施、発射2日後で牽制　防衛相自ら異例の公表」、2017年7月30日、http://www.sankei.com/politics/news/170730/plt 1707300029-n1.html。

⑨「海自が米空母と共同訓練　北朝鮮を牽制」、2017年10月2日、http://www.sankei.com/world/news/171002/wor 1710020017-n1.html。

卫队与美军三艘航母实施联合军演。[①]

二是升级反导系统，强化反导应对。目前日本的导弹防卫系统包括从海上拦截大气层外导弹的“宙斯盾”系统护卫舰，以及从地面击落进入大气层内导弹的“爱国者-3”（PAC3）。为加强反导系统，日本考虑引进美军的陆基“宙斯盾”系统，并引入SM6反导拦截弹，升级其本身配置的SM3。该系统可减少“宙斯盾”系统护卫舰的拦截遗漏，并兼具攻击性，可以在更大的范围内应对巡航导弹。[②] 同时，日本还表态不排除拦截经过领空的朝鲜导弹，会强化应对。2017年8月10日，防卫省防卫政策局局长前田哲在参议院外交委员会上回答说：“因为迎击，可以使起爆装置等的机能丧失，从而不会发生核爆伤害。”[③] 日本防卫大臣小野寺五典在众院安保委员会上提出，基于2016年生效的新安保法案可以将朝鲜向美属关岛附近发射导弹的行为认定为“存亡危机事态”，[④] 有可能行使集体自卫权进行迎击。[⑤] 在11月6日的记者会上，特朗普称“若首相购买大量（美国产）军事装备，就能在上空击落导弹”，推动日本采取迎击措施，给朝鲜施加心理压力。

三是获得“先发制人”的能力，准备对敌基地攻击。在2018年防卫预算中，日本追加约22亿日元引进三种远程巡航导弹。日本计划在最尖端隐形战斗机F-35上搭载挪威开发的JSM型导弹，将F-15进行改装后搭载美国开发的JASSM-ER和LRASM型导弹。这使日本自卫队获得了“先发制人”的能力，攻击范围和攻击能力大幅提升，尽管日本宣称此举是为岛屿防卫所用，但对敌基地的攻击已明确进入视野。[⑥] 此外，日本还正在自行开发用于对敌

---

①「米空母3隻、朝鮮半島海域離れる　ロナルド・レーガンはフィリピン海へ」、2017年11月16日、http://www.sankei.com/world/news/171116/wor 1711160009-n1.html。

②「北朝鮮名目の防空網強化、真の狙いは中国　経費は膨大に」、2017年12月17日、http://www.asa-hi.com/articles/ASKDF65PLKDFULZU00Z.html。

③「核弾頭、迎撃で起爆せず=防衛省局長」、2017年8月10日、https://www.jiji.com/jc/article?k=2017081001165&g=prk。

④「日本政府、不測の事態懸念＝北朝鮮ミサイルに警戒強化」、2017年8月10日、https://www.jiji.com/jc/article?k=2017081001193&g=pol。

⑤「『相互防衛の約束確認』＝日米首脳電話会談－ホワイトハウス」、2017年9月4日、http://sp.m.jiji.com/generalnews/article/genre/politics/id/1884623。

⑥「長射程の巡航ミサイル導入へ敵基地攻撃に転用可」、2017年12月9日、https://mainichi.jp/articles/20171209/ddm/001/010/107000c。

基地打击的高速滑翔弹。

三、对朝实施单边制裁

日本对朝实施单边制裁实质上是对美国“长臂管辖”的跟进，对处于困顿中的朝鲜施加经济压力。安倍多次强调：“日美两国对于反复进行危险挑衅的朝鲜，要共同施压，开展进一步的制裁等。”[①] 2016年2月，朝鲜进行第四次核试验后，日本就开始强化对朝鲜的单边制裁。[②] 2017年3月28日，日本决定将对朝单方面制裁措施期限延长两年，这些单方面制裁包括禁止以人道主义为目的的朝鲜船舶入港，[③] 以及全面禁止与朝鲜的进出口。4月，自民党朝鲜绑架问题对策本部向安倍建议，将制裁追至访朝后禁止再入境日本的在日朝鲜人总联合会(朝鲜总联)的相关高级官员。[④] 7月28日，日本内阁通过决议，采取措施扩大对朝鲜的单边制裁，制裁范围除了把涉及朝鲜核与导弹计划者作为资产冻结对象外，还把涉及金融服务、运输，以及包括煤炭在内的矿物贸易等三类列为新增制裁对象。此次新增制裁清单包括5个团体、9名个人。[⑤] 其中，日本把美国制裁的2个中国团体也列入了制裁对象。[⑥] 包括履行联合国安理会决议在内，日本对朝制裁对象扩大到共计63个团体和79名个人。2017年8月25日，日本内阁决议通过对朝单边制裁，将中国和非洲纳米比亚的企业与个人纳入资产冻结名单。11月7日，日本政府内阁决议通过对朝单边制裁，把9个团体和26名个人列为新的资产冻结对象。12月15日，日本内阁会议决定，将19个朝鲜团体列为新的资产冻结对象。根据此次措施，日本把

---

① 首相官邸「内外記者会見」、2017年5月27日、http://www.kantei.go.jp/jp/97_abe/statement/2017/0527kaiken.html。

② 首相官邸「我が国独自の対北朝鮮措置について」、2016年2月10日、http://www.kantei.go.jp/jp/headline/northkorea201602/20160210_northkorea_sochi.html。

③ 日本基于《特定船舶入港禁止特别措施法》禁止停靠朝鲜的所有船舶进入日本的港口。该法规定，对于违反的船长处以三年以下有期徒刑或300万日元以下罚金。

④「対北制裁、あと何ができる　対象拡大、中国政府に説明も」、2017年8月1日、http://www.sankei.com/politics/news/170801/plt1708010006-n1.html。

⑤ 首相官邸「我が国独自の対北朝鮮措置について」、2017年7月28日、http://www.kantei.go.jp/jp/tyoukanpress/201707/28_a.html。

⑥ 外務省「追加される北朝鮮の核その他の大量破壊兵器及び弾道ミサイル関連計画その他の北朝鮮に関連する国際連合安全保障理事会決議により禁止された活動等に関与する者」、http://www.mofa.go.jp/mofaj/files/000276260.pdf。

对朝资产冻结对象扩大至103个团体和108名个人。

第三节 日本朝核政策的影响及前景

日本试图通过施压达到朝鲜主动提出“我们要改变政策，希望展开对话”的效果，最终实现朝鲜“通过完全、可验证且不可逆的方式放弃所有核武器和弹道导弹计划”。[①] 但朝核问题的本质是安全问题，日本的“极限施压”政策无疑会强化朝鲜对“不安全”的认知。事实上，与日本“极限施压”相伴随的是，朝鲜在核导开发上不退反进。日本的朝核政策并不利于问题的解决，还会带来一系列复杂影响。

一、日本“施压政策”的消极影响

第一，施压政策阻碍朝核问题的解决，有引发战争的风险。朝鲜半岛局势本身复杂敏感，需要相关各方谨言慎行，彼此轮番示强只会重走紧张局势不断升级的老路。一旦发生冲突，各方的国民都将面临巨大的人身伤亡，还会导致人道主义的、经济的、环境等方面的灾难。中国提出“双暂停”和“双轨并行”思路，俄罗斯提出政治对话、分阶段解决的方案，都主张先让局势降温，强调对话。韩国强调“采取一切手段防止战争爆发”[②]，美国摆在桌面上的“所有的选项”也不排除对话。日本的“极限施压”政策无疑会影响各国在应对朝核问题上的合作，与和平的努力背道而驰。中国就不点名指出，“有些国家选择性地忽略安理会相关决议中推动对话的要求”，对“推动对话和平解决半岛问题上的努力拖后腿、使绊子，甚至捅刀子”，对“和平解决半岛问题发挥的不是建设性作用，而是破坏性作用”，[③] 而且，这种政策也让日本有卷入战争的危险。朝鲜就称，日本“军事上轻举妄动已越过红线”，“注定遭到核铁拳无慈

① 首相官邸「安倍内閣総理大臣記者会見」、2017年9月25日、http://www.kantei.go.jp/jp/97_abe/statement/2017/0925kaiken.html。

② “Seoul Promises to Prevent War on Korean Peninsula‘by All Means’,”Aug 14, 2017, https://www.cnbc.com/2017/08/14/south-korean-president-president-moon-jae-in-promises-to-prevent-war.html.

③《2017年8月31日外交部发言人华春莹主持例行记者会》，中国外交部，http://www.fmprc.gov.cn/web/fyrbt_673021/jzhsl_673025/t 1488812.shtml。

悲的打击”,[①]“参与战争的日本的一切都将化为灰烬”[②]。而日本一旦迎击朝鲜导弹,从朝鲜来看就是进入了战争状态,东京有可能面临导弹的攻击。[③]

第二,加剧地区安全困境。日本自卫队更具攻击性的角色及其能力的提升令周边地区警惕和不安。[④]日本宣称可以“合法”地为了盟国“迎击朝鲜导弹”,这无疑使2015年新安保法案通过时那些认为日本安全走向会变得危险的担心变成现实。“先发制人”能力的获得,使日本战后的“专守防卫”政策变得脆弱。日本政府不认为对敌基地攻击违反宪法,[⑤]而对于日本能否行使“先发制人”能力,2017年3月10日,时任防卫大臣的稻田朋美表示:“不排除采取任何手段的可能性。”[⑥]同时,展开对敌基地攻击要使对方的雷达基地“无力化”,要有精确制导导弹等,这些都将大大改变日本当前的防卫体系,必然引发地区军备竞赛。周边国家更担心日本是否会进一步对他国发动攻击,而攻击必将受到反击,并有可能发展为全面战争。[⑦]另外,日本引进的陆基“宙斯盾”系统是美国“一体化防空反导体系”(IMAD)的一部分,也会进一步加深东北亚地区的安全困境。[⑧]俄罗斯认为这是美国扩张其全球反导系统的一部分计划,美国试图从东西两侧对俄罗斯实施钳形封锁,[⑨]破坏太平洋北

①《署名文章:日本反动派切勿在无慈悲的核铁拳面前撒野》,《劳动新闻》2017年8月10日。

②《朝中社评论:向自灭的深渊越陷越深的军事妄动》,朝鲜中央通讯社,2017年11月20日。

③ [日]古賀茂明「グアムへの北朝鮮ミサイル迎撃すれば、戦争状態日米安保に殺される日本」、2017年8月14日、https://headlines.yahoo.co.jp/article?a=20170813-00000009-sasahi-pol&p=1。

④ “What Are Japan's Options against North Korea?”CNN, Apr 21, 2017, http://edition.cnn.com/2017/04/21/asia/japan-north-korea-options/index.html.

⑤ 1956年,日本首相鸠山一郎在众议院答辩中提出政府见解:“在没有其他合适的防御手段的情况下”,“坐以待毙不符合宪法的宗旨”;在现行宪法下具有一定程度的对敌基地攻击能力是可以被认可的。参见「第二十四回国会衆議院内閣委員会会議録第十五号」、1956年2月29日、241頁。

⑥「敵基地攻撃『排除せず』　稲田氏、対北対応で見解」、2017年3月9日、http://www.tokyo-np.co.jp/article/politics/list/201703/CK2017030902000258.html。

⑦「(社説)敵基地攻撃力　専守防衛が空洞化する」、2017年3月31日、http://www.asahi.com/articles/DA3S12868919.html?iref=pc_rellink。

⑧「陸上イージス、3つの課題　ミサイル対策強化　巨額コスト・迎撃力に限界・周辺国反発も」、2017年8月28日、https://www.asahi.com/articles/DA3S13105868.html。

⑨《俄外交部:日部署宙斯盾导弹防御系统将打破太平洋北部稳定》,新华网,2017年8月25日,http://news.xinhuanet.com/mil/2017-08/25/c_129688813.htm。

部地区的战略稳定。[①] 加上陆基“宙斯盾”系统还可以发射巡航导弹“战斧”，俄罗斯指出这将改变东亚安全形势，对俄日安全关系产生“负面影响”。[②] 中国也指出，“反导问题事关全球战略稳定和大国互信”，“要共同遵循维护全球战略稳定和各国安全不受减损的原则”，[③] “希望日方慎重行事”。[④] 日本也将陷入新的“困境”，日本防卫研究所的报告指出，日本因自身军事活动扩大而受到的负面影响会很大。[⑤]

二、朝核形势新动向

2018年朝鲜半岛形势出现和缓。朝鲜的对外高层出访不断，2018年3月至6月间，金正恩三次访华；2018年4月至9月间，日韩间举行了三次“文金会”；2018年6月，又有“金特会”。2018年4月20日，金正恩宣布从2018年4月21日开始，朝鲜将不再进行任何核试验和洲际弹道导弹的发射以及废弃北部核试验场。具体看，主要包括以下两个方面：

一是美朝从战争边缘到开始对话。2018年，美朝高层逐渐互动，打开半岛核问题的僵局。2018年3月31日，即将接任国务卿的美国中央情报局局长蓬佩奥以总统特使的身份对朝鲜进行了“绝密访问”，与金正恩直接会面。6月11日，国务卿蓬佩奥在朝美首脑新加坡会谈的前一天表示，如果朝鲜着手履行完全、可验证、不可逆的无核化，美方愿意向其提供前所未有的安全保障。[⑥] 6月12日，金正恩和特朗普在新加坡会晤，实现了史上两国在任领导人的第一次握手。首脑会晤结束之后，金正恩与特朗普签署了联合声明。金正恩和特朗普还同意建立新型的朝美关系、长久稳定的半岛和平机制，以及寻找

① 俄罗斯联邦外交部:《俄罗斯外交部发言人玛利亚·扎哈洛娃新闻发布会》，2017年8月24日，http://cn.mid.ru/press_service/statements_spokesperson/briefings/391。

②「日本の地上型イージス導入は『悪影響』 ロシア報道官が日本をけん制」、2017年12月28日、http://www.sankei.com/world/news/171228/wor 1712280048-n1.html。

③《2017年8月21日外交部发言人华春莹主持例行记者会》，中国外交部，http://www.fmprc.gov.cn/web/fyrbt_673021/jzhsl_673025/t 1486239.shtml。

④《2017年12月19日外交部发言人华春莹主持例行记者会》，中国外交部，http://www.fmprc.gov.cn/web/wjdt_674879/fyrbt_674889/t 1520714.shtml。

⑤ [日]高橋杉雄「専守防衛下の敵地攻撃能力をめぐって—弾道ミサイル脅威への1つの対応—」、『防衛研究所紀要』第8巻第1号、2005年10月、120—121頁。

⑥《详讯：美国务卿称朝若完全弃核愿提供安全保障》，韩国联合通讯社，2018年6月11日，http://chinese.yon-hapnews.co.kr/international/2018/06/11/0306000000ACK20180611005600881.HTML。

之前战争中美国战俘和失踪人员的遗骸等。按照相关约定，7月15日，两国代表在板门店举行了将官级会谈，讨论了朝鲜归还美军士兵遗骸的问题。在美朝关系和缓的背景下，美韩针对朝鲜的军事演习等军事施压活动也相对趋缓。6月19日，韩美国防部公布，双方决定暂停原定于8月举行的代号为“乙支自由卫士”（UFG）的联合军演，双方还对其他联演未做决定，表示将就进一步的措施继续进行磋商。这是韩美自1990年以来时隔28年首次叫停“乙支自由卫士”军演。

二是朝韩关系解冻，安全互动积极。朝韩两国领导人频繁会晤，推动南北关系解冻。朝韩关系在过去的十几年起伏较大，两国曾于2000年和2007年实现过首脑会晤，并分别签署了共同宣言，但此后双方关系却波折不断。2016年，韩国关闭开城工业园之后双方接触彻底中断，两国关系可谓跌入谷底。2018年2月的平昌冬奥会后，两国关系终于解冻并逐渐回暖。6月1日，朝韩高级别会谈在“和平之家”举行，该会谈是时隔两年的首次双方高级别会谈，并通过了联合新闻公报。6月14日，朝韩在统一阁举行南北将军级军事会谈，双方就停止一切敌对行为、将西海北方界线一带建设成和平水域、对南北交流合作与往来及接触制定军事性保障对策、将板门店共同警备区实现非军事化等问题交换了意见。[①] 6月25日，朝韩还举行了大校级军事部门实务接触。7月1日，朝韩时隔十年重启朝鲜半岛西部海域海上热线，该热线于2008年5月后中断。7月25日，朝韩通过板门店联络官交换离散家属相逢的生死确认回复文。7月31日，朝韩间第九次将军级军事会谈在板门店举行，重点讨论试点解除板门店联合警备区武装的问题，旨在落实《板门店宣言》中的军事协议事项。[②] 9月18日至20日，文在寅访问朝鲜。9月19日，金正恩和文在寅签署《9月平壤共同宣言》，包含了消除军事威胁、促进经济与人道主义合作等内容，表明北南关系实现了全面改善与发展。10月15日，第五次朝韩高级别会谈在板门店南侧“和平之家”举行。10月26日，朝韩第十次将军级

① 韩国统一部：《南北韩将军级军事会谈的联合公报》，2018年6月15日，http://www.unikorea.go.kr/cn_unikorea/news/policy/?boardId=bbs_0000000000000041&mode=view&cntId=54402。

②《韩朝今开将军级会谈讨论非军事区维和》，韩国联合通讯社，2018年7月31日，http://chinese.yonhapnews.co.kr/newpgm/9908000000.html?cid=ACK20180731000300881。

军事会谈在板门店统一阁举行，双方就朝韩各11个哨所试点撤除工作具体日程进行了讨论并达成协议。

半岛形势缓和，特别是美朝关系的缓和，促使没有取得效果的日本“施压型”朝核政策也开始转型，安倍谋求与金正恩的直接对话，并再次提出实现日朝邦交正常化等问题，表达了改善双边关系的意向。2019年1月28日，安倍在第198届国会上做施政方针演说时强调：“为解决朝鲜核武器和导弹问题以及最为重要的绑架问题，我们要打破相互不信任的僵局，接下来我必须自己直接面对金正恩委员长，绝不放过任何机会，并采取果断行动，清算我国与朝鲜之间不幸的过去，实现邦交正常化。为此，我们要与以美国、韩国为首的国际社会保持紧密合作。”①

三、安倍政府“施压型”朝核政策的前景

安倍政府的朝核政策走向仍以“施压”为特色，但该政策具有内在缺陷，难有前景。第一，这是由日本在朝核问题中的地位及其自身的不足所决定的。朝核问题根本上是美朝之间的问题，因受制于现行宪法和自身能力，日本“对朝鲜的遏制态势也是由美韩所主导的，其所能发挥的作用有限”。②日本的地位和发挥的作用应该是辅助和保障性的，这也是美国一“退缩”日本就担心的原因所在。

第二，“美日韩核心”难以真正形成，“依附者”日本的“借力打力”想法难以实现。与韩国的深入合作是日本应对朝核问题战略布局的重要组成部分，但由于存在历史问题和领土问题，日韩安全合作是美日韩安全合作中“缺失的一环”。2017年11月，面对美军提议的三国联合军事演习，日本同意但韩国拒绝③就说明了这个问题。自2019年7月初日本宣布将限制对韩出口三种半导体材料以来，日韩关系持续恶化并导致韩国宣布不再与日本续签《军事

① 首相官邸「第百九十八回国会における安倍内閣総理大臣施政方針演説」、http://www.kantei.go.jp/jp/98_abe/statement2/20190128siseihousin.html。

② [日]戸崎洋史「北朝鮮核問題を巡る変動と日本の抑止態勢」、『安全保障政策のリアリティ・チェック—新安保法制・ガイドラインと朝鮮半島・中東情勢—』、2017年3月、http://www2.jiia.or.jp/pdf/research/H28_Korean_Peninsula/13-tosaki.pdf。

③「『軍事行動の選択肢』誇示　米、空母3隻の演習公開　対北朝鮮」、2017年11月14日、https://www.asahi.com/articles/DA3S13226262.html。

情报保护协定》。日韩关系的新旧矛盾无疑会使两国在应对朝核问题上的合作变得不那么顺利。

出于国内政治安保议题和对外扩大安全合作的需要，日本仍将不断炒作包括朝核问题在内的朝鲜问题。因为将朝核问题渲染得越严重，就越可以促使日本国民在安保议题上变得积极，有助于营造利于修宪的环境。根据日本共同社 2017 年 9 月 2 日和 3 日所做的舆论调查，日本民众针对朝核问题主张“强化压力”的意见占 56.2%，主张“重视对话”的意见占 42.7%。[①] 2017 年 9 月 4 日，自民党在党本部召开“朝鲜核导问题应对本部”会议时提出，“作为政治决断加以推进”保有对敌基地的攻击能力，[②] 而从结果来看，日本获得此“危险”能力后国民并没有像以前那样反应激烈。[③] 甚至还有研究认为，日本很有可能以朝核威胁为由，提出拥核诉求。[④] 朝鲜国际问题研究院亚洲研究所也发文指出，日本“极力渲染朝鲜‘威胁论’和‘朝鲜半岛危机论’的背后，隐藏着要为实现军事大国化”及为海外扩张制造“大义名分”的不良企图。[⑤] 在一定程度上，朝核问题显然也被日本政策性地运用为摆脱“专守防卫”以进行安全战略转型的“抓手”。

①「内閣支持率横ばい、44.5%　共同通信世論調査」、2017 年 9 月 3 日、https://www.nikkei.com/article/DGXLASFS03H99_T00C17A9000000/。

②「朝鮮半島有事への備え、注文相次ぐ　自民対策本部」、2017 年 9 月 4 日、https://www.nikkei.com/article/DGXLASFS04H7U_U7A900C1PP8000/。

③ 日本国民对日本军事调整进程有一定的制约力。参见 Sutter R G., *Chinese Foreign Rela-tions: Power and Policy since the Cold War*（Lanham, MD: Rowman & Littlefield Publishers, 2012）, p.182。

④ 吴敏文：《安倍修宪的军事图谋》，《中国青年报》2017 年 11 月 2 日。

⑤《日本反动派对美国的军事挑衅活动推波助澜》，《劳动新闻》2017 年 5 月 18 日。

第九章 “四边安全对话”及日本与印澳的安全合作

对日本而言，国际安全合作已成为日美同盟之外的重要安全选项。尽管是安全同盟关系，但日美两国并不是没有分歧。为更好地实现自身的战略目标，弥补日美同盟的不足，日本积极开展国际安全合作。在“印太战略”的背景下，日本对外重要的国际安全合作就是“四边安全对话”以及包括日本在内的三边和双边安全合作。当前，日印澳三边及双边安全合作的背景比较复杂，除了对中国的所谓共同“担忧”，还包括通过构建战略性框架来促进美国的进一步参与。在美国退出拟议的《跨太平洋伙伴关系协定》之后，有观点就提出，日印澳由此有理由构建一个框架以吸引美国对该地区的安全关注，并发展彼此独立于美国的外交结构，如日印澳三边对话等。[①] 日本也有通过构建包括美国在内的“四边安全对话”来强化与日印澳的安全合作，并促进美国在日本关心的国际安全领域采取更为积极的姿态以更好地发挥作用的战略考量。

第一节 “四边安全对话”与三边安全合作

2020年，日本《呼声》月刊刊登的京都大学名誉教授中西辉政的《不要被“轻浮”的国际社会所吞没》一文声言，虽然眼下日本仍应坚持以日美同盟为基轴的政策，但为了维护和平，日本未来的安全战略应考虑日美同盟外的其

---

① J.Berkshire Miller, “How Abe and Modi Can Save the Indo-Pacific,” *Foreign Affairs*, November 16, 2017.

他可能选项，在安全道路的选择上不能完全“唯美是从”。《日本经济新闻》记者秋田浩之也曾提出日本防卫战略的五种可能性，即以日美同盟为核心、构建美国主导的地区安全体制、构建不依赖于美国的多边安全体制、自主防卫、接受中国处于优势地位的秩序。“四边安全对话”和其内部的安全合作是日本多边国际安全合作机制的重要内容，是当前日本国际安全战略的主要特征。

一、“四边安全对话”

“四边安全对话”又称“钻石安保联盟”，是日美印澳间的战略协商框架，侧重从战略层面关注海洋的“自由”“开放”和“基于规则的国际秩序”。背景是为应对中国的发展与壮大，安倍试图联合相关国家建立一个不受中国经济、地理和战略支配的地区秩序。[①]“四边安全对话”源于2004年印度洋海啸下日美印澳间的安全合作。2004年12月，印度尼西亚苏门答腊岛西海岸附近发生地震并引发海啸，给印度尼西亚、斯里兰卡、印度、泰国、缅甸等国造成了严重破坏。事后，美军发起“联合援助行动”，并将“林肯”号航空母舰部署到印度尼西亚海啸受灾最严重的地区。同年12月，美国总统乔治·布什宣布，日美印澳将成立一个联盟，合作开展大规模的救灾和重建工作，这促成了“四边安全合作”的诞生。时任日本防卫厅长官的大野功统根据《国际紧急援助队派遣法》，向日本部分陆、海、空自卫队发出派遣命令，要求他们前往海啸灾区执行救灾任务。2005年1月，日本防卫厅抽调900多名自卫队官兵组成国际紧急援助队。其中，陆上自卫队有200多人，主要由负责医疗、防疫的医务人员和直升机运输部队组成，在印度尼西亚苏门答腊地区从事医疗和卫生防疫工作；海上自卫队有600多人，主要由负责运输救灾物资的护卫舰和补给舰组成；航空自卫队有100多人，主要由C-130运输机的机组人员和地勤人员组成，以马来西亚为中转基地运送救灾物资和救灾人员。印澳两国也都派出部队加入了人道主义援助和救灾工作。在这个过程中，日美印澳四国形成了“海啸核心集团”，救援行动和四国协调推动了彼此在海洋领域的进一步合作。而在安倍第一次执政时期，在日本的推动下，日美印澳四国最终形成了

① Emma Chanlett-Avery,“Japan,the Indo-Pacific,and the‘Quad’,” February 14, 2018, https://www.thechicagocouncil.org/publication/japan-indo-pacific-and-quad.

更具政治性和针对中国的框架。2007年,四国举行第一次正式的“四边安全对话”,但日本的主张没有得到持久的支持。2008年,澳大利亚为维持与中国的关系而退出了该对话机制,“四边安全对话”一度中断。尽管陆克文之后的澳大利亚政府也曾试图与印度构建战略互信,并修复双边安全合作关系,但经常遭到拒绝。

为推进“印太战略”,日本强调与共享民主主义、市场经济等价值观的美印澳等国之间的合作。一些新的变化推动四国继续加强合作。美国奥巴马政府主张针对中国实施“亚太再平衡”战略,后继的特朗普政府把中国列为战略竞争对手。印度认为“海上丝绸之路”的目的在于扩大中国的战略影响力,这将压缩印度的战略空间。关注印度洋并与中国激化领土争端的印度在莫迪政府的领导下更加致力于与美国加强安全伙伴关系。同时,为抵消中国的地区影响力,澳大利亚对“包围中国”也变得更为活跃,如拒绝“海上丝绸之路”基础设施项目与澳北部基础设施建设的对接,还在南海问题上指责中国。

从2017年11月开始,日美印澳四国外交部门局长级磋商定期举行,“四边安全对话”(又被称为“四边安全对话2.0”)正式重启。2019年9月下旬,在联合国大会召开之际,日美印澳又举行了首次外长会谈。美国国务院负责中亚和南亚事务的代理助理国务卿维尔斯表示,“四边”部长级会议表明该安全对话机制得到“重大提升”。日本还考虑促进四国在安全保障、第三国基础设施开发等领域加强合作,并计划举办四国首脑会谈等。2019年11月,美日澳推出有关基础设施互联互通的“蓝点网络”(Blue Dot Network)计划,提出将根据普遍接受的原则和标准,对提名的基础设施项目进行评估和认证,以促进“印太”地区和世界各地市场驱动的、透明的、财政可持续的基础设施发展。2019年11月大阪峰会之后,四国又同意根据“G20高质量基础设施投资原则”等国际标准,加强在“高质量基础设施”投资方面的合作。2020年10月,在疫情背景下,四国在东京召开了第二次外长线下会谈,并确定今后将其定例化。10月29日,日本提出将四国外长会谈“升级”为四国首脑峰会,并探讨将英法拉入这一“指导性联盟”。2020年,日美印澳间又签署了多项双边军事互助协议,构建共享军事基地和后勤互相支持的防务体系,并促成澳大利亚时隔13年后重返四国联合军演。

“四边安全对话”的重启和强化，既与外部形势的发展特别是与“印太”地区的重要性提升相关，也与四国在亚洲政策调整背景下对多边安全合作的逐步深化有关。在三边层面，日美澳从2005年起就开始了三边对话；日美印三边对话于2011年启动并在2015年9月正式升格为外长级；2015年6月，日印澳启动了副外长级三边对话。通过双边和三边培育出的“合作的习惯”为“四边安全对话”的重启提供了便利。“四边安全对话”的基本目标与合作内容主要包括：以“印太”为合作的地理范围；从安全与经济领域双管齐下，强调保障“印太海域”的航行与飞越自由，试图加强在“印太”地区的基础设施建设合作；最终目标是建立一个基于规则的、自由与开放的地区秩序。①

日本在重启“四边安全对话”上扮演着主要角色。2017年10月25日，时任日本外相的河野太郎在接受《日本经济新闻》记者采访时，公开提议恢复“四边安全对话”机制。根据日本外务省的介绍，2017年“四边安全对话”会议重启之时，重点讨论的是“在‘印太’地区建立以法治为基础的自由与开放秩序的措施”，议题包括“印太”地区的航行自由与海洋安全问题等。第二次“四边安全对话”会议对地区愿景的表述从“以法治为基础的自由与开放的地区秩序”变成“自由、开放、包容的‘印太’秩序”，讨论的议题也从主要关注区域的安全问题扩展至“发展与互联互通、良善治理、区域安全、海洋合作”，以及如何处理与东盟的关系等，首次表态“支持东盟在‘印太’地区的中心地位”。第三次“四边安全对话”会议则在以往讨论的基础上重点强调三点：一是良治对加强以规则为基础的秩序的重要性；二是首次提出要“促进基于开放、透明、经济效率和债务可持续性等国际标准的高质量基础设施的发展”；三是进一步讨论了与其他地区机制的关系，除了继续表态“支持东盟中心地位和东盟引领的区域机制”，还表示要“支持环印度洋联盟、太平洋岛国论坛等其他区域机构”，强调将与感兴趣的国家和机构进行协调与合作。② 在2020年10月的第二次四国外长会议上，四方确认“将继续就保健、卫生领域和数字经济等新国际规则制定课题进行合作”，确认“对东盟的一体性、中心性和东盟主导

① 张洁：《日美印澳“四边对话”与亚太地区秩序的重构》，《国际问题研究》2018年第5期。

② 陈庆鸿：《日美印澳四边安全对话进展及前景》，《现代国际关系》2020年第6期。

的地区框架的强烈支持”，欢迎“欧洲各国对‘印太’的积极态度”，强调将在“高质量基础设施、海洋安全、反恐对策、网络安全、人道支援、灾害救援、教育和人才培养等各个领域进一步进行实践性合作”。[①]

日本加入“马拉巴尔”军演是四国联合加强安全合作的重要表现。“马拉巴尔”军演始于1992年，原本是美国和印度进行的双边演习。2007年，日本海上自卫队派遣人员赴孟加拉湾参加“马拉巴尔”演习。2014年，日本作为受邀观察国参加了军演。自2015年起，日本海上自卫队作为永久国每年都参加美印“马拉巴尔”海上联合军演。2017年“马拉巴尔”军演时期，日美印三国都出动了航母级别的舰艇，这是“马拉巴尔”联合军演史上规模最大的一次。2020年，印度邀请澳大利亚参加“马拉巴尔”军演，这是“四边安全对话”所有成员国首次在军事层面上进行接触。需要提及的是，“马拉巴尔”演习被视为“印太”地区整体性防务参与平台，有可能促进志同道合的军队在海洋领域的互操作性。

新冠疫情期间，“四边安全对话”升级为“四边+”模式，增加了三个“印太”国家——新西兰、韩国和越南。[②] 推动“四边安全对话”扩容的主要动因是疫情时期对共同安全利益的追求。近年来，日美印澳四国与韩国的互动有所增多。2019年5月，美日韩澳四国首次在西太平洋海域举行代号为“太平洋先锋”的海上联合军事演习。11月，韩国参与“印太战略”的首份协议，强调通过扩大能源合作促进地区繁荣，通过共同融资促进地区基础设施互联、强化数字经济等方面的合作。“四边安全对话”对越南也很关注，有使“四边安全对话”变成“五边安全对话”的趋向。2020年3月，美国副国务卿斯蒂芬·比根发起“四边+”视频会议，讨论的合作领域包括疫苗研发、海外滞留公民问题、支援有需要的国家，以及减轻疫情对全球经济的影响等。

日本通过“四边安全对话”把在“印太”地区拥有强大海军能力的其他志同道合的共享价值观国家聚集在一起，既有助于弥补日本在军事上对广泛战

---

① 外務省「第2回日米豪印外相会合」、2020年10月6日、https://www.mofa.go.jp/mofaj/press/release/press6_000682.html。

② Jagannath Panda, “India and the‘Quad Plus’Dialogue,”June 12, 2020, https://rusi.org/commentary/india-strategic-quad.

略利益有限的能力，维护“印太”对己有利的战略平衡，还可“迫使”中国将海军资源扩展到更为广阔的地理区域，远离东海，并可使日本自身的两洋战略更加复杂。[①] 虽然四国在威胁认知、军事能力、战略优先权、承担潜在报复代价的能力、战略文化和宪法规定等方面存在较大差异，例如在2017年11月第一次“四边安全对话”会议上，各国的重点就有所不同，印度的声明中没有提及航行和飞越自由、尊重国际法或海事安全等，反映了安全对话的各方对威胁感知等的认识各不相同，[②] 但这并不妨碍四国在相关国际标准制定、外交信息共享、实际经济措施互通互惠和军事合作方面开展更深入的合作。

“四边安全对话”的发展大概有如下趋向：一是各方充分利用各自的地理优势，加强彼此的海上能力；二是增强联合能力，提高互操作性，增强情报、监视和侦察能力；三是提升海洋领域意识和加强后勤，包括获得军事监视技术、在“印太”地区联合使用军事基础设施和信息共享等，提高综合海洋领域意识，[③] 推动相关“白色”（商业）航运协议朝“灰色”（军事）航运协议扩展；四是获取和共同开发国防技术；五是共同加强基础设施和维护“基于规则的国际秩序”等。

二、主要的三边安全合作

日本主要的多边安全合作以三边安全合作为主。在“四边安全对话”下，四国相互间的三边安全合作更为紧密，目前只有美印澳的组合相对薄弱。[④] 2017年，安倍表示无意遵守把国防开支限制为GDP 1%的政策，[⑤] 也为日本进一步密切对外三边安全合作提供了条件。

---

① “Assessing the QUAD:Prospects and Limitations of Quadrilateral Cooperation for Advancing Australia's Interests,” May 19,2020, https://www.lowyinstitute.org/publications/assessing-quad-prospects-and-limitations-quadrilateral-cooperation-advancing-australia.

② “The Quadrilateral Security Dialogue and the Maritime Silk Road Initiative,” April 2,2018, https://www.csis.org/analysis/quadrilateral-security-dialogue-and-maritime-silk-road-initiative.

③ Ankit Panda,“What the Recently Concluded US-India COMCASA Means,” *The Diplomat*,9 September 2018, https://thediplomat.com/2018/09/what-the-recently-concluded-us-india-comcasa-means/.

④ David Brewster,“Australia,India and the United States:The Challenge of Forging New Alignments in the Indo-Pacific,” https://www.ussc.edu.au/analysis/australia-india-and-the-united-states-the-challenge-of-forging-new-alignments-in-the-indo-pacific.

⑤ “Japan PM Abe Says No Defence Budget Ceiling as 1 Per Cent to GDP,” Reuters, 2 March 2017, https://www.reuters.com/article/us-japan-defence-budget/japan-pm-abe-says-no-defense-budget-ceiling-as-1-percent-to-gdp-idUSKBN1690EZ.

日美印三边安全关系方面：2007年4月，日美印三国在日本海域举行首次联合军演。2007年9月，日美印等国在印度洋举行“马拉巴尔”海上联合军演。2009年，日美印三国海军再度合作，在冲绳附近海域展开军演。2011年4月，日本外务省事务次官佐佐江贤一郎与印度副外长拉奥在会谈中，就搭建日美印对话框架达成协议。2011年12月，日美印在华盛顿举行首次局长级会晤，各方代表分别是日本外务省综合外交政策局局长鹤岗公二，美国国务院中亚与南亚事务助理国务卿布莱克、东亚与太平洋事务助理国务卿坎贝尔，以及印度外交部东亚司司长班浩然。2012年4月和10月，日美印又进行了第二次和第三次三边对话。两次对话的内容逐渐从地区形势、人道救援、打击海盗、海上安全等问题集中到防范中国的话题上。美国“国家利益”网站发表题为《日美印三边合作的时代到来》的文章，认为从许多方面来看，这三个国家是天然的伙伴。三国均为人口大国，其中日本排名第十，美国排名第三，印度排名第二；三国均为经济大国，其中日本排名第三，美国排名第一，印度排名第十。该文章认为地区战略构架显示出三国共同的地理联系，三国政府都渴望找到新伙伴或者具备新能力的老伙伴来提升形象、拓展势力，并且每个国家都视另外两国为自己所重视的资产和重要的经济及战略伙伴。[①] 2015年9月，日美印三国外长在纽约举行首次会谈。2017年秋季，三方在联合国大会期间又举行了第二次外长会议。2018年日美印领导人在阿根廷G20峰会期间举行了首次三边首脑峰会。同时，自2006年起由美国战略与国际问题研究中心、日本国际问题研究所和印度工业联合会联手启动的三国非官方战略对话机制运转良好。日美印三国在太空技术民用化方面也表现出合作的倾向，合作内容包括共同制定规则确保外太空处于和平状态而不被用于攻击或破坏目的。

日美澳三边安全关系方面：2006年3月，日本外相麻生太郎、美国国务卿赖斯、澳大利亚外长唐纳在悉尼首次举行“三边安全对话”。赖斯表示，中国的军事与经济问题是日美澳三边会谈的焦点。唐纳则称日美澳三国是“自然”与长期的战略盟友，但这种盟友关系并不是建立在“遏制”中国或敌对中

①《美媒：美日印三边合作迅速发展　结盟抗中不靠谱》，参考消息网，2014年10月24日，http://mil.cankaoxiaoxi.com/2014/1024/539951.shtml。

国的政策之上。[①] 2013年10月，在印度尼西亚巴厘岛出席亚太经合组织部长级会议的日本外相岸田文雄与美国国务卿克里、澳大利亚外长毕晓普举行第五次日美澳三边战略对话部长级会议，就引发中日两国对立的钓鱼岛问题和海洋安全保障问题交换了意见，会议声明表示“反对任何有可能改变东海现状的强制性、单方面行动”，并就中国与东盟部分成员国存在主权之争的南海问题强调应保证“航行自由”，遵守国际规范。同时，三国外长还达成共识，将为应对网络攻击和太空开发等新课题进行战略对话。2014年7月，安倍访问澳大利亚期间在澳联邦议会发表演讲时表示，“日本正努力更新安保法律基础，以便和各国共同开展更多的行动”，呼吁加强包括美国在内的三边关系。自2017年起，日美澳三国在东盟地区论坛期间举行外长级安全对话。自2018年起，日美澳就“印太”基础设施计划开始进行会谈，强调良好的投资源于透明度、公开竞争、可持续性、坚持强有力的全球标准、雇用当地劳动力以及避免不可持续的债务负担，并表示三国将在对能源、交通、旅游和技术等基础设施进行投资时坚持这些原则。

2018年8月，日美澳《三方战略对话联合部长声明》强调，致力于共同努力维护和促进“印太”地区的自由、开放、繁荣和包容；承诺通过与该区域各国的伙伴关系维护以规则为基础的秩序，包括确保根据国际法和平解决争端，不以武力相威胁或使用武力，各国能够抵御胁迫，维护航行、飞越和其他国际上合法使用海洋的自由，保持市场开放等；同意进一步加强三边合作，以促进包括太平洋岛国在内的整个区域内各国的安全、稳定及经济和治理的发展。声明还对南海问题表达了关切，反对可能单方面改变现状和加剧紧张局势的胁迫性行为；强调必须按照国际标准，以开放、透明、非排他性和负责任的方式，通过发展可持续性基础设施来加强互联互通；强调促进网络空间的国际稳定框架；讨论如何共同打击恐怖主义和暴力极端主义，包括通过三边反恐磋商等。[②]

① 《外电：美日澳“三边安全对话”中国崛起成首要议题》，中国经济网，2006年3月16日，http://intl.ce.cn/hqmt/yw/200603/16/t20060316_6425591.shtml。

② “Australia-Japan-United States Trilateral Strategic Dialogue Joint Ministerial Statement,”August 5, 2018, https://www.state.gov/australia-japan-united-states-trilateral-strategic-dialogue-joint-ministerial-statement/.

在日美澳联合军演方面：2014年，日美澳空军在关岛安德森空军基地举行三边联合军演。2015年7月，日美澳及新西兰在澳北领地和昆士兰州开启为期两周的大规模联合军演，参演总兵力超过3万人，其中日本陆上自卫队和新西兰军队首次参加，演练科目包括夺岛和突袭被“敌国”占领的海岛。2019年11月，日本海上自卫队和美国海军在日本周边海域开展年度海上联合演习，参演的还有澳大利亚海军。2020年2月，日美澳在美国关岛安德森空军基地举行“对抗北方-2020”空中联合作战演习，以提高战备能力和互操作性。2020年7月，日本海上自卫队在西太平洋和南海参加新冠疫情暴发以来的首次日美澳三方联合训练，演习舰艇包括日本海上自卫队“照月”号护卫舰、美国海军“罗纳德·里根”号航母、澳大利亚海军“堪培拉”号两栖攻击舰，参训舰艇从南海出发，经菲律宾以东洋面驶向关岛周边海域，以敌方潜艇、水面舰艇和飞机为假定目标展开战术训练。

在日印澳三边安全关系方面：2015年6月，日印澳在新德里首次举行副部长级高层对话。2016年2月，三国又在日本举行了第二次副外长级磋商，日本外务事务次官斋木昭隆在磋商结束后表示，日印澳就中国在南海、东海和印度洋的动向交换了意见，表示“国际社会需要团结一致，迅速制定确保航行自由的规则”。[①] 日印澳安全合作得以加强一方面是由于日本与印澳都签署了《军事情报保护协定》，机密情报经由对象国泄露的风险变低，情报共享难度变小；另一方面也是由于印澳间的安全合作正在逐渐增强。2020年7月，印度与澳大利亚签署了一项新协议，允许两国使用对方的军事基地，为深化安全关系打下了一定的基础。2020年9月1日，日印澳三国又以视频会议形式召开经济部长会议，就年内汇总强化“印太”地区供应链（零部件的采购及供应网）的合作措施达成了一致。合作措施力争提高产业竞争力并实现良性循环，具体包括致力于使用数字技术让贸易手续变得顺畅，通过改善商务环境促进投资，支援面向生产基地多元化的设备投资等。2019年，作为“印太战略”的一环，日本政府开始研究向印度海军情报综合中心提供船舶信息

①《日印澳副外长声称“严重关切”南海　日本最积极》，环球网，2016年2月27日，https://m.huanqiu.com/article/9CaKrnJU9ub。

和派遣海上自卫队官员，美国和澳大利亚等国也考虑提供合作。这些举措是为了便于防止大规模杀伤性武器的扩散和实施海上反恐对策，同时监视中国海军往来于东非吉布提基地间的水上舰艇及潜艇动向。

当前，日本对外的三边安全合作密切化与美国战略的调整有关。美国2017年12月发布的《国家安全战略》以及2018年1月发布的《国防战略报告》强调，通过加强与盟友和伙伴国间的密切合作来维持在“印太”地区的影响力。[①] 2019年6月，在《未雨绸缪、伙伴关系深化及网络化区域建设》的“印太战略”报告中，美国再次提出通过加大与盟友和伙伴国的合作，加快盟军与美军的能力集成及深化互操作性等来应对竞争对手在“印太”的军事优势。[②] 对美国战略需求的迎合促使日印澳不断强化三边安全合作。但是日印澳的三边安全合作也存在着障碍性因素。仅就地理方面来说，日印澳在东亚以外海域形成了一个巨大的月牙形，这属于区域外围位置，再加上三国间联络线较长，中间存在着可能有争议的地区，这些都会使它们在争端期间展开合作存在困难。

此外，在多边安全合作上，日本的另外一个动向也值得关注，那就是正在积极谋求加入由美国、英国、澳大利亚、新西兰及加拿大所组成的情报共享网络“五眼联盟”。通过在安全和经济等关键领域与“五眼联盟”以加入框架而非第三方参与的方式展开合作，日本既可以更好地实现对自己推出的“印太战略”的主导，还可以完善其正在实施的“中国+1”的供应链多元化战略，更可以利用更多的“工具”来阻止中国构建独立于美元经济之外的“中国秩序”及其给日本利益带来的冲击。尽管日本最终能在多大程度上被英语圈的“五眼联盟”接纳还是个疑问，但为了在新冠疫情后形成对自身有利的国际环境并规制中国，日本会在充分利用日美同盟的同时，采取比以往更积极的国际安全举措，努力实现日本的“大国梦”。

---

① “National Security Strategy of the United States of America,” https://www.whitehouse.gov/wp-content/uploads/2017/12/NSS-Final-12-18-2017-0905.pdf; Summary of the 2018 National Defense Strategy, https://dod.defense.gov/Portals/1/Documents/pubs/2018-National-Defense-Strategy-Summary.pdf.

② “Indo-Pacific Strategy Report: Preparedness, Partnerships, and Promoting a Networked Region,”June 1, 2019, https://media.defense.gov/2019/Jul/01/2002152311/-1/-1/1/department-of-defense-indo-pacific-strategy-report-2019.pdf.

第二节 日印安全合作及其前景

1952年4月28日，日本和印度签署了和平条约，印度放弃了日本的战争赔偿，两国正式建交。日印间的和平条约属于战后日本签署的第一批和平条约。但直到冷战结束后，日印关系才逐渐升级。2000年8月，日本首相森喜朗和印度总理瓦杰帕伊启动“21世纪全球伙伴关系”。2006年，印度总理辛格访问日本，就每年进行例行首脑互访达成一致。2007年日印签署《日印战略性全球伙伴关系新维度“路线图”的联合声明》，正式确立“日印战略与全球伙伴关系”。2008年10月，日印正式缔结《安全联合宣言》，加强军事交流。自2012年底安倍再次执政以来，日印关系更是不断提升。2014年9月，印度总理莫迪访问日本，日印领导人宣布将两国关系升至“特殊性全球战略伙伴关系”。此后，两国于2015年发布《日印愿景2025——特殊的全球战略伙伴关系联合声明》，于2017年发布《面向自由、开放和繁荣的印太联合声明》，于2018年发布《日印愿景声明》等多项文件和声明，不断深化双边关系。日印关系特别是安全关系的发展对地区有重要的安全影响。

一、日印接近的动因

作为经济和安全保障两个方面的伙伴，印度一直受到日本的重视。印度人口位居世界第二，预计在2030年前将增至14.5亿人，超过中国而跃居世界第一，有着庞大的市场和巨大的发展潜力。自20世纪50年代，日本就大举进入印度市场并成为印度海外投资的主要来源。自莫迪于2014年上台以来，印度的年经济增长率保持在6%至8%之间。印度位于连接中东与亚洲的海上通道的中央位置，对日本具有特殊的安全意义。特别是在“印太战略”下，位于印度洋的印度对于日本的重要性更为凸显。而对印度来说，日本则拥有印度缺乏的技术和资金。

从地缘政治考量上看，日印两国在亚洲与印度洋地区的安全方面具有不少共同利益，为相互间开展战略协调和合作提供了基础条件。日印双方有共同防范中国、制约中国发展的心态和现实需求。日本认为印度是中国日益强大的背景下维持日美主导的区域安全秩序的重要支持者和组成部分。日印两国都把加强海洋活动的中国看作“威胁”，对“一带一路”在印度洋国家港口建设的项目充满警惕，认为这些港口未来会成为中国的军事据点。日本迫切地希望与印度加强海上安全合作关系，以强化日本在印度洋地区的军事存在与战略影响力，进而确保海上战略通道的安全。在日本“印太战略”和印度“东向政策”的指导下，日印安全合作进一步密切。

日印都是亚洲地区的大国，宣称拥有共同的价值观与原则，在佛教上也具有共同的文化和宗教联系，这些都使得两国关系得以持续发展。印度外交部就表示，印度和日本之间的友谊有着悠久的历史，它根植于精神上的亲和力及强大的文化和文明纽带。安倍在其于2006年出版的《致美丽的国家》一书中，大力强调两国的共同价值观，称增强日印关系对日本的利益极其重要，日印有责任携手应对从印度洋到太平洋的事务。

日印都有大国情结，谋求扩大在国际事务中的发言权。日本是世界第三大经济体，一直在试图扩大自身的影响力。印度是世界第五大经济体，不断加强军事力量建设，在确保是本地区“有声有色的大国”之外，还追求成为世界性强国。日印都把成为联合国安理会常任理事国作为自己的外交目标，双方有相互配合、密切合作的动力。安倍将印度视为“准盟国”，莫迪也表示日本和印度将成为亚洲的“领头羊”。而从历史上看，两国之间缺乏历史包袱，在领土等问题上也不存在争议。在日本开始经济复苏并成为其他国家的援助国之际，日本及时感谢了印度在第二次世界大战后艰难岁月中的友谊，并使印度成为日本海外发展援助的第一个受援国。[①] 日印领导人的私人关系也不错。安倍的外公岸信介于1957年就访问过印度，是战后日本首位访印的首相。2007年，时任印度古吉拉特邦首席部长的莫迪在访日之际就会见过安倍。

二、日印安全合作的深化

安全合作是日印关系中的重要内容。2003年1月，时任日本外相川口顺子在新德里表示：“强化日印安全和防务合作对两国关系至关重要。”[②]自2005年开始，日印两国首脑就几乎每年都进行互访。2008年，日印首脑发表了将重点放在安全保障方面的联合宣言，两国开始全面进行防卫方面的合作与交

① Ananth Krishnan,“Coming Full Circle:Shinzo Abe in India,” *The Hindu*, May 13, 2016.

② K.V. Kesavan,“Indo-Japanese Partnership:The Security Factor,” *ORF Issue Brief*, May 2009, p.3, http://www.observerindia.com/cms/export/orfonline/modules/issuebrief/attachments/ORF_Indo-Japan_1243494779320.pdf.

流。日印之间具有机制化的安全合作安排：1997年，日印决定建立国防部长级安全对话机制；1998年6月，日印正式启动全面安全对话。2001年7月，日印举行首次防务会谈。日印双方建立的高层会晤机制主要有元首互访机制、外长级战略对话机制、国家安全顾问定期战略对话机制以及副外长级战略对话机制等。[①] 在安全防务领域，日印有部长级、副部长级、最高武官级、陆海空参谋长级等各种级别的对话交流机制。日印间有安全方面高级别的外长防长“2+2”对话机制。2017年7月，日印在印度新德里举行了首次外交和防务部门副部长级“2+2”定期对话。2018年10月，日印首脑会谈确定升级两国间“2+2”磋商框架，从以前的副部长级提升至部长级。对日本来说，印度是第七个与日本举行“2+2”磋商的国家；对印度来说，日本是第二个与其建立“2+2”磋商机制的国家。日本2019年版《防卫白皮书》显示，在与除美国之外的各国进行安保合作的深入程度上，印度取代了韩国，仅次于澳大利亚，居第二位。日印安全合作领域广泛，涉及反恐、打击海盗、防止核扩散、人道主义援助、武器采购，以及网络信息、太空空间、深海安全、人工智能等新兴领域，合作议题则涵盖地区和全球议题，特别是海洋安全秩序问题。[②]

在海洋安全合作方面：2004年，日印开始海洋安全保障对话，在海洋安全情报共享、防止大规模杀伤性武器扩散、港口建设、造船、海运和海洋调查等领域达成加强合作的共识。2018年，日印外长战略对话就共同推进海洋安保合作达成一致。2019年10月，日本海上自卫队与印度海军签署了合作协定。作为合作的一项内容，日本政府要把卫星和海上自卫队护卫舰收集到的图像及船舶数据提供给印度海军情报综合中心。2013年，日印召开首次海洋对话，并提及了钓鱼岛问题。2019年12月，日印召开了第五次海洋对话。

日印加强在“印太”上的安全合作，以加强在“印太”地区的安全影响力。2015年12月，莫迪与到访的安倍联合发表《日印2025年愿景宣言》，重申致力于在地区以及更广的范围内实现和维护和平、开放、平等和以规则为基础的

---

① 外務省「日印間の『安全保障協力に関する共同宣言』に基づく安全保障協力を促進するための『行動計画』(骨子)」、2009年12月29日、https://www.mofa.go.jp/mofaj/area/india/visit/actionplan_09.htm。

② 吕耀东：《日本对外战略：国家利益视域下的战略机制和政策取向》，《日本学刊》2018年第5期；吴怀中：《日本谋求“战略自主”：举措、动因与制约》，《国际问题研究》2018年第6期。

秩序，倡导无害航行和飞越自由等原则。2017年，日印外长战略对话会议还敲定将共建两国官民交流合作框架以推动“印太”的发展。2018年，日印首脑在会谈中强调，要在斯里兰卡和缅甸等国的基础设施投资方面进行合作。目前，印度有可能邀请日本参与安达曼群岛（印度洋最东面靠近马六甲海峡的岛屿）港口基础设施建设。2019年11月30日，日印再次确认为实现“自由开放的印太”构想加强合作，表明了重视公海“航行自由”和“飞越自由”的姿态。2020年10月，日印外长战略对话声明，就合作实现“自由开放的印太”广泛地交换了意见，确认日本与印度就实现正在推进的“印太海洋倡议”（IPOI）继续加强合作。[①]

日印防卫部门间的军事交流特别是联合军事演习十分活跃。日印多次共同参加多边联合军事演习。如2007年，日本自卫队就参加了在孟加拉湾举行的代号为“马拉巴尔”的大规模海上联合军演，参加该军演的其他国家包括美国、新加坡、澳大利亚和印度。

在日印双边军事互动与交流方面：2010年9月，日印举行首次陆军高层对话；2012年6月，日印举行首次双边联合海上军事演习；2016年2月，日印举行首次空军高层对话；2014年，日印决定加快印度购买日本军用飞机的谈判以及定期举行海上军事演习；2017年4月，日本陆上自卫队幕僚长访问印度，两国就陆军在反恐领域实施联合演习达成协议；[②] 2018年12月，印度空军参谋长访问日本，两国首次举行空军联合演习；[③] 2020年6月27日，日印舰队在印度洋进行联合演练；2019年11月，日本陆上自卫队与印度陆军在印度东北部米佐拉姆邦举行了首次联合演习。

在防卫设备合作方面：在日本内阁决议通过“防卫设备转移三原则”的背景下，2014年，日印双方商定启动防卫装备领域合作的事务性磋商。2015年12月，日印两国政府就缔结关于防卫装备和技术转移的协定达成基本协议。

---

① 外務省「第13回日印外相間戦略対話」、2020年10月7日、https://www.mofa.go.jp/mofaj/press/release/press4_008826.html。

② 防衛省「陸上幕僚長のインド公式訪問について」、2017年4月28日、https://www.mod.go.jp/gsdf/about/2017/20170428.html。

③ 防衛省「インド空軍参謀長の訪日について」、2018年12月7日、https://www.mod.go.jp/asdf/news/houdou/H30/301207.pdf。

根据该协议，日本可以向印度出口自卫队救援用水上飞机“US-2”。[1] 印度积极考虑引进US-2，以提高海洋警戒监视能力。同时，日印也签订了《军事情报保护协定》。[2]

2020年9月，日印签署了关于实现自卫队与印度军队物资、劳务互助的《物资劳务相互提供协定》，实现了自卫队与印度军队之间可以相互提供燃料、弹药等物资和运输等服务。该协定允许两国军队使用对方的军事基地和设施进行维修和物资补给，如日本可以进入印度关键的海军基地，包括安达曼群岛和尼科巴群岛上的基地，这些军事基地靠近国际重要海上通道马六甲海峡；而印度海军则可以进入日本在吉布提的基地。印度成为与日本签署该协定的第六个国家。此前日本已与美国、英国、法国、加拿大、澳大利亚签署了相同的协定。同时，日印签署该协定也意味着“四边安全对话”国家间的军事后勤将全部向彼此放开。

在反恐合作和打击海盗方面：2008年11月，日本首相麻生太郎与印度总理辛格举行电话会谈，双方同意加强在反恐领域的合作，辛格表示印度将尽力确保日本企业和日本人在印度的安全。2016年，孟加拉国餐厅发生恐怖袭击事件。在这场事件中，有包括参与日本政府对孟加拉国开发援助项目的7名日本人和1名印度人在内的20名人质遇难。对此，日印首脑会谈表示要为根绝恐怖主义开展合作，并确认将在南亚围绕极端组织等的动向进行紧密的信息共享。2018年11月，日印举行首次反恐联合演习“达摩卫士-2018”，这也是日印首次举行的陆上联合军事演习。演习中，双方的联合反恐特遣队锻炼了反叛乱的各种技战术能力，包括互换使用对方的武器和设备、实地行动训练和爆炸物处理。对此次演习，日本方面比较重视，陆上自卫队特别派出了东部方面队总监高田克树中将，但印度方面派出的只是一名上校营长，显示出两国在态度上的一些温差。同时，日本也希望凭借与印度的国际合作打击海盗，向实现军事正常化迈进。1999年10月，一艘日本货船在从印度尼西亚港

① US-2不仅可以在浪高达3米的恶劣天气下起降水面，还具有可以持续航行4500千米以上的世界最高性能。

② 外務省「日印秘密軍事情報保護協定」、2015年12月12日、https://www.mofa.go.jp/mofaj/files/000117472.pdf。

口返航的途中遭海盗劫持。11月，印度抓获海盗嫌疑人。以此为契机，日印随后商定自2000年起举行反海盗联合演习。

在网络安全领域方面：2017年8月，日印举行第二次网络对话，讨论了两国的网络政策情况、网络威胁与缓解形势、双边合作机制以及在各种国际和地区论坛中的合作问题，双方共同认为现有的国际法适用于网络空间。参加对话的日方人员来自国家网络安全策略与事件预备中心、内阁情报与研究办公室、国家警察局和计算机应急响应小组协调中心；印方代表来自外交部、电子与信息技术部、国家安全委员会秘书处、中央调查局、国家调查局、电信部及国家关键信息基础设施保护中心等，显示了两国网络安全合作的广泛性。2019年2月，日印召开第三次网络协议会。2020年10月，日印签署网络安全领域合作谅解备忘录，强调要在网络空间能力建设、重要基础设施保护、新兴技术、应对网络安全威胁事件、建立务实合作联合机制，以及减少对信息通信技术基础架构的威胁等方面进行合作。此外，双方还表示要在联合国等国际舞台上开展合作，讨论和分享有关促进信息通信技术产业供应链完整性的战略和最佳做法，通过政府与政府之间以及企业与企业之间的合作来增强信息通信技术基础设施的安全性，继续通过互联网治理开展对话。

在太空安全方面：2018年，日印确定建立新的太空对话机制，相互提供卫星收集到的信息，推进两国在安全保障和技术创新方面的合作。2019年3月，日印进行了第一次太空对话。2019年大阪G20峰会期间，日本外相河野太郎与印度外交部长苏杰生举行战略对话，强调加强日印两国在外太空和网络安全领域的合作。参加日印太空对话机制的日方代表为日本外务省和内阁府的局长级官员，以及日本宇宙航空研究开发机构、文部科学省和防卫省的人员。此外，在加深国防教育与学术交流方面，印度国防大学与日本防卫研究所等国防教育研究机构间有互派留学生机制。

除双边的具体安全合作外，日印的安全合作还包括共同防范美国削减开支，加强经济合作以摆脱对中国的过度依赖，以及通过多边合作对冲中国在国际和地区机构中的影响力等。日印也在加强与亚太地区第三方的安全合作。日本和印度希望与东盟国家在多领域建立进一步的关系，尤其是在“印太”网络安全方面。在疫情期间数字活动兴起而网络威胁不断增加的背景下，日本强调与东盟国家建立适当的“网络规范”的重要性。在和柬埔寨共同主办的第十三届东盟—日本网络安全政策会议上，日印双方表示要进一步开展网络安全合作。此外，印度提出“印度—东盟行动计划（2021—2025）”，双方将在贸易、投资和安全等领域加强合作，包括边境安全、海上安全及网络安全。“印度—东盟行动计划（2021—2025）”强调将在关键信息基础设施领域，如5G技术、人工智能、安全性和供应链弹性方面进行合作。

三、日印安全合作的前景

基于印度在亚洲和“印太”的重要位置，联印抗中是日本重要的地区战略。加上日本一直在大国竞争、中日关系出现动荡等“危机”下思考其在海外的经济利益，包括投资、供应链的安全等，有将部分企业的投资有计划地转往印度的倾向，这使得日本更加重视加强与印度的关系。除了有战略与贸易方面的双重打算，日本还想在印度洋谋取能源运输安全和区域秩序的稳定，与印度加强安全关系无疑是日本重要的安全战略选择。

尽管日本对印度来说是可以合作的伙伴，印度为追求现实利益与日本加强关系，也有很多现实的必要，如日印在防卫技术方面扩大合作，与斯里兰卡和孟加拉国等第三方开展合作，以及在连接印度与东南亚的印度东北部进行开发合作等，但是，日印双方的利益诉求、关注点，以及外交战略目标并非完全一致。两国在国际体系中的地位和身份不同，对现实威胁的感受和对安全利益的认知也不同，加上两国在政治、文化上的明显差异，日印很难形成安全同盟。日本想进一步加强两国关系特别是安全关系，但印度则更重视开展与主要国家的全方位外交。印度坚持开展“全方位外交”，重视广泛建立伙伴的自身“战略自主性”，也不可能放弃它独立的外交政策而完全听从日本。印度一边慎重谋求“实际利益”，一边根据情况随时调整合作伙伴，并不会完全遵循日本的外交意愿。

从印度的外交战略与外交实践来看，印度与中国和俄罗斯的关系也非常密切。中国是印度的最大贸易伙伴，虽然印度未明确加入“一带一路”倡议，但已是亚洲基础设施投资银行的成员国，并从该行获得了巨额贷款。印度与中国同为金砖国家成员，印度还加入了中俄主导的上海合作组织。尽管中印之间存在着领土争端等现实问题，但鉴于印度的综合实力与中国还有不小的差距，印度不会如日本所愿与中国展开抗衡。2019年，印度还提议建立“日俄印”新框架，除希望将“美国对中俄”的对立格局多极化外，还有将美国的盟国日本拉入新框架的目的，以制造出多极格局而非传统的以“东西对立”为基础的对立格局。

第三节　日澳安全合作及其前景

日本和澳大利亚在地区具有重要的安全作用，长期被美国视作亚太地区的“南锚”和“北锚”。日本重视并不断推进与澳大利亚的安全合作关系，日澳关系被称为“准同盟”关系。日本《国家安全保障战略》强调：“日本和地区重要伙伴澳大利亚不仅共享普遍价值观，还共享战略利益和关切……加强形成互补的经济关系，同时扎实推进战略共享和安全合作，加强战略伙伴关系……与澳大利亚广泛开展合作，努力建立亚太地区新秩序，维持并强化国际社会的和平与稳定，在这一过程中将妥善、灵活利用日美澳三国合作机制。”[①] 在特朗普政府的“美国优先”下，日澳日渐担心美国能否有继续主导地区的意愿和能力，这也促使它们进一步加强安全合作。从澳大利亚的角度看，日本是世界第三大经济体，在塑造“印太”地区秩序中可以发挥相当大的作用，日本在太平洋岛国不断提升影响力，对澳大利亚也有特殊的战略作用。此外，与日本不断深化安全关系也可以提高澳大利亚的地区影响力，增强其在“印太”的话语权。2017年11月，澳大利亚《外交政策白皮书》强调，出于对中国发展、美国“漂流”的担忧，澳大利亚选择与“印太”地区有“相同想法的其他民主国家”加强合作。

一、日澳安全合作的强化

日澳高层安全互动频繁，安全对话机制丰富。自1996年以来，日澳两国共同加入了美国主导的三边安全对话，并在非传统安全领域，如反恐和应对东南亚自然灾害方面密切协调安全政策。1997年4月，日本首相桥本龙太郎访问澳大利亚，日澳两国决定定期举行年度首脑会晤。2002年5月，日本首

① 内閣官房「国家安全保障戦略について」、2013年12月17日、http://www.cas.go.jp/jp/siryou/131217anzenhoshou/nss-j.pdf。

相小泉纯一郎访问澳大利亚，两国就加强地区安全合作等问题交换了意见。2003年7月，澳大利亚霍华德总理访问日本，双方宣布了“日澳合作打击国际恐怖主义联合声明”，并于同年启动了日澳战略对话。2007年，两国签署了《日澳安全合作联合声明》，正式建立了“2+2”外长防长对话磋商机制，为日澳间开展执法、边境安全、反恐、裁军和防止大规模杀伤性武器扩散、海事和航空安全、和平行动和人道主义救援等安全领域合作提供了基础。2008年6月，日本首相福田康夫与到访的澳总理陆克文就“日澳全面战略、安全和经济伙伴关系”发表联合声明。2014年7月，安倍访问澳大利亚，并与时任澳总理阿博特发表《共同声明》，将两国关系提升为“特殊战略伙伴关系”。2018年1月，澳大利亚总理特恩布尔访问日本，安倍陪同特恩布尔登乘自卫队军机，前往东京附近的陆上自卫队习志野基地，视察了自卫队特种部队部署在基地的“爱国者-3”反导系统，还同乘了自澳大利亚进口的“大毒蛇”特种装甲运输车。安倍还邀请特恩布尔列席了在日本首相官邸举行的国家安全保障会议，特恩布尔成为继其前任阿博特、英国首相特雷莎·梅以来第三位受邀列席日本国家安全保障会议的外国领导人。2018年11月，安倍访问达尔文港，成为在日军轰炸达尔文港76年以后首次访问该城市的日本首相。

菅义伟担任首相之后，日澳关系进一步密切。菅义伟选择澳大利亚总理莫里森作为第一个通电话的外国领导人。2020年10月，澳大利亚外长和防长先后到访东京，与日本外务省、防卫省官员展开会晤。2020年11月两国发表的《日澳联合声明》强调，两国特别战略伙伴关系的基础是共同的价值观，包括对“民主、人权、自由贸易和基于规则的秩序”的承诺，双方一致认为二者在“印太区域”内外的安全、稳定和繁荣方面具有共同的战略利益，重申深化合作，促进建立一个自由、开放、包容和繁荣的“印太”地区的决心。《日澳联合声明》还提出：“决心将特别战略伙伴关系下的双边安全防务合作提升到新的水平。”①

日澳在东海和南海问题上相互配合。2014年，安倍访澳期间，两国确认了公海“航行自由”的重要性，呼吁在《联合国海洋法公约》的基础上，早日促成中国与东盟各国制定“南海行为准则”。2015年，日澳首脑在会晤时表示，

① 外務省「日豪首脳共同声明」、2020年11月17日、https://www.mofa.go.jp/mofaj/files/100116181.pdf。

相关各方应保持克制，按照国际法行事，确保航行及飞越自由，谴责“强制及单边行动”，呼吁停止“大规模岛礁扩建”。2016年11月，日澳“2+2”会议就扩大自卫队与澳大利亚军队的联合训练、加强应对海洋安全的合作等事宜进行了对话。2020年11月两国发表的《日澳联合声明》再次话有所指地表示：“严重关切南海局势，重申坚决反对任何改变现状、加剧地区紧张局势的胁迫或单方面企图。”[1]

2014年4月，日澳首脑《共同声明》表示，两国将加强军事装备与技术合作。在6月举行的“2+2”会议上，双方讨论在船舶流体力学领域开展共同研究。2014年7月，安倍访澳期间，双方签署了《日澳有关防卫装备品与技术转移的政府间协定》，进一步明确军事合作的细节。例如在没有一方的许可下，另一方不得将两国合作的军事成果向第三方转移；成立委员会负责关于防卫装备和技术转移的项目；规定日澳潜艇技术合作的具体内容等。该协定的签署确立了两国在军事装备和技术方面合作的法律保障。尽管澳大利亚最终选择法国为其建造12艘潜艇，但日澳军事技术与装备合作的步伐并未停止。2017年，澳大利亚《外交政策白皮书》提出，澳大利亚会进一步在海洋安全和军事研发等领域提升澳日安全合作水平。[2] 2010年，日澳签署《物资劳务相互提供协定》，该协定于2013年生效。协定承诺在执行联合国维和行动、重大灾害救援等人道主义援助时，相互提供包括粮食和燃料等物资及人员的劳务合作，澳大利亚是继美国之后第二个与日本签署此类合作协议的国家。2017年日澳签署了《物资劳务相互提供协定》升级协定，允许两国相互提供军需品。2018年日本进口四辆澳制“大毒蛇”装甲车。同时，日澳积极推动签署《访问部队地位协定》。2020年11月17日，澳大利亚总理莫里森访问日本期间，两国在大框架上达成《互惠准入协定》。如果新协定生效，双方武装人员可以共同训练为由在进入对方国家时不需要接受审查，办理携带用于训练的武器和车辆等装备的手续也会变得简单。

2001年，日澳签订《空间信息合作协定》，允许日本在澳设立间谍卫星观

① 外務省「日豪首脳共同声明」、2020年11月17日、https://www.mofa.go.jp/mofaj/files/100116181.pdf。

② Australian Department of Foreign Affairs and Trade,“2017 Australian Foreign Policy White Paper,” p.41.

测站，使两国在军事行动中进行情报协作成为可能。[①] 2008年，日澳“2+2”磋商期间，两国签订《军事防卫合作协定》，规定了两国开展合作的领域包括舰队支援和情报保护等，澳大利亚将为日本自卫队在大洋洲的活动提供支持。2012年5月，日澳签署《信息安全协定》。该协定通常要求缔约方对彼此交换的情报实施保护措施，以防止共享的敏感信息泄露，该协定为日澳共享军事机密和反恐情报提供了法律依据。此前，日澳已经分别同美国缔结此类协定。通过该协定，日本不仅希望加强日澳双边的安全合作，也希望加强日澳美三边的安全合作。

在网络安全合作方面：2015年2月，日澳建立了网络安全对话机制，就网络安全政策、国际网络安全规则、网络空间国家行为法律适用性，以及在东盟地区论坛和其他国际与地区平台建立网络安全信任措施等问题进行了探讨，承诺在打击网络犯罪、保护关键基础设施等方面进行合作。[②] 双方合作部门包括澳大利亚网络安全政策与协调委员会、网络政策工作组、网络安全营运中心及日本的网络防御工作组、国家信息安全中心等。[③] 2017年，日澳网络政策对话就网络安全威胁趋势、国家网络安全工作、双边和多边网络安全合作等问题交换了意见。双方的联合声明主张国际法适用于网络空间，重申致力于促进国际网络稳定的战略框架，强调加强合作应对恶意网络活动等。[④]

在“印太战略”方面，日澳也在不断深化安全合作，强调强化在“印太”地区的基础设施投资。安倍表示，正是在周边环境发生重大变化的过程中把日澳关系提升为新的特别关系。[⑤] 2018年，在悉尼举行的第八次“2+2”会议上，日澳表示加强接触，并重申进一步深化两国特殊战略伙伴关系，强调与美国和其他伙伴国积极合作，促进建立和维护自由、开放、稳定和繁荣的“印太”地区。2020年7月，日澳举行视频峰会，在讨论应对疫情的同时强调共同建设

① Grant Taylor, “Japan Plans WA Spy Base,” *The West Australian*, October 17, 2001, p.11; Brendan Nicholson, “ WA Stations Help Launch Japanese Spy Satellites,” *The Age*, March 30, 2003, p.12.

② “Australia-Japan to Bolster Cyber Policy Efforts,” *Tribune International*, February 17, 2015.

③ 刘卿：《日澳关系新发展及限制性因素》，《国际问题研究》2016年第5期。

④ “Japan-Australia Cyber Policy Dialogue Joint Statement,” December 11, 2017, https://www.dfat.gov.au/international-relations/themes/cyber-affairs/Pages/japan-australia-cyber-policy-dialogue.

⑤ 首相官邸「日豪首脳会談、共同記者発表及び総理主催晩餐会」、2014年4月7日、https://www.kantei.go.jp/jp/96_abe/actions/201404/07australia.html。

“印太”地区。日澳在“印太战略”上的合作将以南太平洋岛国地区为主。澳大利亚历来将南太平洋地区视为安全的核心区域，日本也重视南太平洋国家的地位，并较早对南太平洋国家开展了投资。2018年，在日本—太平洋岛屿国家峰会上，日本宣布三年内为南太平洋岛国提供5亿美元的援助，峰会宣言强调欢迎日本的“印太战略”。①

在联合军演方面：2007年9月，日澳在日本北海道首次实施战斗机联合训练；2014年11月，日美澳三国军队首次在日本举行联合训练；2016年日本海上自卫队军舰首次访问澳大利亚本土；2018年，日澳“2+2”会谈就空中部队于2019年举行联合军演达成共识；2019年9月至10月，日本自卫队与澳军首次在日本举行空军联合演习，该演习名为“武士道守卫者-2019”，澳大利亚国防部长琳达·雷诺兹表示，该演习标志着澳大利亚和日本在空中力量、防务和更广泛的双边关系中开创了一个新起点。两国在其他多边场合上的军事演习还包括：2019年6月，日本陆上自卫队派出有日本“海军陆战队”之称的“水陆机动团”前往澳大利亚参加“护身军刀”军演，提升两国装备的互操作性；2018年，日澳首次参加美菲年度军演；同年7月，两国参加美国组织的“环太平洋军演”；2019年2月至3月，日澳参加美国主导的“对抗北方-2019”演习。此外，日澳合作支持《核不扩散条约》，是“全面禁止核试验条约之友”小组的共同主席。

二、日澳安全合作的前景

日本和澳大利亚均是美国的盟友，均认为本国是本地区重要的海洋国家，且看重海上交通运输线的安全。截至2019年底，日本是澳大利亚第二大贸易伙伴和第二大出口市场，也是第三大外国直接投资来源地。在日澳双方看来，双方的安全合作得益于彼此拥有的深厚而长期的贸易和投资关系，而且双方的合作不仅能够分担美国的“安全责任”，强化美国在亚太地区的安全网络体系，还是对“民主、人权、法治和国际安全”的共同承诺。在国际安全上变得积极的日本和在安全领域谋求提升地区影响力的澳大利亚逐渐战略趋

① Japan Ministry of Foreign Affairs,“The 8th Pacific Islands Leaders Meeting (PALM8),” May 25, 2018, https://www.mofa.go.jp/a_o/ocn/page25e_000190.html.

近，目前两国保守派政府的耦合也给日澳关系注入了新的合作动力。[1]

高坂正尧在《海洋国家日本的构想》一书中就强调，日本应以“海洋国家”为标准，积极参与国际海洋秩序建设。也是在这样的海洋战略思维下，日本重视并加强与包括澳大利亚在内的海洋国家的合作。尽管日澳之间有侵略历史问题造成的隔阂，但日本努力试图克服这一障碍，以加强两国的防务关系。第二次世界大战期间，澳大利亚遭受到来自日本的侵略。2014年，日本首相安倍首次在澳大利亚议会发表讲话时，明确提到了“历史上的罪恶和恐怖”，并表达了“对许多失去生命的灵魂最诚挚的哀悼”。日本外务省也表示，日本对那些曾被关押在战俘营的澳大利亚战俘表示懊悔和道歉。

但是，日澳安全合作存在一定的限度。日澳两国应对区域安全问题的能力有限，日澳安全合作范围的扩大主要包括执法、反恐等非传统安全领域以及人道主义救援行动等，是在日美澳三边主义和包容性地区多边主义之间寻求一个中间地带。[2] 基于与中国存在的钓鱼岛争端以及海上安全问题，日本政府将澳大利亚视为除美国之外在“印太”地区最重要的安全与防务合作伙伴之一。但是，日本企图借助与澳大利亚的安全合作来强化对中国的对抗与包围，在地区和平合作的势头下难以得到落实。澳大利亚与中国并没有历史遗留问题、领土争端等结构性问题，而且澳大利亚与中国的经济关系也比较密切。2017年7月至2018年6月，澳大利亚对华出口额占总出口额的30.6%，将处于第二位的日本(12.7%)远远抛在了后面。发展对华关系有利于澳大利亚发展自身经济。因此，对澳大利亚而言，它没有必要在中日之间选边站。

澳大利亚在对华遏制与包围上不会与日本完全保持一致。澳大利亚对中国的崛起有疑虑但不排斥。澳大利亚加强与日本安全合作一方面是出于补充美澳同盟，回应美国加强盟友关系的要求；另一方面是出于“中等强国”策略，有意参与亚洲事务，巩固其在南太平洋作为有影响力的“中等强国”的国家地位。七国集团中的英法德等已经将自身定位为“次级国家”“中等力量

① “The Australia-Japan Relationship: Worthy of More Reflection,” October 2017, https://www.lowyinstitute.org/the-interpreter/australia-japan-relationship-worthy-more-reflection.

② Yoichiro Sato, “Japan-Australia Security Cooperation: Jointly Cultivating the Trust of the Community,” *Asian Affairs: An American Review*, Vol. 35, Issue 3, 2008.

国家”。基于这样的定位，作为“中等强国”的各国主张在发生国际纷争或问题时充当协调角色，寻找协调政策，通过引领国际舆论来发挥影响力。如在伊核问题、乌克兰问题上，德国和法国就发挥了类似作用。因此，日本应该从大国情结中走出来，立足“中等力量国家”的地位角色，在国际和地区安全领域发挥积极的协调作用，而不是搞对抗性的“包围圈”。

主要参考文献

（一）中文著作

包霞琴:《变革中的日本政治外交》,时事出版社,2004年。
冯梁编《亚太主要国家海洋安全战略研究》,世界知识出版社,2012年。
韩宁:《日本网络安全战略研究》,时事出版社,2018年。
黄大慧编《变化中的东亚与美国》,社会科学文献出版社,2010年。
黄大慧:《日本大国化趋势与中日关系》,社会科学文献出版社,2008年。
李枏:《现当代西方大战略理论探究》,世界知识出版社,2010年。
李秀石:《日本新保守主义战略研究》,时事出版社,2010年。
李秀石:《日本国家安全保障战略研究》,时事出版社,2015年。
李艳:《日本太空战略研究》,时事出版社,2018年。
李莹:《日本战后保守政治体制研究》,世界知识出版社,2009年。
廉德瑰:《"大国"日本与中日关系》,上海人民出版社,2010年。
廉德瑰:《日本的海洋国家意识》,时事出版社,2012年。
廉德瑰、金永明:《日本海洋战略研究》,时事出版社,2016年。
林尚立:《日本政党政治》,上海人民出版社,2018年。
刘江永:《当代日本对外关系》,世界知识出版社,2009年。
刘江永、王新生:《战后日本政治思潮与中日关系》,人民出版社,2013年。
刘雪林:《冷战后日本对东南亚的安全政策》,中国社会科学出版社,2019年。

刘艳:《冷战后的日美同盟解读》,中国政法大学出版社,2008年。

刘宗和:《日本政治发展与对外政策》,世界知识出版社,2010年。

秦亚青:《权力·制度·文化》,北京大学出版社,2005年。

孙成岗:《冷战后日本国家安全战略研究》,解放军出版社,2008年。

孙政:《战后日本新国家主义研究》,人民出版社,2005年。

王广涛:《冷战后日本的国内政治与对外政策》,上海人民出版社,2019年。

王少普、吴寄南:《战后日本防卫研究》,上海人民出版社,2003年。

王志坚:《战后日本军事战略研究》,时事出版社,2014年。

吴寄南:《新世纪日本对外战略研究》,时事出版社,2010年。

徐万胜:《冷战后的日美同盟与中国周边安全》,社会科学文献出版社,2009年。

徐万胜等:《当代日本安全保障》,南开大学出版社,2015年。

杨伯江、刘瑞编《"一带一路"推进过程中的日本因素》,中国社会科学出版社,2016年。

杨伯江、林昶编《日本研究报告(2016):日本"安全蜕变"与中日战略博弈》,社会科学文献出版社,2016年。

杨伯江、吕耀东、林昶编《日本研究报告(2017):日本海洋战略转型与中日关系》,社会科学文献出版社,2017年。

杨伯江、仇华飞、林昶编《中国对日外交战略思想与实践》,社会科学文献出版社,2018年。

杨伯江、吕耀东、林昶编《日本研究报告(2018):安倍"超长期执政"背景下日本战略走向与中日关系》,社会科学文献出版社,2018年。

杨伯江、吴怀中、唐永亮编《日本研究报告(2019):国际大变局——日本的选择与应对》,社会科学文献出版社,2019年。

翟新:《战后日本的对外观》,上海交通大学出版社,2012年。

张历历:《新中国与日本关系史(1949—2010)》,上海人民出版社,2011年。

张云:《可控的紧张》,浙江人民出版社,2016年。

张玉来:《平成时代(1989—2019)日本衰退的虚与实》,天津人民出版社,

2019年。

朱宁:《胜算——中日地缘战略与东亚重塑》,浙江人民出版社,2007年。

[澳]加文·麦考马克:《附庸国:美国怀抱中的日本》,于占杰、许春山译,社会科学文献出版社,2008年。

[德]克劳塞维茨:《战争论》,中国人民解放军军事科学院译,商务印书馆,1997年。

[韩]文正仁、徐承元:《日本复兴大战略》,李春福、李成日译,社会科学文献出版社,2017年。

[加]诺林·里普斯曼等:《新古典现实主义国际政治理论》,刘丰等译,上海人民出版社,2017年。

[美]阿拉斯泰尔·伊恩·约翰斯顿、罗伯特·罗斯主编《与中国接触:应对一个崛起的大国》,新华出版社,2001年。

[美]阿米塔·阿查亚:《美国世界秩序的终结》,袁正清、肖莹莹译,上海人民出版社,2017年。

[美]爱德华·鲁特瓦克:《战略:战争与和平的逻辑》,军事科学院外国军事研究部译,解放军出版社,1990年。

[美]彼得·J.卡赞斯坦:《文化规范与国家安全:战后日本警察与自卫队》,李小华译,新华出版社,2002年。

[美]彼得·J.卡赞斯坦:《国家安全的文化:世界政治中的规范与认同》,宋伟、刘铁娃译,北京大学出版社,2009年。

[美]彼得·J.卡赞斯坦、[日]白石隆编《日本以外:东亚区域主义的动态》,王星宇译,中国人民大学出版社,2012年。

[美]汉斯·摩根索:《国家间政治》,徐昕、郝望、李保平译,北京大学出版社,2006年。

[美]亨利·基辛格:《世界秩序》,胡利平译,中信出版集团,2015年。

[美]理查德·J.塞缪尔斯:《日本大战略与东亚的未来》,刘铁娃译,上海人民出版社,2010年。

[美]罗伯特·基欧汉、约瑟夫·奈:《权力与相互依赖》,门洪华译,北京大学出版社,2002年。

[美]肯尼思·华尔兹:《国际政治理论》,信强译,上海人民出版社,2008年。

[美]肯尼思·华尔兹:《人、国家与战争——种理论分析》,倪世雄等译,上海译文出版社,1991年。

[美]肯尼斯·沃尔兹:《现实主义与国际政治》,张睿壮、刘丰译,北京大学出版社,2012年。

[美]亚历山大·温特:《国际政治的社会理论》,秦亚青译,上海世纪出版社,2008年。

[美]约翰·柯林斯:《大战略》,中国人民解放军军事科学院,1978年。

[美]约翰·米尔斯海默:《大国政治的悲剧》,上海世纪出版集团,2003年。

[美]约翰·伊肯伯里:《大战胜利之后:制度、战略约束与战后秩序重建》,门洪华译,北京大学出版社,2008年。

[日]大嶽秀夫:《经济高速增长期的日本政治学》,吕耀东、王广涛译,社会科学文献出版社,2013年。

[日]防卫大学安全保障学研究会编《日本安全保障学概论》,刘华译,世界知识出版社,2012年。

[日]京极纯一:《日本政治》,黄大慧、徐园译,商务印书馆,2013年。

[日]天儿慧编《构建健全的中日关系》,黄伟修译,社会科学文献出版社,2016年。

[日]添谷芳秀:《日本的"中等国家"外交》,李成日译,社会科学文献出版社,2015年。

[日]五百旗头真:《日美关系史》,周永生等译,世界知识出版社,2012年。

[日]伊藤宪一:《国家与战略》,军事科学院外国军事研究部译,军事科学出版社,1988年。

[日]中村政则:《日本战后史》,张英莉译,中国人民大学出版社,2008年。

[日]猪口邦子:《后霸权体制与日本的选择》,杨伯江译,吴学文等校,时事出版社,1991年。

[英]赫德利·布尔:《无政府社会:世界政治秩序研究》,张小明译,世界知识出版社,2003年。

[英]李德·哈特:《战略论:间接路线》,钮先钟译,上海人民出版社,2015年。

（二）中文期刊论文

巴殿君、沈和：《日本海洋安全战略模式的历史演变与内在逻辑》，《东北亚论坛》2017年第6期。

蔡亮：《安倍政府区域一体化政策的战略意图剖析——基于机会窗口与规则收益的视角》，《日本学刊》2019年第1期。

蔡亮：《亚太三元结构下日本的角色定位与对华政策》，《日本学刊》2020年第3期。

陈庆鸿：《日美印澳四边安全对话进展及前景》，《现代国际关系》2020年第6期。

陈雅莉：《美国的“再平衡”战略：现实评估和中国的应对》，《世界经济与政治》2012年第11期。

陈友骏：《特朗普政府对日政策的评析与前瞻》，《日本学刊》2019年第6期。

陈志瑞、刘丰：《国际体系、国内政治与外交政策理论——新古典现实主义的理论构建与经验拓展》，《世界经济与政治》2014年第3期。

初晓波：《特朗普政权下的日美关系与“后安倍时代”日本对外战略走向——基于同盟安全困境视角的分析》，《日本学刊》2020年第5期。

初晓波：《身份与权力：冷战后日本的海洋战略》，《国际政治研究》2007年第4期。

崔健：《日本国家安全战略选择的政治经济分析——以均势理论为基础》，《日本学刊》2015年第2期。

樊小菊：《应对中日关系的新形势与老问题——实现中日关系“完全正常化”的思考》，《现代国际关系》2018年第10期。

冯维江：《中美权力博弈与新型大国关系的演进——基于公共产品与关系专用性投资的视角》，《世界经济与政治》2016年第11期。

高洪：《安倍执政期内修改宪法的前景》，《东北亚学刊》2017年第2期。

高洪：《论中日关系中的安全博弈与建设性互动》，《东北亚学刊》2019年第2期。

高洪:《日本朝核政策的困顿》,《东北亚学刊》2018年第1期。

高洪:《中日两国的历史跨越与未来关系准则——从缔约历程思考其现实意义》,《日本学刊》2018年第4期。

葛建华:《试析日本的"印太战略"》,《日本学刊》2018年第1期。

郝月峰、毕亚娜:《安倍修宪与日本国家战略目标探析》,《日本学刊》2017年第5期。

何晓松:《试析日本首相官邸主导政治——以新安保法案制定过程为中心》,《东北亚学刊》2016年第4期。

何晓松:《新安保法案对日本安保政策的重构》,《学习时报》2015年6月1日。

黄大慧:《安倍政府缘何急于改善中日关系?》,《现代国际关系》2014年第10期。

黄大慧:《改善日本对华民意基础任重道远》,《现代国际关系》2014年第1期。

黄大慧:《日本必须正确反省历史问题》,《求是》2015年第10期。

黄大慧、孙忆:《东亚地区合作主导权与中日制度竞争》,《教学与研究》2017年第6期。

黄大慧、赵罗希:《日美强化同盟关系对中国周边安全的影响》,《现代国际关系》2015年第6期。

焦世新:《美日同盟的机制化与战略转型》,《美国研究》2019年第3期。

江新凤:《日本的军事转型及其对中国安全环境的影响》,《日本学刊》2013年第3期。

姜跃春:《日本备战动向及中日关系"新常态"》,《东北亚论坛》2016年第4期。

姜跃春:《世界中的中日关系:有竞争,也有合作》,《日本学刊》2019年第3期。

李成日:《日本解禁集体自卫权的举措与影响》,《国际问题研究》2014年第4期。

李俊久、冯子璇:《建构威胁:日本谋求"正常国家"地位的战略解析》,《东北师大学报(哲学社会科学版)》2018年第4期。

李枏:《冷战后美国政府对朝鲜的战略思维探究》,《美国研究》2019年第2期。

李薇:《构建东亚共同体的关键在于成功形塑东亚身份认同》,《国际经济评论》2014年第3期。

李薇:《战后70年:日本的困顿与歧途》,《日本学刊》2017年第5期。

李志鹏、张若龙:《日本国家安全保障会议探析》,《江南社会主义学院学报》2015年第2期。

廉德瑰:《海洋政治视角下的日本印太战略分析》,《人民论坛·学术前沿》2018年第15期。

廉德瑰:《影响战后日本对华政策的政治原因分析》,《太平洋学报》2016年第7期。

梁云祥:《日本新安保法与中日安全关系——兼论特朗普新政府对安保法实施的影响》,《日本学刊》2017年第2期。

刘江永:《安倍晋三首相访华后的中日关系》,《当代世界》2018年第12期。

刘江永:《百年大变局的实质与当代特征》,《和平与发展》2019年第3期。

刘江永:《论大选后安倍的修宪政治及影响》,《日本学刊》2017年第6期。

刘江永:《论美国在钓鱼岛争议中偏袒日本的背景和原因》,《日本学刊》2016年第1期。

刘江永:《以钓鱼岛为视角透视新中国与日本的关系》,《东北亚论坛》2017年第3期。

刘军红:《中日关系的经济学分析》,《现代国际关系》2014年第10期。

刘卿:《日澳关系新发展及限制性因素》,《国际问题研究》2016年第5期。

卢昊:《战后日本安全政策:"军事正常化"的发展》,《日本学刊》2015年第6期。

卢英佳、吕欣:《〈日本网络安全战略〉简析》,《中国信息安全》2014年第4期。

陆伟、李雨娟:《美国学者对日本安全政策变化的研究》,《日本学刊》2019年第4期。

陆伟:《"联合机动防卫力量":日本新军事战略的构建和影响》,《外交评论》2014年第5期。

陆伟:《日本的自我身份建构与冷战后战略文化的嬗变》,《日本学刊》2018年第4期。

陆伟:《失落、忧惧和迷茫——日本学界眼中的国际秩序转型、中国战略走向和对华政策选择》,《国外社会科学》2017年第2期。

陆忠伟:《日英安全合作急鼓繁弦》,《文汇报》2018年2月23日。

吕耀东:《安倍政府对华政策的调整及其限度》,《现代国际关系》2018年第10期。

吕耀东:《解析日本战略性外交的政治诉求》,《东北亚论坛》2018年第1期。

吕耀东:《日本对外战略:国家利益视域下的战略机制和政策取向》,《日本学刊》2018年第5期。

吕耀东:《试析日本改变"战后体制"的多边外交动向》,《东北亚学刊》2016年第5期。

苗吉:《"他者"的中国与日本海洋国家身份的建构》,《外交评论》2017年第3期。

潘妮妮:《〈特定秘密保护法〉与日本国民权利浅析》,《日本学刊》2014年第5期。

石源华:《日本国际战略出现对中美平衡新趋向》,《世界知识》2018年第19期。

陶文钊:《冷战后美日同盟的三次调整》,《美国研究》2015年第4期。

田庆立、吕游:《安倍第二次执政后自民党政治家对华战略认知分析》,《日本研究》2018年第4期。

王广涛:《军工利益集团与日本的安全政策——兼论安倍政权下的军工利益诱导政治》,《世界经济与政治》2017年第12期。

王浩:《过度扩张的美国亚太再平衡战略及其前景论析》,《当代亚太》2015年第2期。

王金辉、周永生:《简析安倍政府国际秩序构想及实质》,《日本学刊》2017年第3期。

王珊:《安倍政权"积极和平主义"辨析》,《现代国际关系》2014年第6期。

王珊:《试评析安倍政权"摆脱战后体制"的外交举措》,《现代国际关系》2013年第9期。

吴怀中:《安倍政府印太战略及中国的应对》,《现代国际关系》2018年第1期。

吴怀中:《当代日本安全政策:激进修正还是渐进转变》,《日本学刊》2018年第5期。

吴怀中:《日本谋求“战略自主”:举措、动因与制约》,《国际问题研究》2018年第6期。

吴怀中:《战后日本安全政策的演变》,《国际政治研究》2015年第1期。

肖晞:《国际秩序变革与中国路径研究》,《政治学研究》2017年第4期。

谢伏瞻:《论新工业革命加速拓展与全球治理变革方向》,《经济研究》2019年第7期。

谢梦莹:《日本〈防卫白皮书〉对华态度分析》,《国际研究参考》2019年第2期。

徐进:《理念竞争、秩序构建与权力转移》,《当代亚太》2019年第4期。

徐万胜、姬世伦:《日本新版〈防卫计划大纲〉评析》,《和平与发展》2019年第1期。

徐万胜:《日本强化与印度军事合作问题探析》,《日本学刊》2018年第1期。

徐万胜、王宗杰:《论宪法第九条与日本安倍修宪路线的演进》,《东北亚学刊》2019年第2期。

阎学通:《反建制主义与国际秩序》,《国际政治科学》2017年第2期。

阎学通:《无序体系中的国际秩序》,《国际政治科学》2016年第1期。

杨伯江、陈腾瀚:《日本国家战略转型:认知重构与路径选择》,《东北亚学刊》2017年第1期。

杨伯江:《构建中日新型国家关系:双轮驱动下的合作共赢》,《世界经济与政治》2016年第5期。

杨伯江:《弘扬条约精神,推动中日关系重返正常发展轨道》,《东北亚论坛》2018年第5期。

杨伯江、刘华:《日本强化介入南海:战略动机、政策路径与制约因素》,《太平洋学报》2016年第7期。

杨伯江、綦健:《特朗普执政以来美日同盟的演变、矛盾及影响》,《当代世界》2019年第3期。

杨伯江:《日本政坛为何形成“一党优位”格局》,《人民论坛》2018年第17期。

杨伯江:《新时代中美日关系:新态势、新课题、新机遇》,《日本学刊》

2019年第1期。

杨鲁慧、李彩军:《追随理论视角下国家追随行为研究——以泰国、英国、日本对美追随政策为例》,《国际观察》2019年第5期。

杨鲁慧、石敏:《安倍两次执政期间对华政策的调整演变及影响》,《和平与发展》2019年第3期。

易本胜、张人龙:《解析日本防卫力量战略评估机制》,《军事文摘》2016年第9期。

于铁军:《笔谈:日本的战略文化与中日安全关系》,《国际政治研究》2015年第1期。

岳小颖:《国际政治中的"追随"理论》,《社会科学家》2013年第9期。

张伯玉:《日本参议院选举与修宪走势分析》,《日本学刊》2016年第5期。

张洁:《日美印澳"四边对话"与亚太地区秩序的重构》,《国际问题研究》2018年第5期。

张景全:《日本放宽武器出口禁令及其对日美同盟的影响》,《日本学刊》2014年第6期。

张相君:《论国际秩序规则供给的路径选择》,《国际观察》2019年第5期。

张晓磊:《宪法视野下的日本"行使集体自卫权"问题》,《日本学刊》2014年第4期。

张晓磊:《中日安全机制的概念界定、进程评估及功能性意义》,《东北亚学刊》2017年第4期。

张勇:《日本战略转型中的对外决策调整——概念模式与政治过程》,《外交评论》2017年第3期。

张宇燕:《全球化、区域化和平行体系》,《世界经济与政治》2020年第1期。

张宇燕、倪峰、杨伯江、冯仲平:《新冠疫情与国际关系》,《世界经济与政治》2020年第4期。

张蕴岭:《百年大变局下的中日关系》,《亚太安全与海洋研究》2019年第1期。

赵青海:《"印太"概念及其对中国的含义》,《现代国际关系》2013年第7期。

周永生:《日本安倍内阁的对外援助战略评析》,《当代世界》2018年第11期。

周永生:《日本政治、社会右倾化问题探讨》,《东北亚论坛》2013年第3期。

朱清秀:《日本的“印太战略”能否成功?》,《东北亚论坛》2016年第3期。

[俄]B.O.基斯塔诺夫:《日本的东北亚政策:问题和趋势》,《东北亚学刊》2015年第4期。

[俄]B.O.基斯塔诺夫:《日本“印太战略”:构建、核心与延伸》,《东北亚学刊》2018年第4期。

[丹麦]李形:《在“相互依存式主导权”和世界秩序重塑下解读中国梦》,《国际展望》2015年第1期。

[美]马修·P.古德曼:《美日关系:伪密友与真同盟》,朱子阳译,《国际经济评论》2016年第3期。

[日]户波江二:《日本国宪法的60年与宪法修改问题》,牟宪魁、于晓娜、战东升译,《政法论丛》2008年第3期。

[英]巴里·布赞:《全球性变革与国际秩序的演进》,周桂银译,《外交评论》2015年第6期。

(三)日文著作及期刊论文

[日]長谷部恭男編『検証・安保法案:どこが憲法違反か』、有斐閣、2015年。

[日]川﨑剛『大戦略論:国際秩序をめぐる戦いと日本』、勁草書房、2019年。

[日]渡辺治『政治改革と憲法改正—中曽根康弘から小沢一路まで』、青木書店、1994年。

[日]防衛省防衛研究所編『宇宙安全保障:諸外国の動向と日本の取り組み』、防衛省防衛研究所、2016年。

[日]谷内正太郎編『日本の外交と総合的安全保障』、ウェッジ、2011年。

[日]河井克行、五代富文等『国家としての宇宙戦略論』、誠文堂新光社、2006年。

[日]吉田茂『大磯随想・世界と日本』、番町書房、1963年。

［日］吉田敏浩『日米戦争同盟：従米構造の真実と「日米合同委員会」』、河出書房新社、2019年。

［日］鈴木和之『日本の安全保障法制入門』、内外出版、2018年。

［日］鹿島守之助『日英外交史』、鹿島研究所、1957年。

［日］麻生太郎『自由と繁栄の弧』、幻冬舎、2007年。

［日］梅林宏道『在日米軍：変貌する日米安保体制』、岩波書店、2017年。

［日］千々和泰明『変わりゆく内閣安全保障機構：日本版NSC成立への道』、原書房、2015年。

［日］浅井基文『大国日本の選択：国連安全保障理事会と日本』、労働旬報社、1995年。

［日］森本敏監修『岐路に立つ日本の安全』、北星堂書店、2008年。

［日］松村昌廣『東アジア秩序と日本の安全保障戦略』、芦書房、2010年。

［日］添谷芳秀『安全保障を問いなおす：「九条—安保体制」を越えて』、NHK出版、2016年。

［日］田村重信『日本の防衛政策』、芙蓉書房、2008年。

［日］武田康裕『日米同盟のコスト：自主防衛と自律の追求』、亜紀書房、2019年。

［日］西川吉光『日本の安全保障政策』、晃洋書房、2008年。

［日］細谷雄一『18世紀ヨーロッパから21世紀アジアへ』、中央公論新社、2012年。

［日］下平拓哉『日本の安全保障：海洋安全保障と地域安全保障』、成文堂、2018年。

［日］信田智人編『日米同盟と東南アジア：伝統的安全保障を超えて』、千倉書房、2018年。

［日］星野昭吉『戦後の「平和国家」日本の理念と現実』、同文舘出版、2017年。

［日］佐道明広『自衛隊史—防衛政策の七十年』、ちくま新書、2015年。

［日］安倍晋三「新しい国へ」、『文藝春秋』、2013年1月。

［日］北岡伸一「『積極的平和主義』の実践に不可欠な司令塔:縦割り安保を排して」、『外交』Vol. 23、2014年1月。

［日］村上誠一郎「国家総動員法の時代が来る」、『月刊日本』、2018年10月。

［日］大内要三「安倍政権の安保・防衛政策と自衛隊の動向」、『法と民主主義』(487)、2014年4月。

［日］大庭三枝「日本の『インド太平洋』構想」、『国際安全保障』46(3)、2018年12月。

［日］丹羽文生『安倍内閣における「日本版NSC(国家安全保障会議)」構想の再検討』、『危機管理研究』(16)、2008年5月。

［日］高橋杉雄「専守防衛下の敵地攻撃能力をめぐって—弾道ミサイル脅威への1つの対応—」、『防衛研究所紀要』第8巻第1号、2005年10月。

［日］戸崎洋史、小泉悠、神保謙『"四面「核」歌"状態の日本が生き残る道』、『月刊Wedge』、2017年4月。

［日］吉崎知典「国家安全保障会議(日本版NSC)の仕組みと機能」、『外交』Vol. 23、2014年1月。

［日］三鷹聡「台湾で激突！ 日中戦車部隊」、『軍事研究』、2013年9月。

［日］神保謙「戦略的空間として収斂する『インド太平洋』」、『外交』Vol. 54、2019年3月。

［日］神保謙「『インド太平洋』構想の射程と課題」、『国際安全保障』46(3)、2018年12月。

［日］西川純子「歴史としての武器輸出三原則:平和主義から積極的平和主義へ」、『科学』87(3)、2017年3月。

［日］伊藤憲一「積極的平和主義と日本の針路」、『日本証券経済倶楽部レポート』(554)、2014年12月。

［日］中西辉政「憲法改正で歴史問題を終結させよ:アジアの勢力均衡と平和を取り戻す最後の時が来た」、*Voice*、2013年7月。

［日］中西寛「日本外交における『自由で開かれたインド太平洋』」、『外交』Vol. 52、2018年11月。

［日］佐竹知彦「豪州とインド太平洋—多極化時代における新たな秩序

を求めて」、『国際安全保障』46(3)、2018年12月。

［日］佐々江賢一郎「インド太平洋の新しい国際秩序と日米中関係」、『外交』Vol. 53、2019年1月。

［日］ペマ・ギャルポ「『自由で開かれたインド太平洋』構想：その行方と今後の課題」、『海外事情』67(3)、2019年5月。

（四）英文著作及期刊论文

A. F. K. Organski, *World Politics*(New York:Knopf,1968).

Barry Buzan, *People, States and Fear: An Agenda for International Security Studies in the Post-Cold Era*(New York:Harvester Wheatsheaf,1991).

Barry R.Posen, *The Sources of Military Doctrine: France, Britain, and Germany Between the World Wars*(Ithaca, NY:Cornell University Press,1984).

Brad Glosserman, *Peak Japan: The End of Great Ambitions*(Washington D. C.:Georgetown University Press,2019).

Christopher W. Hughes, *Japan's Remilitarisation* (New York: Routledge, 2009).

David Arase and Tsuneo Akaha, *The US-Japan Alliance: Balancing Soft and Hard Power in East Asia*(New York:Routledge,2010).

G.John Ikenberry, *Liberal Leviathan: The Origins, Crisis, and Transformation of the American World Order* (Princeton, NJ: Princeton University Press, 2011).

James C.Gaston, *Grand Strategy and the Decision making Process*(Washington,D.C.:National Defense University Press,1992).

Jeffrey Reeves, Jeffrey Hornung and Kerry Lynn Nankivell, *Chinese-Japanese Competition and the East Asian Security Complex: Vying for Influence* (New York:Routledge,2017).

John J. Mearsheimer, *The Tragedy of Great Power Politics*(New York: W. W. Norton,2001).

John Lewis Gaddis, *Strategies of Containment* (Oxford: Oxford University Press, 1982).

Kenneth B. Pyle, *Japan Rising: The Resurgence of Japanese Power and Purpose*(New York: Public Affairs, 2007).

Nicholas Onuf, *World of Our Making: Rules and Rule in Social Theory and International Relations* (Columbia: University of South Carolina Press, 1989).

Paul Midford, *Rethinking Japanese Public Opinion and Security: From Pacifism to Realism?*(Stanford: Stanford University Press, 2011).

Peter J. Katzenstein, *Cultural Norms and National Security: Police and Military in Postwar Japan*(Ithaca, NY: Cornell University Press, 1996).

Randall L. Schweller, *Deadly Imbalances: Tripolarity and Holiter's Strategy of World Conquest*(New York: Columbia University Press, 1998).

Richard J. Samuels, *Securing Japan: Tokyo's Grand Strategy and the Future of East Asia*(Ithaca, NY: Cornell University Press, 2007).

Robert Jervis, *System Effects: Complexity in Political and Social Life* (Princeton, NJ: Princeton University Press, 1997).

Robert Keohane, *International Institutions and State Power: Essays in International Relations Theory*(Boulder: Westview Press, 1989).

Robert Powell, *In the Shadow of Power: States and Strategy in International Politics*(Princeton, NJ: Princeton University Press, 1999).

Stephen M. Walt, *The Origins of Alliances* (Ithaca, NY: Cornell University Press, 1987).

Takashi Inoguchi, G. John Ikenberry and Yoichiro Sato, *The U.S.-Japan Security Alliance: Regional Multilateralism* (New York: Palgrave Macmillan, 2013).

Christopher Layne, "Rethinking American Grand Strategy," *World Policy Journal*, 1998.

Doug Stokes, "Trump, American Hegemony and the Future of the Liberal

International Order," *International Affairs*, Vol. 94, Issue 1, January 1, 2018.

Gideon Rose, "Neoclassical Realism and Theories of Foreign Policy," *World Politics*, Vol. 51, No. 1, 1998.

Kiyohiko Fukushima, "The Revival of 'Big Politics' in Japan, " *International Affairs*, Vol. 7, No. 1, Jan 1, 1996.

Linus Hagström and Jon Williamsson, " 'Remilitarization, ' Really? Assessing Change in Japanese Foreign Security Policy, " *Asian Security*, 5 : 3, 2009.

Paul Kennedy et al., "The Grand Strategy Project, " *International Security Studies*, Yale University, 2004.